法蔵菩薩の誓願

大無量寿経講義 第一巻

本多弘之

法藏館

開講の辞――仏法三昧の会座

『大無量寿経』を手始めに、「三経一論」を共に学んでいくこの会を開くにあたり、私の思いを語るようにということなので、私と仏法との因縁をお話しさせていただきます。

東京から京都に行き、大谷大学で、仏教が日本において本当に生きて信じられているか、あるいは仏教というものを、心から信じて生きている人がもしあるなら、しばらく顔を拝み、おっしゃることを聞いて、自分の足しにしたい、こんな生意気な心で、私は京都の学生生活を始めました。

私が京都へ行ったとき本当に折よく、曽我量深先生が大谷大学の学長になられ、週一回大学院で曽我先生の講義が聞けるという幸運に恵まれました。八十七歳というご高齢で学長になられた曽我先生の話は、しかし、それまで仏教用語にほとんど馴染みがなかった私にはまったく分からない、かいもく見当がつかない話でした。

曽我先生が学長になられたちょうどそのころ、昭和三十六（一九六一）年に親鸞聖人の七百回御遠忌が本願寺で催されました。その七百回忌を記念して、教団の誇る泰斗、金子大栄先生と曽我量深先生、さらに大谷大学の名誉教授であられた鈴木大拙先生の、三人による講演会が京都会館で開かれました。

金子大栄先生が「浄土の機縁」、曽我量深先生が「信に死し願に生きよ」、最後に鈴木大拙先生が「本願の根元」という題目で話されました。

二十世紀に自ら仏教を求め信じておられた三人の仏者、現代思想の中に仏教を語り続けられた三人の先生方の講演は、忘れることのできない感銘深いものでした。内容はほとんど分からない。その場の雰囲気と、それぞれの先生の持ち味から、高度な内容だということは推測されるが、仏教に馴染んでいないものにとっては、本を読んで知識としてものを考えてきたものには、それまでの考え方からはかいもく見当のつかないことを語っておられる。けれども、語っておられる姿と、聞いておられる聴衆と、そこに醸し出される独特の雰囲気により、生きている仏教があるという疑えない事実にぶつかることができました。

金子、曽我両先生の話は、尋ねようとしても、どうしても歯が立たないという思いで一年以上もがいていました。そのころ、生涯の師として安田理深先生に出遇《であ》いました。

以前に専修学院のあった高倉会館の隣地に、専修学院の学院長の役宅があり、そこで相応《そうおう》学舎が開かれ、講義がありました。一カ月に三日、夕方、安田先生が講義をされました。四時から六時までは『教行信証《きょうぎょうしんしょう》』、七時からは唯識《ゆいしき》の講義で、そこには十五人前後の人が集まり、先生の話を聞いていました。

私も会に誘われ、出ることになりました。安田先生の講義やご本に触れた方はご存知のように、先生は大変硬質な思索をなさる方で、会座《えざ》に参加した方々は、皆さん一生懸命ノートを取っておられました。私はといえば、仏教用語を知らないものですから、ノートはカタカナで書かざるを得なかったのであります。

また、聞き損ないも多く、漢字に直そうと思っても言葉が出てこないのです。言っておられる言葉、思想内容はほとんど分からない。しかし、何か聞きたい、聞かずにおれないという魅力をもった講義でした。その先生の話を聞くために京都で大学院生活を五年間送りました後、大谷大学から給料をもらうことになりました。

しかし、私個人としては、大谷大学よりも相応学舎の因縁の方が重い、また有難いのであります。世俗的には大谷大学に思いがありますが、仏法の求道の上では相応学舎の因縁に感謝しております。

相応学舎には相当恩を受けました。それがなかったら京都での生活をさっさと止めてしまっただろうと思います。相応学舎で安田先生が懇々と教えてくださった。それで私は仏法を学ぶ気にさせられてしまった。教えは生きているが、自分に合わない、仏法を身に付けることができない、という思いが長い間あり、いつ止めて帰るか、他の地に行って仕事を探そうか（この時には東京に帰るつもりがなかったので）という迷いが続きました。

仏法からは逃げられないと諦め、腰が落ち着くまで十年以上かかりました。いつからかはっきりわからないのですが、安田先生にじっくりと教えてもらったご恩は大変有難いわけであります。安田先生が亡くなる前に先生の仕事を活字に残したい、このまま消してはもったいないと思い、寺川俊昭氏（元大谷大学学長）と私で話をして、訓覇《くるべ》信雄さんのところに、選集編纂の仕事の計画を持っていきました。

安田先生にも『安田理深選集』を出したいという希望を出しました。一九八一年の暮でしたが、先生は許可されませんでした。三浦俊良さん（洛南高校を立派な学校にした方で、真言宗の中心道場である東寺の宝菩提院という塔頭に安田先生を招いて、『十地経論《じゅうじきょうろん》』の講義を自ら聞法された方）が安田先生を仏さまと仰いでおられました。その方が、そのときに安田先生に、「先生、経典があるじゃあないですか」というと、「経典は弟子が結集した仕事だ」とおっしゃったので、我々は、「わかりました」というわけで引き上げ、選集の作成に取りかかりました。何をやるか、誰がやるか、どういうふうにやるか、会計はどうするか、当初は私が一切の事務を引き受けて取りかかりました。

ところがその翌年二月、先生は亡くなられました。八十一歳だったので寿命の終わりは近いと分かってはいましたが、まさかそんなに早く亡くなるとは思ってもいませんでした。相応学舎もいつ止めになるか分からない状態だったのですが、一月に風邪を引かれて休まれた後、二月初めはどうやら勤められました。しかし、学舎が終わった後、いかにもお疲れの様子がありありと見えました。十日後、岐阜から帰られ、疲れて下痢をして夜中何度も便所に行き、倒れて亡くなられました。寿命だったには相違ないが、本当にご苦労な最期でした。一九八二年二月十九日のことでした。私は選集の仕事だけはやり遂げようと思い、長い間勤めた大谷大学も、止めるわけにはいかない事情もあったのですが、決断して止めて帰ってきました。この春（一九九〇年）、ようやく最後の校正を送り返して、これで私の手を離れました（文栄堂より全二十二巻刊行）。

私はわがままな人間で、いただくものだけはいただいてあんまり返したいとは思わないのですが、それにしても、寺にいて一つも会を持たないのも申し訳ない、何かやらねばなるまいとは思っていましたので、今回のご催促は有難い機会であると思い、とこここに至った次第です。

相応学舎の安田先生に教えられたのは、親鸞の『歎異抄《たんにしょう》』のお言葉、「つくべき縁あればともない、はなるべき縁あればはなる」（聖典六二八頁）、これが因縁だということです。相応学舎で先生は、「会則で縛ったり、会費を取ったり、決して縛ってはいけない。一回一回が真剣勝負、そこを出たからといって、大学と違って免状をもらうわけでなし、途中で止めても中退の汚名を着せるわけでもないし、自由な会である」、といつもおっしゃっていました。自由だからたいして責任もないので、お世話していただくことができたものと思います。

そういう私を育ててくれた相応学舎への思いがあり、真似はできないが、教えられた心根、姿勢だけは引き継いでいきたいと願っています。縛ることは仏教がなくなった証拠、出る気になったら出て来てください。出る気がなくなるのも縁、むりやり続けなくてもよいと思います。私はすべての会にそういう因縁で関わっていますし、私自身もそうしたいと思いますので、あなたがたもそのつもりで、止めたくなったらいつでも止めてください。

現在の寺の事情は、仏法とはほとんど関係がありません。寺を続けるための知恵（世間の知恵）はありますが、仏法とはつながっていません。この会もあまり肩を張らずに、ふだん着のつもりで一期一会でやっていきたいという思いです。安田先生からいただいた貴重な言葉に「東京は仕事をする場所で、思索をする場所ではない」という言葉があります。それにしても、清沢満之先生がどうしてあんなに東京に情熱をかけたか、いまだに分からないところがあります。東京は思索しにくい場所、動かされやすい場所であるにもかかわらず、腰をすえて真宗大学を東京に移転されました。安田先生は、「東京に帰ってマスコミに動かされてはならぬぞ」といわれました。私は示唆的にその言葉を受け止めていました。

仏法とは人間と人間とが対面し、生きた呼吸をし合うことです、じっくりと大地を踏みしめて、何年もかけて、少しずつ確認していくもの、何回かの講座を聞いたとか、テレビで一時間見たから分かるというようなものではありません。そういう因縁を受けているので、私の話は気の短い方には向かないようですが、一歩一歩踏み固めるような安田先生の話を受け、大地を踏みしめたゆっくりしたテンポの因縁を受けていますので、仏法の姿勢についてはそういうふうに行くしかないと思っています。一席の講演とか、一時間で話せといわれたら断ります。聴衆が頭を抱えて逃げ出すかもしれないような話でよいなら、引き受けるかもしれません。

ここでの話に対する皆さんの感想は分からないし、どういう形で触れてくださるかも分かりませんが、私が受けた因縁で私自身を生きていくしかありません。安田先生は、現代ふうの細切れの時間に収まるようなマスコミ向けの人間ではなかった。大学の講義も、ふつうは二十分以内に講師が来ないと休講になるのですが、先生は二十分以内に来られたことがない。三十分遅れてきて一時間以上オーバーするので、次の講義はその教室では組めないという有様でした。私も実際講義をしてみると、思索しながら話したり、時には全然頭が働かなかったり、ということもあり、また動きだしたら止まらないこともあります。これは、やはり言いたいことがあるのに切るわけにはいかないのです。

この世の忙しい細切れの時間、正確な時計に切り刻まれた時間、その時間からはみ出すのが仏法の思索です。現在の時間には合わない、細切れの時間には乗れないもの、これが、京都の仏法者の責任なのか、仏法そのものの悠久ないのちを相手にする傾向なのか分かりませんが、時代の先端の生活をしている東京の感覚をそのままにして仏法を聞くと、抵抗を覚えられるかもしれない。

例えば私が担当している東京大学の仏青講堂で開いている親鸞講座の講義は一時間半の約束ですが、時間を守らずにけしからんといわれました。その、倫理的にけしからんと思った方はとうとう出席されなくなりました。そういわれてもやはり言いたいことを残して止めるわけにはいきません。時間を取っぱらって、時間を忘れていただいて、この世の時間を断ち切るのは、仏法の会座というものの一つの意味ではないかと思います。

今までとは全然違う意識経験に入る、趣味や遊びで特定のものに没頭することを三昧《さんまい》といいますが、世俗的なものを切り、純粋ないのちの問題を集中して考え詰めるのが、仏教の三昧です。

現実の人間を引き摺ったままだと問題は煮詰まりません。主体的になれません。ぜいたく、わがままな時間かもしれませんが、聞法の時間を作る意味はそこにあります。飲みたい、食べたいという、生活のことに引き戻されることもありますが、この会座をせっかく持っているのなら、仏法三昧の会座として時間を超越し、単なる生活問題だけではなく、貴重な時間に持っていきたいと思います。日常生活に忙しく生きていますが、仏法の会座だけではない、本当のいのちに触れることができる時間、そういう時間を一緒に持ちたいと願っています。

（一九九〇年五月二十六日）

法蔵菩薩の誓願——大無量寿経講義　第一巻＊目次

［凡例］

一、本文中の聖教の引用は、真宗大谷派（東本願寺出版部）発行の『真宗聖典』を原典とし（聖典と略記）、ページ数を記した。ただし『大無量寿経』の引用部分は、組み方と書体を変えて目立つようにした。また、読者が学習しやすいように、『真宗聖典』とともに、浄土真宗本願寺派（本願寺出版社）発行の『浄土真宗聖典（註釈版）』第二版（註釈版と略記）のページ数を記した。

二、『真宗聖典』に未所収の聖教については、『真宗聖教全書』（大八木興文堂）を原典とし（真聖全と略記）、巻数とページ数を記した。

三、清沢満之の著書からの引用は、『清沢満之全集』（岩波書店）を原典とし、巻数とページ数を記した。

法蔵菩薩の誓願——大無量寿経講義 第一巻

装丁　井上二三夫

第1章　三経一論――親鸞の仏教史観

曽我量深の仏教史観

浄土真宗の根本の聖典、特に浄土三部経を中心に、話を聞きたいという皆さまのご希望です。私の力量ではそういう大きな話はできるとは思わないが、私の関心と重なる、非常に有難いテーマであります。それを一つの目標において、まず「三経一論」についての講義、あるいは経典を輪読する縁としての話、親鸞聖人《しんらんしょうにん》（一一七三～一二六二）が出遇《であ》った仏道《ぶつどう》の根にある思想の伝承を少しく考えてみたいと思います。

曽《そ》我《が》量深《りょうじん》先生（一八七五～一九七一）に、『親鸞の仏教史観』（彌生書房刊『曽我量深選集』第五巻所収）という有名な講義があります。曽我先生は明治以降の真宗の学者として歴史に残る大変な思想的な力をお持ちの方で、思想的な力だけではなく、清沢満之《きよざわまんし》先生（一八六三～一九〇三）に遇われたこともあり、鋼《はがね》のような信念を持った方でもありました。しかも、曽我先生は一生を通して野に生きた方、大地の人といいますか、先生自身は、野人とか原始人とかいう言葉が好きで、知識人、教養人というものは大嫌いでした。

曽我先生は優れた仏教の教養がおありで、中学時代に『唯識論』を空で全部覚えてしまうほど勉強しておられた。昔の漢籍の素養ですから、四書五経で子どものころを過ごして、仏教の勉強は、「唯識三年倶舎八年」といいまして、この倶舎、唯識という学びは仏教に立った人間の研究の基礎学です。仏教に立った人間の研究といえば、人間の存在が起こす意識の研究です。曽我先生は唯識論、倶舎論を基礎としてがっちりとやられた学者です。けれども、法相学の学者に留まらず、親鸞聖人の信仰に立たれ、単に真宗学とか仏教学というよりも、本当の仏道の信念を優れた直感力（インスピレーション）と、それを充分に鍛え上げる思索力とをもって一生を歩まれた、たぐい稀な方だと思います。

私は、たまたま幸いにして先生の最晩年（八十六～九十六歳の一〇年間）に教えをいただく縁を得たわけですが、その曽我先生に、『親鸞の仏教史観』という本があります。これは一九三五（昭和一〇）年になされた先生の還暦記念講演です。キリスト教にも歴史観という問題があり、歴史をどう見るかということは非常に大切な問題である。特に唯物史観ということが出て、大きな問題になっている。そういうものに啓発されて、曽我先生も仏教史観という問題を見出された。

仏教を研究するというと必ず思想史が問題になる。どのように仏教が変わってきたか、インドの仏教が西域を通って中国に来てどう変わったか、それが日本に来てどう変わったか。日本の鎌倉時代はインドの釈迦仏教から二〇〇〇年も経っているから、日本仏教はインド仏教とはまったく違っている。それらの仏教のどこが違って、どこが似ているのか、どういう系譜を踏んでいるかをテーマにした研究がある。つまり対象的な文献研究、思想史研究が盛んです。

特に明治以降の世界的思想研究、仏教を研究するヨーロッパ、あるいはアメリカの学者の関心は、仏道として、仏教を自らの宗教として求めるのではなく、思想的な研究対象として仏教を研究することにある。ヨーロッパから見れば、東洋を植民地として東洋の人民を支配下におくために、その思想を研究し利用してキリスト教を吹き込み、民族的な階級思想のもとでヨーロッパ民族の下に東洋民族を押さえ込む、そういう意図や興味で思想を研究した。

イギリスでも、フランスでも仏教学が盛んである。仏道として研究するのではなく、信仰はキリスト教で十分であって、よそに異教がある。その異教を思想として研究するという関心の研究が盛んである。言葉を研究する場合でもそうで、サンスクリットを研究する場合も、外国語としてほとんど滅びたラテン語を研究するのと同じで、学問的にはずいぶん進んだ研究が出てきている。

仏教の歴史が三〇〇〇年を経て、人間が苦悩を超えたいという欲求に応えてきたという視点、人間がこの世を生きるための単なる処世の知恵ではなく、この世を生きている人間のいのちを本当に見直す。そういう意味の智《ち》慧《え》、仏教用語でボディ（覚《さと》り）、菩《ぼ》提《だい》を求める歩みとしての仏道の学びという視点から歴史を見直すことが忘れられていた。そういうところに、曽我先生は注目された。

親鸞にとって仏教史とは何か、逆にいえば、親鸞の思想とは親鸞にとっての仏教史観である。それはだんだんに歴史の中で思想が変えられてきた。状況の中で思想がじょじょに変化してきた。日本に来て変化した挙句の果ての、元のものとはまったく異質のものとなってしまったようなものが残っているという考え方ではない。

親鸞聖人が見た仏教史観は三〇〇〇年を貫いてきている釈尊の叫びである。思想というものは人間の営みであるが、いろんな思想の営みを通しながら、そういう営みの中で叫んでいるものがある。それは歴史が変わったことによって変わるものではない。むしろじょじょに明らかになるものである。つまり、表に現れた歴史現象だけが仏教の流れではない。表に現れた歴史現象を貫いているような流れがある。曽我先生はこういうことをいって例を出された。富士山の水が、伏流水となって下流に吹き出してくる。また、もっと下流に吹き出してくる。それも全部富士山から流れ出してくるものである。思想にもそういうことがあると。

釈尊から始まったという考え方からすれば、釈尊がおっしゃったことがどう理解されたかという歴史になる、そういう見方をした場合は、大乗非仏説論というものが出てくる。大乗仏教は仏説ではない。

これは明治以来、さんざん蒸し返された問題ですが、非常に古いテーマで、大乗仏教は仏説ではないということは、すでにインドでいわれている。天親菩薩《てんじんぼさつ》（新訳は世親。四〜五世紀頃）の時代にすでに、大乗非仏説論が出ております。お釈迦さまは、ご自分では記録を残されなかった方です。お釈迦さまは折にふれて、本当にその場その場で、一座一座に対機説法《たいきせっぽう》をしておられたのです。

仏典結集はお釈迦さまの言葉をどうしても残したいというので、弟子が釈尊が亡くなられてから集められた、釈尊滅後の話である。だから、「如是我聞《にょぜがもん》」から始まる。経典が「如是我聞」から始まっているのは、経典は聞いた人の言葉だからです。『歎異抄《たんにしょう》』がそうですが、本当に親鸞がおっしゃったという保証はない。しかし、自分だけが秘密に聞いたということは、経典としては許されない。皆が集まって、こういうことをあの座でおっしゃった、ということを集めたわけです。

多聞第一《たもんだいいち》といわれる阿難尊者《あなんそんじゃ》を中心にして集められた。阿難は一代を侍者として付き添った。しかも、一番記憶力が良かったということで、一番言葉を聞いたのが阿難である。その阿難を中心として言葉を編集した古い経典、それが「如是我聞」です。つまり聞いた側に教えがとどまっている。だから、議論がある。お経の言葉というのは、その体は何処にあるかという議論が古くからある。お釈迦さまの言葉だというが、お釈迦さまがいうと同時に消えてしまう。発音された言葉の響きが、聞いた人の心の中にある。もし聞いた人がいなければ、お釈迦さまが一人で説いたのなら、それっきりです。

聞いた人のところに教えが残る。我々は文字を考えますから、経典は文字で記されているのではないかと。経典は書いたものが経典だというけれど、書いたのは文字であって、その書かれた文字が何をいっているのか、何を訴えているのかは、受け取った側が仏教に触れて初めて教えとして成り立つ。ということは、教えが何処にあるかというと聞いた側の心にある。これは唯識の議論でそういうのがある。教えは聞いた側にあると。だから、経典は「如是我聞」から始まるといわれる。だから聞く心のない人のところにお経があっても、それは反故に等しい。お経の働きをもたない。

曽我先生は、お釈迦さまが言葉を出されたということは、お釈迦さまが言葉にせざるを得ないものがあったからだ。それはお釈迦さまが作ったものではない。むしろお釈迦さまが出遇ったものだといわれた。

『阿含経《あごんぎょう》』の中に〝古仙の道〟という言葉があります。自分が古仙の道に出遇ったんだ。こういう言葉があって昔から注意されている。つまり、釈尊が何かを作ったのではなく、釈尊自身も出遇ったんだ。つまり、真理というものは、作るものではなく出遇うものだと。出遇って見れば、出遇ったものが本当に人間を貫いて残っていく。民族が違ったり、言葉が違ったり、あるいは、社会状況、思想が違ったりすれば、表現をとってくる内容は変わってくる。しかし、真理そのものは変わるものではない。だから、親鸞聖人が見出された伝統の本質は、釈尊以前の仏教である。釈尊に始まる仏教ということになれば、だんだん変わっていく。どう変わってきたか。『涅槃経《ねはんぎょう》』とか『華厳経《けごんぎょう》』とかいろんな経典が出てくる。そういうものが新しい系譜を生んでいく。末に行けば行くほど広がって、何が本当か分からなくなる。

こういう仏教の考え方に対して、親鸞聖人が出遇った仏教は、釈迦以前の仏教だと、曽我先生はいわれた。何がヒントになったのか分からないが、私は、近くは『歎異抄』だと思います。『歎異抄』第二条に親鸞聖人が自分の言葉を弟子が疑うという問題が起きたときに、釈尊の言葉だから信ぜよというのではなくて、

弥陀《みだ》の本願まことにおわしまさば、釈尊の説教、虚言《こごん》なるべからず。仏説まことにおわしまさば、善導《ぜんどう》の御釈《おんしゃく》、虚言したまうべからず。善導の御釈まことならば、法然のおおせそらごとならんや。法然のおおせまことならば、親鸞がもうすむね、またもって、むなしかるべからずそうろうか。詮《せん》ずるところ、愚身《ぐしん》の信心におきてはかくのごとし。このうえは、念仏をとりて信じたてまつらんとも、またすてんとも、面々の御《おん》はからいなりと云々（聖典六二七頁）

とある。これは自分の言葉だから信ぜよというのではない。自分が出遇った仏教は、弥陀の本願から来ている。弥陀の本願がまことならば、つまり、弥陀の本願を信じるか、信じないかということが、仏教に出遇うか出遇わないかの出発点である。釈尊の言葉から始まるのではないというのが『歎異抄』の押さえです。それまでの仏教の表現は、例えば善導大師《ぜんどうだいし》（六一三～六八一）であっても、釈尊の教えと阿弥陀如来と、釈迦弥陀二尊、二尊教という。この世の教主《きょうしゅ》としての釈尊と、西方浄土《さいほうじょうど》の主としての阿弥陀如来、こういう領域を異にした二つの世界を建てられたということに善導大師の大きなお仕事がある。釈迦弥陀、つまり、釈尊が教主であって、釈尊の教えを通して阿弥陀に触れるという次第です。

親鸞聖人に来ると、むしろ、弥陀から釈尊が生まれてくる。無限な慈悲、無限なる大悲から釈尊が生まれてくるという見方、そこに釈尊をどういただくかという考え方が一つの大きな転換点を持つ。それまでの仏教の見方、親鸞聖人以前の仏教の見方からすれば、教主世尊から始まるのが仏教である。ということは、釈尊は「古仙の道」に出遇ったといわれるけれども、「古仙の道」といっても釈尊以前にあったわけではない。釈尊から始まる

のだという考え方です。

たしかに、仏教を教えとして、覚りの内容として説かれたのは釈尊である。しかし、説かれて見れば、人間が迷った意識で理解していた現実、迷った意識で捉えていたこの世の在り方は、釈尊の教えを通して見直されれば、事実としては釈尊以前からあったのです。釈尊が作ったわけではない。釈尊以降初めて出てきた一如《いちにょ》ではない。

釈尊が目覚めてみたら、全部、人類が始まって以来その流れの中にある。ただ、眼が曇っていたから見えなかった。教えの言葉や、自覚的表現にはなってはいなかったけれども、親鸞聖人自身の言葉でいえば、「自然法爾《じねんほうに》」というようなもの、いのちそれ自体に触れた人がいないとはいえない。誰もいなかったとはいえない。ただ、教えの言葉として、本当にこの世の迷いを超える教えとして明らかにされたという意味では、釈尊が初めてである。

しかし、釈尊から始まったという理解が、もし釈尊が初めてだという考え方をすれば、釈尊が何時何分、何月何日から説法を始めて何月何日に亡くなるまで、これだけの話をしました、となる。そこに残された言葉だけが説法ということになる。そうすると、その経典結集をして、「如是我聞」ということを言い出すと、それこそカンカン・ガクガクである。

阿難がこう聞いた、舎利弗《しゃりほつ》はこう聞いたと、結局、関心によって聞き方が異なる。戒律に関心のある優婆離だったら戒律中心に聞く。目連《もくれん》のように神通力が得意な人は神通力の関心で聞く。人によって釈尊が何処に力点を置いて説法されたかということの聞き方が違ってくる。だから、一座の説法といえどもいろいろに聞かれる。「仏以一音演説法　衆生随類各得解」という。

そこが、人間が聞くということの面白さです。コンピューターが聞くわけではない。コンピューターが聞いたなら、どういう音程で、どういう発音で、どれだけの時間で、どれだけの言葉を話したかということが記録にはっきりと残る。しかし、それを人間がどう聞いたかということが残された場合は、そこに修正が入る、聞いた側の解釈が入ってくる。解釈が入らないのは、聞いていないのと一緒である。

特に教えを聞くということは、発音を聞くわけではない。心に響いた、それこそ『歎異抄』にあるように、ほとんど忘れてしまったけれど耳の底に留まるところ、その人に打ち響いたもの、その人が感動したものが残る。そうすると、どう感動したのか、どういただいたのかということが、結局、聞いた側の広い意味での解釈になる。そこで仏典結集が何回も何回も行われてくることになる。自分はここまでしか聞かなかったけれど、何年か経ってみたら、こういうことを本当はおっしゃっていたということが加わってくる。そういうわけで、不思議なことにインドでは仏典が後から後から生まれてくる。

大乗経典の成立

今の学者が研究して、いつごろその経典が作られたというのですが、経典は作るものではない。聞いた人の言葉として生まれてくるものです。例えば、『無量寿経《むりょうじゅきょう》』のような経典が、紀元何世紀頃誕生した、かくかくの思想の影響を受けて誕生したということをいう。しかしどのように誕生したのか、どういう条件を与えたら生まれてくるのか、経典をどうやって作るのか、不思議な話なのです。

この経典を生み出した時代が確かにあったに相違ない。もう今のインドは、こういう経典を生む力を失っている。そういう時代のある状況で、後から後から経典が生まれたことはどうしてか、考えても分からない。つまり、それは「如是我聞」ということがあったからでしょう。是の如く我聞けりという教えを中心に僧伽《さんが》があって、僧伽に集う人々が経典を伝える。ほとんど暗誦して伝えていますから、暗誦して伝えているうちに、自分の言葉がはっきり出てくるわけです。

大乗経典がどうして生まれたのかをいろいろな学者が研究するけれども、今の理性的な頭で経典を生み出すようなエネルギーが想像できるはずがない。今の学者が何百人集まっても、経典一つ生むことができない。ともかく学者が研究して、だいたいこの経典はいつ頃、どういう所で生まれたのだというのですが、よく分からない。

龍樹《りゅうじゅ》菩薩（一五〇頃～二五〇頃）が、大乗経典を発見したと伝説的に龍樹の伝記にある。経典を求めて求めていったと。あの時代には小乗の部派仏教といわれた学問の伝承があちらこちらにある。それぞれの教団に入って、その教えを研究してその経典を受け継ぐ。ですから、拠り処とする経典が違ったり、論が違ったりして対論がある。出遇う経典が分からない。それで、龍樹菩薩は竜宮城へ行ったというのです。竜宮に行って『華厳経』に出遇ったという伝説です。

竜宮城は何処にあるのだろうと学者は研究する。最近の学者はいろいろいうのです。竜宮城というのは、まさか本当に亀さんの背中に乗って海の中に入って行ったわけではないから、セイロン島だろうとかいうのですが、分からない。セイロン島にそのような経典があったのかといっても証明してみようがない。

経典が、どうしてこれだけの内容を持って存在し得たのか。『華厳経』などはくり返しがとても多い。くり返しくり返ししながら展開していく。莫大な量です。インド人が記憶力が良くてくり返し伝えるうちにだんだんと増えていったのでしょう。誰が増やしたとか、どうして増えたのかは分からないが、経典を生産する能力のある時代だったのでしょうか、そういう中に、「如是我聞」、我は是の如く聞けりということが、僧伽の伝承の中から生まれてくる。

誰が作ったとはいわない。経典は必ず「如是我聞」という形で伝えられてきている。阿含経典は、釈尊が何処何処でこのような行為をされ、このようなことをお話しになったということが、忠実に残されている。大乗経典も形としては、そのような形をとる。あるとき、王舎城《おうしやじよう》、耆闍崛山《ぎしやくつせん》という場所でこういう会座があった。そのとき、どういう人が聞いていたかと。その場合に、大乗経典になると、聞いている人が釈尊在世の時の弟子の名前だけではない。在世の十大弟子を中心とした方々、舎利弗以下の直弟子たちの名前があるのみではない。その後に、菩薩の名前、あるいは夜叉とか緊那羅《きんなら》だとか、いろいろ出てくる。

こういう中で、こういうものが聞き伝えたと。そして非常に豊かな文学的な内容となって伝えられてくる。だから、大乗経典は、小乗の部派からすると、もう、これは勝手に生み出されたものだから釈尊の言葉ではないと、非仏説論が出てくる。何をもって仏説とするかという議論がそこに出てくる。確かに仏説だと誰が証明するのか。キリスト教でも、確かにキリストが語られたりキリストの行為であるのは、どれかということを研究する学問が出てきている。

本当は皮を剝いていったら芯はないのでしょうね。キリスト自身は書いていないのですから。見た人や、聞いた人が記録した。何人が見たのか、何人が聞いたのか、誰が聞いたのかということになって、聞いた方が間違っていたのではないかとなって、何処までが本当なのか分からない。そういう形で伝承されている。物語とか、伝説とか、あるいは村に伝えられている古い伝承、神話、メルヘンとかが全部混じってくる。いろんな方向や、関心、いろんな概念が出てきています。

そういう中に、仏説といわれる限りにおいて、いつも人類解放の志願《しがん》、人類の苦悩を解脱せしめんとする方向性がある。単なる神話や文字ではなく、仏説として教えの言葉を聞いてきた。仏陀の教えの言葉を聞いてきたという伝承が確かにその中に流れているのが経典だろうと思います。

大乗経典となると量も多いし、内容も非常に豊かだし、論と違って整理されていない。曽我先生は『親鸞の仏教史観』の中で、「思想の結婚」という言葉を使っておられます。経典が生み出されてくるときには思想の結婚があると。思想と思想がぶつかって、新たな思想が生まれてくる。そういうことを経て経典が新たに生まれてくるのではないか。生まれてきても「体」が変わったのかというとそうではない。より根源的なるものを表現してくる。そういう営みです。

親鸞聖人の出遇われた仏教史観は、決して新しい派閥を作ろうというような関心ではない。一般には、古いものほど元のものだという考え方があるが、そうではなく、原始仏教よりももっと根源的なものという視点で歴史を見直すのだ、と曽我先生はいう。そういう視点で仏教史観という言葉を使っておられる。一番根本的、根源的なるものを求めるという一つの物の見方、親鸞聖人が浄土教《じょうどきょう》、あるいは法然《ほうねん》上人（一一三三～一二一二）に出遇ったという出遇いの体験主義的な状態を強調して、法然、親鸞の出遇いを、人間と人間との出遇いを非常に強調するあまり、親鸞聖人が何を求められたのか、何を本当に明らかにしようとしたのかという大きな視点を失ってはならない。

もちろん、親鸞聖人にとって、法然上人との出遇いはかけがえのないものであり、もしその出遇いがなかったなら親鸞という人は生まれなかったかもしれない。しかし、出遇ったのは法然という人格に出遇ったのではない。法然上人に出遇ったことにおいて、本当の仏教の根源的な真実に出遇った。一つの宗派を求めたわけではない。親鸞の求めたものは虚偽ではないもの、この人間のいのちにとって本当だと頷けるもの、それを求め続けて出遇った。
釈尊の教えといっても、八万四千の法門《ほうもん》を全部読んだからといって何が本当のものか分からない。『歎異抄』にあるように、真実権仮《しんじつごんけ》あい交わる。方便《ほうべん》の言葉があり、真実の言葉がある。それを何を基準にして選び分けるのか、そういう根本的な視点が親鸞聖人には定まらなかったのではないか。法然上人に出遇ったということは、本願に出遇ったということである。

本願という言葉で言い表された仏教の真髄、これが『無量寿経』の語っている中心的内容である。釈尊以来、連綿と流れて来た仏教の本流、仏教を成り立たしている根本の柱、それを本願という言葉で表現した。それによって、釈尊以来流れてきた仏教を根源に還《かえ》すことができる。本願という言葉が中心だということは、法然上人が『選択《せんじゃく》　本願念仏集《ほんがんねんぶつしゅう》』という著作で、「選択本願念仏」という言葉で、釈尊の教えの十方衆生を救けんとする人類救済の願いを押さえられた。

本願と教えられたもの、これが浄土教の中心だと。「弥陀の本願まことにおわしまさば」とは、つまり、本願こそ経典を成り立たしている根本的な力、根源的な用《はたら》きであって、そこから経典が生まれてきている。それを、親鸞聖人は、「雑行《ぞうぎょう》を棄《す》てて本願に帰す」（聖典三九九頁）といわれた。雑行を捨ててということは、八万四千の法門が教える人間の実践の要求を捨てた。それは、人間のさまざまな関心を通して仏教の真髄を教えんがための一つの手立てであった。本願こそ仏道《ぶつどう》を成り立たしている根源の用きである、如来の願いである。こういう親鸞聖人の理解は、法然上人を通して本願に触れたものである。本願こそが釈尊をして釈尊たらしめる、そして、それ以降の善導、法然という歴史の上に教えの伝承を生んできたのである。

人類を通して流れている、仏教が生きて受け止められる根源、それは本願である。本願が人間の上に釈尊個人を超えて、釈尊以前の根源であるものが流れて来ていることに、親鸞が目覚《めざ》めた。これが親鸞聖人が理解した仏教の歴史である。いろんな偉い人が勝手に述べた、勝手に解釈してきたものではない。

時代により、思想により、いろんな関心、どんな表現をとろうと、その根源は如来の本願であるという、仏教を見直す視点を、親鸞聖人は法然上人からいただかれた。親鸞聖人が経典を読まれる場合には、本願をどのように表現しているか、受け止めているか、位置づけているかと見ておられる。

浄土の三部経ということをいうのは法然です。法然上人は浄土宗という宗名を名告られた。浄土を「宗」とする。宗とは、親鸞聖人が、『教行信証』の「教巻」でおっしゃるように、「如来の本願を説きて、経の宗致《しゅうち》とす」（聖典一五二頁）。宗という字は、「むね」と読む。胸には心臓があり肺がある。つまり、「むね」という言葉は、人間存在にとって中心を表す概念であり、比喩的表現としても非常に大事なところとして使われている。

英語でheartというのは、情熱、愛情、いのちである。中心である。漢字で書いた場合も「核」である。中心、真ん中、外してはならないもの、これがなかったらいのちが成り立たない。そういうものが「宗」という言葉です。「開神悦体《かいじんえつたい》」（聖典三八頁）の神は魂である。「こころ」という訓もあります。「かみ」と読むようにしてしまったのは、むしろ新しいことで、「神」という字は精神、心、人間の意識の中心、この字はそういう意味も持っている。

漢語の元からいっても、人間のいのちを成り立たしている元のようなところを「神」とか「宗」という。経典解釈のとき、「宗」という字を使う。経典を生かして成り立たしている中心の力、概念、用く概念を言い表そうとするとき、「宗」という字を使う。親鸞は本願を説くことが『大無量寿経』の宗致だといった。我々は当り前だと思っていますが、本願を宗と押さえたのは親鸞聖人が初めてです。それまでは『大無量寿経』を読んでも、本願が宗だとは読んでいない。

ふつうに『大無量寿経』を読んで、思想家・文献家などが『大無量寿経』を研究した場合は、目は浄土に行く。浄土思想、浄土が説かれていると。善導大師の『観経疏《かんぎょうしょ》』でも、道綽《どうしゃく》禅師（五六二〜六四五）の『安楽集《あんらくしゅう》』でも『観無量寿経《かんむりょうじゅきょう》』の宗ということをいっていますが、往生浄土《おうじょうじょうど》を宗とすると。「宗《しゅう》・体《たい》」というのは天台の概念ですが、宗は何で、体は何という押さえ方をする。「体」は名号《みょうごう》、「宗」は本願と押さえたのは、親鸞聖人が三部経の中で、特に『大無量寿経』に的をしぼって、真実の教、浄土真宗ということに気づかれた。こういうことがあって初めていえることです。

親鸞聖人が出遇った仏道

親鸞聖人の著作に『浄土三経往生文類』というのがあって、往生という視点から三経を見ている。往生という視点からも、浄土という視点から見ることもできる。本願という視点からも見ることができる。本願という視点から見たとき、初めて三部経で真実・方便という分類が可能になる。親鸞聖人が出遇った教えは、法然上人の選択本願ですが、その選択本願を、経典とその歴史を通して明らかにする。

本願という言葉で押さえられた如来の願い、人間の苦悩のいのちの中に自然の一如に触れた救い、差別に苦しむ存在、分別に苦しむ存在の中に、分別を超えた、差別を超えた喜びを呼びかける。そこに本願が教えの言葉になる。その言葉をどう本願に還していくか。本願に還せないと、教えの言葉を実体化し、教えの意図を人間界の分別の世界のあり様として執着してしまう。教えの言葉が生まれてくる根源は本願で、本願から人間界に呼びかけて教えの形をとる。法門という言葉がありますが、法の門という門を通して、私どもは仏法領に入る入口を持つ。その入口を入口とは思わないで、そのまま実体的に捉えてしまうと本願に還れない。

親鸞聖人は、三経をいただいた歴史、龍樹に始まった歴史と本願をどう受け止めるか、本願に出遇うということはどういう体験なのか、本願に生きるということはどういう喜びを持つことなのかを、経典と論とを照らし合わせながら明らかにしてこられた。浄土教の教えの流れ、浄土の元を生み出しているのは本願である。これは経典からいっても明らかですが、その根本の方向性を本当にはっきりさせようとする。親鸞以前の浄土教は、本願から生まれてきた言葉にむしろ執《とら》われ、親鸞聖人が「方便化身土《ほうべんけしんど》」とされるような浄土が本流になっていた。そういう浄土が本流になった場合、浄土が実体化され、心情化、芸術化、神秘化、美化されたこの世的体験の一つのあり様として、救かる世界を求めることになる。

人間の苦悩の解放という場合、釈尊が説かれ、それ以降の仏者が伝えてきた仏道の方向は、「開神悦体」の言葉がよく示しているように、精神を開く、人間の意識、苦しんでいる意識のあり様を自覚《じかく》する。迷っている意識に苦しんでいるということをはっきり自覚して、迷いの根源を絶つ。迷っている意識構造を内観反省し、仏法の鏡を通してはっきりと自覚することによって、不必要に苦しんでいた、不必要にもがいていたいのちから脱却できる。

眼から鱗《うろこ》が落ちるという表現がありますが、全面的にいのちが転換する。暗闇でしかなかったいのちが光に転換する、と人類に呼びかけてきた。ところが、単に人間関心で救いを求めると、目に見えたり、人間の生活の中で体験できるような形で救いを求める。つまり、意識の間違いが正されるのではなく、今、苦しい状況を変えることによって救かるのだと。今、お金があれば救かる、病気が治れば救かる。今、欲しい物があれば救かるというように、この世的なあり方を一部手直しすれば人間は救かるという考え方です。これはどんな思想もそこを抜けることができない。いつも人間はその中でもがいている。

たとえ宗教の名であっても人間に呼びかけようとするときには、現世利益《げんぜりやく》的な形をとって呼びかける。あるいはこの世的な神秘を示現してでも救おうと呼びかける。しかし、仏教はお釈迦さまも神通力をおっしゃいますが、お釈迦さまの神通力は苦悩の実存状況を一部手直しして救かるという発想を初めから完全に拒否しておられる。

ある意味で非人間的といえるほど、冷静に、状況を手直ししようという方向性を拒否される。何故かといえば、お釈迦さまの開かれた覚りの根源は因縁《いんねん》です。無我《むが》です。それを本当に認識し、それに生きることができる以外に人間が本当に根源的に超える道はないというのが仏陀の本領です。人情からすると、何かして欲しい、甘い言葉の一つもかけて欲しいというものでしょうが、そこがお釈迦さまのえらいところでもある。

お釈迦さまが教えようとされる、絶望的人間状況を救けることは容易ならぬことである。永遠に人間は状況変革を求めるけれど本当に救いがない。目を覚ませ！　私どもは夢を見続ける。夢とは、自己閉鎖的な、自己中心的な我が身の幸せとか、我が身の回りの都合の良さを追い求め、宗教を通してでも欲しいという人間の欲である。祈るとか仏さまを頼むとかいうけれども、その祈る内容は、自己中心の我が思いの中で状況の変革を祈ろうとする。人間に答えようとすれば、そういう現世利益的な、あるいは、この世の一部を手直しする、奇跡的なものを与えようとする慈悲の方が分かる。仏教の中でもそのように説く祖師方もある。

親鸞聖人が出遇った仏道は、そういう意味でも、お釈迦さまの本流、如来の本願という言葉で、どこまでも人間の自己中心的要求の最も根底にあるもの、より根源的なものに目覚めよという呼びかけである。そこに親鸞聖人が教えの本質をいただかれた。

三経という場合、親鸞聖人には、三経往生という理解がある。往生という概念を厳密にするために、三経往生といわれている『浄土三経往生文類』を通して明らかにしておられる。大経往生というのは、本願の因果を表している。観経往生、阿弥陀経《あみだきょう》往生はそうではない。本願に背く立場、あるいは本願がまだ本当に主体にならない立場における往生理解が、観経往生、阿弥陀経往生で、双樹林下《そうじゅりんげ》往生、難思往生である。往生の中にも不純粋なる往生があると。

三往生ということを善導大師の言葉によって明らかにされて、往生といっても一つではない。往生の中に立体的な往生理解がある。中心は本願を明らかにすることです。『観無量寿経』『阿弥陀経』でも真実という概念を使われて、経典が語る表の意図と裏の意図、本願を人間に呼びかけるために表の形をとる。こういう非常に立体的な経典の理解をとられたのも親鸞聖人の特徴です。

親鸞聖人以前の三部経理解は平等です。三経を立体的に理解されたのは親鸞聖人の仕事である。私どもが経典を読むといっても、私どもの力で読むことなどとてもできない。親鸞聖人のご教示を通して何処を中心にして読むか、何処に問題があるのかが少しいただける。

「三経一論」となりますと、非常に大きいのであらゆるテーマが絡んでくる。何処まで掘り下げられるか分かりませんが、大変面白いテーマです。「三経」だけではなく「一論」も入ることによって、「正信偈《しょうしんげ》」でいえば、前半が「三経」、依経分といわれる部分、後半が「一論」、七祖の依釈分といわれる歴史の部分。「三経一論」はその両面を包んでいる。「正信偈」でいえば全体の問題を孕みますし、『教行信証』でいえば「真実の巻」が『大無量寿経』でしょうし、「化身土」ということになると、『観無量寿経』『阿弥陀経』に当たる。『教行信証』ということになると六巻全部に当たることになる。「三経一論」の課題は面白いが大変大きな課題でもあります。

経典解釈の問題

「三経一論」という大きなテーマですが、三経とは、法然上人が指定された浄土三部経、すなわち、『仏説無量寿経』『仏説観無量寿経』『仏説阿弥陀経』の三経。そして、「一論」とは、法然上人が浄土宗の名告りをあげたとき、この故に浄土宗といえるのだと、宗の名告りをあげる根拠として、正依の経論として、「三経一論これなり」といわれる。その「一論は天親菩薩の『往生論』これなり」といわれ、天親菩薩の詳しくは『無量寿経優《むりょうじゅきょうう》婆《ば》提舎願生偈《だいしゃがんしょうげ》』という長い題の『無量寿経』についての論、この三経一論をもって浄土宗という宗を名告る根拠とされた。

法然上人が「三経一論」といわれたのは、インド・中国と伝わって来た浄土教が、日本にまで来ている。その浄土教の歴史は三部経に依っている。浄土三部経を浄土教の歴史の中心であると法然上人が読みとられ、一番大事な論が『浄土論《じょうどろん》』であると決定された。何故、法然上人が『浄土論』だけを選び取られたのかが一つの疑問として残るが、これはじょじょにお話していこうと思います。

親鸞聖人が選ばれた七祖、七人の祖師方、つまり、インドに二人、中国に三人、日本に二人の方々が浄土教の教えを鮮明に表す書物を作っておられる。その他の方々も浄土についての解釈・論を作っておられるが、親鸞聖人は七人に限定して選び出して、『和讃《わさん》』「正信偈」に七人の祖師方をあげておられる。これはいろんな方が皆、七人を選んでいるのかというとそうではない。親鸞聖人が七人を決定された。

法然上人の場合は必ずしも七人ではない。法然上人は、中国の道綽禅師に依って浄土教の伝統を書いておられるが、親鸞聖人は全然違う選び方をしておられる。誰でも選べば七人になるというわけではない。けれども親鸞聖人が選び出された七人の方々の書かれた論釈を読むと、必ず『浄土論』が引用されてある。

龍樹菩薩は、天親菩薩より先輩ですので、龍樹菩薩の書かれたものの中には、天親菩薩のものは入っていません。しかし、それ以降、曇鸞《どんらん》大師（四七六～五四二）、道綽禅師、善導大師という方々は皆、『浄土論』の浄土をたたえる言葉、および浄土を要求するについて、『浄土論』が教えている「五念門」という修行方法を取り上げられます。天親菩薩は五念門という方法をもって浄土の教えを裏付けておられる。それを皆、祖師方が使っておられる。そういう伝統によって法然上人は正依として、『浄土論』を取り上げたと推測されます。

けれども、法然上人はご自分の書物の中では、『浄土論』についてはほとんど触れておられない。正依の論として選び出しながら、三部経からの引用、その他の論釈からの引用はあるが、『浄土論』の言葉を重要な言葉として引いておられない。これは不思議なことです。親鸞聖人はおそらく、その法然上人の残された課題を『教行信証』において明らかにすべく悪戦苦闘されたのだと思います。

三部経は、浄土の教えを仏説として語っている言葉である。したがってそれは如来の教えの真実である。真実の教えとしての如来の言葉、これが決定的な根拠になる。その如来の教えを後から生まれた人間が引き受けて、確かに自分がその教えに相応し、その教えと一致する。その教えの内容を自ら主体化し、その教えを改めて自分の上に具体的に体験する。歴史的に証明する。

仏陀の教えが正しいということを後の人間が、客観的に見るというよりも、その教えを主体的に自らの上に確認することによって、自らの拠りどころとする。自らのいのちの所依、立場とする。経典を自分の生活の拠点、あるいは自分の人生を生きる立場の態度決定の拠点とする。こういう決断をもって、『無量寿経』の教えを自らの上に実現する。法然上人が三経のみでなく、歴史の中で証明された『浄土論』を取り上げられたということが、非常に大きな意味を持っているのです。

親鸞聖人の「正信偈」は依経分・依釈分の二部からなる。経典による部分の依経分、「正信偈」の前半は三部経によって偈文を作っておられる。後半の、「龍樹大士出於世」以降は、七祖の歴史の言葉を用いて偈文を作っておられる。親鸞聖人の開顕された浄土真宗は、経典の真実を、経典を証しされた祖師方、経典によって自分の苦悩を超え、自分の人生の課題を克服された方々の言葉と照らし合わせて、経典の語ろうとする意図を解明するものです。交互に照らして意図を解明される方法を取っておられる。

経典のみを独断的に読むわけでもないし、単に人間の理性的解釈によってものを考えるわけでもない。経典を歴史に照らし、歴史の意図を経典に返し、根本の意味を受けとめる。人間の経験、仏陀の言葉も経験ですが、仏陀の経験は人間が直接体験することが難しい。あるいは分かりにくい。

龍樹菩薩が『十住《じゅうじゅう》毘婆沙論《びばしゃろん》』を作られたときにいっておられる。「自分は何のために『十住毘婆沙論』を作るのかといえば、仏さまの教えというものはすでにある。愚かな人間がそれに加えるべきものはないはずだ。何故、愚かな人間が解釈するかといえば、人間は愚かだから、愚かな人間に分かる解釈がなければ、経典だけで分かる人間は少なかろう。だから、仏さまのお仕事をお手伝いするためには、愚かな人間が解釈しなければならない。自分はこれを自分の利益とか、名誉のためにつくるのではない。仏道のために論をつくるのだ」ということを『十住毘婆沙論』でことわって、論を作っておられる。そういう仕事が解釈という仕事にはある。

愚かな人間がなぜ解釈するのか。自分以上の仏陀の仕事を解釈できるはずがない。しかし、それでは人間の上に具体的に仏道が伝わらない。愚かさは時代とともに増していく。時代とともに人間は賢くなるという面もありますが、仏法についていえば、時代を遠ざかればますます愚かになる。ますます感覚が鈍くなり、ますます仏陀の教えの意図から遠ざかる。

時代が経ったことをどう考えるかという問題にも絡みますが、簡単にいえば人格の威力は、その時代の一つの社会情勢の中で、独特の光を放つ。人格的威力はその人の持っている威徳と、その人の持つ思想の意味とが重なって伝わる。けれども、国が変わり、時代が変わると、人徳の意味や評価基準、人柄の信頼感が変わる。したがって人格的働きは時代とともに落ちていく。そうすると、思想の意味が、特に宗教のような場合には理解されにくくなっていく。仏陀の教えがいったい何を本当にいおうとしたのかを、新たに解釈せざるを得ない。そこが仏教という教えの独特のところです。

仏典結集がくり返しくり返しなされる。キリスト教やイスラム教のように一つの根本聖典ができて、それが根本の拠りどころとして、それだけあればよいという形ではなく、後から後から経典が生まれて、そしてその解釈が厖大《ぼうだい》になされてきた。したがって、仏の教えを生きる、仏道を歩むといっても、何を拠りどころにするのか、どの立場を自分が本当に選び取るのかは容易ではない。

もちろんどんな宗教であっても、解釈は分かれていく。キリスト教でもカトリック、プロテスタントに別れ、さらに派が別れていく。イスラム教でも解釈が分かれて、その割れた派どうしが戦争をしている。人間の歴史が新しい解釈を生み、新しい流れを生み、そして別々の集団を作っていく。宗派を作っていくと、どうしても宗派我ができてくる。悲しいことですが、歴史を経るにつれて根本の精神が何処にあったのかが、解釈の立場によって違ってくる。

解釈をくぐったということは、死んだ解釈ではない。生きて受け取ろうとした方々の解釈の歴史ですから、元に戻るわけにはいかない。明治時代に、これだけ仏教が割れていることは困った、元に戻そうと、『仏教統一論』という本を出された先生があります。大谷派の僧侶で東洋大学の学長をなさった村上専精（一八五一～一九二九）という方です。仏教は統一できるとお考えになって、仏教の根本の考え方を明らかにして統一しようという、壮大な意図をもって仏教を解釈されましたが、解釈や学問では統一などできません。特に宗教の派になりますといったん割れたものは元に戻れません。人間が二人寄れば派閥ができるぐらいです。いったん、派ができると、派というものの性格は、どうしても外を意識して、外をはじいて、内に強固なものを作ろうとする。内が強固になればなるほど、外をはじくという性格を持ってくる。

法然上人の浄土宗独立

何を拠りどころにするのかが、仏教の歴史の中でいろいろ問題になり、インド、中国で、それぞれの経典によって、お釈迦さまの本意を読み取り、この経典が本当だと、それぞれの祖師方が主張をされてきた。『華厳経』によって華厳宗が立ち、『法華経《ほけきょう》』によって天台宗が、日蓮宗が立ち、『涅槃経』によって涅槃宗が立った。それらの宗は今私どもが日本で考えるような宗派ではない。本山があって末寺があるという宗派ではない。宗派ではなくして、その経典を拠りどころにして仏陀の本意をこのように受け取る。中心経典を拠りどころにして仏教を再統一する。仏教の教えを再構築する。こういう営みがそれぞれ華厳宗や涅槃宗という形で起きてくる。それに先立って、インドで阿毘達磨の時代があり、部派仏教といわれる部派の対論の時代があった。それぞれ伝統を持つ学派がいくつもに別れて議論する長い歴史があって、出家の学者が学問的議論をくり返した。

それに対して、龍樹菩薩が仏教の根本はそういう細かい議論にはない。人間はどうしても言葉があればそれに執《とら》われ、思想があればそれに執《とら》われ、微に入り、細に入り議論する。また、それがなければ厳密にならない。曖昧なままでは人間はまた分からない。そういうわけでインドでも、面倒な議論がくり返されていた。それをいっさい破り、それは戯れであってすべて戯論《けろん》である。ギリシャではソフィストというものがあるが、議論のための議論、理論のための理論は必要がない。戯論を寂滅せよと叫ばれたのが龍樹菩薩です。

その龍樹菩薩が思想的拠りどころとされたのは『般若経《はんにゃきょう》』という経典です。何を拠りどころにするか、どういう体験が仏陀の根本体験かを、仏教の歴史（仏教の歴史は三〇〇〇年ということですが、厳密には、まだ三〇〇〇年は経っていません。紀元前四五〇年、説によっては一〇〇年ほど仏陀の在世期限は違うのですけれども、紀元前四五〇年頃におられたと考えれば、約二五〇〇年くらいしか経っていないが、大雑把にいえば三〇〇〇年といわれます）の中で、仏陀の本当の教えを尋ねてきた歩みが仏教の歴史である。『八宗綱要《はっしゅうこうよう》』（凝念《ぎょうねん》著）という本がありますが、たくさんの「宗」が、「宗」というのは今いったように宗派ではなくて、学問的な、仏陀の教えを経典を中心にして思想的に統一し直す学問的立場です。だから、一人の人がいくつもの「宗」を勉強し直すことは可能です。『華厳経』を勉強する、あるいは『法華経』も勉強する、『涅槃経』も勉強する。

インドの仏教が中国へ行くと、華厳も涅槃も全部勉強した上で『法華経』を中心にして、もう一度、再統一したのが天台大師智顗《ちぎ》（五三八～五九七）です。そうしていくつもの「宗」が生まれた。日本には、インド・中国でできた学問宗がそのまま伝わってきている。平安時代までは、中国に伝わってきて正しいとされている「宗」がそのまま日本に来た。

ところが、法然上人は、そういう「宗」では自分は救《たす》からない。そういう学問によっては、自分のような人間の根本問題は解決しない、つまり、迷いが晴れないという苦悩の中で学び続けられ、浄土教に出遇った。日本に伝えられた浄土教に一番大きな影響を持っている中国の祖師は善導です。善導大師を法然上人は、「もっぱら善導一師による」、「偏依《へんね》善導一師《ぜんどういっし》」と。善導大師一人を自分の師匠とすると、『選択本願念仏集』に書いておられる。

善導大師は「五部九巻」といわれる大部の書物を書いておられる。その善導大師の書物は、天台の学問を中心にした比叡山にすでに入ってきている。恵心僧都《えしんそうず》源信《げんしん》（九四二〜一〇一七）は、善導大師の教えを受け止めて有名な『往生要集《おうじょうようしゅう》』という書物を書かれた。親鸞聖人より二〇〇年ほど前の方で、比叡山の北の横川《よかわ》に隠世されて、浄土教の教えを説かれた。

その浄土教の教えは、天台の教えとは本質的に矛盾する。というのは八万四千の法門といわれるように、経典は無数にある。経典の中で、何を拠りどころにするかを探そうとすれば、自分が本当と思うものに出遇うまで全部読んで、そして自分はこれを取るということをしなければ、本当のものには出遇えない。とにかく情報が全部ないことには、偏った情報だけでは本当かどうか決定できない。全部勉強しなければならない。解を学ばんと欲わば、凡より聖に至るまで全部学ばなければならない。つまり、解釈して自分の理性で判断して、これを取ろうと思うならば全部を学ばなければならない。

仏教を主体的に、つまり理性の解釈として正しいかどうか、思想として正しいかどうかという関心で学ぼうとするなら、とにかく全情報を一応、我が頭にインプットしなければならない。しかし、八万四千の法門は厖大な量であり、一生かかって全部読めるのは幸せな人でしょう。しかも、歴史の中で錯綜してきて、文献として何が本当なのか、どれが本当なのか、つまり、テキスト・クリティークはまだできていない。自分の出会った師匠について、さし当たって本当と思われるものを学ぶしかない。

これに対して、「行《ぎょう》を学ばんと欲《おも》わば」ということをいっております。「行を学ばんと欲わば、有縁《うえん》の法に依れ」、縁のある法に依らなければ、短い人生の中で何が本当なのか、のんびりと一生かかって八万四千の法門を訪ねていたら、とても出遇うことなどできない。だから、「行を学ばんと欲わば、有縁の法に依れ」といわれて、自分はこれが縁のある法だといって善導大師が選ばれたのが浄土教です。

善導大師は浄土教について、八万四千の法とどういう関係にあるかというと、「門余《もんよ》」といわれる。「八万四千の門に余れり」と書いておられる。つまり、浄土経典の持っている意味は、他の経典類と同質的にこういう系統の経典もあるというのではない。いろいろの系統の一つとして浄土教系統もあると、文献学者は見るだろう。けれども善導大師は、自らが仏陀の教えを主体的に受け止めようとしたときに、他の経典類は、八万四千の法門として一括りにできる。つまり、人間の努力を要求するものである。人間が人間として真面目である、人間が人間としてできる限りの最善の行為をする、あるいはできる限りの戒律を守ったり、修行をしたり、学問をしたり、そういう努力を振り向けて仏教の覚りへと近づこうとする立場の教えである。八万四千の法門は皆そうである。そういう八万四千の法門は浄土教に出遇ってみると仮の門（仮門）だといっておられる。

善導大師は、人間の存在を大変深く見つめられて、「機《き》の深信《じんしん》」といわれている。「曠劫《こうごう》よりこのかた、つねにしずみ、つねに流転《るてん》して、出離《しゅつり》の縁《えん》あることなき身《み》としれ」（聖典六四〇頁）と『歎異抄』にも記されております。曠劫より以来、無始より以来ずっと流転してきた。迷ってきた。常に沈み、常に流転して、それを出ることができない。人間の立場でもがいても、救かることができない生活をくり返してきたという自覚、これを「機の深信」という。この人間自身の存在の自覚を通じて、八万四千の法門をどのように求めても、言葉があってもその言葉のように自己が成らない、救からない。こういうことをくぐって如来の本願として教えられている浄土教に出遇われた。

如来の本願、弥陀の本願として語られる浄土経典は、「門に余れり」、八万四千の法門ではないもの、つまり、人間の努力を要求している経典ではない。人間の努力に破れたる者、人間の努力に悲しいながら挫折した者が出遇うことができる教えという意味で「門余の一道《いちどう》」といわれる。善導大師は、南無阿弥陀仏という「行」は本願の行であると。如来の願心が呼びかけている行為であると。人間の努力が起こす行為ではない。人間の努力が破れたときに出遇う行為であるといわれる。

法然上人は善導一師、善導大師一人を自分の拠りどころとして、浄土宗という名告りを持つ。浄土三部経は、いろんな系統の経典の中から自分が理性で考えて、これが真実で他は嘘だといって、人間の立場で決定したのではない。人間が覚ることができない、あるいは、きれいにすることができない根の深い罪の意識、そういうものを持った存在としての人間を救けるべく開かれてある教えである。こういう意味で浄土三部経によって浄土宗を建てる。

これが、法然上人の浄土宗独立の意味である。浄土宗という宗を独立させるという意味は、天台の中にありながら、天台の学者でありながら浄土を説くということではない。これは親鸞聖人にとっても一つの謎だったと思いますが、源信僧都の立場は学問は天台である。しかし、信心は浄土である。つまり、学問と信心は源信僧都の上では分かれていると考えられる。一方では天台の学者として一流をなして、恵心流といわれる。恵心僧都源信の名前を取って、恵心流という学問の流派ができている。それくらい天台の学者としても優秀である。その一方では『往生要集』を書いている。その場合、信心は学問の方へ顔を出さない。もちろん、『往生要集』の中身は沢山の経論から引用して、学者でなければとても作れない内容になっている。だから許される。天台宗の中に浄土の流れがあっても、それは宗ではない。ひそかな信心、信仰、それを寓宗《ぐうしゅう》という。寓宗は独立した宗ではない。独立した宗というよりも、中に隠れている宗、本当は宗ではない。宗は天台である。法華一乗、『法華経』によって統一した教理を作っている、学問の立場は天台宗である。

浄土の教えは個人的というか、一人間としての救いの道である。本来仏教は、思想のためとか、学問のためにあるはずはない。仏陀が出家したときの出発から、仏教は苦悩を超えるための教えである。四苦八苦といわれる苦悩の現実、人間の苦悩をいかに超えるかというところから出発して、悪戦苦闘の末に開かれた教え（覚り）である。その苦悩から解放された喜びを、どのようにして苦悩の中に埋没している人間に呼びかけるか、というところから教えが開かれてきている。

だから、苦悩を超える道としての仏教を離れて、単に言葉を研究したり、思想として研究したりするなら、人間を救う道としての仏道に意味はなくなる。おそらく、法然上人も親鸞聖人も比叡の山で学びながら、学問・修行を通して学びながらどうしても人間として満足できない。人間が充足しない。人間が解決しない。そういう悩みの中で、天台の中に浄土教は来てはいるが、浄土教（寓宗としての）を学んでも、コンプレックスが解放されない。あるいは空虚感が満たされない。つまり、学問と信心が分かれた状態では人間は成就しない。

そこに法然上人は比叡山を降りざるを得なかった。降りたのは浄土の教えをもって独立するためである。独立するといっても、はじめは育ててもらった比叡山を足蹴にして自ら独立するような思いではない。比叡の学問では救からなかった身として、浄土の教えこそが人間を救う道であるということを確認した。救かる道である浄土の教えを人々に広めながら、仮門である自力の努力をもって救かろうとする道を要らないものとして切り捨て、浄土の教え一つで救かると宣言された。

そういう意味で浄土三部経といいますが、三部経が他の経典とは違う独自の意味をもって取り出されて、一つの「宗」を宣言したのは法然上人の仕事です。それ以前の祖師方は、どこかで信の立場に違いがある。学問と信心が離れていて平気でいられるはずがありませんから、源信僧都には、何処かで悩みがあったに相違ない。それを法然上人は自分は信心をとる、学問は要らない、という立場をとられた。専修念仏《せんじゅねんぶつ》、念仏一つでいい。学問は虚偽だから要らない、というのが法然上人の強い決断です。学問はむしろ人間を苦しめ、自分を悩ませてきた。それは人間にとって不要なものだ。これが法然上人の決断でしょう。

浄土は何故必要なのか

法然上人においては三経はほとんど平等です。三部経を取り出されて『選択本願念仏集』をお作りになった。『大無量寿経』『観無量寿経』『阿弥陀経』に依られて、本願が選び取った念仏、だから人間の努力が要らないというのが『選択本願念仏集』の主張です。このときには、三部経の意図は平等です。法然以前の祖師方の読み方も、三部経は平等なのでしょう。浄土の教えを説いているということでは他の経典とは質を異にする。

三部経は如来の本願を、浄土を明らかにしている教えである。浄土は、この世に対して浄土を説く。此土に対して彼土を説く。私どもは、認識不足の場合があるにしても、少し認識を改めればものがよく見えてくる。こういうものの見方を持つが、人間は流転する者であり、迷える存在である。人間が苦悩するのは迷っているからだ。仏教は、流転する者、六道輪廻する者として人間存在を捉える。だから、少し認識を改めるぐらいでは救かるはずがない。仏教は覚りか迷いかという二つの世界を持つ。覚りから見るか、迷いから見るかで同じ現象がまったく違って見えるという教え方をする。だから、その迷った状況を覚れば真実であるというのが八万四千の法門の一貫した説き方です。

親鸞聖人の和讃、『愚《ぐ》禿悲《とくひ》歎述懐《たんじゅっかい》』の中に、「罪業《ざいごう》もとより形なし　妄想顛倒《もうそうてんどう》のなせるなり　心性《しんしょう》もとよりきよけれど　この世はまことの人ぞなき」（聖典五〇九頁）という和讃があります。罪業というものはもともとない、罪業というのは人間の執れにすぎない。心の本来は清いと聖道門は教える。修行すれば清くなる。本来は清いのだから、汚い面を取り除けば清くなると、聖道門では教えられている。

仏教の説教など聞くと、大概が修行する意味は清くきれいにするためだと。濁っているからきれいにすれば、ちょうど濁った水を浄化すればきれいになるように、人間の心もきれいになると教える。少しでもきれいにしていけばきれいになりますよと教える。倫理においては人間を善なる者と見て、善いことをしなさい、善いことをしていけば人間は良くなりますよという。このように、仏教も善い心が本来なのだから、だんだん間違っている心を洗って行けばきれいになりますよと、倫理の教えと同じように教える。

ところが親鸞聖人は、倫理の教えのように行ってきれいになる人がいるかといえば、一人もいないと。それは一つの仮門といいまして、人間は努力意識を、自己肯定性を、努力すれば良くなるのだという信頼感を何処かに持っている。その信頼感を人間は取り除くことができない。だから努力しているのだが、もし真剣に取り組んでそうなろうとするなら、ほとんど成就しない。何故成就しないかを、時代社会の問題と自分自身の問題との両面から浄土教は説得しようとする。

一つは、釈迦を遠ざかること遠いからだと。道綽禅師は、釈迦如来を去ること遠い、遥遠であるといわれる。

もう一つは、人間の機根・能力が衰えている。理は深い、教え自身は深い教えであるが、覚る側の、解釈する側の人間は浅いと。教えと自分が一致できない矛盾があると、七祖の先輩方は述べておられる。努力を勧める教えは、仮にやってみなさい。とことんやってみなさいと勧めるしかない。そういう意味で仮門、仮の門なのだといっておられる。

ところが仮の門だからやってみようとすると、なかなか仮の門から出られない。仮の門を卒業することが容易ではない。清沢先生でも、「骨が折れました」といっておられる。人間の努力意識、自己執着の心、自分の能力、自分の心の本質に依頼する心、自心というものを何処かで誇っている心は根が深い。しかし、自分の心が良い心かというと邪心・悪心だらけである。では本当にそれで諦められるかというと諦めきれない。どこか心の底にはまだ本当のものがあるに相違ないとか、能力がないとはいえ、やれば少しはましになるだろうという信頼感は切れない。だから、この仮門というのは出にくい。

親鸞聖人は「化身土巻」の初めに、「真なる者は、はなはだもって難く、実なる者は、はなはだもって希《まれ》なり。偽なる者は、はなはだもって多く、虚なる者は、はなはだもって滋《しげ》し」（聖典三二六頁）と。この虚偽なる者、偽者に騙されて、そこに留まる者の方が圧倒的に多い。本当に自分の在り方に気がついて、回心懺悔して、如来の言葉を素直に聞くようになることは容易ではない。なぜなら人間の自力心、親鸞聖人の言葉でいえば「自力の執心」を立場にしてものを考えているからです。

仏教一般からすれば、迷いの存在を立場にしている、それを翻せば覚れると、翻す可能性を何処かで迷いの中に認めている。私どもは迷いの心で生きている。仏教が迷妄というのは、日常意識の中でどちらが正しいのだろうとか、はたしてそれが本当だろうか嘘だろうかと迷う、そういう迷いではない。人間の考えとしてはこれが正しいとか、間違いがないという判断が成り立つ立場であっての迷いである。人間があれかこれかと迷っている。こちらを取ろうかあちらを取ろうか迷っている。そういう意味での迷いではない。

どういう意味かというと「虚妄分別《こもうふんべつ》」、これは唯識の言葉ですが、嘘というのは無いものを有るものとして考えてしまう。無いものを有るものとして考えてしまうような意識の在り方です。「分別」というのは仏教用語で、日常用語の分別とはこれまた違う。日常用語の分別は良いことです。あの人は分別がある、あいつは分別の無いやつだと。人間にとっては分別は大切であり、良いことです。

日本の場合はもともと日常用語に入る前は仏教用語だった。中国では日常用語であったものを仏教用語に取り入れている。分かち別つという言葉、二つに分けるという作用は意識の本質です。人間の意識は何でも対象化して分ける。分けなければ人間の意識は意識として成り立たない。これは何々でなくて何々であるという判断をしている。目の働き、耳の働き、全部の感覚作用がそういう分ける作用を持っている。

意識全体を分別という言葉で表現する。意識自身が分別という働きである。その分別が虚妄に分別している。正しく意識が成り立たないで間違って成り立っている。ふつうは間違っていると思わないで正しく意識していると思っているが、正しいと思っている思いの方が、仏教からすると根本的に間違っている。つまり、独断にすぎないと教える。それは何故か、無いものを有るものと考えているからだ。自我というものが根源的に有るものだと思っている。

自我があって意識された対象が対象のごとくに在るものだと思い込んでいる。例えば、夢の中で山を見たというときに、夢の中では山は在るものだと思う。覚めてみたなら無いにもかかわらず、夢の中では在るものだと思う。そのように人間は覚めていても、無いものを在るものだと思っている。

人間の意識は、例えば、柱は茶色と表現します。茶色と思っている。茶色という実体があると思っているけれど、これは科学的な言い方になりますが、茶色というのは、たまたま光の波長が人間の眼に茶色と考えられる波長が来ているにすぎない。茶色という実体があるわけではない。茶色と人間が感ずるものを茶色と表現しているにすぎないのであって茶色という実体はない。もしこれを違う感覚機能を持った存在から見れば、例えば、目が不自由な場合、色盲の人の場合には色が違って見える。もっと極端な場合、犬が見た場合、茶色と見ているかどうか分かりません。においでも、人間が嗅いでいい匂いでも猫にとっては嫌な臭いかも知れませんし、犬が大好きなにおいは人間は嫌いかもしれません。

好き嫌いも含めて人間の感覚器官で共通に一応こうだというものは、そういうものだと思っているが、一応そういう感覚であるにすぎないので、実体としてあるわけではない。もし人間で目に七色以上に波長の見える人がいたら、今我々が見ているのとは違う世界を見ているのかもしれない。だから、在るのは独断にすぎない。根源は自我《じが》です。自我が在ると思う。自我は無いんだ、自我が在るというのは思い込みにすぎない。仮に自我のような形を取ったいのちの限定があるにすぎない。それを私どもは愛着して止まない。そして自我が有るという思い込みの上に経験を蓄積している。したがって全部が顛倒、全部がひっくり返っていると仏教は教える。

仏教の表現というのはなかなか分からない。なかでも浄土教は、『大無量寿経』に「難中《なんちゅう》之《し》難《なん》」(聖典八七頁)という言葉がありますが、「難の中の難これにすぎたるはなし」といわれる。門余なるが故に、門余という意味は、一応、八万四千の法門は分かりやすい。分かりやすいという意味は、人間が自分に執着している、自分を正当化している立場なら分かる、話を聞ける。お説教でよくあるのですが、いい話だったという。いい話だったというのは大概、自分の考えていたことを言ってくれた、だからいい話だったと。

仏教の話は本当はそうではない。自分の考えをひっくり返すようなことに出遇わないと、頭が下がったということにはならないのですが、大概は、自分の考えている領域、自分の主張しようと思っている内容を補強してくれるものはいいものだと思う。私もそうでした。分かろうとする場合、今までの考えをもう少し増やしてくれたり、賢くしてくれるものがいいものだと思う。ところが、そういう形でいくら聞いても、例えば、『教行信証』の思想は分からない。「難中之難」とは、結局、自分の執心を破るような言葉だからです。

自我執心は破りにくいものである。一番守りたいものである。何よりも大切にしたいのが我情である。ところが、その我情がある故に人間は閉鎖的になり、自己中心的になり、無駄にコンプレックスを抱え苦しんでいる。開いてしまえばたいしたことがないのに、後生《ごしょう》大事に隠し持っている故に、悶々として苦しんでいる。よく信仰体験の表白に、「樽の底が抜けた」という譬《たと》えがありますが、樽の底を抜いてしまえば何もないが、樽は底がある故に水が溜まってくる。それをいくら汲み出しても、また、水が溜まってくる。

人によって違うのですが、私の場合はそうでした。仏教の話はなかなか馴染みにくい、発想が受け入れにくい。立場が転換していませんから、聞きにくい。そういう意味で、浄土の言葉というものは、大変人間の耳に入りにくい。それをいかに浄土の教えの意味を呼びかけるか！　というときに、浄土の経典の中に、呼びかけるための歩みがある。親鸞聖人は、そこに気がつかれた。何故浄土の教えが分かり難いか、それは人間の自力心の根が深いからだ。根の深い自力心を教えるためには、手立てが必要である。浄土という世界を教えること自体が、ある意味では方便である。

浄土経典は、浄土を開くわけです。「此の土」に対して「彼の土」を開く。彼の土を語る。彼の土というのは如来の世界、あるいは本願の世界。此の土というのは人間の世界、人間中心の世界。何故「彼土」を語らなければならないのか、人間中心の世界だけでは何故いけないのか。そこにすでに彼土を開くということを人間は初めから、何処かで疑っている。ユートピアとしてとか、あるいは、死後の世界としてなら、分からないけれども一応、納得する。

仏陀の教えとして何故浄土が必要なのか！　こういう問いが昔から出されている。そこに親鸞聖人は浄土の教えを主体化するについて、ずいぶんと悩まれた形跡がある。あたかも神話のように語られた浄土三部経の世界を、その教えに出遇った信仰内容として表現したのが『浄土論』です。

『浄土論』は神話の世界、物語の世界を語っているのではない。自分は、このように浄土の教えに出遇って、浄土というものを主体化したということを語っている。親鸞聖人は『浄土論』に真っ向から取り組まれた。そういう意味でキリスト教の言葉を借りれば「非神話化」です。神話のように表現されている浄土の教えを、非神話化、初めて神話でない「実存的《じつぞんてき》」意味を持った内容として表現したのが天親菩薩の『浄土論』です。

一方、日本の浄土教は平安浄土教ですから、貴族のユートピアみたいなものです。死ぬときに仏さまが来迎して、山の向こうから光の雲に乗って来て、手をさしのべて連れて行ってくださる。この世ではたいしたことはできなかったが、最後、臨終には良い世界に連れて行ってくださるというユートピアみたいなものが流行っていたわけです。

何故かというと、恵心僧都源信が、浄土の教えを庶民に呼びかけるために、地獄の思想を強調した。地獄を強調するということは、人間の恐怖感・絶望感を募らせる。元気な人間でも、何処かに不安を持っておりますから、恐怖感を募らされると、信心を、説教を聞こうという気になる。信心の言葉を求めるようになる。平安時代は、飢饉や天変地異、疫病などが流行ったようですが、それと重なって庶民の中に浄土の教えが広まった。それは恵心僧都の、浄土の教えを広めんがための一つの方法だった。

法然上人が出られたころには、浄土の教え、念仏の信心は、日本国中にいろんな形で広まっている。文学の中にも、庶民の生活の中にも入っていた。やはり、この世では地獄に堕《お》ちるという恐怖感があります。誰でも生活するためにこの世ではろくなことをしていない。この世で生活しながら罪なことをしている。だから、死後は地獄に堕ちるぞといわれれば、思い当たらない人はほとんどいない。何処かで悪いことをしている。そういうところに呼びかけたという一面が、『往生要集』にはある。

けれども、法然上人がなした仕事、そして親鸞聖人が呼びかけたものは、地獄から救かるための教えではない。親鸞聖人の思想の特質は、一番端的には、「現生正定聚《げんしょうしょうじょうじゅ》」という言葉が示している。「現生正定聚」とは、このいのちの中で、まさしく仏になる可能性を確保したという信念である。迷わないでいい方向を一点見定めたという確信、これが親鸞聖人の本質といってもよい。それを如何にして確保するかが求道者の苦悩である。得たと思うと失う。それを確保しようともがいてもどうにも決まらない。決めたと思っても、また、状況が変わると崩れてしまう。そういう中で親鸞聖人は浄土の教えに遇った意味を「正定聚不退転」という言葉で言い当てている。別の言葉でいうと、「金剛心《こんごうしん》」。もう揺るがない確信を得た。人間が凝り固めた確信ではない。どのような愚かな人間であろうと、どのような状況が襲って来ようと、もう揺るがない信念。それは、如来が私を包んでいる、如来が私を摂取不捨《せっしゅふしゃ》の願心で包んでいるということを信頼する。自分はどれだけ揺らごうと如来は私を信頼してくださっているという確信。だからこれを正定聚という。これが人間を救う。人間が覚りを開くことで救かるのではない。正定聚を得れば救かる。これが親鸞聖人の確信です。

親鸞以前の浄土の教えは、死んでからの教えです。もともとはそうではない。善導にしろ、道綽にしろ、曇鸞にしろ、あるいは龍樹菩薩の「易行品《いぎょうぼん》」にしろ、死んでからといっているのではないが、そういう表現もある。信仰表現の中に、生きているうちは煩悩が抜けないから、あたかも臨終をくぐって救かるような表現もある。しかし、現在、確かに如来の救済を得たという表現もある。混ざっている。その混ざっているところが魅力であると同時にごまかされるところでもある。

日本浄土教はそういう意味で気分的なものがある。日本人は思想的とか論理的というよりも、感覚的、情緒的民族です。情緒的な方が有難いから、観音《かんのん》さまなり勢至《せいし》菩薩を従えた阿弥陀如来が向こうから来てくださるというのなら、これほど有難いことはないという信仰だったのでしょう。そうすると生きている間は臨終を心配しながら生きていかねばならない。臨終に、はたして救けてくださるかどうかは決定できない。浄土教に絡むさまざまな問題、浄土教と聖道《しょうどう》仏教、本当は決定的に違った質であるはずの聖道仏教との境い目の曖昧さ、こういうものが親鸞聖人にとっては、思想的課題であり、あるいは信仰内容を厳密にするための聞思《もんし》、思索の仕事になったのではないかと思います。

三部経は本願の宗教

親鸞聖人は三部経という経典の本質を本願を説くところにあるとし、その本願の立場から経典を見直された。『大無量寿経』の本願の中に、機の本願である三願がある。『大経』の中には四十八願が説かれているのですが、その中心が第十八願、第十九願、第二十願という願です。三つの願を「機の三願」という。三願にわたって「十方衆生」と呼びかけている。十方衆生と呼びかけている願が四十八願の中に三つ、第十八願、第十九願、第二十願とある。この三願も、親鸞聖人以前はどういう位置にあり、どういう意図を持った願かということが厳密に考えられていなかった。

　この三願の性質を、親鸞聖人は言葉を厳密に御覧になって、信仰内容を表しているものとしていただかれた。信仰内容に歩みがある。「三願転入《さんがんてんにゅう》」という言葉があります。第十九願→第二十願→第十八願という展開の中に、信仰の自己批判、信仰自身の持っている問題の自覚を親鸞聖人は読み取られて、三願と三経（『大無量寿経』『観無量寿経』『阿弥陀経』）という三つの経典と三願を照らし合わされた。

　『大無量寿経』は直接的に第十八願を表す。真実信心を明らかにしている。それに対して『観無量寿経』は第十九願を表し、諸行往生、「行」でいえば諸行、もろもろの行を説く。人間の善根、自分の積む善を頼む、人間の行為を頼む、そういういろいろな善い行為、諸善ともいいますが、経典を読め、戒律を守れ、学問をせよと善い行為をいろいろ教える。そういう行為をたくさん積んで、それを回《めぐ》らせ向けて往生しよう。これが法然上人が否定された諸行往生。念仏往生に対して諸行往生。諸行往生を表しているのが第十九願である。第十九願という願の内容を表に表しているのが『観無量寿経』です。

　『観無量寿経』の表の姿は努力を要求する。定散二善《じょうさんにぜん》といい、定善《じょうぜん》とは三昧です。人間の心を澄ませる。人間の心を統一する。迷う心を統一して、集中していく。人間は、あれかこれかで迷う。どうしようか、これをするかしないかと迷う。人間の迷いはそういう形で起こる。

　状況が変わって、それに流される。それを流されないようにしようと考える。迷うのを止めたいと思う心に訴えるのが定善です。定を呼びかける。意識を統一せよ、精神を集中せよといわれる。精神を集中すれば迷いが晴れるというのが定善。坐禅をしたり、滝に打たれたりする。意識を集中して迷いを超えようとする。

ああでもない、こうでもないと迷うと辛い。もうくよくよしないようになりたい。もう迷わないようになりたい。集中したい。人間にはそういうことを求める性質、特性がある。その要求に従って、求めよ！ やって見よ！ というのが定善の教えです。その定善に対して、それを好む人間を定機という。説得力がある。こういうことをいわれれば人間はやりたくなる。やれば少しは迷いが覚めるのではないか、迷わなくなるのではないかと思う。『観無量寿経』はそのように教えている。だから諸行往生です。

浄土教の中にこの諸行往生の考え方が入っている。念仏も称えるけれども、できる限りの善を積みながら念仏も称える。この諸行往生を誓っている願が第十九願です。その内容は臨終来迎も誓っている。だから、諸行往生・臨終往生といいますが、それは第十九願の往生です。

法然上人の場合、第十九願は諸行往生、第十八願は念仏往生と。親鸞聖人は、三願と三経を照らすことによって第十九願は諸行往生、第十八願は念仏往生、その間に第二十願を見出してこられた。この問題はなかなかやっかいなので、あらためて詳しくお話したいと思います。第二十願というのは、法然上人の念仏往生の教えを聞きながら、法然教団の中に大きな割れが生じた。それは、一念義《いちねんぎ》・多念義《たねんぎ》といわれております。

一念義は一声称《とな》えたら救かる。一声称えればそれでいい。一念義は倫理的には頽廃する。もう救かったんだから何をしてもいいと。信仰としては徹底しているが、如来の本願を頼んだら何をしてもいいという立場です。これは社会生活をする上ではずいぶん非難を浴び、法然教団が弾圧される原因にもなった。

多念義は逆に、倫理的には非常に真面目である。念仏を教えられているが、一ぺんでは救からない。たくさん称える。臨終まで称え続ける。念仏は善いことと聞いて、それをたくさん称えようとする。

同じ法然の弟子たちが大きく二つに別れた。隆寛《りゅうかん》律師（一一四八～一二二七）や親鸞聖人の無二の親友であった聖覚《せいかく》法印（一一六七～一二三五）などは、一念義でも多念義でもない。念仏往生だから数にこだわる必要はない。かといってたくさん称えなければならないということもない。一とき一ときが念仏往生であると明らかにしようとした。そこに親鸞聖人は第二十願を見出してこられる。

第二十願は、名号に一心不乱になろう、名号に専注しようとする。そこに、行は名号だけれども、名号を取り入れようとする主体、名号を信じる主体、本願を受け入れようとする主体自身に自力の執心の根が切れていない。こういう信仰の内なる罪の問題を親鸞聖人は見出してこられて、第二十願の問題として展開される。この問題に答えているのが『阿弥陀経』です。

『阿弥陀経』は、第二十願意の経典。『観無量寿経』は第十九願意の経典。そして『大無量寿経』は第十八願意の経典。三経を三願と照らし合わせた。「三・三の法門」といいます。親鸞聖人は、三経・三願・三機・三往生と、往生にも三つの形を見出している。それは、正定聚・邪定聚《じゃじょうじゅ》・不定聚《ふじょうじゅ》という。決まらないから無理やり決めようとするのが邪定聚。決まらないのが不定聚。正定聚・邪定聚・不定聚という三つの人間の在り方に三つずつに三つの概念を対応させて考えを進めておられる。

このように三経の特徴を捉えて、三経ともに本当は選択本願を顕す。三経ともに念仏往生を顕そうとするのだけれども、人間の迷いに呼びかけんがために位があると、三部経の中に段階的な仕事を位置づけた。これが法然上人にはない親鸞聖人のお仕事の一つです。つまり、親鸞聖人の信仰の思索がデリケートなのです。内面的である。問題を何処までも掘り下げていく。経典を読む場合でも、経典全部が真実だというのではなく、経典の中に人間の虚偽を自覚せしめんがための方便がある。経典が嘘をついているというのではなく、人間が嘘を信じていますから、その嘘を確かめんがための手だてである。こうして三部経の中に階段を設けられたことが、親鸞聖人の三部経の見方です。

親鸞聖人の指摘なくして経典を読もうとするとどうなるか。まず第一に聖道の経典、つまり、『涅槃経』と『華厳経』とがどう違うかがよく分からない。よく似た言葉が並んでいる。

親鸞聖人は、浄土三部経だけを取り上げて『教行信証』を書かれたのではない。浄土教を単なる救済ではなく、人間の上に成り立つ自覚的救済、人間が信じるという意識作用を通して救済にあずかる。主体的な回心《えしん》、決断を待って、如来の本願を成就するという構造を厳密に明らかにされた。そこに『教行信証』全体は「本願論」といってもよい。如来の本願がどういう意味を持っているかを考えられた。その内容として、大乗の経典である『華厳経』や『涅槃経』を取り入れておられる。『華厳経』が持っている大乗の課題、『維摩経《ゆいまぎょう》』や『勝鬘経《しょうまんぎょう》』が持っていたテーマも取り入れておられる。

これらは仏教の歴史が持っている思想の課題です。思想の課題も本願論の課題の内容として、親鸞聖人は今一度取り込んでこられる。人間は複雑で迷える存在ですから、いろんなことに迷う。その迷った歴史が思想の歴史だといってもよい。そういう歴史の迷いの経過を今一度正すべく、本願の救いによって正すべく取り組んでおられる。それらは無関係だと言いきってしまうと、そういう問いが出たときには答えられない。親鸞聖人は長い年月をかけて、いろんな思想の問題、いろんな悩みの問題を本願に立って応えていく仕事をなされたのだろうと思います。

歴史の仕事である本願を根拠として人生を生きる決断を選び取った。そして、具体的な思想の課題にどう応えるかが、親鸞聖人にとって、法然上人の仕事を引き受けて浄土教団の迷いを晴らすべく立ち上がった思想の課題である。それは『浄土論』『浄土論註《じょうどろんちゅう》』の課題であるといってもよい。三経一論でいえば、一論の方、つまり、歴史の課題である。経典の持っている思想を明らかにするという面と、思想をくぐって出てきた、人間の歴史をくぐって問われてきた、経典の上では論じられていない課題もある。歴史をくぐって出てきたものは必ずしも浄土経典には出ていないで、他の経典に出ている場合もあるし、まったく経典に出ていない場合もある。

歴史状況をくぐって出てきた問いは論釈《ろんしゃく》の問題である。しかし、それを経典の語る根本の言葉と照らし合わせる。経典の言葉はそれに全然触れないのかといえば、探せば、気がついてみれば、それに応えていたと。見過ごされていたような言葉の中に、後に出てきた問題を孕んでいる言葉が実はあったと。そういう形で尋ねていったのが、三願、三機の探究です。このような形で読むことはふつうは思いも及ばない。

宗教を求める場合、私どもは苦しいから救いを求める、直接解答が欲しい。このような要求からすると、法然上人の表現は、端的に、スパッと、光を聞くような方向だろうと思います。けれども、親鸞聖人の歩み、表現は、重層的なのです。悩みをスパッと切り裂くのではなく、時間をかけて自覚を待つ。しかも悩みがあったらなくしてしまえとはおっしゃらない。悩みが有る方が人間的だと。悶《もだ》えれば悶えるだけ尊いのだと。光に照らされていればこそ、その悶えが意味を持つという形で、悩むこと自身を意味づけるような考え方をする。

そうした考え方の一番の元は、言葉に対する非常に執念深いほどの愛着です。経典の言葉を疎《おろそ》かにしない。経典の言葉を寝ても覚めても憶念するような趣で解明していく。私もはじめは親鸞聖人の考えは面倒くさくてかなわないという思いを持ったものでしたが、聞いていきますと、人間の側に課題がある。人間の側の課題が一つ明らかになったら、また一つ、もっと深い闇が見えてくる。だからそう簡単に切り捨てるわけにはいかない。いわば、求道の苦労人としての親鸞聖人の教えが、尋ねても尋ねても、これでもかこれでもかと言わんばかりに、人間の迷いの深さを教えてくださるのです。

仏典をいかに読むか

「三経一論」の勉強をするために、この会が始まりました。「三経一論」、具体的には『大無量寿経』という古典を読むということは、いったいどういう意味があるのか。なるほど、古典が何を語っているのかという知的興味であれば、それなりの意味があるでしょうが、私どもは差し当たって、そういう意味で古典を読むのではない。この現代という時代を生き、表から見れば発達した、豊かになった、便利になったという文化生活を営んではいるが、そこに生きている人間存在そのものは、周《まわ》りがどのようになっていようとも、やはり、一個の人間、有限な存在であり、与えられたいのちである。そのいのちを生きながら、さまざまな苦悩を感じ、あるいはいのちの意味を問い、虚無感に襲われている。そういういのちを生きている人間にとって古典、中でも仏教の古典を読むということはどういう意味があるのか。

私は安田理深《やすだりじん》先生（一九〇〇～一九八二）の教えを受けていたころに、先生がときどき古典を読むことについて、おっしゃっていたことを思い出します。古典を読むのは古い書物を読むのではない。古い中に新しいもの、今見失われている本当の現在の意味、これを古典がすでに掘り当てている。温故知新という中国の諺もありますが、単に古い書物を読んで古い書物に帰るのではない。

古いということ、時代を経たということは、単に砂に埋もれてきたということではない。「経」という字は、中国でケイと読む場合は、縦糸《たていと》という意味です。スートラ（sutra）という梵語を経（キョウ）という字に翻訳したのは、地球儀で緯度、経度という場合で分かるように、織物でいえば横糸がどんなに変わっていっても一貫してつながっているもの、それが切られたら生地が成り立たない。そういう連綿としてつながっている縦糸、そういう意味をもったものが古典としての経典の命です。

文学作品の古典であっても、人間の作品の古典が持っている力は、同じような意味があるのかもしれません。特に、私どもが人生の拠りどころとして古典を読むという場合は、まず、説かれている言葉は、人間の用いてきた言葉です。人間の用いてきた言葉は、人間の分別、人間の経験、人間の上に起こった事件などを、その時代社会に共通に理解できる言葉で記録してきている。しかし、そういう言葉で単に歴史の物語や、歴史上に起こった珍しい経験を記録したり、人間の考えを記録しているというだけではないのです。

仏陀の言葉は、人間の言葉で語りかけながら、人間の考え方の根本的な誤りを正す。つまり、迷いと覚りという言葉でいうならば、どのように人間がものを考えても、どのような体験を持っても、生まれてそのままに、この世の中でものを考えて、経験している限りにおいて、たとえそれが一応、その時代に通ずる真理、あるいは非常に広い説得力を持つ思想であったにせよ、人間存在の根源的なものの見方の自己中心性とその暗さ、それを仏教では「無明《むみょう》」と押さえ。人間の反省で見ることができない人間の考え方の限界を仏陀は指摘された。

つまり、仏教の古典を私どもが読むのは、新しい知識をつけるということではない。仏陀の覚りとは、我々の今までのものの考え方、あるいは、今まで私どもが得ていた言葉では及ばない体験である。覚りの体験は、我々の日常的体験、外のあるものを内なる主体が感じるという体験ではない。

仏教が言い当てようとする体験は、私どもが摑もうとするとなかなか摑めないが、仏陀が、我々の根源的な盲点としての無明を照らし、その誤りを自覚せしめんがために、教えの言葉が連綿として読み継がれてきている。それは、古い言葉だけれども、単に時代が古い、古い時代の考えというのではない。仏陀の言葉は、その言葉の真理は、時代を貫いて、人間が新たに古典を読むというときに、いわゆる果、我々が求めて得られない結果である迷いの晴れた世界から我々に向かって言葉が出てきている。

私どもが迷いの晴れた世界からの言葉を聞くことができるようになるということは、不思議な経験である。仏教で、迷った人間にどうして覚りが起こり得るかという議論があるが、迷った人間がどのように経験を重ねても、迷いの経験でしかない。どのように勉強してみても迷った経験を積み重ねているだけであり、ますます、迷いを深めているのであって、覚りに近づくことがどうして成り立つのか。これは、仏教の求道上の大きな問いである。どうして覚りが成り立ち得るか。単に理論的な問題としても問題になるが、修道として、求道として求めた場合に、いかにして覚りに触れるかということは、真剣な問いである。

得た人は得た側から語り得るが、得てない人間からすれば、覚りへ行く手立てがない。手立てとしては得た側から語りかけてくる言葉をよすがとして、そこに行く道を尋ねるしかない。そういう仏教の究極、仏陀の開いた精神界を「覚」「証」「悟」という字を使う。梵語では「ボディー（bodhi）」という。菩提という漢字を当てる場合、これは漢語でなく音写です。解脱《げだつ》というのは解放する、脱する、超脱する。苦悩から、煩悩のいのちから解脱する。解放されたいのちになるのが解脱です。解脱することを、無明の闇、明るみのない精神界に光を得たといい、その得た智慧を「ボディー」といい、それを「覚」と翻訳する。英語の翻訳は「enlightenment」、これは非常に分かりやすいと思いますが、光を入れる、「enlighten」、これを中国語に翻訳した場合は「証」、証明の証です。証する、あるいは覚というのは眼が覚めるという言い方もよく使われる。

我々が寝ていて目が覚める。寝ているときは夢を見ている。目が覚めると、「ああ！　夢だったのか！」と分かるが、夢の中では恐ろしい経験であり、苦しい経験である。夢の中では、現実だと思っているが、目が覚めてみると、単なる夢であった。単なる夢というのは、そういう状態で意識が動いたのにすぎない。現実に対して夢ということを仏教ではよく喩《たと》えに使う。私どもは目が覚めている、この経験が間違っていないと思っている。ところが仏陀の教えに触れて眼が覚めるという言い方をする。間違っていないと思って生活していた根元に、大きな暗闇があった。これが見えていなかった。そういうものに触れることが「覚」ということです。これは「さとる」とも読みますし、「さめる」とも読む。「悟」という字を使う場合もある。これも「さとる」と読む。

大悟《たいご》、大いなる悟り、これは吾という字が使われているから、吾にかえった。迷わされていたものが、自分本来にかえったという意味を含んだ言葉だと思います。漢字でいろいろ当てるわけですが、それぞれニュアンスが違う。仏陀の求める目的、仏陀の語られる目的、人間に与えようとするものは「さとり」である。「さとり」というのは、仏教の教えにとって究極的な体験、仏陀の言葉が出てくる根本、根源的体験という意味を持っている。根源的体験から出ている言葉は、そういう体験に触れていない側からすると、私どもの今までの経験からだけしか尋ねられませんから、いくらもがいてみても分からない。どうも分からないということになる。

唯識では、教えの言葉は覚りから出てくる、「浄法界等流《じょうほっかいとうる》の教法《きょうぼう》」という。言葉はもともと人間存在にとって不可欠なものですが、経験を、理性を通して人間の共通の概念にするための道具です。人間として生まれ、人間として育ち、人間の中で経験を持つということは、不思議なことだと思いますが、いつも、言葉を通じて経験が成り立っている。その成り立っている言葉は、仏教用語でいえば、「分別《ふんべつ》」です。一般に「分別」と使った場合には、分かち別つという作用ですから、人間の理性的な働きが混じった意識です。作用と言葉がくっついている言葉です。

それに対して、人間の経験に呼びかけて、言葉で迷っている人間、分別に迷っている人間存在を破って、人間の苦悩の根元を破って、明るみを開く。そこに、私どもの方法として唯識の言葉では「聞薫習《もんくんじゅう》」ということがあります。言葉を聞く、覚りを得た人の言葉を聞く経験を積み重ねる。それを薫習という。薫習というのは生活の中に経験を積み重ねることをいいます。

人間は記憶する能力を持っていて、経験を記憶する。経験を記憶し、蓄積する。私どもはふつうの迷いの経験を蓄積する。自我の思い、我執の思いがからんだ経験を蓄積する。だからますます自我が強くなる。歳《とし》をとればとるほど自我の殻《から》が固くなる。歳をとって自我がなくなることはあり得ない。自我が経験を積んでいくから、ますます自我が凝り固まる。自分の経験で自分を固めていくのが人間の経験の構造です。

仏陀の言葉を聞くという経験、これは我執の経験からすると方向が逆である。我執を破る作用を持った用《はたら》きが如来の言葉として我々に用きかけている。その言葉を聞いていく経験が重なって、ある時、はたと、そういう言葉が言い当てている根源に触れる。仏陀の言葉、教えの方向性を何回も何回も聞いていって、それでも分からないが、あるところで、はたと「ああ！　こういうことであったか！」と頷く。分かるというよりも、闇の中にマッチがパッと擦られたように、「ああ！　そうだったのか！」ということが起こり得る。それを大悟とか、覚りという言葉で呼びかけている。

宗教的要求の根源

古典を読むのは、単に古い思想を読むのではない。安田先生が「古典を通じて、本当に現代の問題に触れ直すのだ。決して、現代を忘れて古き時代に帰るのではない。古い課題が、今の人間以上に、今の問題に応えている。

そういうものに触れるのだ」とよくいっておられました。ただ古い書物を読むのではない。古人の知恵、先人の得た智慧に触れる。

清沢満之先生は、宗門の大学を東京に建てるときに、東京という賑やかな、あるいは西洋を追いかけ、人類の先端を追いかけて先へ先へ進もうとする方向を持った文化状況、都市状況のただ中で、仏教を勉強することに意味があると。それは、人間にとって一番大事なことは「退一歩」することだ。外へ外へ先へ先へという発想は、自分というものが何処かに置き忘れられている。自分では分かっているつもりだが、自分自身を問う暇がない。そういう状況の真ん中にあって「自己とは何か！」という問いを持ちようがない。そういう状況の真ん中にあって「自己とは何か！」という問いを出すことに意味があるといっておられた。

宗教の問い、仏教の問いは、歴史の先端に立ちながら、歴史に流されない原点にある。歴史というのは時間とともに移ろっていく。この人間が置かれている、この地球上の存在が置かれている、あるいは今の宇宙に成り立っている存在は、時間において刻々変わっていく。逆転しない。元には戻らない。どんどん変わっていく。その変わっていくのが歴史である。その変わっていく状況の先端にありながら、人間は単に変わっていくものに流されていくだけでは自分というものは確保できない。自我の思いで確保しようとするのは、業績や特殊な体験を打ち立てて、自分の意味を残したい、自分の意味を確認したいという思いである。

宗教的要求は、移ろいゆくものの中に、人と違った体験、人より優れた業績を作って満足するより、もっと根深いものを持っている。外に表したものでは、自分自身がこの世に生まれた意味、生きていることの意味は確保できない。何のために生きて、何のために死んでいくのか、ということを何処で確保できるのか。大きなビルを建てた、総理大臣になったということで確保できるのか。ふつう人間はそういう外に現れたもので、自分を確保しようと思うが、かえって虚《むな》しさが増し、いよいよ深い疑惑が襲ってくる。

流されていく、移ろいゆく時代の先端にありながら、単に移ろいゆくものではない何かを問わんとするところに、宗教あるいは仏教の問いの根源が、「菩提心《ぼだいしん》」「願生心《がんしょうしん》」という言葉で教えられる方向がある。仏陀の教えの言葉は、人間の根元的な要求あるいは人間存在自身が催してくる深い要求で、それを清沢先生は、有限の無限に対する関係、有限の無限への要求という。

人間は、有限だけでは有限に満足できないという要求を持っている。教えの言葉を呼び起こす根源は人間の要求である。人間の要求であるが、人間の人間的な要求ではない。人間的要求は、自我の思いの絡んだ要求ですが、宗教的要求は、人間的要求をそのまま満足していく方向ではない。そういう思いを砕くのが、「無我」という仏教の言葉です。流れゆく先端でもがいている、我執にもがき苦しんでいる人間にとって「無我」とはほとんど触れがたい、恐ろしい言葉です。しかしそれは、仏教の究極、菩提です。

菩提の心（覚りの智慧）が与えてくる、人間存在が得ることができる究極的な経験を、菩提に対して「涅槃《ねはん》」といいます。この涅槃という言葉は、元の梵語は「ニルバーナ」（nirvana）で、「ニル」（nir）は否定詞で「無い」、「バーナ」（vana）は（煩悩の）炎という意味を持っています。煩悩の炎が消えた状態が「ニルバーナ」で、「寂滅《じゃくめつ》」あるいは「滅度《めつど》」とも訳されます。菩提、覚りの智慧を得たような人間的体験を仏教では涅槃という言葉で教えています。もちろん、涅槃の内容も歴史的に見ると一義ではなく、解釈の幅があります。こういう言葉で言い当てようとする宗教的体験（仏教的体験といってもよいかもしれませんが）を聞くために、たくさんの教えの言葉が開かれてきています（八万四千の法門といわれます）。人間の思想、分別がいろいろな営みをしますから、それに語りかけて、しかも人間の迷いを超えさせるために、いろいろな角度から教えられています。その方法は言葉です。

人間が、自分に先立つ古典が語るような体験を教えてもらう手だては二通りあります。一つには、私に先立って宗教的体験をした方に遇うことで、これが一番確かな方法です。自分は分からないけれど、その人を見、その人に触れ、その人に聞くことによって、得ている体験の方向性を教えていただく。人に遇うことが一番大きな機縁です。

しかし、仏教徒が持った最大の悲しみは、釈尊と同時代に生まれることができなかったという悲しみです。釈尊は、わずか八十年のいのちで、覚りを開いてから五十年のいのちです。しかも、有限の一個の身ですから、教えが直接及ぶ範囲は、北インドの一部だけです。同時代人であってもお釈迦さまに触れた人間は少ない。教えの言葉を聞いた人はさらに少なく、教えの言葉を聞いても、その教えの言葉が指示する体験を得た人はきわめてわずかです。つまり、仏に遇うということは困難至極なのです。

人間が触れ得るもう一つの手だては、釈尊が得た体験から出た言葉を訪ねることです。しかしこれは、時代が経つほど意義がはっきりしなくなります。言葉は、いろいろな解釈が成り立ちます。私は、テレビを見ながら不思議に思っていたのですが、例えば、私が見ている緑色と他の人が見ている緑色が同じ色だという保証は何処にもない。「きれいだなあ」といったとき、「ああ、きれいだなあ」といって、同じ色を見ている信頼感が成り立つのは不思議です。同じ人間ではないから厳密にいえばどこか違うのですが、似たような経験、「今日は空がきれいだなあ」ということがどうして成り立つのか。

仏教では、そこに「共業《ぐうごう》」ということをいいます。共通の背景、共通の過去を持って、今は各々に分かれているけれども似たような経験ができるように共同体として与えられている。赤といったときには、皆が共通の赤というイメージを持つ。青といったときに赤というイメージしか持てない人間がいたら、社会生活が成り立たない。同じような体験を持つから、言葉が同じような体験を指示し得る。

言葉には、文化や歴史や芸術感覚など、いろいろなものが混じって成り立つ。一つの言葉が、同じ経験を呼びかけ得るかどうかは、なかなか難しい。例えば、「ワインレッド」という色を日本語ではどういうか。紫と赤とが混じってちょっと薄くなったようなといわれても分かりません。ましてや仏教は、人間の考え方の根本を正さんがための言葉ですから、その言葉がどういう経験を言い当てているのかを理解するためには、いろいろと定義し直さなければなりません。仏教は、人間の意識経験が、根元的に持っている限界を破らんがための教えですから、その教えを聞き、その誤りを正す方向で聞くためには、人間の経験が、いろいろな規定をくぐらなければ正しく分からないところに難しさがあります。「赤」といったらパッと分かるように、「覚り」といったら、即、覚れるというものではない。人間の何処が間違っており、どうなることが人間にとって真にこの苦悩のいのちを超える智慧なのかが、いろいろな言葉を使い、いろいろな考え方を使って語りかけてくるから、意味が見出せるのではないかと思います。

四諦八正道

原始仏教といわれる古い経典、例えば『阿含経』で、説かれているのは、「四《し》諦《たい》八《はっ》正道《しょうどう》」です。「四諦」とは「苦集滅道」の四つで、「苦」は苦しむ、「集」は集める、「滅」は滅する、「道」は道（みち）です。仏教の特徴はまず「苦」を見つめることです。苦とは何であるかを見つめていく。ふつうは苦とは何であるかという問いを出さずに、苦があったら直して欲しいという発想をします。それをまず、苦とは何であると尋ねて、苦の依ってきた根源を見すえる（集）わけです（苦の因は愛執）。

お釈迦さまが原体験としての覚りを表現するときに、その覚りに到った道程を内観して、それを端的に四諦、苦・集・滅・道という四つの言葉で押さえて、さらにその道としての実践内容を分かりやすい言葉で八正道といわれています。正見、正思惟、正語、正業、正命、正精進、正念、正定の八つです。それぞれ正しい、見方、考え、言葉、行為、生活、努力、念、心の坐りです。こういう八つの実践目標を出して、仏教といっても難しいことではなくて、八つの実践だといわれた。

親鸞聖人は、その八正道の中から「正念《しょうねん》」という言葉を使って、南無阿弥陀仏は正念であるといわれる。あれを考えたり、これを考えたり、迷ったり、苦しんだりする中で、正しく念ずることを、生活の中で貫いていくことによって人生が一貫する。

それにより、如来の願いが用《はたら》くという意味で大行《だいぎょう》といわれる念仏が、人間の生活に大きな用きとなります。「念」とは、前に習ったことを忘れない、前に聞いたことを持続する意味を持っています。生活の中でずっと一貫したものを持続せしめるような用きです。そうすると、釈尊が教えた実践的な問題に、浄土の流れはまったく無関係ではなくて、非常に大事なところで触れている。正しい見方（正見）が、人間の上で何処に成り立つかといえば、浄土教をくぐれば、正しい智慧、念仏ということになる。

本願の念仏は、南無阿弥陀仏という言葉に凝集されてきた智慧で、さまざまな状況に迷っていく生活を一貫して方向づけしていく智慧の念仏、信心の念仏となる。人間が間違って行くところを、何時も照らしてくるような智慧が、人間の努力を超えて人間の生活を貫く。そこに、釈尊が人類に呼びかけて、人類にこの智慧を持って欲しいと遺言された意味が、浄土教を貫いている。

苦を生きている人間が苦を滅することが、人間存在として与えられた意味です。苦悩のいのちに意味がないのではない、苦悩のいのちを滅することができるいのち、それが人間存在です。人間が優れているといいますが、人間がたまたまものを対象化する能力、経験を表現する能力を得られたことで、人間は独特の能力を持ったわけです。仏教ではそれを、教えを聞く能力が与えられた、苦悩を深く感じる能力とともに、それを超える能力が与えられた、人間に生まれた意味は、苦悩があるから意味がないのではなく、苦悩があるからこそ、それを超えることができる存在であることであると見ます。

源信僧都の『横川法語《よかわほうご》』の中に有名な言葉があります。いのちが与えられるということは、三悪道《さんまくどう》（地獄、餓鬼、畜生）に与えられるかもしれない。どういういのちを与えられるかは自分で選ぶわけにはいかない。自分の背景を仏教では「業《ごう》」といいますが、その業が感じて選び取ってきたいのちです。気がついてみたらこういう身に出遇った。それを外から考えたら、運命でこうなったということになる。仏教ではそうはいわない。宿業《しゆくごう》が感じてこうなったので、自分の思いではない。自分の責任が自分を選び取ってきたということです。我が身は思いで作られたのではありませんから、そこには苦悩が深い。しかし、この苦悩を単に無駄に苦悩するのではない、苦悩することを縁として苦悩以上の意味を持つことができるということで、源信僧都は、人間に生まれることを喜べといいます。

それ、一切衆生、三悪道をのがれて、人間に生まるる事、大《おおき》なるよろこびなり。身はいやしくとも畜生におとらんや、家まずしくとも餓鬼にはまさるべし。心におもうことかなわずとも、地獄の苦しみにはくらぶべからず。世のすみうきはいとうたよりなり。人かずならぬ身のいやしきは、菩提をねがうしるべなり。こ

のゆえに、人間に生まるる事をよろこぶべし。（聖典九六一頁）

この世を厭《いと》う、苦悩のいのちを厭うことが縁となって浄土を要求するということが起きてきます（欣求《ごんぐ》浄土《じょうど》）。このいのち以上の意味を求める心が起きてくるところに人間に生まれた意味がある。自分が愚かな身である、小さな存在であるということは、菩提を願うきっかけであると源信僧都は語っています。

「このゆえに、人間に生まるる事をよろこぶべし」。人間に生まれた上で良いことがあれば喜びますが、ふつう、人間に生まれたことを嬉しいことだとはあまり思っていません。人間に生まれたことは辛いことで、罪のいのちであるが、そのいのちを生きることが、苦悩のいのちを超える唯一の道なのです。苦悩を超える道に出遇えば、苦悩のいのちに真の意味が見出せる。そういう意味で、人間に生まれたことを喜びなさいといわれている。

仏陀の説法として聞き取られた経典の言葉は、非常に茫洋としていて整理されていません。哲学や論のように問題が整理され議論されているわけではない。『阿毘達磨経』という論に近い経典もありますが、ふつう、経典というのは、論の母胎となる、非常に茫洋とした文学作品みたいなものです。経典をいかに読むか、経典の語っている中心は何処にあるか、どういう形で迷いを覚ませといっているのかを押さえるのは、誰にでもできるものではない。大乗経典にしろ、『阿含経』にしろ、仏陀が悪戦苦闘して得た覚りの体験は、光っていて、読む私どもに何処かで呼びかけているけれども、それが私どもの生活の中に、どのようにして得られるかは、茫洋としていて分かりません。

経典の意図は、経典を読んできた歴史によって明らかにされるものです。経典を読んできた先人のご苦労が、経典に遇い、経典の言葉を通じて釈尊に遇った。つまり、言葉を通して釈尊の原体験に還ることができる。広い意味でいえば、経典の言葉は、人類共通の根元的な要求です。宗教的要求は、個人に起こるけれども、個人を通して人類の根元的な課題を解決すべき要求です。そういう要求に応えて、教えが開かれ、その教えが読み伝えられてきたのです。

浄土とは何か

今読もうとしている浄土経典は、人類の深い意味での浄土の要求です。生きて覚りを開かれた釈尊は、もうこの世にはいない。親鸞聖人は、龍樹の『大智度論《だいちどろん》』の言葉によって、お釈迦さまの時代に生まれなかったということは、罪人なんだといっています。お釈迦さまと同じ時代に生まれなかった我々は、釈尊の教えに触れることができないという意味の罪です。時代が違って生まれたからといって倫理的な意味での罪人ではない、そうではなく、根本的に真のいのちに還るのが困難な時代に生まれたということです。

親鸞聖人と同時代の明恵《みょうえ》上人（一一七三～一二三二）は、釈尊の時代に生まれなかったことを一生嘆き続けられたそうです。せめて釈尊の生きた大地に触れたいと京都からわざわざ海のある和歌山県の南端まで行って、これがインドに通じているといって、海に足を浸して泣いたといわれています。もう時間を元に戻すことはできないというういのちのあり方を私どもは与えられています。そういう罪のあるいのちが、釈尊の願いに還ることができる道がある。それが浄土の要求ということです。浄土については、言葉もいろいろな意味もあり、多義的なのですが、『大無量寿経』でいう場合は、阿弥陀の浄土です。『安楽集』で道綽禅師が、お釈迦さまが何故わざわざ阿弥陀如来を立てるのかを語っています。

仏教で「仏」という場合、小乗仏教（『阿含経』）では釈尊一人をいうのですが、大乗仏教では、諸仏ということがいわれます。仏はたくさんいて、その諸仏は平等である、過去・現在・未来の仏（去来現の仏といわれています）は、釈尊と同じ体験を持つ。釈尊が覚りを開いたということは、単に釈尊が、特殊体験、神秘体験のように、特別な能力で何かの体験を得たという意味ではない。釈尊が開いた覚りは釈尊が出ようと出まいと本来あった存在のあり方そのもの、迷いを晴らせば真の存在の事実そのもので、釈尊が言い当てようと言い当てまいと、在ったものです。これにすでに触れた人があったに違いない、それが過去の仏である。この道理は、現在触れる方もあるに違いない、現在の仏である。未来にも存在の事実に触れる人が必ずいるに相違ない、それが未来の仏ということです。そこに諸仏という考え方が生まれてきたわけです。

キリスト教では、キリストという救世主が一人この世に現れたもうたことを信仰するが、仏教では釈尊が触れたものは、釈尊が作ったものでもないし、釈尊だけが得たものでもない。存在の事実に出遇った、存在の真理に出遇ったのだ！　真理そのものは、眼が覚《さ》めるか眼が覚めないかを超えて流れている。だから、諸仏を信頼することが出てくる。存在の事実に出遇うのだから、事実には偉いも偉くないもない。迷おうと覚《さと》ろうと、我々は事実そのものに生きている。眼が覚めれば万人平等の上に真理がある、というのが仏教です。

「証巻」に引かれた『安楽集』に、「しかるに二仏の神力《じんりき》、また斉等《さいとう》なるべし。ただ釈迦如来己《おのれ》が能を申《の》べずして、故《ことさら》にかの長ぜるを顕したまうことは、一切衆生をして斉《ひと》しく帰せざることなからしめんと欲してなり。このゆえに釈迦、処処に嘆帰せしめたまえり。須《すべか》らくこの意を知るべしとなり」（聖典二八三頁）とある。一切衆生が等しく帰することができるために釈迦如来が自分を誉めずに阿弥陀如来を誉める。阿弥陀如来は、人格ではなく、仏の形をとった、いわば真理を言い当てるための言葉で、仏法ではそれを「法《ほう》」（dharma、ダルマ）といいます。親鸞聖人は、そのことを、「弥陀仏《みだぶつ》は、自然《じねん》のようをしらせんりょうなり」（聖典五一一頁）といっています。

弥陀仏といっても弥陀仏という存在があるのではなく、存在の本来性を知らせるための方法である。実体的にあるものを言わんとするのではなく、人間を本来に還そうとするための言葉です。それを仏と名告《なの》らしめたからには、それは平等です。時間、空間を超えて、いつでも何処でも用《はたら》かんがために阿弥陀という名を立てて、そこに一切衆生を摂取して、等しく帰せしめようとした。

仏はそれぞれ「浄土」を持っています。仏の生きて用いている空間が浄土です。「浄」（清浄）という意味は、真理そのもの、迷いを晴らした事実そのものを象徴している言葉です。清浄は迷いが晴れた真理性（覚り）を表し、「染汚」というのは、煩悩的生存を表し、ものの見方が濁っていることです。清浄とか染汚というのは、比喩的表現で、清浄とは、存在の本来に還った在り方、染汚というのは、それを覆《おお》っているものです。私どもが生まれて生きている世界は、煩悩のいのちを生き、我執の苦悩のいのちを生きている、そういう汚れた世界を「穢《え》土《ど》」といいます。「穢」という言葉は、汚いという意味で、嘘や殺人があったり、倫理的な悪の蔓延《はびこ》る世界をいいます。そういう意味もないわけではないが、もっと根元的にいえば、迷っている世界です。『法華経』では「火宅《かたく》」という言葉で譬えています。これは煩悩を象徴しています。

「煩悩」は、人間の意識に起こって人間を苦しめる作用で、その根本は無明です。無明が煩悩の根です。それを持っている空間を穢土といい、それに対して、仏陀の生きている世界は覚りの世界で、浄土といいます。透き通るような世界、無色透明な世界で、その浄土を開いて、衆生をそこに摂め取って、自分も仏陀に成っていこうという願いが、阿弥陀の願いです。

『安楽集』で道綽禅師は、「大聖をさること遥遠なるによる」（真聖全第一巻四一〇頁）、釈迦牟尼世尊を去ることが、空間的にも、時間的にも遥かであるといっています。「一切衆生《いっさいしゅじょう》　悉有仏性《しつうぶっしょう》」という道理があって、皆覚りを得ると教えられても、現実に覚ることができない。それは、釈尊から人格的に教えていただく縁がなくなってしまったからで、これはいくら悲しんでも尽きることはない。

親鸞聖人も、「釈迦如来かくれましまして　二千余年になりたもう　正像《しょうぞう》の二時はおわりにき　如来の遺弟悲《ゆいていひ》泣《きゅう》せよ」（聖典五〇〇頁）、如来の遺弟なら悲しむべきであるといっています。同様に道綽禅師は、「理深解微」、理は深く解は微《かす》かであると。「悉有仏性」という道理は深い。釈尊が出ようと出まいと、真如法性《しんにょほっしょう》という道理は普遍的である、しかし、解釈の能力がなく、自分がそれに触れて覚ることができない。こういう二つの条件によって末法に生まれた悲しみは、釈尊の教えに触れることができない、そういう存在だから浄土教を教えるのだと道綽禅師はいわれます。

釈尊の浄土は釈尊が生きて持った人格的空間だけに止められます。『法華経』では、霊山浄土《りょうぜんじょうど》といい、釈尊が今でも霊山会で説法しておられるのだから、『法華経』のところに浄土があるという信仰を持っています。『法華経』自身の中に、釈尊が法身《ほっしん》となって生きておられる。『涅槃経』などに照らしていうのですが、浄土教では、無理やり、釈尊のいのちを引き延ばす必要はない。有限な人格は有限な人格として、教えられた内容は、いつでも何処でも用く道理を語っているので、その道理にいかにして私どもが触れることができるのかが問題です。その場合、浄土教は、阿弥陀の本願が開く浄土に触れる。「阿弥陀の浄土に願生《がんしょう》せよ」というのが、教えの一つの手がかりになっています。

浄土教では、「願生」が非常に重要なキーワードです。『大無量寿経』を読むと、願生ということが神話的になんとなく分かる。阿弥陀の浄土があるなら、そういう世界に行けたらというユートピアへの要求が生まれてきます。ところが、自己の主体的な宗教的要求として、願生という言葉で言い当てられるものが何であるかは、なかなか分かりません。願生という言葉で自分の主体的要求を包めるかどうかという疑問が、はじめからある。人間の要求がいったい何なのかが、本当はよく分からない。しかし、願生というとどうしてもユートピア的世界に行く、神話的世界に行くということになり、そういう要求だとすると、現代人にとって、この言葉は非常に触れにくいものです。

「願生」という言葉は、非常に多義的、多層的で深みを持った言葉です。したがって、この言葉を掘り下げていかなければなりません。曽我量深先生は、願生を端的に「願《がん》に生《い》きよ」と翻訳されました。願生とは、阿弥陀の浄土に生まれたいと願うことで、願生浄土を意味します。覚りへの要求、あるいは釈尊の得た根元的な体験への要求を、時代が違い、社会が違って生まれた私どもが、いかにして主体化できるか。そのときに、釈迦如来と平等の覚りの世界としての阿弥陀の浄土を要求する釈迦の願いが、阿弥陀の本願として教えられ、阿弥陀の願心として呼びかけ、その世界に私どもが生まれていくというのが、浄土の教えです。その浄土の教えが、中国、日本と伝えられてきている。

法然上人以前では、浄土の教えは、華厳とか、涅槃とか、その他の教えと並びながら、どこかで秘かに、切ない祈りとして読み取られてきました。それを法然上人は、他の教えは要らない、この教え一つで真に救かる道があると決断して、浄土の教えを選び取った。菩提の要求あるいは涅槃の要求を願生を通して、阿弥陀の世界に生まれていく、そういう願いを唯一の手がかりとして、仏の教えに帰していく道を選び取られた。何故そういう道を選んだのか、何故、それで良いのか、現代の私どもにとって、それがどういう意味を持って頷き得るのかということが、教えを聞き尋ねていく問いになる。

三部経、特にはじめの『大無量寿経』を読むにつきまして、『大無量寿経』を読むことの意味、『大無量寿経』

が根本に抱えている課題について話しました。

『浄土論』の再発見

三経一論の一論というのは、『浄土論』と名づけられる天親菩薩の論です。その論を法然上人は「三経一論これなり」（『選択集』「二門章」）といわれました。

経典が語っている願生浄土は、単なるユートピアではない。仏教の教えを主体化しようとした天親菩薩の上に、かくの如く浄土を得たという形で『浄土論』が作られている。曇鸞大師は『浄土論註』でそれを解釈して、願生とは得生者の情である。浄土に生まれて、浄土の功徳に触れたということを真に言い得る人間が、まさに、仏陀の教えに出遇い、仏陀の教えを主体化できた意味を、経典の言葉を主体化して純潔に語っている。その純潔に語った浄土の論を親鸞聖人は非常に大切にして、浄土真宗の教えを明らかにするについて、天親菩薩の『浄土論』を徹底的に読み込んでいかれた。

親鸞聖人の教えをくぐって南無阿弥陀仏をいただくときに、『浄土論』の教えが非常に大きな意味を持っている。『浄土論』をくぐらなかったら三部経の浄土も、ユートピアを脱することはできない。『浄土論』をくぐったことによって、南無阿弥陀仏の信念の内容として浄土を明らかにした。

『浄土論』は「願生偈《がんしょうげ》」という歌の部分とその註釈の部分である「解義分《げぎぶん》」から成っている。「解義分」は「五念門」といわれて菩薩の行のように書かれている。その内容と偈とがどういう関係になるかが分かりにくい。それを親鸞聖人は、『大無量寿経』が語っている法蔵菩薩《ほうぞうぼさつ》の物語、法蔵菩薩が願を発して四十八願を建て、浄土を作ったと語ってある物語と、願を実践すべく行じたその修行内容の意義を、天親菩薩の『浄土論』の「解義分」が語っていると読んだ。つまり、経典と『浄土論』とを相照らして、南無阿弥陀仏の教えを、人間がいかにして主体化できるかという内容として読んだ。『大無量寿経』の教えを非神話化し、主体化するという意味で、『浄土論』は不可欠の要素です。こういうことが、曽我先生の理解をくぐっていろいろ明らかになった。

法然上人は「愚かな人間、智慧のない人間に対して、如来の願いが南無阿弥陀仏を称えなさいと言っているのだから、それを信じなさい。南無阿弥陀仏一つで救かるのです」といっていますが、そこに誤解が無数に起きてきました。聖道門からは、南無阿弥陀仏を称えて救かるなどとは、それは行ではない。言葉を口で称えて救かるなどとは、仏教ではないという疑難が出てきた。

それに対して、南無阿弥陀仏は充分仏道の行の意味を持つ、充分仏道の内容を具えているということを、経典を通して、伝統を通して明らかにする仕事をしたのが親鸞聖人です。南無阿弥陀仏を真に信じれば救かるということの内面的な意味を、あらゆる疑難をくぐっても応えられるようにしたいということに対して、『浄土論』の純粋な信仰の主体化をくぐったことは大事です。

仏教は、この世で真にこのいのちに頷ける智慧を得ることが目的なので、死んで魂がどこかに行って救かるという教えではない。人間として生きている間は覚れない、生きている間は苦悩が除かれない。それだけ罪の重い人間も、せめて死んでから救かりたい、そういう思いも包み込んで、しかも正しい智慧を与えようというところに「願生」という言葉の持つ広さがある。そういうことで、一論といった場合、単に一論にとどまらず『教行信証』まで孕んでくる問題です。

『浄土論』をくぐらないと、本願の意味が分からなくなる。単に他力的な、法蔵菩薩という人がどこかで建てた願だということになると、自分に関係がなくなるし、法蔵菩薩が自分のような人間だと考えるのも、とても無理であり、ではいったい何なのかということがよく分からない。法然上人が、「ただ念仏一つ」ということをいわれた問題を明らかにする前に亡くなってしまったので、『選択集』の仕事の中にはまだ明らかにしなければならない問題がたくさん残っていた。「三経一論これなり」といっておられるが、一論ということについては、『選択集』の中では一言も触れていない。結局、一論の課題については、法然上人はどこかで感じていたのでしょうが、実際には取り上げていない。一論を通り越して、道綽禅師や善導大師の言葉を充分に取り上げているが、天親菩薩のことはまったく取り上げていない。

親鸞聖人は、一論を徹底して読み、浄土真宗の根本の原理として「二回向《えこう》」ということを見出した。これは『浄土論註』の概念です。この二回向ということがなければ念仏がはっきりしてこない。本願が人間の上に用く、本願力の回向、本願自身が立ち上がって人間に用く。人間の努力の思いではなくて、真実自身が用くことを明らかにするために、回向という言葉を親鸞聖人が使うことができたのは、法然上人のヒントと、『浄土論』『浄土論註』の教えによる。『浄土論』は何をいわんとしているかを『浄土論註』を通して明らかにし、『教行信証』という厖大な体系を作る着眼を得たのだろうと思います。

親鸞聖人が取り上げた祖師方は皆、『浄土論』を大事なところで用いています（ただし、七祖のうち、龍樹菩薩の『十住毘婆沙論』は『浄土論』に先立っているから、これには入ってない）。法然上人の『浄土論』に対する注目は判然とする。三経一論を拠りどころとすることによって、浄土宗は、宗として独立する根拠を持つことができるという『選択集』の「教相章」の宣言により、『浄土論』が非常に大きな意味を持ってくるからです。しかし、『選択集』の中で『浄土論』が持つ意味については一言も触れていない。

親鸞聖人はおそらく流罪以後、流罪に遭ったことに、思想的に非常に重い意味をいただかれた。真の仏法に対する世間の弾圧、あるいは世間の誤解が何故に起こるのか。本願の名号が、十方衆生《じっぽうしゅじょう》の救いになることを法然上人が明らかにされた。如来の大悲が、人間に受け止められ、人間の上に現に用いて、苦悩する群生を救い取るという用きは、釈尊が説こうとされた人間にとっての真実、あるいは人間にとっての真の拠りどころである本願の名号によって、具体的に凡愚のところまで来ている。

こういうことを法然上人が明らかにされたが、それが、仏教者と名告る、あるいは仏教を正統に受け継いでいると自負する人々によって誤解され、弾圧された。これに対して、親鸞聖人は、思想的な問題として受け止めて、単に感情的に自分が正しいとか、自分が救かったからいいというのではなく、仏者の責任において、思想的な論難に充分に思想的に応えるために、その教えの歴史をさかのぼって、『浄土論』の意味を解明されました。

親鸞の回向論

『浄土論』は偈文《げもん》と解義分（偈文の解釈）とから成っている短い論です。天親菩薩は、お釈迦さまを呼ばれて、「世尊、我一心《われいっしん》に、尽十方無碍光如来《じんじっぽうむげこうにょらい》に帰命《きみょう》して」（聖典一三五頁）と一心帰命を表白し、「願生安楽国」と浄土に願生したいと表白された。さらに『大無量寿経』に触れて、いただいた信念を、天親菩薩自身が「解義分」として解釈している。その解釈は必ずしも偈の言葉の意味を注釈しているのではなく、「五念門《ごねんもん》」という独自の構造をもって解釈している。

五念門は礼拝《らいはい》門、讃嘆《さんだん》門、作願《さがん》門、観察《かんざつ》門、回向《えこう》門の五つで、善男子善女人が、「五念門を修して行成就しぬれば、畢竟《ひっきょう》じて安楽国土に生まれて、かの阿弥陀仏を見たてまつることを得《う》となり」（聖典一三八頁）と天親菩薩は書いている。「世尊我一心、帰命尽十方無碍光如来、願生安楽国」、私は一心に尽十方無碍光如来に帰命し（帰命尽十方無碍光如来は、南無阿弥陀仏を中国語に翻訳したものです）、願生安楽国という願いを成就したい、こういう信仰表白の偈を解釈するについて、五念門ということを出している。

その偈文と解義分（長行）をどう読むかが、親鸞聖人にとって非常に大きな課題であった。解義分を何回読んでも、何故偈文の解釈になるのかが分らないということで、曇鸞大師の釈文をくり返し読み抜かれた。そして解義分の意味は、天親菩薩が自ら表白した「我一心」の我の上に成り立った信念、如来の本願が私の上にいただかれたという表白を偈（うた）にしているので、その背景を解義分で表したと読んだ。背景という意味は『大無量寿経』でいえば、法蔵菩薩の発願修行の段に当たる。私の上に信心が成り立つということは、法蔵菩薩の発願修行を背景として、私の思いをはるかに超えたご苦労によって、一如の願心が歩み続け、私の上に「一心」を成り立たしめた。それを天親菩薩は明らかにしようとされたと、親鸞聖人は解義分をお読みになった。

そして五念門の回向門に、「回向を首として大悲心を成就することを得たまえるがゆえに」（聖典一三九頁）、回向をはじめに立てて大悲心を成就する、と天親菩薩が書いている。礼拝、讃嘆、作願、観察、回向の五念門は、自利、利他という仏教の概念にあてた場合は、はじめの四つの念は自利、これが入の門といわれ、回向門は利他教化に出る門といわれる。これを親鸞聖人は『入出二《にゅうしゅつに》門偈《もんげ》』という短い偈文に作っている。この回向門において大悲心を成就する。如来が大悲心を成就するのは、利他のみを成就するのではない。自利なくして利他を成就することはないし、利他なくして自利を成就することはできないので、自利利他によって成就する。その場合に回向を首とすると天親菩薩がいわれたのです。

ここに親鸞聖人は思いを潜められた。十方群生界、資格もない、能力もない、仏にむしろ背いてしか生きられない存在をも含んで、無条件に大悲心を成就せずんば止まないという願心、それを回向という門をくぐって成就する。ここに親鸞聖人は五念門の意図を読み取られ、それを『大無量寿経』に照らされた。『大無量寿経』には回向という言葉は、本願成就の文に出てきます。親鸞聖人は、浄土真宗は何処にあるかと押さえられたとき、本願成就ということを最も重要視された。

本願成就の文とは、親鸞聖人が正依の『大無量寿経』と定められた康僧鎧《こうそうがい》訳の『大無量寿経』の下巻のはじめに出ている言葉で、十一願、十七願、十八願という次第をもって、本願が成就したという相が説かれている。その内容は、衆生の上にどういう救いが成就するのかが書かれている。「十方恒沙《じっぽうごうじゃ》の諸仏如来、みな共に無量寿仏の威神《いじん》功徳《くどく》の不可思議なることを讃歎《さんだん》したまう」、そして「その名号を聞きて、信心歓喜《しんじんかんぎ》せんこと、乃至《ないし》一念《いちねん》せん。心を至し回向したまえり」（聖典四四頁）という言葉が出ている。「聞其《もんご》名号《みょうごう》、信心歓喜、乃至一念」、これは、名号を聞いて信心歓喜し、ちょっとの思いまでも、思いを入れて、真心をもって回向して浄土に生まれたいと願う、とふつうなら読むところでしょう。そこに親鸞聖人は、本願が成就するとは、どういう意味かということを考えていかれた。至心に回向する、その回向とはどういうことか。一般的な仏教の概念でいうと、自分の積んだ功徳を仏法のために回《めぐ》らし向ける。回向とは廻施ともいわれる場合がありますが、布施の内容になる思いです。そういう回向の行です。

ところが「聞其名号、信心歓喜」が、本願の名号を聞いて、本当に信心を得て喜ぶなら、そこから何かをもう一度振り向けて、浄土に往生する。そこに、大悲が成就する、如来の本願が成就するということが、どういう意味になるのか。親鸞聖人は、法然教団の中にあったさまざまな問題を通して、念仏しながらどうしても人間の心に努力の意識を残しているという問題を考究された。

経典を読めば、至心《ししん》に回向《えこう》して、真面目に振り向ける心を持って浄土に生まれたいと思う、こういう方が分かりやすい。しかしそれなら、本願が本当に大悲心を衆生の上に成就することは何処で成り立つのか。「至心回向」ということは、どういう意味で「至心回向」ということが成り立つかというと、『浄土論』に照らせば、大悲心が成就するためのお心である。

大悲心は人間の心ではない。大悲といえば、無条件に起こる慈悲、あるいは無縁《むえん》の慈悲ともいわれる。これは如来の慈悲についていわれる言葉である。人間に起こるのは有縁の慈悲、あるいは衆生縁《しゅじょうえん》の慈悲といわれる。我執を持った人間から見れば、我執の範囲内で自分が愛するもの、つまり身近なもの、自分が関心を持つものについて愛着を起こす。あるいはせめてその人たちに対して慈悲を起こす。こういう場合は有縁の慈悲です。有縁の慈悲を裏返せば、遠いものは撥《は》ねるし、敵は怨《うら》む。条件的にしか起こらない慈悲が衆生縁の慈悲である。

如来の大悲は、むしろ背く者も、あるいは反逆する者をも包んで本当に存在を満足させようという心である。これは人間の心では推し量れないし、人間の心、努力の心でできるものではない。だから、「至心回向」は人間が成すことではない。本願が成就するという意味を明らかにするには、「至心回向」はそこでいったん文章を切らなければならない。

「聞其名号、信心歓喜、乃至一念」、ここでもう本願は成就している。「至心回向」は如来の回向である。如来の真実が大悲心を成就するために私の上に表現した。これは文法的にいえば無理でしょう。ふつうに文法的に経典に返り点をつけて読めば、至心回向を、至心回向したまえりという読み方をするのは、文法学者、文献学者からいえば無理です。

親鸞聖人は思想的に、あるいは信念の問題としてこの『大無量寿経』を本当にいただくために、『浄土論』に照らして「至心回向」ということを思想的に明らかにされた。そこで、初めて、回向は如来の回向であるという徹底した理解が出てきた。そういう意味で三経一論の「一論」とは、一論をくぐらなければ浄土真宗が成り立たない。法然上人の選択本願の教えが、本当に徹底して人間の上に受け止められるには、親鸞聖人のお仕事を待つことによって、初めて自力を本当に払拭した信念が明らかになる。

選択本願といっても、至心に回向して、人間の側からの回向を残しているなら、たとえ念仏であっても念仏を回向して浄土に往生しようとするなら、念仏は手段である。本願の名号を人間の手段にして、それで救《たす》けて欲しいというなら、本願の成就になっていないというのが、親鸞聖人の『大無量寿経』の読み方です。法然上人がご指摘になった一論の問題を、親鸞聖人は徹底していただいて、それによって浄土真宗が成り立つと明かされた。ですから『教行信証』の「教巻」のはじめに「謹《つつし》んで浄土真宗を案ずるに、二種の回向あり」（聖典一五二頁）と、回向から出発したわけです。

回向によって浄土真宗が成り立っている。浄土真宗に二種の回向あり、というところから『教行信証』の体系を明らかにされた。つまり回向によって初めて本願成就があり得る。人間の上に本願成就が成り立つのは回向による。回向がないなら本願はあるが成就はしない。

本願成就がなければ浄土真宗が成り立たない。おそらくそこまで『浄土論』を徹底して読まれたのは、流罪《るざい》の期間の「五年の居所を経たりき」といわれる五年間の沈潜の間である。親鸞聖人は無駄に腹を立てていたのではない。五年の間に『浄土論』をじっくりと研究されたのではないか。それによって法然上人の願いに本当に応える道ができた。これが浄土真宗の体系、『教行信証』を構築し得る体系的な原理としての回向の発見です。こうして『浄土論』のテーマから、一番大事な問題として回向という問題をいただかれたと思います。

浄土真宗を考えていくのに回向は不可欠です。もちろん、『浄土論註』を通して、『浄土論』を読んだわけですが、もし『浄土論』がなければ、親鸞聖人は『大無量寿経』の真実をあれだけ明解に読み取ることはできなかったかもしれない。『浄土論』を通じて、願作仏心度《がんさぶつしんど》衆生心《しゅじょうしん》、自利利他、あるいは無上菩提と呼ばれる大乗仏道の課題に、念仏の仏法は充分に応答し得ると明かされた。法然上人の表現だけなら愚かな人間が救かるという点では充分だが、あれは仏法ではない、外道《げどう》だという論難を、いわゆる仏法者が投げかけてきたとき、いやそれでも結構だ、別に外道でもいい、救かりさえすればいいというのであれば、仏法ではないからには弾圧する、信じてはいけないと言ってつぶされる。これに対して黙っているわけにはいかない。そこに、親鸞聖人は歴史の上に正しいものを信じるためにはどうしても思想戦をくぐる必要があった。

自分一人が信じて救かって、それでいいというものではない。本当に人間が救かる道を開くためには思想戦を戦わなければならない。念仏は真の仏法だということを明らかにするには、表の形は、念仏の信心で救かるということは、それだけ取れば、行がないではないか、六波羅蜜の実践をしていない、という疑難がある。学問を宗とする立場からすれば、修行がない仏法などあるか、修行がないということは菩提心がないということである。内に菩提心がない、菩提心がないようなものは仏法ではない。こういう論難です。

法然上人はそれでもいいと、選択本願は弥陀の本願だから、菩提心は要らないとまでいわれた。だから弾圧された。それに対して、親鸞聖人は仏法を捨てて法然門下に入って、何でもいい、これで救かればいいといって信じたわけではない。本当の仏法を求め続けて、疑い深い親鸞が法然上人の言葉を通して仏陀の悲願《ひがん》に触れた。仏の本願によって念仏が我が信心になった。そしてあらゆる論難に答えるべく、特に天親、曇鸞の言葉を通して、無上仏道の意味を開顕しようとされた。

愚かな人間が念仏で救かるということの意味は、人間の努力でなすような仏法ではない。大悲心が成就する、如来の大悲が成就する仏法である。そういう意味で『浄土論』がなければ、浄土教において本当の仏法という内容を確認することができなかったかもしれない。そこに、法然上人が成そうと思って成し得なかった課題があった。法然上人が流罪に遭って戻って来たときにはもう、ほとんど残るいのちはなかった。戻られてすぐ亡くなられた。

菩提心は要らないという表現では、本当に念仏が世に受け入れられていくためには、不充分である。そういう問題を本当に感じて悪戦苦闘されたのが親鸞聖人です。法然上人は非常に学問もあり、人格的にも優れ、あるいは聖道仏教の行も積んでおられますから念仏の信心を説いても個人的には許される。しかし、念仏だけで救かるということが、本当に認められるためには、念仏の信心ということを法然がいうなら許すが、他の人間がいうのはけしからんということでは思想として不充分である。

人格がともなって初めて許される教えであれば、凡夫は本当に信ずることはできない。人格が念仏を支えるのではない、如来の本願が支える。如来の本願は、仏法を人間の上に成就する願いだ、ということを明らかにしようとされた。そこに、天親菩薩の『浄土論』を抜きにしては浄土真宗の意図は、浄土真宗の骨格は立てられなかったということです。それで、「三経一論」、三部経と『浄土論』という。『浄土論』は浄土真宗にとって、なくてはならない意味を持ってくる。そこからもう一度経典を読み直すことができる原点の意味を持っているわけです。

第2章　真実の教『大無量寿経』

『大無量寿経』の課題

仏説無《ぶっせつむ》量寿経《りょうじゅきょう》　巻上《かんじょう》

曹魏《そうぎ》天竺三蔵康僧鎧《てんじくさんぞうこうそうがい》訳《やく》す

我《われ》聞きたまえき　かくのごとき。

一時《ひととき》　仏《ぶつ》　王舎城《おうしゃじょう》　耆闍崛山《ぎしゃくつせん》の中《うち》に住したまいき。大比丘衆《だいびくしゅ》、万二千人と倶《とも》なりき。

一切の大聖《だいしょう》、神通《じんずう》すでに達せりき。

その名をば、尊者了本際《そんじゃりょうほんざい》・尊者正願《しょうがん》・尊者正語《しょうご》・尊者大号《だいごう》・尊者仁賢《にんげん》・尊者離垢《りく》・尊者名聞《みょうもん》・尊者善実《ぜんじつ》・尊者具足《ぐそく》・尊者牛王《ごおう》・尊者優楼頻螺迦葉《うるびんらかしょう》・尊者伽耶迦葉《がやかしょう》・尊者那提迦葉《なだいかしょう》・尊者摩訶迦葉《まかかしょう》・尊者舎利《しゃり》弗《ほつ》・尊者大目犍連《だいもつけんれん》・尊者劫賓那《こうひんな》・尊者大住《だいじゅう》・尊者大浄志《だいじょうし》・尊者摩訶周那《まかしゅうな》・尊者満願子《まんがんし》・尊者離障《りしょう》・尊者流灌《るかん》・尊者堅伏《けんぶく》・尊者面王《めんのう》・尊者異乗《いじょう》・尊者仁性《にんしょう》・尊者嘉楽《からく》・尊者善来《ぜんらい》・尊者羅云《らうん》・尊者阿難《あなん》と曰《い》いき。

みな、かくのごとき上首《じょうしゅ》たる者《ひと》なり。（聖典一頁・註釈版三頁）

『大無量寿経』には、曹魏《そうぎ》天竺三蔵康僧鎧《てんじくさんぞうこうそうがい》訳と記されております。その康僧鎧訳の『大無量寿経』を、正依《しょうえ》の経典と定められたのは、親鸞聖人です。親鸞聖人が、『教行信証』の「教巻」に、「真実の教《きょう》を顕《あらわ》さば、すなわち『大無量寿経』これなり」（聖典一五二頁）と表された。『大無量寿経』（略して『大経』）というのはこの『仏説無量寿経』です。正依というのは、傍依に対しますが、正しく依る。正依の『大無量寿経』といって、何故、正依ということを強調するのかというと、他の経典に対して正依というのではない。

この『大無量寿経』という経典は、何回も翻訳されています。『華厳経』も、六十華厳、八十華厳といって、二回翻訳されている。他の経典でも、たいていの経典は二度、三度翻訳されている。けれども、この『大無量寿経』は、最低限五回翻訳されている。五存七欠といいまして、十二回翻訳された。何故十二回という数が出てきたかというと、昔から翻訳された聖典を整理して目録を出す仕事があります。中国に古い目録がある。どういう経典が誰によって翻訳されたかを調べ上げて目録を作る学者がいて、古い目録が出ております。その目録を調べると、『大無量寿経』の名前が十二回出てくる。

十二回翻訳されたと、数えることができるわけですが、現在手に入れることができるのは五つであるというので、五存七欠《ごぞんしちけつ》といい、七つは欠けたといわれている。目録を厳密に研究して、どうも矛盾がある、同じ経典を間違えて違う名前にしているのではないかとか、いろんな研究を照らし合わせ、十二回というのは信じがたい、五存だけは信ずることができる。こういう説が出ているが、少なくとも目録の上では十二出ている。最低限現在手に入れられるものは五つある。『真宗聖教全書』にはこの五つを全部納めてある。

親鸞聖人は、本願の意味をいただくについて、正依の『大無量寿経』を読む場合に必ず異訳に照らす。言葉を理解するについて、異訳の経典に照らして解そうとされた。翻訳ですから、経典を理解して訳すときに、翻訳者によって言葉が違う。したがって思想の違いが翻訳に出てくる。そういう違いを超えて、経典の持っている真実を明かにしようとされた。そこに親鸞聖人が異訳に照らされた意味がある。大事なところでは異訳の経典を引いて、意味を明かにしようとしておられる。

異訳の経典の題名を見てみますと、まず正依の経典は『大無量寿経』『仏説無量寿経』、無量寿という仏の名前です。無量寿仏、無量寿という名前を翻訳して載せている。それから、この康僧鎧という方は、康の僧、康というのは康居という国があったそうで、サルマカンドという西域の僧であったそうです。西域の人間がインド語を中国語に翻訳した。魏の時代、三世紀中ごろの翻訳です。

その魏訳に対して漢訳というのがあります。漢の時代に翻訳されている。支婁迦讖《しるかせん》という後漢の人の訳になる『大無量寿経』、これは正確には『仏説無量清浄平等覚経《ぶっせつむりょうしょうじょうびょうどうがくきょう》』といい、短くして『平等覚経』といわれております。それから呉訳というのがあります。三国の呉です。呉訳は『仏説阿弥陀《あみだ》三耶三《さんやさん》仏薩樓《ぶつさつる》仏檀《ぶつだん》過度《かど》人道経《にんどうきょう》』という。これは略して『大阿弥陀経』といわれております。

そして、もう一つは『大宝積経』という経典があるのですが、非常に大きな経典です。『大宝積経』という経典の中にある『無量寿如来会《むりょうじゅにょらいえ》』という経典、一般に短くして『如来会』といっております。これは唐訳、唐の時代に菩提流支《ぼだいるし》三蔵によって訳されています。最後に翻訳されたのは宋の時代で『仏説大乗無量寿荘厳経《だいじょうむりょうじゅしょうごんきょう》』という名称で翻訳されていて、宋の法賢《ほっけん》訳です。古い時代から、ずっと後まで何回も何回も翻訳されている。

この経典の題が、無量寿仏という仏の名前です。その仏名が『平等覚経』では、阿弥陀を無量清浄平等覚という名前で翻訳されている。『大阿弥陀経』では、「過度人道《かどにんどう》」、人道を過ぎたという。これも非常に意味の深い言葉です。人間の道を過度したと、「勝過三界道」、三界を超えたということがいわれます。人間の問題を人間で解決するのではなく、人間を超えた形で解決するところに、阿弥陀の願い、阿弥陀の御名《みな》の課題がある。『無量寿如来会』という場合は、これは「無量寿如来」という仏の名前を中心にした会座ということです。最後の翻訳は『仏説大乗無量寿荘厳経』この場合は、無量寿という仏の名前に荘厳という言葉が入っておりますから、これは浄土です。無量寿とその荘厳が語られている。

経典の名前が仏の名前で出されてある。そして、仏の名前を出すということは、経典を説く意図が、まず仏の御名を聞いて欲しい。聞名《もんみょう》、つまり名を聞く、聞名を中心にした教えですから、その聞名を具体化した形として経典の名前に仏名が出ている。

親鸞聖人は『大無量寿経』の内容を、「教巻」で押さえられて、「如来の本願を説きて、経の宗致《しゅうち》とす。すなわち、仏の名号《みょうごう》をもって、経の体《たい》とするなり」（聖典一五二頁）といっておられる。仏の名をもって経の体とする。仏の名をもって、その内実である本願を衆生に呼びかけ、衆生に信受せしめ、そして、衆生に救いを与えるために、経を説く。その経の体、具体的な形が仏の名である。

経典によって説かんとする中心の問題が、それぞれの課題が違うけれども、『大無量寿経』という経典は一貫して仏名を説く。仏の御名を明らかにする。仏の御名は衆生に聞いてもらうためである。つまり、聞名、御名を聞いてもらい、その御名を聞くことで御名の意味に触れてもらう。つまり本願に触れてもらう。これが『大無量寿経』の根本の意図です。したがって「如来の本願を説きて、経の宗致とす。すなわち、仏の名号をもって、経の体とするなり」という親鸞聖人の押さえが非常に正確であることが分かる。

成就の文では「聞其名号《もんごみょうごう》」、その名号を聞くといわれる。衆生が聞く、仏の御名を通して、仏の御名を説く願、十方衆生を平等に摂取せんとする大悲の願が、御名という形をとって衆生に呼びかける。御名を聞いて欲しいという願が成就する。願が衆生の上に聞き留められるためには、人間が信ずる、願心を信ずる用《はたら》きが必要です。人間が信じて願を受け入れる、信受する。その信受することが必要である。

人間が仏の御名を聞く、これは何でもないようで、名前において本当に意味を聞くということは容易ではない。一つには、先ほど「過度人道」ということをいいましたが、人道、人間の要求あるいは人間の関心ということです。たとえ宗教的救済を要求するといっても、我々人間が求める救済の内容は、人間的な関心と人間的な要求に覆《おお》われている。人間の側からの努力になる。親鸞聖人が、本当に聞くということは非常に難しい、極難信《ごくなんしん》とか有り難し、聞き難しということをくり返されるのは、私どもは如来の願いを聞いたようでいて、実は人間的な関心に翻訳しているのであって、如来の願そのものを聞いてはいない。私どもに聞けるのは、私の人間的欲望が満足するとか、人間の相対的状況が満足するということである。人間の要求が満たされていれば、如来が救けてくれたと思う。

如来の大悲《だいひ》が用いているということは、人間心の解釈を超えて、私どもに呼びかけている。『大無量寿経』の出世本懐の文に、「如来、無蓋《むがい》の大悲をもって、三界を矜哀《こうあい》したまう」（聖典八頁）という言葉がある。「無蓋」とは、人間をおおっている煩悩の雲がないということである。大悲は、本当に人間からは考えにくい。人間からは人間に分かるような形で、具体的な形で用いて欲しい。ところが、無縁の大悲、十方群生海を本当に恵まんとする大悲は、私どもが考えても、あるいは感じようとしても、私どものアンテナにピタッと来るものではない。本願の呼びかけの側と、人間が聞き当てようとする方向とにすれ違いがある。そこに親鸞聖人は、人間の上に信が成り立つこと、人間の上に成り立つ信とは何であるのかを明らかにする。これが「信巻」の課題です。

一般に信心というけれども、その信心は自分心なのです。神《かみ》信心というけれども、自分が健康でありたい、自分の家族が幸せであって欲しい、長生きがしたい、ぽっくり死にたいとか、とにかく人間心です。人間の都合のいい願いを、神さま、仏さまが叶えてくださるように頼む心が信心だと思っている。そういう信心なら『大無量寿経』は要らない。観世音菩薩で充分である。

『大無量寿経』の信心とは何であるか、親鸞聖人が奥さまである恵信尼《えしんに》（一一八二〜一二六八頃）に伝えた言葉では、「後世《ごせ》の助からんずる縁」（聖典六一六頁）という。後世ということは文字通りにいえば死後のことです。この世のことではない。「後世の助からんずる縁」という言葉で、やむにやまれぬ要求、このままでは救からない、死んでも救からないという問題なのですが、もうこの世がいやだから死ぬという問題ではなく、死んでも救からない問題の解決を求めて法然上人のところに行く、と仰せられた。

蓮如《れんにょ》上人（一四一五〜一四九九）は「後生《ごしょう》の一大事《いちだいじ》」といわれる。後世とか後生とかいってみても、それはこの世的関心よりもっと深い、もっと掴みにくい問題を孕んだものとして、阿弥陀が呼びかけているものに応えようとされた。ふつうは人間は後世とか後生という問題に目覚めないし、そういう問題が本当に大事な問題だということに気がつかない。だから、『大無量寿経』がこれだけ求められ、何回も翻訳され、『大無量寿経』を読む人たちがたくさん出た。

『大無量寿経』という経典は、法然上人において初めて宗の名告りを持ちましたが、それ以前は無数の求道者が本当に求めて読んだ経典です。内容は別に難しいことが書いてあるわけではない。非常に素朴な願生という言葉で貫かれている。浄土を願生せよ！　浄土を求めよ！　阿弥陀仏は何のための仏かというと、浄土を開くためである。極楽浄土、安養浄土、あるいは安楽世界、いろんな言葉で翻訳されています。西方浄土ともいわれる。仏の世界を、衆生を包む願いとして、国土を開いて、本当に十方衆生を摂取する広大な世界を開いて、極楽世界を開いて衆生に本当の救いを与えよう。

課題は仏法の課題ですが、具体的な形としては、大乗仏教の非常に理念的な、空《くう》とか、法性《ほっしょう》とか、一如《いちにょ》とか、涅槃とかいわれる、そういう透明な理念で呼びかけるのではなく、具体的な、きれいな七宝が輝く世界、あるいは黄金の輝く世界、人間が欲しがっている世界を与える形で呼びかけている。具体的な形をもって呼びかけて、本当の人間の深みの問題に応えようとする。だから、人間に呼びかければ、人間の側は人間心で読みますから誤解する。当然欲しいものが全部手に入るように誤解する。しかし、それを恐れずに呼びかけて、しかもそれを今生で与えるといわずに、「願生《がんしょう》彼国《ひこく》、即得往生《そくとくおうじょう》」という言葉で教えている。

何処までも彼の土、「彼土」です。此の土に対して彼の土として、穢土に対して浄土として、異質の世界として、あるいは届かない世界として、その世界を本当に要求せしめるように呼びかけて、摂取せんとしている。この世ではろくなことはしなかった、この世では本当の仏を信ずることも、仏道を成就することもできなかった、この愚かな人間、寂しい人間、死後を恐れる人間、あるいは自分の人生に充分な意味を感じなかった人間に、輝くような世界を与えるという非常に具体的な呼びかけとして語っている。そういう形で呼びかけたことによって、無数の素朴な求道者が、難しいことは分からないけれども浄土へ行きたいという形で、この『大無量寿経』を信じ、『大無量寿経』の語るところを信じて、その教えを伝えてきた。

表は立派なことをいっている大乗の学者たちが、内には密かにこの無量寿仏の世界を要求し、罪悪深重《ざいあくじんじゅう》の身をもって救かる世界を要求して、伝えてきている。だから、この『大無量寿経』を解釈した方々は、天親菩薩は表の学問は唯識です。曇鸞大師は四論の学匠といわれ、中論を中心にした大乗の空観の学者です。道綽禅師も涅槃宗の学者です。皆、表は大乗のそれぞれの経典を拠りどころにして学問をしている方が、内には、やはり概念とか理念では救からない。理念的には救かっているはずだが満たされない。大乗の概念は、聞いているともっともなんですが、いくら聞いても我が身は変わらないし、満足しない。空しい理念である。この『大無量寿経』には、どちらかといえば、蔑《さげす》まれ、踏みつけられるような存在である人々に、しかも非常に切実に求められてきたという歩みがあるのではないか。

仏の名をもって体とする経典、聞名、名を聞くことを中心にした経典は『大無量寿経』だけではないが、これだけはっきりしている経典は他にありません。仏の名前だけで成り立ったいる経典、『千仏名経』とか、仏の名前だけを書いてある経典はある。『阿弥陀経』などは、それに近い経典であるかもしれません。六方の諸仏、諸仏の名前が連ねてある。けれども、その名前が何のための名前なのか、何故、名前をもって衆生に聞いて欲しいのかが、この『大無量寿経』のようにはっきりしている経典は他にない。

聞名という形で、仏の願いを広く衆生に呼びかけようとした経典です。少し変わった経典といってもよい。何故変わっているかといえば、人間である限り聞くことができる、言葉を聞くことができる。その言葉を聞く能力に対して、仏の御名を聞かしめて、仏の御名のもとに、何故御名を聞くのかという意図を聞かしめようとする。親鸞聖人は「信巻」で、聞くことについて、「「聞《もん》」と言うは、仏願の生起《しょうき》・本末《ほんまつ》を聞きて疑心《ぎしん》あることなし」（聖典二四〇頁）といわれ、仏の願い、仏願の生まれ起こってくる元を聞いて、疑う心がない。疑う心がなくなることが聞である、と。

聞くといっても、耳で聞いたのでは聞くということにならない。聞くということは、仏の願が何故起こってくるのか、仏願の起こってくる元を聞く。そして本当に疑いがなくなる。疑いがなく慮りがない、「無疑無慮」ということが成り立つのが聞である。そうすると、聞ということは簡単ではない。なかなか聞き難い。そこに、聞名という仏法の願いがあり、しかし、それがなかなか了解されにくいという問題がある。

異訳の経典との違いは、題名だけの問題ではない。『大無量寿経』という経典は、どうしてか分かりませんが、翻訳される時期によって形が、大きく変わっている。一番大きいのは本願です。本願が古い経典では、漢訳の『平等覚経』と呉訳の『大阿弥陀経』では二十四願経といいまして二十四の願で成り立っている。そして康僧鎧訳および『如来会』では四十八願になっている。また宋訳の『荘厳経』では三十六願になっている。増えたり減ったりしている。本願の数が、梵本では四十九願になっているものもある。本願の数は四十八に決まったものではない。増えたり減ったりしているのが、どうしてかよく分からない。願の並び方、その願の中身も、ずいぶんと変わっている。それで、『大無量寿経』という経典は歩む経典であるといわれる。本願自身が歩んでいる。経典は、暗誦しながら伝承してきたものですから、その間に変わったということも考えられるし、部派が違うとか、地域が違うことによって変わってきたのかもしれないが、よく分からない。

巻数も、三巻のものもあるが、『大無量寿経』は上下二巻である。この康僧鎧訳の『大無量寿経』が非常に優れているのは、双巻経といわれ上下二巻から成っていて、上巻と下巻との仕事が非常にはっきりと違っている。『述文賛《じゅつもんさん》』を書かれた新羅の憬興《きょうごう》という方がおられます。『述文賛』というのは『大無量寿経』の釈です。非常に大きな、おそらく、『大無量寿経』の釈論では一番大きいのではないでしょうか。大きい釈論ですが、この憬興は、法相宗の学者です。法相宗の学者ですが、『大無量寿経』を解釈している。『大無量寿経』の解釈の中に、「憬興師の云わく、如来の広説に二あり。初めには広く如来浄土の因果、すなわち所行・所成を説きたまえるなり。後には広く衆生往生の因果、すなわち、所摂・所益を顕したまえるなり」（聖典一八二頁）という言葉が「行巻」にある。

親鸞聖人は、この『述文賛』の言葉をいく度も引用して、この憬興師の見方を非常に大切にしています。『大無量寿経』には二つの仕事がある。一つには如来浄土の因果を説く。『大無量寿経』という名前のもとに如来浄土の因果、浄土の因果を説く。所行・所成、行ぜられるところ、成せられるところを説く。後には広く（これは下巻です）浄土往生の因果、衆生が如来の世界に往生する因果。つまり、所摂・所益、摂せられ、益せられるという所摂・所益を顕したまえるなりと。この二つの仕事です。単に如来の浄土、美しい世界を説いたというのでは、人間の救いにはならない。その世界に衆生が往生する、衆生往生の因果を説く。こういう二つの課題がある。

その二つの課題を上下二巻に分けて明かしてあるのが、この正依の『大無量寿経』です。そういう意味で、上下二巻に分けてあるということは、非常に経典の意図をよく理解している。如来浄土の因果、そのために本願の因果が説かれている。四十八願の中に浄土を建立する願が説かれ、それが成就すると浄土が生まれてくる。同時に本願の中に、衆生を往生せしめんとする願がある。それが成就する姿が下巻に説かれてある。

この二つの仕事がちょうど上下二巻に分かれているのが、康僧鎧訳の『大無量寿経』です。たまたま二巻に分かれたというのではない。やはり経典をどこで二つあるいは三つに分けるか、というのは、単に分量的に分けたのではなく内容的に分けられる必然性があった。上下二巻に分けられる意味を押さえて分けたと、憬興師が見抜いた。親鸞聖人はこれを取り上げておられる。『大無量寿経』の内容は、大きく押さえれば、体は仏の御名を説くについて、上巻は如来の浄土の因果を表す。下巻は衆生の往生の因果を表す。これが上下二巻に分けた正依の『大無量寿経』の大意です。

聞成就と時成就

本文に入りますと、大乗経典は、経典の形として、「如是我聞」あるいは「我聞如是」から始まる。いわゆる序分《じょぶん》、序分というときは「分」という字を書きますが、正宗分《しょうじゅぶん》、流通分《るずうぶん》といいまして経典の内容を大きく三つに分ける。序分ははじめの部分、正宗分は経典のまさしく内容となる部分、流通分はその経典の内容をもって末代の衆生を潤さんがためとか、流通して付属せしめる、末代《まつだい》の衆生に与えるということが説かれている。序分というのは、どんな経典であっても、説き始めるにあたって、こういう状況であったという一般的状況がまず説かれる。そして特にこの経典を説く特徴が語られる。それで、証信序《しょうしんじょ》、発起序《ほつきじょ》といわれます。

その信を証明する内容は、『大無量寿経』の場合、六事成就《ろくじじょうじゅ》という形で出ている。六事成就というのは「我聞きたまえき」と、ここにまず聞いた人の信心が表白されている。「我聞きたまえき」と「如是我聞」と、まず聞いたということです。聞いたということは「聞《もん》成就」です。経典は聞成就から始まる。聞いた人がいなければ経典はあり得ない。私が聞いた、この我は、誰かわかりませんが、聞いた人が我と名告っている、我聞いたと。如是、かくの如く聞いたと、この如是というところに信《しん》が表白されているという理解があります。「聞成就」「信成就」ということがいわれる。

如是に対して善導大師は両面からの解釈を出している。如是というのは衆生の心の如くに聞いたと同時に、仏の御心の如くに聞いた、両面の意味がある。かくの如くに聞いた。「我聞如是」これが経典の体である。聞成就、信成就、この聞くは、単に耳でこちらから入って、あちらへ抜けるといった聞き方ではない。聞いて留まった、

『歎異抄』にある「耳の底に留まるところ」（聖典六二六頁）という聞き方です。
われ是の如く聞いた。これは不思議なことです。聞いたことがずうっと残る。特に仏法の言葉を聞くということは、聞くことによって言い当てられたもの、自分自身の真実が言葉を通して言い当てられた、親鸞聖人でいえば、『歎異抄』第二条で語られるような、「たとい、法然聖人にすかされまいらせて、念仏して地獄におちたりとも、さらに後悔すべからずそうろう」（聖典六二七頁）という、確認を通して聞くことです。お話を聞くといって面白いから聞いたというのではなく、その言葉をもって自分が言い当てられた、自分がそこに正しい自分を見出した、そういう言葉を聞き当てたところに、言葉に出遇った、言葉の魂に触れた心が経典を生み出してくると思われます。

大乗仏典は、『阿含経』からすれば後から生まれてきたもので本当の釈尊の言葉ではないのではないか。歴史学からすれば、後から作ったものということになるかもしれませんが、聞くということになると単に音を聞くわけではない。言い当てられたところに聞くということがある。大乗経典を聞くということは、仏陀の教えを聞いていく、仏陀の言葉を学んでいく中で、仏陀が十方衆生に救いを与えんとして説こうとされたものが響いてくる。そこに仏説『大無量寿経』として、聞き当てた人が、この経典を残している。無数の人がそれを証明してきている。確かにこれが仏法である。誰が作ったというわけではなく、確かに人間が聞いたのだが単に人間心が聞いたのではない。人間が真実に首肯《うなず》いた、本当の道理に触れた。単に頭で考えて創作したのではない。

仏教のこういう概念が人間を動かすというのは、やはり、感動といっても、単に音楽を聞いて感動したとか、絵を見て感動したとかいうのとは違う。単に感情が感動するのではない。一人の人間の背景には無数の、十方群生海と通じている根がある。十方群生海が本当に救かってゆく真理性が、一人の心に呼び起こされてくる感動です。個人が、単に個人的宿業で感じるのではない。やはり、大悲心というような言葉で表されるものが、一人の有縁の思いしか起こされない人間に、如来の願心として響いてくる。こういうところに確かに私が聞いたということがある。それが信成就、聞成就ということです。

次に「一時仏」、時が成就したといわれる。発起序とも釈されます。時《じ》成就、時が成就する。言葉が聞き当てられるということは、因縁が熟する。キリスト教には、「カイロス」という概念があるそうですが、神学者のポール・ティリッヒ（一八八六～一九六五）がいうのですが、ロゴスというのは論理である。論理は普遍性ですから、いつでも何処でもあるはずだ。しかし、宗教の事実は論理で成り立つものでない。時が熟するという、本当に時が満ちることが大事だということで「カイロス」という概念を出している。

「カイロス」という言葉は仏教にはないが、信《しん》の一念《いちねん》というものが持っている意味は、まさに時が熟するということです。人間は時間の中に生きているが、私どもは時間に流されて、移ろいゆく時間の中であっという間に人生が過ぎていく。ますます時間が早くなるという思いがこのごろする。流れゆく時間、私どもにとって変化していくものにおいて感じられるのが時間ですから、変わらない時間はないわけですが、南無阿弥陀仏の意味に触れるというのは、流れていく中に流れを突破するような意味を持っている。時が熟するということに触れないと、人間が救かることを、何処までも理念として追い求めることを脱却できない。

『大無量寿経』でいえば、十九願の問題、臨終に来迎を仰ぐ、情念の救い、どうか死ぬときには現れて欲しい。生きているうちは罪が深いからダメだけれども、せめて死ぬときぐらいは現れて欲しい。美しき仏さまが、光となって現れて臨終に救ってくださる救いを要求する。これはある意味で非常に説得力がある。生きているうちはダメだけれども、死ぬときにはきっと救けてくださる。これが日本に流行った浄土教の主流になっている。こういう、臨終を契機にして臨終の美しき救いを要求する浄土教であったものを、法然上人、親鸞聖人が、単に臨終の救いではない、南無阿弥陀仏という仏の願いを聞くところに、すでに現在に救いを感じると、現在に力点を取られた。

流れていく時間の中だけでものを考えている発想で宗教体験を考えれば、分からない。本願に触れるということはどういうことか分からないから、愚かな人間だから死ぬときだろうと、臨終にもっていく。臨終にもっていけば現在分からなくてもよいから、ある意味で救かる。現在の課題が満ち足りないでも、ずぼらにしておいて救かる。しかし、臨終には救かるだろうということは、もし臨終に救からなかったらと、我々は戦々恐々としなければならない。確かに臨終に救けてくれることをいつ確保するかという問題が残ってくる。そういう意味で、親鸞聖人は十九願の成就は差別的世界だと、十九願で救かるといっても結局人間の救かり方が入ってくるから、それを三輩《さんぱい》往生というところに当てたわけです。

三輩往生ということは人間にはいろんな機類がある。人間にいろんな機類があって、修する行、積んだ学問、日常の生活、それによって差別があるから、その差別に応じた世界に行く。こういう浄土を思い浮かべるのが、臨終来迎の世界だと。人間心、自力心が、本当に仏願を頼んでいないから、開かれる世界も本当の浄土とはいえない。しかし人間にとってこういう世界は分かりやすいし、何となく説得力がある。だから、それは有力な方便の意味を持つ。十九願は要らないわけではない。十九願がなければ、十八願に触れていく手掛かりがない。十九願を一つの縁として、それをくぐって、人間が本当に満ち足りたものに触れる。

十九願は、私は非常に大事な願だと思います。「たとい我、仏を得んに、十方衆生、菩提心を発《おこ》し、もろもろの功徳を修して、心を至し願を発して、我が国に生まれんと欲《おも》わん」、「発菩提心、修諸功徳、至心発願、欲生我国」（聖典一八頁）とある。菩提心を発することを条件にして、諸々の功徳を修する、このことが、三輩往生の文、つまり下巻の初めに出てくる文と呼応している。そして、至心発願という言葉と、「臨寿終時」という、寿《いのち》終わるときに臨んで、臨終を契機にして、大衆と囲繞《いにょう》して、つまりたくさんの方々と一緒に包んで、その人の前に現れよう、つまり臨終来迎です。これが十九願の内容である。

自分で菩提心を発して、いろんな功徳を修して、真面目に一生懸命努力して、浄土に往生しようと思う。その人には寿終わるときに、つまり臨終まで努力せよと、臨終に救けてあげようと。要求が一生懸命真面目に努力せよという要求だから、それに応えて臨終まで努力せよ、と。努力に終わりはないのだから、努力の終わりは死ぬしかない。死を媒介にして救けてあげよう。努力を中心にしていれば、死ぬときまで救からない。満ち足りるということがない。やってもやっても足りない。だから努力すればするほど足りなくなる。どこかで努力を捨てて弛《ゆる》んでしまうか、さもなければ、努力をすればするほど満ち足りないか、どちらかである。

しかし、これが非常に大事である。人間に起こる要求は、こういう形で現象する。真面目に功徳を修してということの裏返しが、臨終まで不安がつきまとう。自分の努力で救かることを確保しようと思ったら、自分の努力の極限に行くか、適当なところで、自己満足する以外に救かりようがない。そういう自己満足の世界は、真実報《しんじつほう》土《ど》ではない。自分が積んだ功徳に応じた世界を夢見ているわけだから、三輩往生が語っている閉鎖的浄土です。真実報土ではないが、方便として、そういう人間心も往生の内容に包んで、本願の中に語られてある。つまりこれは本当に時が満ちていない浄土だと思います。

この「一時仏」というときの一時というのは、本当にこの時において、経典が成り立つ時である。本当に時が満つるような、親鸞聖人の言葉でいえば、「信楽《しんぎょう》開発《かいほつ》の時剋《じこく》の極促《ごくそく》」（聖典二三九頁）という言葉が「信巻」にあるが、時を刻む、時を本当に切断するような意味を持った「時」、出会いが成り立つ時とは、そういう時ではないでしょうか。そこに時が成就する。成就した時を持つということは、一生がもう空しく過ぎないという意味を持つ。流れる時間の中に流れない時を持った。時というものは流れるものですから、流れない時というのは矛盾ですが、少し比喩的な言い方で、時の中に流れないようなものに触れたということが、仏教の感動の中心になります。

主成就と処成就

「一時仏」の「仏」とは、「主《しゅ》成就」といわれる。仏法は仏から始まるが、平均的な衆生の世界の中に、確かに覚った人が生まれたということがなければ、仏法は成り立たない。お釈迦さまがこの世に生まれたことの意味は、キリストのように天なる神、天にまします神が人間の歴史の上に「受肉《じゅにく》」した、肉体になったという、特別な神の子として生まれて神の聖霊《せいれい》がそこに宿ったという、そういう三位一体の神という特殊例としての意味ではない。お釈迦さまがこの世に生まれられた意味は、天に仏の本体みたいなものがあって、そしてお釈迦さまに成ったというのではない。神話的には、もともと仏であったものが、麻耶夫人の胎内に宿って生まれたときから仏だという考え方もできないわけではないが、その場合でも、天にまします神のようなものがあったわけではない。

生まれて覚られたという意味は、迷える衆生、人間皆等しく迷える存在、その中に迷いの本質を見抜かれた。迷いの本質を見抜き、迷いを本当に超える道を見開いた。そして教主世尊として、その超えてゆく道を説いてくださった。仏がこの世に現れたということは、人間が仏に成る可能性があることを証明された、仏に成る道が開けたということですから、神秘が起きたというわけではない。苦悩の根源を破った、つまり人間が苦悩する構造の在り方を見抜いたということですから、ふつうの日常的人間には絶対に見ることができない人間の本質、人間の迷いの本質、それを無明という。闇が覆《おお》っている、明るみがない、つまり本当の見方ができない人間存在の中に、本当に見ることができる智慧を得た人が誕生した。これがなければ仏法は成り立たない。

仏法は、何処かに絶対者のような対象があって、それを信じるという意味ではない。智慧を見開くことによって、誰もが苦悩のいのちを本当に突破できる。流転輪廻《るてんりんね》を超えることができる可能性をこの世に開いてくださった。そこに、どうしたらお釈迦さまの開いた道を具体的に追体験できるか。あるいは、本当にそれを自らの上に実現することができるかという仏法の歴史、仏法者の歩みが伝えられてきている。ですから、仏ましますという「信」は、仏教の出発点である。三帰依文《さんきえもん》にあるように帰依仏ということがなければ、仏法者とはいえない。しかしその仏は単に対象的に何処かにいることを信ずるという意味ではなくて、安田先生の言い方でいえば、つまり人格としての釈尊を信ずるというのではない。釈尊が見開くことができた道理、あるいは釈尊が見た真実というものが、それが釈尊をして釈尊たらしめている。

仏陀をして仏陀たらしめているもの、それは人格的能力、あるいは天才とかいうものではなく、釈尊が見開いた智慧、あるいは釈尊が教えてくださった道、法（ダルマ）ということでいうなら帰依仏、帰依法の法です。法が釈尊をして釈尊たらしめている。仏陀をして仏陀たらしめている。仏陀の人格というものを信ずるのではなく、釈尊がそれに触れて、覚りを説いた、それに安んじて亡くなっていかれた法です。その法は単に釈尊個人のものではない。個人の体験内容ではない。もちろん、釈尊が体験しなければ、私どもはそれを知ることはできなかったが、釈尊が体験したことによって、釈尊が説かれたことによって、釈尊にだけ起こる事実ではなくなった。これが、人類の教主としての仏法の意味です。釈尊の意味です。したがって釈尊自身からすれば、十方諸仏の意味を持つ。そこに大乗仏教というものが開かれてくる。

迷える衆生も未来の仏である。過去の仏も仏法を証明する仏である。現在の仏も仏法を求める仏である。未来の仏も将来仏法を生きてくださる仏である。三世諸仏がそこに誕生してくる。釈尊が単に個人的にどういうことをし、どういう言葉を発したかという意味ではなく、十方群生海が、それによって本当に迷いを超えていける道を開いてくださった。古い経典、『阿含経』などを読むと、いかにも難行苦行して、つらい人生を生き抜いて、言葉を残していった、ありありと生きてくださった釈尊が感じられる。そういうお釈迦さまは、時代が遠くなり、地域が異なるに従って触れにくくなる。むしろその人格的なもの、あるいは生きた肉体的なもの、その働きが衰えていったときに初めて、本当の願い、あるいは本当の真理性そのものが、広く衆生に呼びかけてくる。そこに初めて、本願というものが、純化してくる。

仏という名前のつくところに、主成就がいわれる。主成就とは、仰ぐべきものが見出された、五念門でいえば礼拝門である。本当に礼拝することができるもの。「化身土巻」で、親鸞聖人が押さえられるときに、仏の世界に生まれたはずなのに、十九願の浄土では三宝《さんぼう》見聞の益がない。つまり、仏法僧が見えなくなる。仏陀の教えに触れて仏の世界に生まれたいと思ったら、あにはからんや、仏法僧が見えなくなる。三宝が見えなくなるという言葉で化身土の内容が押さえられています。

仰ぐべきものを見失ってしまう。自分が世界を得たと思ったとたんに、本当に仰ぐべきものを見失ってしまう。十九願の成就の世界、十九願で得た世界は、自分の努力で得たんだという思い込みで仰ぐべきものを失ってしまう。本当に仰ぐべきものを、自分の努力で得たという思いで触れたら、仰ぐべきものではなくなってしまいます。

そこに、仏さまが美術品になってしまう。仰ぐべきものではなくなって、我が世界のものにしてしまう。私どもが仏を持つ、仰ぐべきものとして帰依仏を持つということの意味は大きい。だから五念門でも礼拝門から入る。これは、帰命《きみょう》という言葉に礼拝門を当てているのです。

帰命する、仏の名を本当に仰ぐという、単に固有名詞として仏の名があるのではない。仏の名があるところに帰命がある。仏名としては無量寿仏が本当に衆生の上に首肯かれたときには南無阿弥陀仏である。南無なしの阿弥陀仏は対象ですから、対象というものは仏の用きをしない。礼拝をくぐって初めて仏が仏たり得る。仏陀は私の礼拝すべき対象となって、私が本当にその前に已《おのれ》を空しうして頭を下げることのできる対象となってくださって、礼拝することができる。仏陀の願いは、我ら凡愚の衆生の本当の根底となって、我ら衆生を立ち上がらしめんとする願心にある。

『観無量寿経』に、「仏身を観ずるをもってのゆえに、また仏心を見る。仏心というは大慈悲《だいじひ》これなり」（聖典一〇六頁）という言葉がある。仏の身は実は仏の心である。仏の心は実は大慈悲である。大慈悲はどこで首肯くかといえば、外にあるのではない。実は私どもが首肯くしかない。私どもは分からないが、私どもが首肯くしかない。仏は単に対象としてあるのではない。礼拝門をくぐって仰がれる。これが主成就です。

その次は場所です。「王舎城《おうしやじよう》 耆闍崛山の中に住したまいき」は処《しよ》成就です。場所が必要である。場所が成就する。時とか場所とか、この世の中に、歴史の中に具体化する。経典が現前するということは、本当に具体的な事実となって、事実の処に一つの時を限り、一つの処を限って現前する。具体的な会座の処に現前する。それが、この場合は王舎城耆闍崛山という所であると、「処成就」と書きます。王舎城は釈尊が長い間住まわれた所で、たくさんの経典がそこで説かれた。『法華経』も王舎城耆闍崛山です。霊鷲山《りようじゆせん》とも翻訳されます。

それから「衆《しゅ》成就」。この会座に集うた人たちが並べられる。これは、「大比丘衆、万二千人と倶《とも》なりき」といわれる。釈尊の十大弟子をはじめとしてたくさんの名前が出てくる。はじめは釈尊のお弟子方が並べられ、「みな、かくのごとき上首たるの者なり」と、釈尊の高弟たちであるという。

大乗の菩薩の意味

また大乗のもろもろの菩薩《ぼさつ》と倶《とも》なりき。普賢菩薩《ふげんぼさつ》と妙徳《みょうとく》菩薩となり、慈氏《じし》菩薩等のこの賢劫《げんごう》の中の一切の菩薩に、また賢護《げんご》等の十六の正士《しょうじ》ありにき。善思議《ぜんしぎ》菩薩《ぼさつ》・信慧《しんね》菩薩・空無《くうむ》菩薩・神通華《じんずうけ》菩薩・光英《こうおう》菩薩・慧上《えじょう》菩薩・智幢《ちどう》菩薩・寂根《じゃっこん》菩薩・願慧《がんね》菩薩・香象《こうぞう》菩薩・宝英《ほうおう》菩薩・中住《ちゅうじゅう》菩薩・制行《せいぎょう》菩薩・解脱《げだつ》菩薩なり。（聖典二頁・註釈版三～四頁）

次には大乗の菩薩、普賢《ふげん》菩薩に代表され、「慈氏《じし》菩薩等」と。この菩薩は弥勒《みろく》菩薩ともいわれるが、そういう菩薩方が並べられてくる。これらの菩薩は大乗の菩薩といわれる。今の感覚だと大変偉い方だという感じですが、出家の声聞《しょうもん》、あるいは出家の比丘たち以外の聞法者、つまり在家の聞法者、そういう菩薩の方々の徳がずうっと説かれてくる。あたかも釈尊の背景のようなことがいろいろ説かれてくる。これが証信序といわれる序分です。聞法している菩薩方の背景が、次の八相成道の文ではお釈迦さまの一生、仏陀の生きられた背景が語られている。こういうところに『大無量寿経』の聞法者、『大無量寿経』に集うている方の背景が、あたかも法蔵菩薩の背景と呼応しているように思われます。

この普賢菩薩とは、二十二願の内容です。二十二願は「還相回向《げんそうえこう》の願」と親鸞聖人はおっしゃる。浄土に生まれて、浄土の功徳をもって、浄土のいのちを止めて、自由にあらゆる世界に行って、菩薩の行を行じようという徳が普賢菩薩の徳である。こういう背景が、『大無量寿経』の会座に集うている無数の菩薩方の背景として語られている。私どもが私の思いで聞いているのではない。私が聞くことができるのは実は、私の思いよりももっと深い、もっと遠い背景をいただいて、私の中に仏の言葉を聞くご縁が与えられ、聞く力も与えられている。自分の能力や自分の思いで聞いたものは仏法の言葉ではない。私が聞き当てることができないようなものに私が出会うことができる。その背景は私が作ったものではない。こういうことが象徴されている。

『大無量寿経』のはじめの部分は、「我《われ》聞きたまえきかくのごとき」という言葉で延書《のべが》きが始められております。「聞きたまえき」というのはちょっと耳慣れないと思いますが、これは古い日本の古語で、「たもう」は、尊敬語だけはでなく、謙譲語の意味でも使うことがあって、自分がこのようにお聞きいたしましたということを「聞きたまえき」といっています。相手を尊敬した使い方しか今では残っていませんが、それに自分が「たもう」というのを加えて「聞きたまえき」という変化になります。現代の日本語としては分かりにくいのですが、こういう古語の使い方があって、それにのっとって延書きしてある。

「我」については、小乗経典では、阿難《あなん》を指すといわれている。記憶力の優れた阿難は、お釈迦さまについてずっと聞法して、仏典結集のときに、どういうことをどの会座で聞いたということを聴衆方に話し、それが経典作成の元になった。だから、小乗経典では「我」とは、阿難を指すと解釈して、大乗経典になっても、それが踏襲されて、「我」は阿難を指すという解釈がある。

内容全体を阿難が聞き取ったということであれば、「我」は阿難の名告りということになる。歴史的に、インドに現れたお釈迦さまがお話になって、同時代にたまたま縁があったお弟子方が聞き取ったというのが小乗経典の内容である。大乗経典になると、形はなるほど「我聞如是」から始まるが、その会座を成り立たせた聴衆だけでなく、その後語り継がれてきたものが経典の内容になっている。そこに、大乗経典は仏説ではないという大乗経典非仏説論が昔から出る。

仏陀が明らかにしようとした本当の意味は、大乗経典では「大悲」という言葉でいわれるが、個人釈迦に尽きない、人類を貫く願いを明らかにしたいというのが、大乗経典が目指すところです。大乗経典では、お釈迦さまが単に歴史の上にどういう生活をし、どういう言葉を残されたということだけでは尽きない問題を掘り下げている。そこに、この『仏説無量寿経』、あるいは『大無量寿経』といわれる経典の聴衆の存在が、大乗経典の性格をよく表していると思われます。

「大比丘衆、万二千人と倶なりき」というところまでは、大概の経典の記述と同じです。その当時、お釈迦さまの周りには、一万二千人は少しオーバーかもしれませんが相当多い比丘衆が寄っていた。その名前がずっと出された後、「大乗のもろもろの菩薩と倶なりき」という言葉がある。そこに、普賢菩薩という名前がまず出てきます。普賢菩薩という名前は、『華厳経』という経典に出てきます。『華厳経』は、仏を飾る華である華厳というのが題名で、菩薩の問答形式で展開している珍しい経典です。仏が教える形ではなくて、菩薩が菩薩どうしで対論をしていく中で、菩薩道とは何であるかを、全体を貫く一つの大きなテーマとした厖大な経典です。それを代表する名前が普賢菩薩です。

個人的な状況、個人的な感情の中で感じる苦しみ、痛みを、個人の状況を変えたり、個人の心の持ち方を変えたりして克服していくのが人間ですが、『華厳経』は、時間的に見れば永劫の未来をかけてでも、また無数の衆生を包んで、人類の解放をいかにして成り立たせるかという問題を何処までも論じていく。人類の解放を願う普賢行を説いている。それは、善財童子《ぜんざいどうじ》という童子が遍歴して、いろいろな人に菩薩道とは何かを聞いて歩くという形で展開する。

『華厳経』では、「初発心」ということを大切にしますが、これは菩提心ということです。「初発心時、便成正覚」つまり、「初めて心を発す時、すなわち正覚を成ず」という言葉は、大菩提心を表します。菩薩道を尋ねていく意力自身が展開していく。果である仏の覚りの世界を語るというよりは、その覚りの世界を求めて止まない因の要求を何処までも大切に語っていきます。厖大な経典が大乗経典にはあるが、『華厳経』は、その代表的なものです。『華厳経』の中に『十地経』という経典があります。菩薩の段階である十地という形で、願心自身が展開していく菩薩の姿が描かれています。そういう『華厳経』を代表する菩薩が、普賢菩薩です。『大無量寿経』では、この後に法蔵菩薩という菩薩が出てきて、本願を開いてくるのですが、その本願の中に第二十二願があり、これが普賢行を表しています。

この第二十二願に注目したのが、曇鸞大師です。曇鸞は、五世紀の中国の梁《りょう》の時代の仏者で、法蔵菩薩が阿弥陀の浄土を建立するについて、第十一願、第十八願、第二十二願という三つの願を注意しています。この三願の詳しい内容は、本願を明らかにするときに、お話したいと思います。まず第十一願に「必至滅度《ひっしめつど》」という言葉が出てきますが、「滅度」（nirvana：ニルバーナの訳）とは、この苦悩のいのち、苦悩の世界を超え渡って彼の岸に行くことで、涅槃ともいいます。必ず滅度に至ることを誓っているのが第十一願です。そして、第十一願を受けて、第十八願に注目しています。

第十八願は、法然上人が、選択本願の念仏を明らかにする願として、「王本願《おうほんがん》」と、本願中の王であると見定められた願です。善導大師を受けて、念仏往生の願、十方衆生が念仏して往生する願が第十八願だと押さえられています。その善導に先立って、四十八願全体の中で特に第十八願を念仏往生の願として注意されたのが曇鸞大師です。第十八願に着目すると同時に、念仏して往生する利益について、『浄土論』の解釈の中で第二十二願に注意しました。

第二十二願は、普賢行を成り立たせる願、つまり、大乗の菩薩道を成り立たせる願といってもいいものです。その後の願は他方仏国の菩薩方が取り扱われています。なぜ第二十二願に曇鸞大師が注意したかというと、大乗の仏道は、結局、この菩提心に立って菩薩道を歩むことを教えているからです。

人間は、有限のいのち、有限の環境で、状況の中に揺れ動く存在である。これを仏教では「流転《るてん》」という言葉で教えている。この流転輪廻のいのちの中に、自分をとにかく確保したいと教えを探し、それを自分のものにするのが、小乗仏教でいわれる阿羅漢《あらかん》の道です。清沢先生がお弟子にふともらした言葉に、「阿羅漢というものはいいものですなあ」というのがあります。これは、聞いた側が、清沢先生がため息のようにもらした言葉を聞き留めたわけです。阿羅漢が我一人の課題を明らかにすべく、必至で自分の課題に取り組んでいる、非常に集中したいのちの生き方というものを阿羅漢は示しています。

大乗仏教に立つ人間は、はじめから小乗仏教を馬鹿にする。小乗だからダメだという。大乗は利他《りた》を中心にして大悲に生きる、つまり人類的課題に生きるのに対して、小乗は自分だけの救済だから、利己主義で狭いという。しかし、宗教的要求に立って真剣に宗教の問題に取り組むということなら小乗の方が激しい。例えばお釈迦さまの十大弟子の生き方は、簡単には真似のできないほど優れている。学び方といい、修行といい、現前のお釈迦さまをモデルにして、非常に厳しい求道をしている。個人の力量や個人の努力ということならば、およそ、小乗の阿羅漢の方が高いといってもいい。大乗の菩薩など、そこらにころがっていると言ってもよい。ふつうの大乗仏教の立場の人間なら、ビックリするような考え方です。

大乗は『華厳経』が示しているように、本当の人類的解放が成り立つかという課題をもって、そのことを問い続ける。だから表から見ると、人間の格ということだけ取れば、とても阿羅漢には敵わない。その低い立場に立って解放を明らかにしようという志願《しがん》が大きい。いわゆる小乗仏教の国へ行けば、個人としての真面目さに対して大乗の坊さんは頭が上がらない。向こうから見れば、大乗仏教は堕落している。しかし決して個人の優れた功徳を積む、あるいは個人的に苦悩を乗り超え、煩悩を起こさなくなるのが、仏陀の願いではない。仏陀の願いは、苦悩の群生が如何にして本当に解放されるかを明らかにする。そういう立場をいったん見開けば、自分の上に可能か可能でないかなどは言ってはおれない。それを本当に問い続けるところに大乗仏教の意味がある。安田先生はこのようにいわれた。

『十住毘婆沙論』の中で龍樹は、たった一度しかない人生で、できるかできないかなど問うている暇はない。このいのちで解脱して何が悪いのかを自ら問題にして、そんなことを問題にする心が下劣だと叱りつけて、七たび生まれ変わってでも成就するのが大乗の志願だ、自分一人で助かりたいというのは菩薩の死であると、非常に激しい言葉で大乗の志願の意味を語っている。そういう課題を担って歩む菩薩の代表として、普賢菩薩の名前が上げられている。我々のような凡夫が普賢菩薩の願いに触れる、普賢菩薩のような立場を貫いていくことは、ほとんど不可能です。たとえ、強い菩提心を持っても、状況の中に流転する存在の悲しさで、退転してしまう。『十住毘婆沙論』にある「敗壊の菩薩」がそれです。

『華厳経』の「十地品」では七つの恐れということが出されます。畏怖心、いのちが恐ろしさに負けてしまって退転する。このように、大乗の課題というのは非常に困難です。目覚めるのもなかなかですが、目覚めても退転してしまう。そこで、普賢菩薩という名前のもとに、第二十二願が説かれる。それは、阿弥陀の本願力に触れた存在が、自由自在に菩薩道を生きて、衆生を開化し、諸仏を供養して、しかも自分を失わない。

天親菩薩の『浄土論』では、煩悩の林に遊び、生死《しょうじ》の園に入って、自由自在に、無碍《むげ》に、衆生を教化していくことができるといっています。小乗の阿羅漢は、生死の不安に怯《おび》えたくないから、苦悩を超え、煩悩の根を切って覚ってしまう。私どものような怯えている存在にとっては、そういう心になれたらどんなにか楽だろうと思うから魅力がある。しかし、あえて覚りは開かない、迷いの中に身を置いて衆生とともに苦悩して、しかも自分を失わない、こういう志願を持とうとするのが大乗の菩薩だと教えている。

しかしこれは困難なことです。禅宗の坊さんが修行を終えて、遊里の巷に遊ぶ。我は覚りを開いて遊んでいると、大風呂敷を広げていう。遊びながら、しかし遊ばされない立場を貫くことは、煩悩があったらできないし、なければ遊べないし、どうしたら成り立つか難しい。苦悩のいのちを生きながら、苦悩を超えて思うまま生きる立場を開くことは、言うは易く実際は難しい。その困難を生き抜いていく人間の代表者が、この普賢菩薩です。「普賢行願品」に、普賢の志願が説かれている。その中に説かれる金剛心《こんごうしん》、もう崩れない心を持つことが、普賢の願いの中にある。それがなれけば、自分を失ってしまう。自分を失わず、しかも衆生を捨てないという困難なことがいかにして可能か。これが大乗の大問題です。そういう意味で『大無量寿経』の会座を支える聴衆の代表者として普賢菩薩が出されているのは、非常に象徴的だと思います。

八相成道

みな普賢大士《ふげんだいじ》の徳に遵《したが》って、もろもろの菩薩の無量の行願《ぎょうがん》を具し一切功徳《くどく》の法に安住せり、十方に遊《ゆう》歩《ぶ》して権方便《ごんほうべん》を行じ、仏法の蔵《ぞう》に入《い》りて彼岸を究竟《くきょう》し、無量の世界において現じて等覚《とうがく》を成じたまう。兜《と》率天《そつてん》に処《しょ》して正法《しょうぼう》を弘宣《ぐせん》し、かの天宮を捨てて、神《じん》を母胎《もたい》に降《くだ》す。右脇《うきょう》より生じて現じて七歩《しちぶ》を行ず。光明顕曜《こうみょうけんよう》にして普《あまね》く十方無量の仏土を照らしたまう。六種に震動す。声を挙げて自ら称《とな》う。「吾当《われまさ》に世において無上尊《むじょうそん》となるべし」と。釈《しゃく》・梵《ぼん》、奉侍《ぶじ》し、天・人、帰仰《きごう》す。算計《さんげ》・文芸《もんげい》・射《しゃ》・御《ご》を示現して博《ひろ》く道術を綜《なら》い群籍《ぐんじゃく》を貫練《かんれん》したまう。後園《こうえん》に遊んで武を講じ芸を試みる。現じて宮中、色味《しきみ》の間に処《しょ》して、老・病・死を見て世の非常を悟《さと》る。国の財位を棄《す》てて山に入りて道を学したまう。服乗《ぶくじょう》の白馬・宝冠・瓔《よう》珞《らく》、これを遣《つか》わして還《かえ》さしむ。珍妙《ちんみょう》の衣を捨てて法服《ほうぶく》を着《き》る。鬚髪《しゅほつ》を剃除《たいじょ》したまい、樹下《じゅげ》に端坐《たんざ》し勤苦《ごんく》したまうこと六年なり。行《ぎょう》、所応のごとくまします。五濁《ごじょく》の刹《くに》に現じて群生《ぐんじょう》に随順す。塵垢《じんく》ありと示して、金流《こんる》に沐浴《もくよく》す。天、樹の枝《うえき》を按《お》して池より攀出《へんしゅつ》することを得しむ。霊禽《れいきん》、翼従《よくじゅう》して道場に往詣《おうげい》す。吉祥《きちじょう》、感徴《かんちょう》して功祚《くそ》を表章《ひょうしょう》す。哀《あわれ》みて施草《せそう》を受けて仏樹の下《もと》に敷き、跏趺《かふ》してしかも坐《ざ》す。大光明《こうみょう》を奮《ふる》って、魔《ま》をしてこれを知らしむ。魔、官属《かんぞく》を率《ひき》いて、来りて逼《せ》め試みる。制するに智力《ちりき》をもってして、みな降伏《ごうぶく》せしむ。微妙《みみょう》の法を得て最正覚《さいしょうがく》を成る。釈《しゃく》・梵《ぼん》、祈勧《きかん》して転法輪《てんぼうりん》を請《しょう》じたてまつる。仏の遊歩《ゆうぶ》をもって、仏の吼《く》をして吼《く》す。法鼓《ほっく》を扣《たた》き、法螺《ほうら》を吹く。法剣を執《と》り、法幢《ほうどう》を建て、法雷を震《ふる》い、法電を曜《かがや》かし、法雨を澍《そそ》ぎ、法施《ほうせ》を演《の》ぶ。常に法音をもって、もろもろの世間に覚《さと》らしむ。光明、普《あまね》く無量仏土・一切世界を照らし六種に震動《しんどう》す。すべて魔界《まかい》を摂《せっ》して、魔《ま》の宮殿《くでん》を動ず。衆魔、慴怖《じっぷ》して帰伏《きぶく》せざるはなし。邪網《じゃもう》を摑裂《かくれつ》し、諸見を消滅す。もろもろの塵労《じんろう》を散じ、もろもろの欲塹《よくぜん》を壊《え》し、法城を厳護《ごんご》して法門を開闡《かいせん》す。垢汚《くわ》を洗濯《せんだく》して清白《しょうびゃく》を顕明《けんみょう》す。仏法を光融して、正化《しょうけ》を宣流《せんる》す。国に入りて分衛《ぶんえ》して、もろもろの豊膳《ぶぜん》を獲《え》、功徳を貯《たくわ》えて福田《ふくでん》を示す。法を宣《の》べんと欲して欣笑《ごんしょう》を現ず。もろもろの法薬をもって三苦を救療《くりょう》す。道意無量の功徳を顕現《けんげん》して、菩薩《ぼさつ》に記を授《さず》け、等正覚《とうしょうがく》を成り、滅度《めつど》を示現すれども、拯済《じょうさい》すること極《きわ》まりなし。諸漏《しょろ》を消除し、もろもろの徳本《とくほん》を植え、功徳《くどく》を具足すること微妙《みみょう》にして量《はか》り難《がた》し。（聖典二～四頁・註釈版四～六頁）

普賢菩薩を取り巻いて十六の菩薩方の名前が出されてから、菩薩「みな普賢大士の徳に遵《したが》って、もろもろの菩薩の無量の行願を具し一切功徳の法に安住せり」というところから菩薩の功徳が展開されています。これが、八《はっ》相成道《そうじょうどう》、八相化儀《けぎ》、八相作仏《さぶつ》などといわれるところです。八相成道というのは、お釈迦さまの一生を八つの相で押さえたものです。

まず天から下りてきて、摩耶夫人のお腹に宿る、つまり「受胎《じゅたい》」する。人間のいのちを持つために、母親の胎内に宿る。これが一つの相です、そして「降誕《ごうたん》」、この世界に生まれてくる。兜率天《とそつてん》（欲界の第四天で知足、喜足、妙足などと意訳され、将来仏となるべき菩薩が地上に下るまでの最後の生を過ごす場所）から降りてきたといわれる。お釈迦さまが、この世に身を現してくる。インドでも、中国でも、兜率天への願生、兜率の浄土ということがいわれる。人間のいのちに比べて非常に長い、何千年といういのちが生きられる状況、非常に楽しい、苦悩の少ない状況ということが、兜率の浄土についていわれる。

次に「神《じん》を母胎《もたい》に降《くだ》す。右脇より生じて現じて七歩を行ず」というお釈迦さまの伝記上の伝説が、ここに取り上げられています。生まれたときに六歩を超えて七歩を歩んだという伝説です。六歩とは六道輪廻《ろくどうりんね》であり、輪廻とは状況に流されて行く存在ですが、その状況を六道（地獄、餓鬼、畜生、修羅、人、天）と押さえて、六道輪廻を超えたということを象徴的に表すのが、七歩、歩んだということです。実際、生まれてすぐ七歩、歩んだということは、鹿やら豚ならともかく、人間ではあり得ないが、とにかく伝説として、生まれてすぐに七歩、歩まれて「天上天下唯我独尊」といわれた。

『大無量寿経』では「吾当《われまさ》に世において無上尊《むじょうそん》となるべし」と、人間に生まれた意義を、生まれてすぐに確認された。お釈迦さまが、人間の身を受けて誕生したところに、象徴的意味を聞いた。「無上尊になる」ということは、何よりも尊い存在になった。有限の身である人間、苦悩の存在である人間になった。「無上尊になる」という使命を受けて、人間のいのちに生まれたということを読み取った一つの伝説だと思います。

降誕して、その次は宮殿で生活される（「処宮《しょぐ》」）。小さいながらも、北インドあるいはネパール南部といわれる、カピラ城で、皇子として生活された。学問をしても、遊んでも、武術をやっても、何をやっても負けることがない、非常に優れた才能を与えられた方だった。何か欲求不満とか、この世でできないからと宗教を求めたのではない。ある意味で非常に幸せな、うらやましいような、何処から見ても不足があるとは思えないいのちを受けながら、憂愁に沈まれた。

北インドで、自然も実りも豊かだし、さらに才能はある。何をやっても負けない実力がある。地位は、次は国王になる位に生まれている。何も不足などないいのちでありながら、伝えられているところでは老病《ろうびょうし》死という避けることのできない苦悩を、お釈迦さまが感じられた。そこに人間として避けることのできない苦悩を気づかれて「出家《しゅつけ》」をされた。

受胎、誕生、処宮、そして家を捨てて出家。お釈迦さまは苦悩を超える道に出立せずにはおれなかった。古い経典を読むと、お父さまも、お母さまも、奥さまも、お城中の方々すべてが出家を止めるべく、ありとあらゆる手だてを講じた。なるべく楽しませて、憂愁を去らせるようにと、管弦の遊びを催したり、いろいろやるが一向に憂うつが晴れない。今度は、お城の中を兵隊で守って、馬で逃げ出さないように舎の扉を鍵で閉めておいた。しかし、月夜の晩、インドに伝わる天（梵天）が味方して全部を眠らせ、お釈迦さま一人が目を覚ましている。これも一つの象徴だと思うのですが、皆が眠っている。お釈迦さまだけ目が覚めている。その中で、シッダルタ太子は自分の愛馬を連れて一人この城を去って行く、と伝記には書かれている。

「出家」、そして、国を棄《す》て、財を棄てて山に入ります。白馬と宝冠、瓔珞《ようらく》、それを全部馬につけて返し、無一物になって修行を始めた。「樹下に端坐し勤苦したまうこと六年なり」とあるが、実際は、その当時流行っていたいろいろな師について学んだ。そしてくたびれはてて、もう死ぬしかないところまで突き詰めて、坐禅に入られた。

尼連禅河に入って沐浴して、疲れて上がることができない。そこにたまたま通りかかった村の少女が、牛乳粥を供養して、それをお釈迦さまが召しあがって身体に力が戻ってきて、ようやく川から上がられたと伝えられている。そういう厳しい修行の後で、このまま自分はもう死んでいくしかないという思いで坐禅を続けて、静かな瞑想の中から、肉体を痛め、厳しい試練を課して、苦悩しない存在になろうとした修行全体が間違いであったというところから、その苦悩のいのちの根源に、人間の意識を眩《くら》ませている無明に気がついた。

伝説的に伝えられているお釈迦さまの伝記を、普賢大士の名のもとに、諸々の菩薩方全体が菩薩という寿（いのち）を生きる背景として、『大無量寿経』の会座に集う菩薩方の共通の功徳として、『大無量寿経』は取り上げている。聴聞する菩薩方の徳の内容が、あたかもお釈迦さまの伝記のような徳で語られている珍しい経典です。菩薩は大乗で、小乗を捨てたというけれど、菩薩方の願心が、実は、お釈迦さま一代を尽くして歩まれたような、人間の苦悩のいのちを超えて、本当に人間が生きていくことの意味を教えられている。そういう方々が『大無量寿経』の会座で、「我聞きたまえき」という形で伝えられる内容を聞き取ったのです。五存七欠といわれる中で、正依の『大無量寿経』だけが、こういう形で、普賢菩薩以下の功徳を語っている。『観無量寿経』『阿弥陀経』には、こういう菩薩方が聞いているということはない。

八相成道の内容は、受胎、降誕、処宮、出家、成道、降魔《ごうま》、転法輪《てんぼうりん》、入滅《にゅうめつ》です（天から降りてきて胎に受ける、生まれる、宮で生活される、修行して迷いを晴らす、成道、転法輪、入滅）。お釈迦さまの一生は、有限のいのちの形をとって、人間を超えて、人間の生命を全《まっと》うする。単に人間として全うするだけなら、お釈迦さまは出家しない方がよかったかもしれない。家庭を円満にし、国を豊かにし、人民を幸せにする。立派な政治をし、慈悲深い国王として生きた方が、完成したかもしれない。しかし、人間としてだけではなく、人間を超えて、人間の苦悩を根源的に解決すべく生きられた。覚ったことだけが成道ではない、八相全体が成道です。人間に生まれて、苦悩の生命を感じて、非常に苦労されて、覚りを開かれて、転法輪後も非常に厳しい生活を律して、一代生き抜かれた生き方が『阿含経』に切々と残されていて、読むと本当に感動をするような生活をしておられる。その全体が成道ということです。その内容が、普賢大士以下の菩薩の功徳としてここに取り上げられている。

ここに「魔」ということが出てきます。「大光明を奮って、魔をしてこれを知らしむ。魔、官属を率《ひき》いて、来たりて逼《せ》め試みる。制するに智力をもってして、みな降伏せしむ」、八相成道の一つとしてこの「降魔」、魔を下すということが取り上げられている。その後が「転法輪」です。「釈・梵、祈勧して転法輪を請じたてまつる」。お釈迦さまは、魔を下すことによって得た光の世界に静かに浸って、何週間も光の中に、自分の見出した法を味わっておられた。そのまま入滅してもいいという寸前のところで、梵天の勧請ということが伝えられている。「得た法を説いてください」の声が聞こえてくる。説いても分からないから、説かないでこのまま入滅して行こうという誘惑と、説いて欲しいという声との間でお釈迦さまは長い間坐っておられた。

お釈迦さまが得た珠玉のようなものを持って亡くなってしまったら、お釈迦さまが苦労した意味はなくなってしまう。苦悩の人類に対してお前が得たその珠玉を残していけと梵天が勧め、お釈迦さまが立ち上がったと伝えられている。それが、転法輪、法輪を転ずるということです。インドは今でも神々の世界です。神の位によって、どういう神を仰ぐかによって、人間に位が与えられる、非常に差別の激しい国です。ヒンズー教という民族宗教と、現実の人間社会の中に残っている差別とが、がっちりと組み合っている。お釈迦さまの覚りは、むしろ神々が縛ってきたり神々が押し寄せたりすることから、人間として独自の立場を開いて、それを乗り超えていける立場を開かれたのです。

成道の後のお釈迦さまは、出家という形をとって、それまでの差別の構造を突破した新しい社会を作ります。釈尊の教団は、教団独自の戒律《かいりつ》を定めて、外の世界の姓を捨てます。インド社会では生まれた姓を一生貫くのですが、その姓が宿命的差別構造につながっている。生まれた姓を捨てて釈尊の弟子として新しい名前を持つということは、非常に革命的な意味を持つわけです。こういう現実的にも大きな意味を持った覚りが、人間としての状況存在に与えられた限定、生まれること、能力、その他諸々の条件すべての限定を超えて、人間に新しい視点を与えるわけです。

新しい視点を持って生きるということが、どれだけ困難であるか、どれだけ抵抗があるかを、神話的に降魔という形で表しています。魔というのは、目に見えない悪魔、精霊みたいなものをいうのですが、具体的には、それが、現実の形を持って人間を脅かしてくるため魔と感じるわけです。死魔もあるし、病魔もある。そのほかに、いろいろな形で人間が生きることを阻害してくるものが魔です。魔を降すということは、人間的条件、人間的誘惑から、完全に独立することです。魔は、権力欲、物欲、性欲等々の欲で誘惑しますから、欲を超えることは非常に難しい。お釈迦さまは降魔、長い時間の三昧の中で魔を降して、新しい寿《いのち》を得て「転法輪」に立ち上がりました。

お釈迦さまは一人で出家したのですが、王子さまですから一人で放っておくわけにはいかないので五人の比丘《びく》が従った。ところが、お釈迦さまが衰弱しきっているとき、少女から乳粥をもらって食べたので、お釈迦さまは堕落して菩提心を失ったと、付き添っていたお弟子方が離れてしまった。伝説的には、そのお釈迦さまが五人の比丘の所に戻っていったとき、弟子たちは「あっ、堕落した奴が帰ってきた。話をしてはならんぞ」と言い合っていた。ところが、お釈迦さまがそばへ来たとたん、お弟子方は非難の声を上げることができなくなった。不安のいのちだったお釈迦さまが、魔を降すことによって、新たなる勇気と、新たなる人生に対する視野とを開いて立ち上がられたので、今までのお釈迦さまとは違う、光り輝くお姿として、五比丘のところに来られたのだろうと思います。

転法輪以降、お釈迦さまは人間の言葉を使って説法をして歩まれた。人間として大切なものを求めていけということを生涯伝えられた。そういうお釈迦さまの一生が書き留められたのですが、それがお釈迦さまの功徳ではなく、菩薩の功徳の背景としてここに納められている。だから、これは読み方によっては、『大無量寿経』全体の課題と、『大無量寿経』によって与えられる功徳が、ここに入っているといってもいい。菩薩方の仕事の意味がここに展開されているのです。

松原祐善先生（一九〇六～一九九一）が教育新潮社から『無量寿経に聞く』という本を出してくださっています。松原先生によると、この菩薩の功徳も何段かに分かれております。

第一段の八相成道は、「もろもろの徳本を植え、功徳を具足すること微妙《みみょう》にして量り難し」（聖典四頁）までです。その前に「滅度を示現すれども、拯済《じょうさい》すること極まりなし」とある。滅度というのは亡くなったということです。お釈迦さまの一代としては滅度に入った、つまり身体のいのちがなくなった（もとの小乗仏教の意味でいえば、涅槃に入るのも、滅度に入るのも同じ意味です）。しかし、単に死んだのではない。亡くなったことを通して、生きていたとき以上の仕事が始まった。お釈迦さまの言葉が新しい説法を開いていく。お釈迦さまは亡くなったけれども、お弟子方によって仏典結集がなされ、新たにお釈迦さまの願心が人々に伝えられていくところに、お釈迦さまの仕事がむしろそこから始まったのです。

滅度という言葉を小さい意味の覚りとってしまうと、亡くなるということになるが、死ぬことが覚りではない。むしろ、そこから真の寿《いのち》が始まるという意味で、大乗では、滅度あるいは涅槃について、いろいろな解釈を展開していく。大乗の無住処涅槃というのは、覚りにも留まらない、迷いにも留まらないということです。大乗の空、中道、そういう言葉と重なって、涅槃は、単に死ぬことではない。本当に寿が生き還ってくることだと、涅槃という言葉が、広い意味を持って使われる。このように仏教用語自身の中に、思想が展開してくる。新たに聞き開いてきて意味を深めていく。もともと何かを言い当てようとした意味がより明らかになってきます。

例えば、死ぬといわないで、わざわざ滅度という。わざわざ入涅槃という言葉を使った。現象としては亡くなったことを入涅槃という。しかし教えに照らして、内面的意味を掘り下げてくると、真の寿がよみがえってくるような意味が涅槃にはある。往生《おうじょう》の問題もそういう問題を持っております。大乗には、『華厳経』とか『涅槃経』とか『法華経』とか、いろいろな経典があり、どういう形で説くか、どういう人々に対して説くかなど、それぞれ主眼とするところがある。『大無量寿経』の場合は、十方衆生という言葉で呼びかける。十方衆生が何であるかということがいろいろ掘り下げられてくるのだが、お釈迦さまが入ったように、十方衆生に、真の覚りの世界を開くのが第十一願の課題です。

お釈迦さまの誓願としては、世において無上尊となる、この世を超えた尊さを回復するといわれる。無上とは有上に対すると親鸞聖人は解釈されている。有上とは上があるということです。無上とは、比較できない、何処にもない意味を回復する、この世において世を超えた意味を回復するということです。世を超えるという意味は、出世から来ています。世間の中で家が一番狭く、一番しがらみの強い形ですから、家を出るということは、世間を出る、つまり世を捨てるということです。家を捨てて商売をするのでは意味がない。何のために家を捨てるかといえば、この世に形を持った人間が、その中に生かされていたあり方をいったん捨てる。出家して自分一人が覚りを開いたというなら阿羅漢ですが、そこからもう一度如来として、迷える衆生のもとに大悲をもって還《かえ》ってくる。十大弟子方は、お釈迦さまの真似をして覚りを開いたのですが、皆お釈迦さまの大悲にまで行けなかった。如来として還るということは、単に人間として還るのではない。衆生を救うべく、人類を救うべく、人類が解放されることを願って、一代説いて証していかれた。

お釈迦さまの伝記が持っている意味は、世を超えて世に生きる、大乗の菩薩というところにある。その場合、菩薩とは、出家とか在家《ざいけ》とか、家の形を捨てるか捨てないかではなく、大乗の願心《がんしん》に生きることです。十方群生海は、貴賤緇素《きせんしそ》を選ばず、男女老少をいわず、皆、誓願一仏乗《せいがんいちぶつじょう》だ。貴賤緇素とは生まれつきです。貴族であるか賤民であるか。緇とは黒いという字で出家の衣を表し、素は白という字で在家を表す。あるいは男女老少、男女の性別、年齢差を超えて皆、誓願一仏乗だ。こういう道こそ、大乗の至極であると親鸞聖人は『大無量寿経』を読んでいる。

お釈迦さまが説法する相手を対告衆《たいごうしゅ》といいますが、経典ではこの対告衆が大事です。経典によって対告衆が違う。例えば、同じ大乗の経典でも、『勝鬘経《しょうまんぎょう》』は勝鬘夫人という女性が対告衆です。同じ女性でも、『観無量寿経』の韋提希《いだいけ》夫人とは違っており、勝鬘夫人の場合は非常に優れた、男性以上の菩薩です。聖徳太子はこの経典が好きで『勝鬘経義疏』という書物を残しています。一乗という問題を論じている有名な経典です。『観無量寿経』の場合は、「如是凡夫」といわれた、凡夫の代表者として、家庭の悲劇に泣く女性が対告衆です。対告衆によって経典の内容がぜんぜん違うので、そこが非常に面白い。

『大無量寿経』の場合は、直接的には阿難ですが、ここでは阿難は私だけが聞いたとはいわず、自分が聞くことができた背景として、釈尊の伝記が語る内容を孕んだような菩薩方がいて初めて成り立つ経典として語っています。

諸仏の国との出遇い

諸仏《しょぶつ》の国に遊びて、普《あまね》く道教を現ず。その修行《しゅぎょう》するところ、清浄《しょうじょう》にして穢《けが》れなし。たとえば幻師《げんし》の、もろもろの異像《いぞう》を現じて男とならしめ、女とならしめ、変ぜざるところなし。本学明了《みょうりょう》にして意《こころ》の所為《しょい》にあるがごとし。このもろもろの菩薩《ぼさつ》もまたまたかくのごとし。一切の法を学びて、貫綜《かんそう》・縷練《るれん》す。所在、安諦《あんたい》にして、化《け》を無数の仏土に致《いた》さずということなし。みなことごとく普《あまね》く現ず。未《いま》だ曾《かつ》て慢恣《まんし》せず。衆生を愍傷《みんしょう》す。かくのごときの法、一切具足せり、菩薩《ぼさつ》の経典、要妙《ようみょう》を究暢《くちょう》し、名称《みょうしょう》普《あまね》く至りて、十方を導御《どうご》す。無量の諸仏、みな共に護念したまう。仏の所在の者、みなすでに住することを得たり。大聖の所《しょ》立《りゅう》は、しかもみなすでに立《りゅう》す。如来《にょらい》の導化《どうけ》は、おのおの能《よ》く宣布《せんぷ》して、もろもろの菩薩《ぼさつ》のためにしかも大《だい》師《し》と作《な》る。甚深《じんじん》の禅慧《ぜんえ》をもって衆人《しゅにん》を開導《かいどう》す。諸法の性《しょう》を通《さと》り、衆生《しゅじょう》の相に達せり。

明らかに諸国を了《さと》って、諸仏を供養《くよう》したてまつる。その身を化《け》現《げん》すること猶《なお》し電光のごとし。善《よ》く無畏《むい》の網《もう》を学び、暁《あきら》かに幻化《げんけ》の法を了《さと》る。魔網《まもう》を壊裂《えれつ》し、もろもろの纏縛《でんばく》を解《と》く。声聞《しょうもん》・縁覚《えんがく》の地を超越して、空・無相・無願三昧《むがんざんまい》を得たり。善《よ》く方便を立《りゅう》して、三乗《さんじょう》を顕示して、その中下《ちゅうげ》において滅度《めつど》を現ずれども、また所作《しょさ》なし、また所有《しょう》なし。起《き》せず滅《めつ》せず、平等の法を得たり。無量の総持《そうじ》・百千の三昧《さんまい》を具足し成就す。諸根《しょこん》・智慧《ちえ》、広普寂定《こうふじゃくじょう》にして深く菩薩《ぼさつ》の法蔵《ほうぞう》に入《い》る。仏の華厳三昧《けごんざんまい》を得《え》、一切の経典を宣《せん》暢《ちょう》し演説す。深定門《じんじょうもん》に住してことごとく現在の無量の諸仏を覩《み》たてまつる。一念の頃《あいだ》に周遍《しゅうへん》せざることなし。（聖典四～五頁・註釈版六～七頁）

次の段は、「諸仏の国に遊びて、普《あまね》く道教を現ず。その修行するところ……」からで、諸仏の国に遊ぶということが出てきます。下巻の「東方偈」という偈文には、自由自在に諸仏の国に行ったり来たりするということが出てくる。これは何を象徴しているのか。言葉とか、概念とか、あるいは思想というものは、一つの世界の中だけだともう分かって解決したような気になっている。ところが、全然違う思想圏、言葉と出会うとはじめは通じないことがある。

キリスト教の神学大学の教授をお呼びしてお話を聞いたことがあります。そのときにお互いに質問をしたり話し合った。自分としては共通の課題の話をすると、そのことをもう少し普遍的な言葉で話して欲しいといわれる。ところが、普遍的な言葉をどういえばいいのかよく分からない。向こうは向こうで、私の言わんとしていることが、非常に分かりにくい。

言葉が、ある文化圏、ある考え方、ある思想表現の中で分かってしまうと、違う言葉、違う考え方、違う思想圏だとちょっと入っていけないところがある。接している間にお互いに言葉が流通して通じるようになってくるのでしょうが、そのためには、長い月日がかかるのではないかと思います。

例えばインドの仏教の思想が、中国の人々の中に説得力を持って入るためには、何百年、あるいは一〇〇〇年に近い年月がかかる。それが日本に来た場合も、本当に仏教の用語が感覚として響くようになるには、一代や二代ではとてもダメで、相当長い年月がかかる。人の言葉の中にある思想が入るためにはずいぶん困難な壁がある。つまり言葉の誤解を恐れていたら何もいえない。私がアメリカに行ったときに、開教使がアメリカの人々に話をしているときその問題にぶつかりました。言いたいことを英語でいっても全然理解が嚙み合わない。仏教的なものの考え方は、仏教用語ならすぐに分かるけれども、英語の表現は、キリスト教の思想信仰を表現する用語で、その用語を使っていえば、聞く側はキリスト教の表現として理解してしまって、いえばいうほど誤解が募るという経験をしました。

鈴木大拙師は、「如《によ》」に対して「Suchness」と訳しましたが、英語で「Suchness」といわれても何のことか分かりません。「such」は名詞にならない言葉ですが、「As such」(そのような)を、名詞にして「Suchness」(そのようなもの）とした。神様が世界を作ったとか、何かがあって何かをするというように、主語があって述語があるのが英語の発想ですから、主語なしにあるということは考えてもみようがない。仏教では、私があって生きているのではない、生きていることだけがあるのだ。主語なしでもあり得る、「I am」ではなく「being」だといわれる。「行」は「Living」だといわれる。「Living room」というように形容詞なら分かるが「Living」といわれても、なかなか感覚としてぴったりこない。

新たな翻訳をくり返して、発想の違いを超え、言葉を超えて、思想が新しい言葉を生んで、初めて入っていく。そのためには、相当多くの人が橋渡し役に骨を折らなければ、思想は伝わらない。真に仏教が人々に入るということは、そのくらい射程距離の長い仕事です。難しいとはいうものの、仏教的なものの考え方で伝わってきた言葉がたくさんある。私たちは、いつの間にかそれで育てられているから、日本語で話せば何とか分かることがある（一面、それで努力しなくなってしまうという点ではぬるま湯になるわけですが）。東方仏国とか、そういう諸仏の国との出遇い、諸仏の国に遊ぶということは、思想的にはそういう意味を持っている。思想的にまったく違う世界に入って、そこで自由自在に表現していくことが、諸仏の国に遊ぶという『大無量寿経』の一つの大事な課題です。

『浄土論』の仏功徳の結びに「観仏本願力《かんぶつほんがんりき》　遇無空過者《ぐうむくうかしゃ》　能令《のうりょう》　速満足《そくまんぞく》　功徳大宝海《くどくだいほうかい》」（「不虚作住持功徳《ふこさじゅうじくどく》」）という言葉があり（聖典一三七頁）、和讃では、「本願力にあいぬれば　むなしくすぐるひとぞなき　功徳の宝海みちみちて　煩悩の濁水へだてなし」（聖典四九〇頁）という和讃がある。

本願力に遇《あ》えば、本願力自身が支え、励まし、歩ませてくれるから、空《むな》しいということがない。自分が頑張って何かできるかできないか、そんなことではない。空過なき寿《いのち》をいただくのが浄土の功徳です。そこから菩薩が生まれてくるのですが、その生まれ方を、曇鸞大師は第二十二願だと押さえる。人間の意欲で何かするのでなく、如来の本願力に目覚めて、本願力が用《はたら》く世界に生きれば、人間の寿の上に本願力が用くというのが第二十二願です。他方、仏国に行って自己を失うのは、まだ自我を持っている自分があるからで、持っている自分ではなくて、支えている本願力があれば、本願力が失われることはない。何処へ行っても本願力自身が用く。

東方諸仏国ということが出てくる。浄土は西方だけれども、東方の国と行ったり来たり自由自在だと。これは、神話的な表現ですが、象徴的です。自己を回復するといって頑張っているけれども、そういう形で回復した自己は、状況が変われば潰れてしまう。無我になれることこそ、本当の強固な自己だ、金剛心とはそういう意味を持っている。

次の段は、「明らかに諸国を了《さと》って、諸仏を供養したてまつる」(聖典五頁)からです。「諸仏供養」を表す段は、「一念の頃《あいだ》に周遍せざることなし」までです。

浄土の生活は我々の生活と違って、諸仏を供養する生活です。浄土へ行ってまた煩悩の生活をするのではない、浄土に生まれるということは、新しい生活が成り立つということです。浄土には、この世の生活と違って諸仏を供養するという独自の生活内容がある。浄土では、諸仏を供養するのが生活内容だ。諸仏を供養するについて、足りないものはない。あらゆるものが恵まれるのが浄土の荘厳である。何故、阿弥陀の浄土が開かれるか。この世では、それぞれ宿業の中で、本当に聞法することも難しいし、仏を供養するといっても、それぞれ、物質が満ち足りない。それに対して阿弥陀の浄土が教えられる。

教化衆生の願い

もろもろの劇難《ぎゃくなん》ともろもろの閑《げん》・不閑《ふげん》を済《すく》いて、真実の際を分別し顕示す。もろもろの如来の弁才《べんさい》の智《ち》を得《え》、もろもろの言音《ごんおん》を入《さと》って、一切を開化《かいけ》す。世間のもろもろの所有の法に超過《ちょうか》して、心《こころ》常に諦《あきら》かに度世《どせ》の道に住す。一切の万物において意《こころ》に随《したが》いて自在《じざい》なり。もろもろの庶類《しょるい》のために請《しょう》せざる友と作《な》る。群生《ぐんじょう》を荷負《かふ》してこれを重担《じゅうたん》とす。如来の甚深《じんじん》の法蔵《ほうぞう》を受持し、仏の種性《しゅしょう》を護《まも》りて常に絶えざらしむ。大悲を興して衆生を愍《あわ》れみ、慈弁《じべん》を演《の》べ、法眼《ほうげん》を授《さず》く。三趣《さんしゅ》を杜《ふさ》ぎて、善門を開く。請《しょう》せざる法をもってもろもろの黎庶《れいしょ》に施《ほどこ》すこと、純孝《じゅんきょう》の子の父母《ぶも》を愛敬《あいきょう》するがごとし。もろもろの衆生において、視《みそな》わすこと自己のごとし。一切の善本《ぜんぽん》みな彼岸《ひがん》に度す。ことごとく諸仏の無量の功徳を獲《え》、智慧《ちえ》聖明《しょうみょう》にして不可思議なり。かくのごときらの菩薩《ぼさつ》・大士《だいじ》、称《あ》げて計《かぞ》うべからず。一時に来会《らいえ》せりき。（聖典五～六頁・註釈版七頁）

序分の最後の段は、衆生を救う「教化衆生」の願いです。「もろもろの劇難《ぎゃくなん》ともろもろの閑《げん》・不閑《ふげん》を済《すく》いて」という言葉があります。閑というのは、聞法する時間が与えられている者、時間的余裕のある者というのが一応の解釈です。不閑というのはひまがない、聞法する精神的ゆとりがない。その代表は、八難《はちなん》といわれている者です。親鸞聖人も、信心の利益を「五趣《ごしゅ》・八難の道《どう》を超え」るといわれる（「信巻」聖典二四〇頁）。ふつうの日常生活がうまくできない者として、機根（感覚器官）が恵まれていないことが出される。機根が充分与えられていない場合は聞法することが難しい。それに加えて、八難の中には、人間生活の上ではすばらしいと思われる世智弁聡《せちべんそう》（世智にたけていて、世渡りがうまい）というのがある。世間関心にあまり走り回らされていると、仏法は聞けない。それ以外にも、貧乏で生活するのが精一杯の人も法は聞きにくい。人間としてのふつうの生活をすることができないほどに虐《しいた》げられているからです。逆に、恵まれていれば聞法できるかというと、その場合は楽に安住して仏法を求めることをしません。

禅宗で坐禅をするときに、運・鈍・根ということをいう。禅宗の方は坐禅して覚れる条件に運・鈍・根の三つをあげる。覚れるかどうかは運である。どんなに努力しても運がなければ覚れない。鈍というのは、あんまり賢いとダメだ。それから根というのは、根気がないと覚れない。運・鈍・根がないと覚れないというのは面白い。法話を聞いても何かもう一つ分からないのは、仏法的なものの考え方に馴染むのに、時間がかかるからです。鈍といわれるくらいにゆっくりと時間をかけ、根気をかけて聞いていかなければならないということがある。「ひまをかきて聞くべし」と蓮如上人がおっしゃった。暇というのは放っておいても絶対できない。人間の関心には暇がないように作られていますから、暇があっても、私どもは暇がない。何をしようかといって探し出すわけで、聞法する方向にはいかないのです。

小乗仏教は、閑のみが相手です。ゆっくりとゆとりのある存在に出家せよと教えて、出家して修行させて、人里離れた静かなところで修行せよというのが、お釈迦さまの訓戒です。それは菩提心を成長させる段階では必要だと思います。そういうことがないと、本当に問題を煮詰めて聞いていくことができない。しかし、多くの人間はとてもそんな閑がない。忙しい、流されていく流転の生活の中で何かを求めていく。悠々と出家して、修行して、思想問題などに遊んでおれる人だけを相手にしたら、あらかたの人はこぼれ落ちてしまう。

ここでは、この大乗の志願として「もろもろの劇難と、もろもろの閑・不閑とを済《すく》いて」といわれる。これは、阿弥陀が光となった、本願が十二光になったときに、十二光の光が当たる場所は、むしろ状況の悪いところ、三《さん》途《ず》勤苦《ごんく》のところです。「三途・勤苦のところにありてこの光明を見たてまつれば、みな休息《くそく》することを得て、また苦悩なけん」（聖典三〇～三一頁）という。三途というのは三悪趣《さんまくしゅ》（地獄、餓鬼、畜生）です。流転の中でも、苦悩の満ちあふれている場所であっても、この光に遇えば苦悩を超えるということが阿弥陀の功徳として教えられている。絶望的状況、もうこのままでは救からないという状況であっても、光に触れることができるのは、如来の悲願だからです。

閑があったり、条件が整ったところだけであってはならないというのは、非常に大事な方向性です。現実には難しいと思います。私どもは他のことに関わっていながら、こちらのことを考えることはできませんから、具体的にはそういうゆとりが必要だと思いますが、課題としては、単にそういうところだけであってはならないのです。そこに、本願が名号を誓わずにはいられないということもあると思います。

名号でなく、坐禅せよとか、修行せよといわれたら、ほとんどの人はできない、救からない。そこに大乗の願心が見すえる救済の課題がある。だから、いったんはその時間的ゆとりとか、聞法のゆとりとか必要ですが、念仏に触れたら、私どもは、何処でも、いつでも、南無阿弥陀仏一つで還っていけるのです。時間がなければ念仏できないとか、ゆっくりさせてもらわなければ念仏しても有難くないというのでは念仏の意味はない。やはり念仏の本願に触れれば、他方仏国に行くことができるのみならず、三悪趣にも入って行ける。これぐらい大きな利益があるというところに、念仏を通して言い当てようとする悲願がある。

宮沢賢治（一八九六～一九三三）は、亡くなってから出てきた手帳に、自分のモットーとしていた生き方を書き綴っています。それが有名な「そういうものに私はなりたい」という志願です。東西南北に走って、困った人があれば助けたい、病気の人があれば行って看病したい、死にそうな人があれば行って怖がらなくてもいいという。そういう菩薩の精神が述べられています。宮沢賢治は、浄土真宗の家に生まれて、両親が非常に熱心な真宗の聞法者だったのですが、両親の生き方に深い疑問を感じ、家を飛び出して『法華経』の行者になった人です。なかでも、あのモットーとしていた言葉には、『観音経』と呼ばれる『法華経』「普門品」の性格が顕著に出ているように思います。

つまり、観音さまが慈悲の菩薩として説かれている。『大無量寿経』、あるいは浄土経典では、観音・勢至を従えて阿弥陀仏が現れる。弥陀三尊といって、阿弥陀如来の両脇に観音・勢至を従えています。有名なのは、京都大原の三千院にある弥陀三尊です。阿弥陀如来の両脇に観音・勢至を従えて現れる、つまり、阿弥陀如来が具体的に衆生に対して用く場合には、慈悲と智慧を持って現れる。その慈悲の形が観音菩薩である。観音は、観世音の略で世の音を聞くという意味を持っている菩薩で、衆生の苦悩、衆生の願いに応じて、衆生を救けたいと願う、衆生に直接的に慈悲をかける姿として現れる。一方、勢至菩薩は智慧の菩薩として、衆生の苦しみに対して智慧をもって呼びかける。阿弥陀如来はその両面を従えて現れたまう。

宮沢賢治が阿弥陀如来の信仰を離れて『法華経』に行ったのは、『法華経』の非常に積極的な、この世の苦悩に対して、この世的に働きかけようとする、具体的に目に見える形で衆生の苦悩に手をさしのべようとする用き方が、彼の生き方にマッチしたものであると見たからではないでしょうか。

真の朋友とは何か

『大無量寿経』が教える「不請《ふしょう》の友」というのはどういうことなのでしょうか。「もろもろの庶類のために請《しょう》せざる友と作《な》る。群生《ぐんじょう》を荷負してこれを重担とす」。人間からすると欲しいという友達ではない。むしろ来て欲しくないと思っているのに、「友達になりましょう」と来てくださる友です。これは、結局人間の要求と如来の答えとは違うということです。金が欲しいとか、豊かになりたいとか、遊びたいとか、人間の要求はそういう要求です。お釈迦さまはそういう友達になってくれるのではなくて、本当に悩む人の友となる。世の中では招かざる友というのは、嫌いな、気に食わない、あるいは物乞いにくる友ということでしょう。それとは異なり、私どもが忘れていて、ふと思い起こすと、心なつかしい人です。

親鸞聖人の伝説上の言葉ですけれども、「一人居て喜ばは二人と思うべし。二人居て喜ばは三人と思うべし。その一人は親鸞なり」（『御臨末の御書』）という言葉があります。気がついてみれば、いつでも友達である、しかしふつうは来て欲しいとは思わない。如来が菩薩となって用く姿です。

人間が友となるときは、都合のいい、して欲しいことをしてくれるという形で友となる。そうではなくて、いて欲しくない、そんなものは欲しくないと思っているのに友となる。ある意味で如来が友でいるということは、煩悩からいうと辛いことであったり、嫌なことであったりする。けれども目が覚めてみたら有難いという関係です。神も仏もあるものかと腹を立てているところに本当の友達として入って来る。そういう形で人間関心と否定的に関わってくる。だから、分かりにくいといえば分かりにくいし、聞きにくいところがある。慈悲の表現もそうだと思います。何でも温かく包むようなものは、衆生縁の慈悲といいますか、人間関心の慈悲で、むしろ自我関心が絡んだ形ですけれど、如来の大悲という場合はむしろ、そういう形をとらない。

お釈迦さまはちょっと見たところは温かそうな感じではなかったのだと思います。何か難しい冷たそうなところがある。それは、つまり、人間関心から側へ近づこうとすると許し難いようなものを感じる。こちらが苦悩に傷ついて訪ねたときには、世を超えて苦悩の根源を見すえて立ち直らせる。

清沢満之に「真の朋友《ほうゆう》」という文章があります。友達が欲しいという心に対して、真の友達を得るにはどうしたらいいかが書かれている。結論をいえば真の友達は、お互いに宗教心に立たなければ成り立たない。だから、友達を得たいと思うならば、友達たる資格を自ら持たなければならない。自分の価値判断に立っている限り、友達たる資格は自分にはない。清沢満之の言葉に「独尊子《どくそんし》」というのがある。真に依るべきものを見出すことによって、中途半端なものに依頼しないというのが、「独尊子」です。人間の倫理的立場だけに立っているなら、真面目だから、誠実だからといっても、状況が整わなければ、相反する立場にもなり、相背く立場になる。裏切らなければならないことにもなる。また人倫の立場だと、都合のよいとき、利用できるとき、自分の勢力範囲にあるときだけ一緒になれるが、状況が変わり、立場が変わると、もう絶対に許せないのです。

「不請の友」という言葉で『大無量寿経』が語ろうとするのは、人間の有限を自覚し、宿業重き存在を許し合うことにより、無限大悲の信念に立った独尊子として連帯し合える人間関係が生まれることです。

具体的なお話をします。曽我先生と暁烏《あけがらす》敏《はや》先生（一八七七～一九五四）はまったく性格が違います。暁烏先生は、大布教家で、鋭い直感力もあって、行くところ行くところ満堂になったそうです。集まる聴衆は晩年には一〇〇〇人を下らなかった。曽我先生は、九十を過ぎて大成されたときでも、集まるのは三、四〇人で、しかも話が分かる人は三、四人いるかどうかという話をしておられた。その二人が相手のことを言うときはぼろくそに言い合う。「どうせほら吹いて、暁烏さんのことを本当に分かる人はいないではないか」、「曽我さん！　いくら頑張っても一人も分からないではないか」という具合です。しかし、お互いに非常に深い信頼を持っていたということを後になって聞きました。私は、この話で、仏法の友というのがあるのだということを教えていただきました。

ふつう、人間関係の友というのは、好きだから友達になる、嫌いな奴と友達になることは滅多にない。煩悩具足の凡夫は、腹も黒いし、欲もある、何を考えているか分からない。それがきれいになったら友達になるということを待っていたら、如来はいつまで経っても人間を信頼できません。ところが、如来は、どのような衆生であっても腹の底から信頼するというのですから、私たちが考える友達とは、レベルが違う。それが「独立者と独立者の連帯」（安田理深先生の言葉）である友達ではないかと思います。どんな人間にも、根源に深い如来の願いが響いていますので、その自覚こそが、「不請の友」になり得るのです。

第3章　出世本懐の意味

『法華経』と『大無量寿経』

ここから「発起序《ほっきじょ》」です。経典の内容に入るに先立って、この経典は、どういうことを眼目として説くのかを述べているのが発起序です。発起序に入ってまず出てくる名前が、阿難尊者《あなんそんじゃ》です。多聞第一といわれ、釈尊が成道してから亡くなるまで、側を離れず付き従った。また、釈尊がどの会座で何を語ったかを全部覚えていて、亡くなった後、仏典結集の中心となった人です。阿難尊者には面白い伝説があります（『智度論』など）。釈尊が亡くなるまでに、高弟で覚《さと》れなかったものが一人いて、それが阿難だといわれています。何故なら、阿難尊者は、非常に情が深かったので、欲を離れることができなかった（未離欲）ということです。

釈尊と阿難、提婆達多《だいばだった》は従兄弟《いとこ》どうしだったといわれています。提婆達多は釈尊と従兄弟どうしでありながら、釈尊の教団にいて、教団を乱し、足を引っ張ることばかりしていた。子どものころから何をやっても釈尊にかなわないということで、釈尊を妬《ねた》み続けてきた。何としても釈尊を引きずりおろして、自分が取って代わりたいという心を捨てられなかった。伝記では何度も釈尊を殺そうとしたが果たせず、最後は、地獄に堕ちたといわれています。それを阿難は目の前で見て、お釈迦さまは何故、兄の提婆達多を救ってくれなかったかといって泣いた。それぐらい阿難は情が深かった。

釈尊の教団にははじめ、女性は入れなかった。男性にとっては、女性がいると非常に刺激が強く、元の煩悩の生活に戻されてしまう。それに対して、阿難は、悩む女性を救わなければ釈尊の教えは広まらない、どうか女性を教団に入れてくださいと願った。それを受けて、釈尊は女性の出家を許し、女性の教団を作った。このように、阿難は釈尊の弟子の中では特異な存在でしたが、『大無量寿経』は、その阿難が対告衆《たいごうしゅ》で、しかも非常に大事な役割を果たしています。

親鸞聖人は、『教行信証』「教巻」に、発起序のこの部分を引用しています。そこで、「なにをもってか、出世《しゅつせ》の大事《だいじ》なりと知ることを得るとならば」（聖典一五二頁）という言葉で引用を始めています。「出世の大事」とは、「一大事因縁」という言葉をもって、『法華経』は出世本懐《しゅつせほんがい》の経だということを強調しています。

『法華経』には、「比喩品」というのがあって、羊鹿牛車の喩《たと》えが出ています。火の燃えている家（火宅《かたく》）の中で子どもが遊んでいる。子どもは夢中になって遊んでいて、親のいうことなど聞かないので、放っておいたら焼け死んでしまう。だから「表に羊鹿牛（三乗の教え）の車があるぞ、見に行こう」といって子どもを誘う。「火事だぞ」といっても逃げなかった子どもが、羊鹿牛という言葉で飛び出した。実は、大白牛車（一乗の教え）がそこにあり、大白牛車によって真に救かるということが語られています。嘘も方便《ほうべん》とは、ここから来ています。『法華経』は比喩の多い経典で、それをどう読むかが大事です。この場合、方便とは、衆生は真実でないものに惹かれるので、衆生を育てるために嘘をいわなければならない。しかし、方便は、仏が衆生を真実に導く手だてなので、それをそのまま信じてはいけない。

『法華経』については、「四十余年未見真実」という言葉がある。お釈迦さまは覚りを開いてから、四〇年以上真実を説かなかった。それを『法華経』でお釈迦さまが、出世本懐としてここに説いたので、『法華経』だけが真実だと。出世本懐とは、なかなか見つけられない一番内なる真実を表してくることですが、親鸞聖人は、『大無量寿経』こそ出世の大事だということで、この部分を引用している。

『法華経』の発起序には、三止三請ということが出ている。お釈迦さまの弟子の中で、智慧第一といわれる舎利弗が、お釈迦さまに教えを説いて欲しいと頼むが、お釈迦さまは、一乗の教えは今まで説いてきた三乗（声聞、縁覚、菩薩）の教えと違って、説けば誤解が生じるので説きたくないと断られます。断る釈尊を口説き落として、ついに説き始めていただいたのが『法華経』だというのが、『法華経』発起序の三止三請です。だから、釈尊の出世本懐の経典は『法華経』だと主張する。そのときに、お釈迦さまが、この会座の中に私に対して疑問を抱く者がいる。だから私は説かないといったら、心の痛む人が五〇〇〇人もこそこそと出ていったと述べられている。ここには、全部受け入れて説くのではなく、分からない人間を排除して、分かる人間だけに説き始めたということがあり、『法華経』の性格には偏狭性があるといわれます。

序分の性格から『法華経』と『大無量寿経』を比較しましたが、経典の性格は、経典の形式からも違いが出てきます。仏説の形式は、十二の形式に分けられ、「十二部経」といわれる。『法華経』や『観無量寿経』は「比喩経」に入ります。喩えを通して何かを語ろうとするのが「比喩経」で、仏だけが使う衆生を導く手だてである方便は広い意味の比喩です。『阿弥陀経』は、お釈迦さまが、対告衆である舎利弗の要求、あるいは問いなくして説いた経典で「無問自《むもんじ》説経《せっきょう》」といわれる。智慧が非常に優れた舎利弗と釈尊は、言葉なくして通じ合えるので、そこには無問自説が成り立つ。それに対して『大無量寿経』は、「論議経」といわれる形式です。「問うて曰く」、

「答えて曰く」という問答形式で展開され、テーマが深められていく経典で、曽我先生は、『浄土論』に照らして「優婆提舎《うばだいしゃ》」（梵語 upadesa：ウパーデーシャの音訳）であるといわれる。

ところで、『法華経』はあらゆる衆生を救うということで、声聞や女性も救うし、さらには提婆達多も救うと語られる。法華《ほっけ》一乗《いちじょう》といって、あらゆる衆生を一つの車に乗せていく願いが語られている経典として、天台大師智顗は、『法華経』を中心に一代仏教を構成し直しました。それが天台宗という学問で、日本に来て比叡山の学問になった。法然上人、親鸞聖人は比叡山で法華の願いに触れますが、それによっては救からない自分との間のギャップに苦しんで、比叡山を下りた。親鸞聖人は、仏教の中心的な教えとされていた『法華経』をまったく引用していません。『法華経』のテーマを浄土の言葉で語ろうとするときに間接的に使うことはしますが、何故かは分かりませんが、意識的に『法華経』に依らないという姿勢を貫いた。だから、『法華経』が出世本懐だというのに対して、『大無量寿経』こそ出世本懐だという。その出世本懐の内容がこの発起序の文です。

親鸞聖人は、「教巻」のはじめに、「釈迦、世に出興して、道教を光闡《こうせん》して、群萌《ぐんもう》を拯《すく》い、恵むに真実の利をもってせんと欲《おぼ》してなり。ここをもって、如来の本願を説きて、経の宗致《しゅうち》とす。すなわち、仏の名号をもって、経の体《たい》とするなり。何をもってか、出世の大事なりと知ることを得るとならば」（聖典一五二頁）と述べています。

「如来、無蓋《むがい》の大悲をもって三界を矜哀したまう。世に出興したまう所以は、道教を光闡して、群萌を拯い恵むに真実の利をもってせんと欲《おぼ》してなり」（聖典八頁）。如来がこの世に人間の身を受けていのちを生きる意味、つまり、出世本懐がこの発起序に出ています。その意味は一代仏教を開いて、真実の利をもって十方衆生（群萌）を救うためであると。仏の名を経の体として、本願を説いている『大無量寿経』こそ、真実の経である、つまり、出世本懐の経だということです。釈尊が如何に思想的に弁舌巧みで、神通力によって相手の心が読み取れても有限の身です。未来の衆生を含めて、人類を本当に救うという課題を考え続けて、『大無量寿経』が語る課題が開かれてきた。そのときに初めて阿難が、釈尊の姿を光顔巍巍《こうげんぎぎ》と仰がれたのです。

ここに『涅槃経』の課題が思い出されます。釈尊が亡くなっていくときに、『観無量寿経』で問題になっている阿闍世《あじゃせ》が、最後にどうしても救わなければならない存在として残った。そこで、「阿闍世のために涅槃に入らず」という有名な言葉が出される。また、たとえ阿闍世は救うことができても、弟子がどんなに悲しんでも、自分は有限の身を尽くして死んでいく。そのときに『涅槃経』に永遠に残る「法身常住《ほっしんじょうじゅう》」ということが出される。言葉を通して教えられる法が永遠に残る釈尊の身だということです。その『涅槃経』の願いである法身という抽象的なものでなくて、願いを総合する人格の名告りをもって衆生に語り続けるのが阿弥陀仏で、釈尊が自分の力を主張せずに、阿弥陀仏の優れていることを語ったのが、『大無量寿経』です。それに対して、『法華経』は、自分は法身として永遠に生き続ける存在だという。『法華経』の信仰は「霊山浄土」といって、今でも釈尊が霊鷲山の上で説法しているという、何か霊界のような世界を呼びかけている。

浄土教は、阿弥陀如来こそ釈尊の永遠のいのちだという。釈尊は発遣《はっけん》の教主だと善導大師はいいます。未来永劫に覚っているから自分のところに来たれ、というのが、『法華経』の釈尊ですが、浄土教の釈尊は、阿弥陀仏を誉めて、阿弥陀仏のみもとに往けと勧める人です。釈尊は有限のいのちを尽くして亡くなっていくが、教えとして未来の衆生を救おうとする阿弥陀としての願いが残っていく。どれだけ重荷でも、それを担って歩んでくれる力が本願力です。釈尊は未来永劫にわたる本願力に未来の衆生を託したわけです。

釈尊が見出した出世本懐の意味は、未来永劫にわたってこの世に人間が生まれてきて、この世での短いいのちに気づいたときに、これに触れなければ人生が虚しく過ぎてしまう、これに触れることによって、この世に生まれた意味があったということです。伝記的には、阿難は釈尊が亡くなっても救からなかったといわれるが、『大無量寿経』ではそういう一番救からない阿難をお目当てとして、救けずんば止まない教えが開かれた。そのお釈迦さまの姿を、阿難が光と仰いだところに、『大無量寿経』の出世本懐の意義があるのです。

五徳瑞現

「その時、世尊《せそん》、諸根悦予《しょこんえつよ》し姿色《ししき》清 浄《しょうじょう》にして光顔巍巍《こうげんぎぎ》とまします。尊者阿難《そんじゃあなん》、仏の聖 旨《しょうし》を承《う》けてすなわち座より起《た》ち、偏《ひと》えに右の肩を袒《かたぬ》ぎ、長 跪合掌《ちょうきがっしょう》して仏に白《もう》して言《もう》さく、「今日、世尊、諸根悦予《しょこんえつよ》し姿色《しき》清 浄《しょうじょう》にして、光顔巍巍《こうげんぎぎ》とまします。明《あき》らかなる浄鏡の表裏に影暢《ようちょう》するがごとし。威容顕曜《いようけんよう》にして超絶したまえること無量なり。未《いま》だ曾《かつ》て瞻覩《せんと》せず。殊妙《しゅみょう》なること今《きょう》のごとくましますをば。唯然《ややしか》り。大聖《だいしょう》、我が心《しん》に念言《ねんごん》すらく、今日《こんにち》、世尊、奇特《きどく》の法に住したまえり。今日、世雄《せおう》、仏の所住に住したまえり。今日、世眼《せげん》、導師《どうし》の行に住したまえり。今日、世英《せよう》、最勝の道に住したまえり。今日、天尊《てんそん》、如来の徳を行じたまえり。去《こ》・来《らい》・現《げん》の仏、仏と仏と相念《あいねん》じたまえり。今の仏も諸仏を念じたまうことなきことを得んや。何がゆえぞ威神光光《いじんこうこう》たること乃《いま》し爾《しか》る」と。

ここに世尊、阿難《あなん》に告げて曰《のたま》わく、「云何《いかん》ぞ阿難《あなん》、諸天《しょてん》の汝《なんじ》を教えて仏に来《きた》し問わしむるや。自ら慧見《えけん》をもって威顔《いげん》を問いたてまつるや。」阿難、仏に白《もう》さく、「諸天の来りて我《われ》に教うる者、あることなし。自《みずか》ら所見をもってこの義《ぎ》を問いたてまつるのみ」と。（聖典六～七頁・註釈版八頁）

『大無量寿経』を「真実の教《きょう》」と定め、この一段を出世の大事を説くと押さえて、親鸞聖人は「教巻」に引用しています。また、この一段を和讃にも取り上げています。

「尊者阿難座よりたち　世尊の威光を瞻仰《せんごう》し　生《しょう》希《け》有《う》心《しん》とおどろかし　未曾見《みぞうけん》とぞあやしみし」「如来の光瑞《こうずい》希有にして　阿難はなはだこころよく　如是之義《にょぜしぎ》ととえりしに　出世の本意あらわせり」「大寂 定《だいじゃくじょう》にいりたまい　如来の光顔《こうげん》たえにして　阿難の恵見《えけん》をみそなわし　問斯恵義《もんしえぎ》とほめたまう」「如来興世の本意には　本願真実ひらきてぞ　難値難見とときたまい　猶霊瑞華《ゆれいずいけ》としめしける」（聖典四八三頁）。

「教巻」では、続いて『如来会』を引用して、「よく如来に如是の義を問いたてまつれり」の引用の「如是斯義」という言葉に注目していますし、和讃にも引用しています。三番目に『平等覚経』を引いて、光瑞が「希有」であるということを優曇華《うどんげ》の花に喩えています。

阿難が、釈尊の光顔巍巍している姿を見て、その釈尊の姿を五つの徳で誉めています。それで「五徳瑞現《ごとくずいげん》」といわれる。世尊、世雄《せおう》、世眼《せげん》、世英《せよう》、天尊《てんそん》という五つの名前を、それぞれ、「奇特《きどく》の法に住したまえり」、「仏の所住に住したまえり」、「導師の行に住したまえり」、「最勝の道に住したまえり」、「如来の徳を行じたまえり」という五つの徳で語っています。また、「教巻」の一番最後には、新羅の憬興師の『述文賛』によって内容を押さえています。

ふつう、釈尊を世尊といいますが、世に尊ばれるという意味は「奇特の法に住」するからで、奇特ということは、希で、特別なという意味ですが、この「奇特の法」という内容を憬興師は、「神通輪」と解釈しています。過去、現在、未来にわたって観ることができない相手の心を、全部見通すことができる能力を「神通」という。この解釈の終わりの方には、「阿難当知如来正覚」という『大無量寿経』の言葉を解釈して、如来の正覚とは奇特の法であるといっています。つまり、奇特の法というのは、如来の正しい智慧で、正覚、無上覚ともいい、神通輪という用きを持つということです。これは、五徳を代表する用きです。

第二番目は、「世雄、仏の所住に住したまえり」といっています。『述文賛』ではこれを、「普等三昧《ふとうさんまい》に住して、よく衆魔・雄健天を制するがゆえに」と解釈しています。「普等三昧」という言葉は、四十八願中の第四十五願に出てきます。「たとい我、仏を得んに、他方国土のもろもろの菩薩衆、我が名字を聞きて、みなことごとく普等三昧を逮得《たいとく》せん。この三昧に住して、成仏に至るまで、常に無量不可思議の一切の諸仏を見たてまつらん。もし爾《しか》らずんば、正覚を取らじ」（聖典二四頁）。

仏の名を聞いて、「普等三昧を逮得」する。その内容は、仏の境界に住して一切の諸仏を見るということで、諸仏現前三昧、般舟三昧《はんじゅざんまい》ともいわれる。「般舟」というのは、「prajna（プラジュニャー）」の音訳で智慧を表します。智慧の中にあるというのが「般舟三昧」、諸仏が平等に拝み合えるというのが「諸仏現前三昧」で、これは念仏三昧の内容だといわれる。

「仏の所住に住した」ということは、諸仏を見出し、仏と仏が平等に拝み合える世界に住するということです。「世雄」というのは英雄という意味で、それが魔界や天を征服する。これが仏の住する世界です。これを身近に考えれば、コンプレックスを超えた世界に触れるということではないかと思います。私たちはなかなか平等になれませんが、仏の境界をいただくということは、宿業が異なり、いただく境界が異なる存在のいのちを生きながら、現象の違いを超えて平等の意味を拝み合える世界に住するということです。

先ほどの和讃で、親鸞聖人は、「大寂定にいりたまい」といわれるが、この出世本懐に当たるところでは、『如来会』が使っている言葉です。釈尊が光顔巍巍としている背景、その精神界の拠りどころを大寂定という。『如来会』では、「昔より已来、いまだかって見ず、喜得瞻仰して希有の心を生ず。世尊、今、大寂定に入りて、如来の行を行じ、皆悉く円満して能く、大丈夫の行を建立し」（真聖全第一巻一八六頁）と書かれている。この「大寂定」あるいは普等三昧といわれる精神界を、『大無量寿経』では「去・来・現の仏、仏と仏と相念じたまえり。今の仏も諸仏を念じたまうことなきことを得んや」という言葉で表現している。仏と仏が相念じ合うところに、釈尊が光輝くような姿で現れている背景がある。我々が念じる世界は、お互いに閉鎖的で暗く、恨み、妬みもあり、光り輝くような境界ではありません。

「明らかなる浄鏡の表裏に影暢するがごとし」。「教巻」に引用したときは「明らかなる鏡、浄き影表裏に暢《とお》るがごとし」（聖典一五二頁）となっています。釈尊の姿が、光り輝くと同時に、鏡の表裏に暢る。鏡は、汚れていればそこに鏡があることが分かる、きれいであればあるほど、向こう側に姿を映して鏡自身は消えるわけです。

鏡は何でも映すということで、仏教の精神界を例えるときに使われますが、ここでは、鏡が、透明で自己を語らずして相手を映すような存在に喩えられています。光り輝く姿が、鏡の如くになって、存在自身があたかも消えて、そこに映されるものを通して存在を示すような姿になる。閻魔大王は浄玻璃鏡を持っている。閻魔大王の前に出ると、亡くなる前の命全部が映し出され、罪業の一切が克明に記録されて逃げるすべがないといわれます。お釈迦さまも、その前に立つ者全部を映し出すような姿になっているのです。

四十八願の中にも例がある。第四十願には、「……明鏡にその面像を観《み》るがごとくならん」とあり、第三十一願にも、「無量無数不可思議の諸仏世界を照見せんこと、猶《なお》し明鏡《みょうきょう》にその面像を観るがごとくならん」と出ています。明らかな鏡にあらゆる世界を見るが如く、諸仏の世界を見るという例えです。阿難は、そういう衆生を代表している釈尊の姿を、初めて、光顔巍巍として、光り輝く姿として仰いだのです。去・来・現の仏というのは、現在の仏、過去の仏、未来の仏（苦悩の衆生）を意味します。

第三番目の徳は、「今日、世眼《せげん》、導師の行に住したまえり」ということです。世眼の「眼」は具体的には五眼で、如来の徳を表します。肉眼、天眼、法眼、慧《え》眼、仏眼の五つ（聖典五四頁）です。

ふつうに眼というときは肉眼で、その肉眼が、非常に清くて、透徹していて何でも見分けられる。天眼とは、六神通の中の天眼通のように、未来際を尽くして存在を見抜く力を表します。法眼とは、法の眼で、あらゆる因縁の現象を観察して見抜いているということです。慧眼は、真を見てよく彼岸に度すということで、自利利他を具足した智慧の眼を表します。明治になって親鸞聖人がもらった大師号の「見真《けんしん》」は、この見真だといわれる。見真とは、信心が持っている智慧で、人間存在が持っている真実を見抜くことです。見真の智慧は、彼岸に渡る智慧です。人間生活を見通し、過去、現在、未来に通じるような存在のあり方一切に通達し、さらに迷いの相を超える、迷った存在を自覚させる仏教の智慧です。現象界の因果を知り、人間存在のあり方の自覚を迷いと覚りの二つの領域で教えるのが、智慧の眼で、ここに仏教独自の宗教性があります。最後が仏眼、「仏眼具足して法性を覚了す」、一如法性といわれる存在の本来性を明らかに自覚していく眼です。五眼によって、迷える人々を導いていくというのが、第三番目の徳です。

念仏は無碍の一道

次の徳は、「今日、世英《せよう》、最勝の道に住したまえり」。この最勝の道というところを『述文賛』では、「仏、四智に住したまう、独り秀でたまえること、匹しきことなきがゆえに」といい、四智と解釈しています。この最勝の道を「慧見無碍《えけんむげ》」という言葉で言い直して、最も勝れた道というのは無碍道だと押さえられる。『歎異抄』には「念仏者は、無碍の一道なり」（聖典六二九頁）という言葉があります。内外に感じる障りを無碍として生きることができる智慧が「慧見」で、その内容が「四智」です。この「四智」とは、「唯識」で、八識転じて四智を得るという四智です。阿頼耶識《あらやしき》転じて大円鏡智を得る、末那識《まなしき》転じて平等性智を得る、第六識転じて妙観察智を得る、前五識転じて成所作智を得るといわれる。

唯識では、宿業《しゆくごう》を持って生きているいのちが、念々に意識する存在として今成り立っている。その意識の内容を四つの意識に分類して、その四つの意識がそれぞれ転じて智慧になる。一番原初的な意識が阿頼耶識で、あらゆる意識を統合する意識です。その阿頼耶識が転じて、大円鏡智、大きな円やかな鏡の智慧になる。阿頼耶識は私どもが考える意識ではありません。眼、耳、鼻、舌、身という機根が感じる意識と、考える意識（第六識といわれる）が私どもが考えるこの六識です。唯識では人間の意識は単にこの六識だけではなく、寝ても覚めても持っている自我意識として「末那識」を見出してきました。さらにこの末那識が、自我として執着しているのは、勝手に末那識が迷っているということでは意識は成り立ちません。意識の作用には、必ず対象があります。迷いの意識は必ず内容を持って意識している。その末那識の対象を阿頼耶識と名づける。そういう阿頼耶識が転じて大円鏡智に成ったときには、宿業が転じて鏡になるのです。

阿頼耶識は、あらゆる意識経験を総合している意識で、そこに環境と身体を感じるのです。私たちが何らかの意味で分かるというのは、私の宿業の中に経験してきた可能性が蓄積されているからです。人間存在としての宿業の中に、私たちが分かる意識の中で意識できたり、感じ取ったりできる可能性が与えられている。そういう意味の、広い深い宿業が、人間がものごとを了解することを本当に成り立たせる根拠でもある。宿業を持たなければ、人間の苦悩が分からないし、同情することもできないし、人間の問題を考えることもできない。そういう迷いの意識の蓄積された体系を阿頼耶識という。だから、自我意識の執着の根拠になるような暗さを持っていますが、智慧に転じた場合には、大円鏡智として、存在を明らかに映す鏡になる。

末那識が転じると平等性智となる。末那識というのは自我の執着の意識で、寝ても覚めても付いている意識です。例えば、怖いという感情は、起きたときだけ感じればいいのに寝ても夢の中でも感じます。寝ていても失っていない深い自我意識である末那識は、私と思っている意識よりもっと深いものです。

鈴木正三《しょうさん》（一五七九～一六五五）は、三河の人で念仏を取り上げて説教した禅者です。大変苦労して坐禅で覚りを開いたのですが、覚りの世界に触れてみたら念仏しても触れられるということで、坐禅している暇のない人間は念仏しなさいと、念仏坐禅を説いた人です。

鈴木正三は三河武士だったそうで、刀で切り込んでいってかなり武勲を立てた人ですが、崖っぷちへ行ったら足が震えた。自分の恐怖心を坐禅で取り除くことができたつもりだったが、いざ崖っぷちへ行ったら、足が震えるという事実をどうしても認めないわけにはいかなかった。安田先生はこういう例を出して、自我意識の強さを語っていました。平等性ということは自我意識とは矛盾します。本当に自我意識が破れたら平等になる。先ほどの普等三昧でも、本当に差別に苦しんだ存在だからこそ、平等ということが意味を持つ。差別の根にあるのは、比較する作用である「慢《まん》」という心理です。人間の意識の中にあって、上だ、下だ、同じだといって比較する。比較して同じだということを等慢という。そういう差別を感じさせる、深い煩悩の根にある我執の意識が末那識で、その末那識が転じると平等性智が開けるわけです。

第六識が転じると妙観察智が開け、前五識が転じると成所作智を得るといわれる。五識、または五根というのは、眼、耳、鼻、舌、身という感覚器官の意識をいう。ところで、私たちのこの五根は、何でも映しているようだが、実は、自分の関心を持ったものだけに意識が働いている。例えば、自動車を運転していて、信号が赤々と点灯しているのに、気がつかなかったというのは、他のことに意識が行っていて、気がつかないで通り過ぎてしまう。音でも同じで、耳は聞きたい音だけを拡大して聞く。このように、意識は自由に全面的に来ている情報をそのまま意識しているわけではなく、自己関心の覆っているものを自分の分かる形で意識している。逆に、せっかく梅の良い香りが香っていても、関心がなければ全然気がつかない。「根」には、そういう大切なものを感じる能力が与えられているのですが、私たちは、純粋な存在が意識する大切な用きを失って生きている。智慧は、そういう存在を転じて、存在を瞭々と見て、感じて、自覚させるものです。

「最勝の道」というのは、無碍と解釈されます。内外に覆蔽《ふへい》された有碍の生活を突破するということです。私たちの意識生活は、自我関心に覆われていて本当の存在が見えないし、そういう覆われた存在であるということの自覚もありません。坐禅に通達している人が、坐禅で瞑想しているときは、何も反応していないのではなく、音も香りも十分に反応しているそうです。脳波を調べてみると分かるそうです。禅の覚りというのは、有碍の生活を突破することを目指しているのです。

このように、鏡のように存在を映すことができる、自我関心を破って平等になる、本当に存在を見ることができる、存在の行為がそのまま自利利他を成就する、という四智を持っているのが如来の智慧で、如来の智慧が教えられれば、凡夫の障り多き生活が自覚されてくるのです。

如来二種の回向

第五番目の徳は、「今日、天尊《てんそん》、如来の徳を行じたまえり」といわれる。『述文賛』では、この「天尊」の「天」は、第一義天だと釈しています。ふつう、天というのは、一番透明な三昧に入ったときの状態を表現します。精神界が透明になっていくと、大地から離れていくが、いくら高い天に行っても、欲界の生活に引き戻される。煩悩の生活に引き戻されてしまうことを流転するという。第六意識の理性の生活がどれだけ透明であっても、阿頼耶識として蓄積された煩悩の生活自体が清められていない場合、覚りを開いたわけではないので、三界流転の生活を超えることはできません。

第一義天とは、法性とか、一如といわれる存在の本来性を、最高の天という言葉で表現しているというのが、『述文賛』の解釈です。三界を超えるということは、天の一番上に行くということではありません。インドでは、天の世界を牛耳っている王さまが転輪聖《てんりんじょう》王《おう》で、その転輪聖王が仏陀に帰依して帝釈天になった。仏陀は天の世界に行って立身出世したわけではありません。釈尊が覚りを開いて流転を超えるという境界が教えられたら、転輪聖王は喜んで仏教に帰依して、守護神になった。「教巻」の『述文賛』の解釈では、次に「仏性不空」といわれるが、空をも超えるということです。そこに如来の徳を行じるという意味を持ちます。釈尊は、この世の限界、時間、空間を超えて、永遠に、あらゆる世界に自由無碍を感じるような精神界を開いたわけです。

親鸞聖人は、仏教が仏教であるという根拠を、大涅槃を得ることであるといいました。法を生きている人々の世界に触れ、仏仏相念《ぶつぶつそうねん》の世界に触れて、個人の理想郷を個人が得るというのではなくて、平等に人間存在を包み、人間存在を根源から動かしている精神界を平等に拜めるのが仏の世界です。親鸞聖人は、「浄土真宗を案ずるに、二種の回向《えこう》あり」（聖典一五二頁）といって、本願が、具体的に人間に用いて、人間を頷かせ、立ち上がらせる力を持つという姿を、二種の回向と表現しています。二種の回向とは、往相回向、還相回向です。

往相回向とは、本願が一人一人の衆生を摂して浄土に行かしめ、大涅槃に触れしめていくことで、これが教えとなり、行となり、主体の中に信心となって用くのです。その用きの中には、本願力自身の用きである還相回向が含まれます。親鸞聖人は、「証巻」で、念仏が、覚りを必至滅度として衆生に約束する、その約束の中に開かれる用きを還相回向として語る。和讃とか仮名聖教では、如来二種の回向に値《あ》うという形で、本願の用きが人間に用くとき、二つの相を取って回向として用くという。

人間はそれぞれの宿業のいのちを受けて、凡夫として我執深きいのちを生きるのですが、そのいのちが、先に本願力に触れた人々が縁になって、後に求めるものに本願力を信ぜしめる用きを持ちます。私が本願を信じることができるのは、私に先立って本願を信じた人々の証明を受けて、私の上に本願が用くからです。存在が本願をいただくことができるのは、十方群生海に呼びかけて、あらゆる存在を平等に、慈悲を持って見そなわしている本願の用きがあるからです。そのように、本願は単に理念ではなくて、人間に事実として用き、人間を立ち上がらせる力を持った根元的な願いとして、私の上に用いてきているのです。

親鸞聖人は、『高僧和讃』で、法然上人を「阿弥陀如来化してこそ　本師聖人と示しけれ　化縁《けえん》すでにつきぬれば　浄土にかえりたまいにき」（聖典四九九頁）といっています。阿弥陀如来は、迷妄の衆生に一如を呼びかけるための大悲願心の自己表現なので、その本願が信じる人を存在の本来にあらしめるなら、本願はその人の上に具体化しています。法然上人が念仏行者として生きている姿は、まさに本願の表現としての阿弥陀が生きている人として仰がれたのです。宿業の身を生きているにもかかわらず、大悲の恵みによって、生死を超えて一如に触れていく道を歩むことが、そのまま本願の証明になる。「総序」の文でも、悪逆の提婆達多や阿闍世が、凡夫のいのちにとって本願を頷かせる機縁になったとき、あたかも阿弥陀如来が現れたといただいています。

これが仏々相念ということではないでしょうか。凡夫と凡夫の関係では、どんなに親しい友達でも、長い付き合いの夫婦や親子でも、宿業が違うので自我の壁は破れない。お互いに分かったつもりになっていても、本当は分からない。しかし、お互いの存在の本来を映す鏡に出遇うと、宿業を背負った、罪悪深重の身であることが自覚させられ、我、人ともに新しい関係を持って生きていく存在になろうという如来の呼びかけが聞こえてくるわけです。

「教巻」に引用している出世本懐の文を、親鸞聖人は、『一念多念文意《いちねんたねんもんい》』にも引用して註釈しています。

> しかれば、『大経』には、「如来所以興出於世　欲拯群萌恵以真実之利」とのべたまえり。この文のこころは、「如来」ともうすは、諸仏をもうすなり。「所以《しょい》」は、ゆえ、ということばなり。「興出於世」というは、仏のよにいでたまうともうすなり。「欲」は、おぼしめすともうすなり。「拯《じょう》」は、すくうという。「群萌」は、よろずの衆生という。「恵」は、めぐむともうす。「真実之利」ともうすは、弥陀の誓願をもうすなり。しかれば、諸仏のよにいでたまうゆえは、弥陀の願力をときて、よろずの衆生をめぐみすくわんとおぼしめすを、本懐《ほんがい》とせんとしたまうがゆえに、真実之利とはもうすなり。しかればこれを、諸仏出世の直説《じきせつ》ともうすなり。（聖典五四二頁）

諸仏がこの世に現れた真意は、阿弥陀の願力を説いて衆生を恵み、救おうとしてのことで、これが諸仏の出世本懐なのだ。『大無量寿経』が教えようとする「真実の利」とは、阿弥陀の誓願を表している。釈尊がこの世に生まれて、苦労したあげく、仏法に目覚め、存在の真実に還ることができた。そこに苦悩多きいのちをいただいた意味があった。それが釈尊の本懐であると同時に、諸仏如来の本懐です。

私は、安田先生のもとで二十年以上教えを聞かしていただいたのですが、安田先生のことはほとんど分かりません。けれども分かる分からないを超えて、本願を信じ、本願を生きてくださった限りにおいて、一人の凡夫のいのちが、私にとって仏さまの意味を持つ。それが仏仏相念として教えられる世界ではないかと思います。仏々相念に触れることによって、釈尊の存在が自我の影を超えたような精神界に出遇っている。それが透明の鏡の如くに仰がれるところに、五徳瑞現の文が、大切な要文となってくるのです。

教えの内容を説くなら、本願をもって「教巻」の内容としたらよさそうなものですが、「教巻」には本願の文が出てこず、出世本懐の文が出てきます。『教行信証』の他の巻は皆、本願によって建てられていますから、必ず本願が出てきます。

教えは何によって成り立つかというと、仏々相念の精神界が、本願を指し示す言葉を見出してくるところにあります。本願こそ真実の利、本当の利益だと、ここで言い表しているのです。有限の経験の中でしか考えられない人間にとって、無限の慈悲と智慧を恵まれるのは無上の利益です。人間にとって本当の利益は、苦悩や辛さがなくなることではなくて、存在の意味、生きていることの意味に出遇うことです。相対的な仕事とか、職業とか、趣味に出会っても、生まれた意味があったということでしょうが、それはあくまでも相対的な満足に止まるものです。辛い目に遭ったり苦しい目に遭うのは誰でも厭ですが、それをくぐって生きる意味に出遇うなら、それほどすばらしいことはありません。

この一段の最後に、「ここに世尊、阿難に告げて曰わく、「云何《いかん》ぞ阿難、諸天の汝を教えて仏に来《きた》し問わしむるや。自ら慧見をもって威顔《いげん》を問いたてまつるや。」阿難、仏に白さく、「諸天の来りて我に教うる者、あることなし。自ら所見をもってこの義を問いたてまつるのみ」と。」（聖典七頁）とあります。これは面白い問答です。あなたは自分で問いを起こしたのか、それとも、天か何かがささやいて問いを起こしたのかと、釈尊が確認したのに対して、阿難は、いや、自ら問うんだと答えています。時機が熟して、阿難と釈尊が相呼応したとき、仏さまが説こうとしていることを、阿難が期せずして問うたということです。ここでは、理性的、教養的な問答ではなくて、自分が救かるか救からないかという実存的な問答が展開されます。

『大無量寿経』は、他の経典に比べて贅肉の少ない経典です。余計な問いをなくして、集中的に問題を煮詰めていくという性格を持っている。本質に一番近いものは、人間にとっては分かりにくいので、比喩とか、方便を通すと分かるような気がしますが、本質こそ人間を救うものです。『大無量寿経』は、念仏の信念、本願の教えという本質を直接説いている経典です。それがこの阿難の問いに出てきていると思います。

釈尊と阿難の出遇い

仏の言《のたま》わく、「善きかなや。阿難《あなん》。問いたてまつるところ、甚《はなは》だ快し。深き智慧《ちえ》・真妙《しんみょう》の弁才《べんさい》を発《おこ》して衆生を愍念《みんねん》してこの慧義《えぎ》を問えり。如来、無蓋《むがい》の大悲《だいひ》をもって三界《さんがい》を矜哀《こうあい》したまう。世に出興《しゅっこう》したまう所以《ゆえ》は、道教を光闡《こうせん》して、群萌《ぐんもう》を拯《すく》い恵むに真実の利をもってせんと欲《おぼ》してなり。無量億劫《おっこう》に値《あ》いたてまつること難《かた》く、見たてまつること難し。霊瑞華《れいずいけ》の、時あって時に乃《いま》し出《い》ずるがごとし。今、問えるところは饒益《にょうやく》するところ多し。一切の諸天・人民《にんみん》を開化《かいけ》す。阿難《あなん》、当《まさ》に知るべし、如来の正覚《しょうがく》、その智量《はか》り難《がた》くして導御《どうご》したまうところ多し。慧見無碍《えけんむげ》にして、能《よ》く遏絶《あつぜつ》することなし。一餐《いちざん》の力をもって、能《よ》く寿命を住《とど》めたまうこと、億百千劫《ごう》無数無量にして、またこれよりも過ぎたり。諸根悦予《えつよ》してもって毀損《きそん》せず。姿色《ししき》変ぜず。光顔《こうげん》異なることなし。所以《ゆえ》は何《いか》んとなれば、如来は定《じょう》・慧《え》、究暢《くちょう》したまえること極まりなし。一切の法において自在を得たまえり。阿難《あなん》、あきらかに聴《き》け。今、汝《なんじ》がために説かん。」対《こた》えて曰《い》わく、「唯然《ややしか》り。願楽《がんぎょう》して聞きたまえんと欲《おも》う。」（聖典八頁・註釈版八～九頁）

五徳瑞現と、ここまでが序分の「発起序」といわれます。次からいよいよ『大無量寿経』の正宗分が説かれます。何故そのように輝いておられるのかという阿難の問いを釈尊が誉めて、今、自分がいただいている精神界である弥陀三昧あるいは大涅槃を問うたので、これは大切な問いで、よく問うてくれたと。またこの問いは、阿難だけの問いではありません。「衆生を愍念《みんねん》してこの慧義を問えり」。苦悩の衆生を代表して、苦悩の衆生を愍《あわ》れんで、釈尊の智慧の世界を問うています。（如来としての）釈尊は「無蓋《むがい》の大悲をもって三界を矜哀し」て、「世に出興したまう所以《ゆえ》」を説きます。ここに問うことと説くことが呼応して、説くことが難しい精神界が本願の教えとして説かれてきます。

親鸞聖人は、「説聴の方軌」ということを『安楽集』から引用して「信巻」に取り上げています。法を聞くためには、説くことと聞くことが完全に呼応することが大切なので、聞くことは千載一遇である。聞く側は、喉が渇いて渇いて一滴の水でも欲しいという思いで聞く。説く側は真に病気を治す医者のような思い、大医王の思いで説く。この両者の思いが一致して初めて聞くことが成り立つ。

『大無量寿経』では、光り輝く釈尊と、阿難の問い、如是斯義と問うた阿難の問いを誉めるという形で開かれてきます。釈尊は、自分の精神界の中に、十方群生海と三世諸仏に通じるような願いを見出して、出世本懐を語っています。親鸞聖人は、釈尊と阿難の出遇いの事実をもって、真実の明証であるといっているわけです。

第4章　法蔵菩薩とは何か

五十三仏の伝統

仏、阿難《あなん》に告《つ》げたまわく、「乃往《ないおう》過去、久遠《くおん》無量不可思議無央数劫《むおうしゅこう》に、錠光如来《じょうこうにょらい》、世に興出《こうしゅつ》して、無量の衆生を教化《きょうけ》し度脱《どだつ》して、みな道を得せしめて乃《いま》し滅度《めつど》を取りたまいき。次に如来ましましき。名をば光遠《こうおん》と曰《い》う。次をば月光《がっこう》と名づく。次をば栴檀香《せんだんこう》と名づく。次をば善山王《ぜんせんのう》と名づく。次をば須弥天冠《しゅみてんがん》と名づく。次をば須弥等曜《しゅみとうよう》と名づく。次をば月色《がっしき》と名づく。次をば正念《しょうねん》と名づく。次をば離垢《りく》と名づく。次をば無着《むじゃく》と名づく。次をば龍天《りゅうてん》と名づく。次をば夜光と名づく。次をば安明頂《あんみょうちょう》と名づく。次をば不動地《じ》と名づく。次をば瑠璃妙華《るりみょうけ》と名づく。次をば瑠璃金色《るりこんじき》と名づく。次をば金蔵《こんぞう》と名づく。次をば焔《えん》光と名づく。次をば焔根と名づく。次をば地《じ》動と名づく。次をば月像《がつぞう》と名づく。次をば日音《にっとん》と名づく。次をば解《げ》脱華《だつけ》と名づく。次をば荘厳《しょうごん》光明と名づく。次をば海覚神通《じんずう》と名づく。次をば水光と名づく。次をば大香と名づく。次をば離塵垢《りじんく》と名づく。次をば捨厭《しゃえん》意と名づく。次をば宝焔《ほうえん》と名づく。次をば妙頂《みょうちょう》と名づく。次をば勇立《ゆうりゅう》と名づく。次をば功徳持慧《くどくじえ》と名づく。次をば蔽日月光《へいにちがっこう》と名づく。次をば日月瑠璃光《にちがつるりこう》と名づく。

次をば無上瑠璃光《るりこう》と名づく。次をば最上首と名づく。次をば菩提華《ぼだいけ》と名づく。次をば月明《がつみょう》と名づく。次をば日光と名づく。次をば華色王《けしきおう》と名づく。次をば水月光と名づく。次をば除痴瞑《ちみょう》と名づく。次をば度蓋行《がいぎょう》と名づく。次をば浄信《じょうしん》と名づく。次をば善宿《ぜんしゅく》と名づく。次をば威神《いじん》と名づく。次をば法慧《ほうえ》と名づく。次をば鸞音《らんのん》と名づく。次をば師子音《ししおん》と名づく。次をば龍音《りゅうおん》と名づく。次をば処世と名づく。かくのごときの諸仏、みなことごとくすでに過ぎたまいき。（聖典九～一〇頁・註釈版九～一一頁）

ここから『大無量寿経』の正宗分が始まります。まず、五十三の仏さまが出ています。錠光《じょうこう》如来から始まり、次をば、次をばということで、仏さまのお名前が出されてきます。そして、「その時に次に仏ましましき」といわれて、法蔵菩薩が出遇う如来、最後の如来、その名前が世自在王如来《せじざいおうにょらい》と出されてきます。それに先立って、仏の伝統として錠光如来から処世《しょせ》まで五十三仏の名が出されています。

仏のお名前の一番最初に、錠光如来という名前が出ております。『大無量寿経』では錠光如来と翻訳されておりますが、異訳の経典では、燃燈仏といわれます。古い経典、お釈迦さまの仏伝あるいは本生譚《ほんじょうだん》といわれる古い経典に、お釈迦さまの前世、過去世を訪ねていく中で見出されてくる古仏の名前として、燃燈仏が出てきます。その名前が『大無量寿経』で、本願を説き始めるについて、法蔵菩薩が出遇う仏に先立って、無央数劫の背景のところに燃燈仏として語られている。

『如来会』で、燃燈という名前が出ておりますが、過去久遠の仏というものから、『大無量寿経』では、次をば、次をばという形で、たくさんの仏陀のお名前が訪ね当てられてくる。これについては、異訳の経典では、その前に、その前にという翻訳がなされておりまして、時間的にだんだん後に来るのか、それともだんだんにさかのぼっていくのか、その読み方が二通りあります。

金子大栄先生（一八八一～一九七六）はさかのぼっていく、つまり錠光如来にさかのぼり、さらにさかのぼって一番根元に世自在王如来という名前を見出されてくると、異訳の経典の表現を大切に考えておられる。松原先生は、梵本の『大無量寿経』を参照されて、前に、あるいは次にと翻訳される部分について、梵語でパーラという前置詞がついている。パーラという言葉が二つの意味を含んでいて、対面してその前にという意味もあるし、その次にという意味も持っている。それで、翻訳するについて、前にと翻訳する場合もあるし、次にと翻訳する場合もある。だからどちらが正しいかいえない。いずれにしても、法蔵菩薩が願を見出してくるについて、その久遠の背景を語ろうとしている、と釈しておられます。

私も別に時間的にどちらが先か後かを論じてもあまり意味がないと思います。別に実在の仏陀の名前を語っているわけではないのですから、物語として、法蔵菩薩という名前のもとに、今、本願の教えを明らかにするということでしょう。

お釈迦さまが、今、『大無量寿経』を語るについて、本願の因果という形で十方衆生に平等に、如来が出遇った、釈尊が出遇った静かなる救済の法の世界を語らんとする。そのときに、その見出された精神界は、単に釈尊個人が見出したものではない。「古仙の道」という言葉もありましたが、道元《どうげん》禅師（一二〇〇～一二五三）は古仏ということを大事にされますが、「古仏の道」、こういう諸仏伝統の背景に出遇った。その出遇った背景を法蔵菩薩の名のもとに、本願として明らかにする。そういう意味で仏陀の名をここに語られる。五十三という数には、別に特別の意味があるわけではない。ほかの異訳の経典では仏陀の数は違っております。五十三という数は、『華厳経』の「入法界品」で善財童子が訪ねられる善知識の数とたまたま同じであるということで、それを意味づければ何か意味があるのかもしれませんが、別にその数に『華厳経』が語るような段階があって、五十三の位があって、その一番高い位として世自在王仏を語るという意味ではないでしょう。

十方諸仏というときに、龍樹菩薩が『十住毘婆沙論』「易行品」で、たくさんの仏の御名を語られる。過去八仏とか、百六仏、十方十仏、たくさんの御名を出される。それは諸仏平等の法界を表し、その諸仏平等の法界のもとに阿弥陀の名を見出してくる。善導大師もそれを受けられ、この諸仏と阿弥陀とが平等である。平等であるが、阿弥陀の名のもと、一仏の名のもとに本当の平等の世界に触れる道が凡夫に開かれる。こういう意味で阿弥陀の世界が求められる。

阿弥陀という名が出ても、諸仏とその法界が別だという意味ではない。阿弥陀を通して凡夫が平等の世界に触れる。弥陀の法、弥陀の妙果を無上涅槃という、と善導大師はいわれる。しかし、無上涅槃を弥陀の妙果として、その因に返せば、法蔵願力として衆生にその妙果を開く。そういう法の背景、それが、久遠無量不可思議無央数劫の諸仏の伝承として、今、ここに語り明かされんとする。それぞれの仏の名は、独自の徳を持つ。例えば錠光というのは、異訳の経典では燃燈、古い灯、その一番根元にあるような古い灯が、伝統の仏陀を生み出してくる。灯から灯へ、闇を照らす光、心の闇を明るくする光が、人を変え、場所を変え、平等の光として伝えられてくる。その伝統の根源から、今、この『大無量寿経』が語り出される。

善導大師は「海徳仏」というお名前を使っておられる。海の徳、汲んでも尽きない。世界中の川を呑み込みながら一味の味を失わない。そういう海の徳の仏ということで、阿弥陀の名が生まれてくる根源を語ろうとしておられる。

『大無量寿経』の諸仏の名を背景にして、今、釈尊が光輝くお姿となって、本願の法をここに開こうとする。

私どもが出遇う仏法が、誰か特定の人の、特定の考えや体験ではなく、人間存在の根源に普遍の道を見出してくる。言葉をもってものを考え、そこに各々の宿業と、宿業を受けた個体としての自己、これを自我として愛着して止まない。けれども、どんな宿業であっても、どんな存在であっても、平等に人間存在としての苦悩を感じ、苦悩を背負う方法がある。

久遠劫来、人間の歴史、いつでも、個体を変え、個性を変え、あるいは文化を変えながらも、人類不変の問題として、自我の執着という自己関心を一歩も離れることができない形でしか、世界を抱えられない。あるいは、自己執着を離れて、存在を感ずることができない。そういう苦悩の人類、それを破ってきた歴史がある。本当にそれを突破して本来のいのちに還っていった求道の歴史がある。久遠劫来の闇とともに歩んできた、久遠劫来の菩提心の歴史、広くいえば宗教心の歴史に触れる。そこに立って、十方群生海を本当に信頼し、十方群生海に本当に呼びかける法を明らかにする。こういう意味で、お釈迦さまが十方諸仏の伝承を感じ取られて、ここに、今、本願の教えを明らかにする。

五十三仏の伝統とは、親鸞聖人でいえば、七祖の伝統、具体的にそういう形で歴史上の人物の教えを通して、改めて確かめ直されている。これは七人に代表される念仏の歴史であって、七人に限らないわけです。五十三仏も五十三仏に限らないわけでしょう。久遠無量の背景の代表者といっていい。数にこだわる必要もない。

しかし、こんなにたくさんの数を出されたのは、単に一人や二人ではない。ほとんど無数の歴史がある。その中から代表的な、お名前をここに連ねて、今、法蔵菩薩が語ろうとする法界の深さと課題の大きさを、物語的に語っている。

善導大師の二河白道

この段を憶念しておりまして、善導大師の言葉を思い出しました。「すでにこの道あり」（聖典二二〇頁）という有名な言葉があります。二河譬《にがひ》のところに出てくる言葉ですが、貪瞋《とんじん》二河の真中に一つの白道《びゃくどう》がある。わずか四五寸の道が、貪瞋二河の水と火との荒れ狂う中に細々と続いている。しかし、そこに踏み込む勇気が出ない。そこに、「回《かえ》らばまた死せん、住《とど》まらばまた死せん、去《ゆ》かばまた死せん」という三定死《さんじょうし》がいわれる。宗教心というものの前に立って世間心を見るときには、宗教心がいかに頼りないか、それに身を託すことがいかに心細いかを比喩的に語っている。

足を踏み出そうとしても、こちらからは火が襲い、あちらからは水が襲う。だからそこに立つことができない。行ったら死んでしまうという恐れがある。「群賊悪獣《ぐんぞくあくじゅう》漸漸《ぜんぜん》に来り逼《せ》む」という比喩で出ている。じっとしていても死んでしまう。逃げ出しても捕まってしまう。どうにも逃げられない無常の実在である。どちらにしても死ぬしかないということが、はっきり見えたときに初めて、この道に立つという決断ができる。そのときに、「すでにこの道あり。必ず度すべし」という覚悟が決まると同時に、この岸からは、「往け」という釈尊の発遣が聞こえる。

かの岸（西）からは、「汝《なんじ》一心に正念にして直ちに来れ」という阿弥陀の招喚の勅命が聞こえる。こういう喩えが出されてあります。そこに「群賊悪獣漸漸に来り逼《せ》む」と、あるいは悪知識は何であるかを親鸞聖人は解釈しておられる。これは、「衆生の六根・六識・六塵・五陰・四大に喩うるなり」、つまり、人間の感覚器官や身体で成り立っている、このいのち自身が群賊悪獣である。外に群賊悪獣があるのではない。宗教心に立とうとするときに、人間の不安は身をもって生きているということが、迷いの構造、迷いのいのちを成り立たせている。その立場に立つ限り、本願の声あるいは本当の菩提心の尊さに立とうとすることができない。生活上の問題とか、さし当たっての日常の問題とか、煩悩の要求とか、そういうものに振り回されてしまって、本当の一番根元的に立つべき立場が見えてこないということを喩えている。

群賊悪獣といっても、外から行くな行くなという声ではない、人間の存在というものが群賊悪獣的存在だ。私どもの主体は私どもでは分からない。実は群賊悪獣に喩えられるささやきを、間違えてそれが主体だと思って生きている。それに対して、三定死という。そういういのちは死ぬほかないということがはっきりしたときに初めて聞こえるような主体を発見した確信、それが、「すでにこの道あり」という言葉です。

「すでにこの道あり」という善導大師の喩えでは、自分の足を下ろすべき場所、それは「白道」に喩えられている。白は黒に対すると注釈をつけておられますが、清浄なる道である。「衆生の貪瞋煩悩の中に、よく清浄《しょうじょう》願往生《がんおうじょう》の心を生ぜしむる」（聖典二二〇頁）、清浄願心である。清浄願心とは、私どもの有漏の、煩悩の意識生活の中ではなかなか見えないし、少しぐらい感じても、それが頼りあるものとは見えない。ところが、三定死という終局、日常生活の死という、これも比喩的表現でしょうが、宗教問題に出遇うのは、清沢先生の表現でいえば、「生死巌頭に立つ」時です。

私どもは相対的な問題意識、比較相対的な対人関係の中での相対的な問題が、最大関心である。そういう関心である限り、本当の主体の置き所が見出せない。どこに主体を立てるのかが、はっきりしないままに相対的な中だけで流されている。自分を人がどう評価するかとか、自分と人との関係で上か下かという相対概念、六根・六識・六塵・五陰・四大とはそういう存在ですから、感覚といい、感情といい、あるいは意志といい、私どもに起こる意識は必ず外と内とが分離し、それがまた、出遇う場所となっている。その全体を自我の関心が覆っている。そこに本当の主体というものは見えない。自分の本当に立つべき主体のあり方は見えない。そのときそのときの相対的なあり方の中で、何かを基準に置きながら生きている。そういうあり方が群賊悪獣的あり方、あるいはそういうものに誘惑されていくあり方である。善導大師はそれに対して、「すでにこの道あり」と、内からは清浄願心、外からは本願の勅命であるという。対岸の阿弥陀の勅命であると教えておられる。

個人が宗教関心に目覚めて個人が信ずるというのではない。本当の主体に立つ決断、「すでにこの道あり」といえるような立場、それは西方の阿弥陀という名のもとに十方群生海に呼びかけるような、平等の大道、個人の狭い小路に対して大道であると親鸞聖人は教えてくださっております。易行《いぎょう》の大道だ。そういう道を、法蔵菩薩の名のもとに語ろうとする。

宗教問題は個人、本当の意味での個の問題、本当の主体の回復という問題です。清沢先生の言葉でいえば、宗教問題とは、客観的問題ではなく主観的問題である。誤解されやすい言葉ですが、主観的ということは、本当の意味の主体の問題です。

主観という言葉はマルクス（一八一八〜一八八三）以来、客観性に対する主観ということで、単なる観念というように定義され、主観とは個人の考え、個人の個人的関心をいう言葉になってしまいましたが、本当をいえば、主体であり、ヨーロッパの概念でいえばサブジェクトです。本当の主体、これは単に、個人の個人的事情に起きる問題ではなく、そういう問題を抜きにしては本当の人間の根本の救済は成り立たない。宗教的な普遍的な問題は、実は真の個人の具体的な個の自覚を抜きにしては起こらない。そういう意味で主観的自覚といわれる。

普遍宗教といわれる宗教には必ずそういう問題があります。

民族宗教とか、部族宗教であれば、皆、一緒に神さまを拝むという信仰でいいのでしょうが、それでは本当の宗教問題にならない。普遍的問題が本当に明らかになるためには、実は主体の問題、本当の主体が主体のところで明らかになることと、それが人類を貫く普遍の課題であるということが一つになる。何の某《なにがし》にとっての救いという意味ではなく、何の某《なにがし》を通して自覚されるその内容は、実は誰であっても、平等にそういう形で本当に救かるという意味を持つ。しかし、自覚される場所は「親鸞一人《いちにん》がためなりけり」（『歎異抄』真宗聖典六四〇頁）というように、本当に一人のところにある。しかし、本当に一人の問題が徹底されれば、一人を超える。個人の個人的事情が好転するという意味ではない。本当に個が人類的に開放されるという意味を五十三仏の伝統を通して、今、お釈迦さまが、法蔵比丘の物語の上に明らかにしようとするわけです。

諸仏の証誠《しょうじょう》という問題は、『阿弥陀経』で語られる。諸仏の証誠ということが「説誠実言《せつじょうじつごん》」という言葉でいわれ、六方諸仏の証誠ということがいわれる。誠であることを証する。十方諸仏の証誠という問題は、阿弥陀の覚りが十方諸仏と平等である。そして十方諸仏が本当に十方衆生のために、阿弥陀の法を勧め、阿弥陀の法を讃える。それは、阿弥陀の法が衆生にとって信じ難いからである。衆生をして信ぜしめんがために十方諸仏が証誠する。阿弥陀は自己の願を十方衆生の上に本当に実現せんがために、十方諸仏に証誠してもらう。十方諸仏に証を請う。このように親鸞聖人は釈しておられます。

十方諸仏の伝承から見出された法を十方諸仏の証明をもって明らかにする。「十方諸仏の証誠に　得がたきほどをあらわせり」（聖典五〇四頁）と和讃しておられますが、いかに、阿弥陀の法、明らかにせんとする本願が信じ難いか、難中の難という問題のために十方諸仏の証誠を請うといっておられる。その十方諸仏の証誠を得ることができるのは、本当に十方諸仏の伝統の、平等の法界を明らかにしているからである。十方諸仏の法界を本当に明らかにするという願が、広くは諸仏供養の願ということがいわれますが、本当に諸仏の徳を、諸仏の道を受け継ぎ、諸仏を供養していくことを菩薩の行として誓われている。そういう普遍の諸仏の道が『大無量寿経』に一貫している。法蔵菩薩の願の中にも、第二十二願にも、「東方偈《とうぼうげ》」という偈文にも出てきます。ずうっと一貫して本当に諸仏の世界を本当に自由自在に行き来をして、仏法を荘厳していくか、いかにして衆生の上に開いてゆくか。

自己閉鎖的な人間存在、そして自己閉鎖的なるが故に苦しみ、もがいて、心を開いて人と接することができない。本当に心を開いて自分のいのちを受け入れることができない。小さく凝り固まって、傷つけ合ってしか生きられない。そういう存在をお互いにいかにして解放していくことができるか。本来無我である存在であるにもかかわらず、お互いに我執の殻を持ってしか生きられない人間存在の闇を破るべき課題を担う。あるいは本来の立場から間違った立場、苦悩している立場を照らさんがために、釈尊はいきなり世自在王仏を出されずに、五十三仏の伝承を語って、諸仏の伝承のもとに、今、一人の仏陀の名を見出して、諸仏の伝承を受けた一人の仏陀のもとに、本当の主体を発見せんとするお名前として法蔵比丘という名前が出されてくる。

この法蔵比丘は、単に、昔物語の一人の個人をいうわけではない。物語的に語るけれども、五十三仏の伝統を受けて、一人の比丘が現れる意味は、歴史的実在の人間を語るわけではない。歴史的実在の人間を語る物語ではなくて、大乗仏道が求めた、本当の無上菩提、本当の永遠に求めて止まない人間解放の志願を明らかにせんとして立ち上がる、そういう意欲をここに法蔵比丘のもとに説き出さんとする。

法蔵菩薩の物語

その時に次に仏ましましき。世自在王《せじざいおう》、如来《にょらい》・応供《おうぐ》・等正覚《とうしょうがく》・明行足《みょうぎょうそく》・善逝《ぜんぜい》・世間解《せけんげ》・無上士《むじょうじ》・調御丈夫《じょうごじょうぶ》・天人師《てんにんし》・仏《ぶつ》・世尊《せそん》と名づけたてまつる。時に国王ましましき。仏の説法を聞きて心に悦予《えつよ》を懐《いだ》き、尋《すなわ》ち無上正真道《むじょうしょうしんどう》の意《こころ》を発《おこ》しき。国を棄《す》て、王を捐《す》てて、行じて沙門《しゃもん》と作《な》り、号して法蔵《ほうぞう》と曰《い》いき。高才勇哲《こうざいゆうてつ》にして、世と超異《ちょうい》せり。世自在王如来の所《みもと》に詣《もう》でて、仏の足《みあし》を稽首《けいしゅ》し、右に繞《めぐ》ること三帀《さんぞう》して、長跪《ちょうき》し合掌《がっしょう》して頌《じゅ》をもって讃じて曰《い》わく、（聖典一〇頁・註釈版一一頁）

そのときに、師仏、『大無量寿経』では世自在王仏という名前で出されてきます。世に自在なる王という名前の如来、異訳の経典では世饒王仏《せにょうおうぶつ》と訳されている場合もあります。世に豊かなる、という意味です。そういう名前が見出されて、そのもとに今、「時に国王ましましき。仏の説法を聞きて心に悦予《えつよ》を懐《いだ》き、尋《すなわ》ち無上正真道の意《こころ》を発《おこ》しき。国を棄《す》て、王を捐《す》てて、行じて沙門《しゃもん》と作《な》り、号して法蔵と曰《い》いき」と語られる。

これは法蔵菩薩の物語です。法蔵菩薩が発願するときに、世自在王仏の説法を聞いた。つまり諸仏の伝統を受けて、世自在王仏がおられる。その世自在王仏の教えに出遇うときは、国王として出遇う。お釈迦さまが、伝記の上では王さまの子として生まれて皇太子であった。そして出家された。そのことが背景としては考えられますが、世自在王仏のもとに聞法して、今、発心する存在が、広くは在家という意味でしょうが、国の王であった。国という課題を持って、国という責任を負った存在であった。これも象徴的な意味を持っていると思います。

後に開いてくる本願の課題を考えるについて、因位の比丘はもと国王であったというのです。宗教の中の仏教という問題を考えるときに、非常に象徴的な意味を持っている。つまり、仏の教えを聞いて国の王位を捨てるという形で語られている課題がある。国には、国境があり、権力機構があり、さまざまな利害関係がある。国民をいかに食べさせるか、いかに平和に養うかという課題を担っているのが国王ですが、如来の教えの前に、国を棄てて、王を損てて沙門となった。沙門となったということは、一人の裸の求道者になったわけです。

人間には、地位、財産、名誉と、いろんなものがくっついている、その一番象徴的な位置が国王です。それを全部捨てて一介の無一物の求道者なった。『臨済録《りんざいろく》』の言葉で、清沢先生が「仏とは何ぞ、一無為の真人、汝の面門より出入す」という言葉を書いておられます。『臨済録』の上では一無「位」の真人といいますが、清沢先生は「為」という字に直して、そこに意味があるかどうか分かりませんが、真の主体、本当の汝自身、つまり私にとって本当の主体は、実は私となって生きていながら、私はそれを捕えられない。出たり入ったりしているけれど捕まえられない。つまり、地位や相対的立場、人間関係として親であるとか子であるとか、地位が上か下かといった相対的な位置づけ、そういうことが自分の内容であるとふつうは思っている。子に対しては親であると思い、親に対しては子であると思い、妻に対しては夫であると思い、そういう相対的関係で自分を感じている。ところが、それは相対的な一つの位置付けにすぎないので、本当の自分というものは一つ一つ剝いていくと何もないわけです。

何もないといっても肉体がある。肉体が自己かというと、肉体も自己ではない。私どもに起こる問題は相対的な問題です。いかに食べるか、いかに利益を守るか、ともかく自分にくっついている外側のものについて問題が起こるのであって、真の自己自身という問題は持ってみようがない。そういう意味で仏教の問題は、非常に捕えにくい問題です。それをお釈迦さまは出家をして求めようとされた。日常生活に対して宗教問題が起こったら、日常生活に関わっている暇がない。それを、ここでは無上菩提心、あるいは無上正真の道意といわれる。これが、菩提心あるいは仏心の非常に大切な一面ではないかと思います。

そういう自己自身を思ったときに、まったく位のない主体になる。そのときの名前を号して法蔵菩薩（dharmakara：ダルマーカラ）といいます。法蔵は、法の蔵、法の処ともいう。「蔵」という字には、貯めてある蔵という意味もありますし、隠されている蔵という意味もある。まだ法が明らかになっていない、しかし法というものを秘めている状態、金鉱が山の中に隠れているような状態を比喩的に暗示している名前です。

世自在王とは、世に自在である王という意味です。世という限りは相対的なあるいは有限な人の集まりの場所にあって自在である。そういう名前の如来のもとに、世をいかに牛耳っていくか、世をいかに調理していくかという関心で国王の地位を安泰にするために法を聴く立場から、国を棄てるような覚悟をもって一介の主体になるという課題を立てたわけです。こういう方向性は、世間的関心からすると分かりにくい。そこに先の三定死という問題がある。

このままでは本当に救からない、このまま生活していても意味がないという問題に触れるということをくぐらないと、仏教の問題は主体の問題にならない。そういう一つの主体探求の旅への決断が、物語の上で比喩的に教えられている。しかし、国という課題を持っているということは、その後展開する本願の問題として暗示されている。国を棄てたのは、いらなくなったからではない。国の課題を、主体の解放をくぐって明らかにしてくる、そういう課題の展望として国王であったということが持っている意味が、後に明らかになる。

「嘆仏偈」の内容

法蔵菩薩が沙門となって法蔵と名告った、そのときには、「高才勇哲《こうざいゆうてつ》にして、世と超異《ちょうい》せり」、非常に優れた、世間とは超え優れて異なっていると誉めております。そして、「世自在王如来の所に詣でて、仏の足《みあし》を稽首し、右に繞《めぐ》ること三帀《さんぞう》して、長跪し合掌して頌《じゅ》をもって讃じて曰わく」。国王であった法蔵が世自在王の前に沙門となって、世自在王如来のみもとに詣でて、如来として仰いで、今ここに頌をもって讃ずる。そしてまず偈文が語られます。「嘆仏偈《たんぶつげ》」あるいは「讃仏偈《さんぶつげ》」といわれます。この「嘆仏偈」の一番最初の言葉が「光顔巍巍」です。これは釈迦の姿が光顔巍巍と映ったのです。『大無量寿経』では偈文が三つ出てきます。この「嘆仏偈」と本願が説かれた後の「重誓偈《じゅうせいげ》」と、下巻の「東方偈《とうぼうげ》」です。「東方偈」は二つの偈文が一つになっているといわれる。二つに分かれている場合もあります。したがって、本当は四つあったかもしれません。「嘆仏偈」は、法蔵比丘が仏を讃めながら、自分の志願を語るもので、非常に内容のある偈文です。

光顔巍巍《こうげんぎぎ》として、威神《いじん》極まりましまさず。
かくのごときの焰明《えんみょう》、与《とも》に等しき者なし。
日月・摩尼《まに》　珠光《しゅこう》・焰耀《えんよう》も
みなことごとく隠蔽《おんぺい》して、猶《なお》し聚墨《じゅもく》のごとし。
如来の容顔《ようげん》、世に超えて倫《ともがら》なし。

正覚《しょうがく》の大音《だいおん》、響き十方に流る。
戒聞《かいもん》・精進《しょうじん》・三昧《さんまい》・智慧《ちえ》、
威徳《いとく》侶《ともがら》なし、殊勝《しゅしょう》希有《けう》なり。
深く諦《あきら》かに善く、諸仏の法海を念じ、
深《じん》を窮《きわ》め奥《おう》を尽くして、その涯底《がいてい》を究む。
無明《むみょう》・欲・怒《ぬ》、世尊永くましまさず。
人雄《にんのう》・師子《しし》、神徳《じんとく》無量なり。
功勲《くくん》広大にして、智慧《ちえ》深妙《じんみょう》なり。
光明・威相《いそう》、大千に震動《しんどう》す。
願わくは我作仏《われさぶつ》して、聖法《しょうほう》の王と斉《ひと》しからん。
生死《しょうじ》を過度《かど》して、解脱《げだつ》せずということなからしむ。
布施・調意《じょうい》・戒・忍・精進《しょうじん》、
かくのごときの三昧、智慧上《すぐ》れたりとせん。
吾誓《われちか》う、仏を得んに、普《あまね》くこの願を行《ぎょう》ぜん。
一切の恐懼《くく》に、ために大安《だいあん》を作《な》さん。
たとい仏まします。百千億万、
無量の大聖《だいしょう》、数《かず》、恒沙《ごうじゃ》のごとくならん。
一切の、これらの諸仏を供養《くよう》せんよりは、

道《どう》を求めて、　堅正《けんしょう》にして却《しりぞ》かざらんには如《し》かじ。
たとえば恒沙《ごうじゃ》のごときの　諸仏の世界、
また計《かぞ》うべからず。　無数の刹土《せつど》、
光明ことごとく照らして、　このもろもろの国に遍《あまね》くせん。
かくのごとく精進にして、　威神《いじん》量り難からん。
我《われ》仏に作《な》らん、　国土をして第一ならしめん。
その衆、奇妙《きみょう》にして、　道場、超絶《ちょうぜつ》ならん。
国泥洹《ないおん》のごとくして、　等双《とうそう》なけん。
我当《われまさ》に哀愍《あいみん》して、　一切を度脱《どだつ》せん。
十方より来生《らいしょう》せんもの、　心悦《こころよろこ》ばしめて清浄《しょうじょう》ならん。
すでに我が国に到《いた》りて、　快楽安穏《けらくあんのん》ならん。
幸《ねが》わくは仏、　信明《しんみょう》したまえ、　これ我が真証なり。
願を発《おこ》して彼《かしこ》において、　所欲《しょよく》を力精《りきしょう》せん。
十方の世尊、　智慧無碍《ちえむげ》にまします。
常にこの尊をして、　我が心行《しんぎょう》を知らしめん。
たとい、　身をもろもろの苦毒の中《うち》に止《おわ》るとも、
我が行《ぎょう》、精進にして　忍びて終《つい》に悔《く》いじ。（聖典一一～一三頁・註釈版一一～一三頁）

「嘆仏偈」は、「光顔魏魏として」から「光明、威相、大千に震動す」までと、「願わくは我《われ》作仏して、聖法《しょうほう》の王と斉《ひと》しからん」から「すでに我が国に到りて、快楽安穏《けらくあんのん》ならん」と、「幸《ねが》わくは仏、信明《しんみょう》したまえ、これ我が真証なり」から終わりの「我が行、精進にして忍びて終《つい》に悔いじ」までと三段に分かれると解釈されている。

はじめの一段は文字通り如来を讃めている。どのように優れているかを讃めて、光輝く存在として、正覚の大音が響きわたると。その優れたる姿の背景、それは「深く諦《あきら》かに善く、諸仏の法海を念じ、深《じん》を窮《きわ》め奥《おう》を尽くして、その涯底《がいてい》を究む」、諸仏の智慧の根源まで尋ね当てている。無明、欲、怒がない。煩悩を超えて徳が無量である。このように如来の徳を讃めたたえられ、その徳「願わくは我《われ》作仏して、聖法の王と斉《ひと》しからん」と、讃めたたえた如来の功徳と自分が、今、それと斉しくなろうと、こういう願をここに表白される。単に仏を、こちらは小さいけれども讃めます、というのではなくて、讃めたからには、その讃めた徳と同じように自分がなりますという志願をここに述べる。讃めた徳と同じ内容を自分はこのようにして成就すると誓っている。

法蔵比丘の誓願の内容は、まず最初は「生死を過度《かど》して、解脱《げだつ》せずということなからしむ」と。生死を超える、迷いを超える、解脱するという仏法の根本要求、その願が立てられる。続いて「布施、調意《じょうい》、戒、忍、精進」、これは菩薩の行である六波羅密、布施、持戒、忍辱《にんにく》、精進、禅定、智慧の中から、布施、調意、戒、忍、精進、そして「かくのごときの三昧、智慧上《すぐ》れたりとせん」とありますから、三昧（禅定）、智慧とあわせて、六波羅密です。その次は「吾誓う、仏を得んに、普くこの願を行ぜん。一切の恐懼《くく》、ために大安を作《な》さん」と。一切の恐れおののく存在のために、つまり凡夫のために、大いなる安らぎとなろうと。こういう誓いを立てて、「無量の大聖、数、恒沙のごとくならん。一切の、これらの諸仏を供養せんよりは、道を求めて、堅正《けんしょう》にして却《しりぞ》かざらんには如《し》かじ」と語られています。

この比丘の発願において、総願、別願という解釈をします。法蔵比丘が菩薩になるについて、「嘆仏偈」を語っている段階ではまだ菩薩ではない。比丘です。比丘とは一応出家して沙門になったということです。沙門とは、禅でいえば雲水という言葉がありますが、家を持たない、定住の場所を持たない、地位も持たずに、求道する存在を沙門といいます。また、徒弟制度でいえば舎弟といいますか、親方にならないであちこちの師匠を訪ねるような、まだ方向が定まらない学生のようなあり方です。そういうあり方を比丘という言葉で押さえています。比丘あるいは沙門です。

沙門とは非常に広い言葉のようです。インドでは仏教に限らない。出家して道を求める人々がたくさんいた。それは、お釈迦さまからすれば外道《げどう》の立場であっても、道を求める存在であり、それを沙門といった。比丘は釈迦の教団に入って仏道を求める人で、そういう場合に比丘、比丘尼という名前が与えられます。

因位の立場で、今、願を確認して、願を本当にわが願にしたときに「菩薩」という位を認められる。そういう意味で、今、ここに願を起こす。法蔵比丘の願も、菩薩であるからには、菩薩の総願という内容を持っているべきという解釈で、法蔵比丘の願の中に、四弘誓願を読み取る解釈がある。松原先生も、その立場で解釈しておられる。講録や古い経典の解釈にそういっています。そうすると、「願わくは我作仏して、聖法の王と斉しからん。生死を過度して、解脱せずということなからしむ」とは、菩薩四弘誓願でいえば、「仏道無上誓願成」、無上仏道を成就しようという願いに当たるという解釈をします。

そして、「布施、調意、戒、忍、精進、かくのごとき三昧、智慧上れたりとせん」には、「煩悩無尽誓願断」という意味を読み取ろうとします。しかし、ちょっと無理だろうと思います。讃められる如来の側からいえば、その前に「無明、欲、怒、世尊永くましまさず」、無明と欲と怒りがないと。これは別の翻訳の言葉でいえば、貪・瞋・痴に当たります。貪とは欲望、瞋とは怒り、痴とは無明ですから、貪・瞋・痴の三毒に当たります。三毒がないことを断徳といいます。「煩悩無尽誓願断」というのは煩悩を絶つことです。そういう内容を法蔵菩薩の発願も当然持っているべきだから、六波羅密のところに断を読もうとする意味がないわけではないでしょう。

戒、忍、精進とは、布施という行は貪欲を断っていく、貪《むさぼ》りの心を破っていく。忍辱とは怒りの心を起こすな、あらゆることに忍んでゆけということです。我慢心で忍ぶのではなくて、安んじてゆく菩薩行です。私どもは我慢するというと、菩薩行のごとくに我慢するのではなく、煩悩の心をただ抑え込むだけですから、抑えた分だけ横へはみ出すので、かえって恨みが深まるだけです。菩薩の忍辱は、忍びながら恨みを残さないのが菩薩行です。忍辱が瞋恚《しんに》を退治していく。こういう意味がないわけではない。それから「智慧上れたりとせん」、これは無明を破るということです。したがって、六波羅密を通して三毒を破るという意味が備わるから、断といえないことはないでしょう。

「一切の恐懼《くく》に、ために大安を作《な》さん」というのは「衆生無辺誓願度」だといいます。無辺の衆生を救けようという意味を持っている。そして「一切の、これらの諸仏を供養せんよりは、道を求めて、堅正にして却《しりぞ》かざらんには如《し》かじ」、無数の諸仏を供養するよりも、一心に道を学んでいこう。これは、あらゆる仏法を学ぶということで、「法門無量誓願学」という意味を持っている。だからこの四弘誓願によって、法蔵比丘は法蔵菩薩になれるという解釈です。そういわれれば、含んでいると読むことはできます。四弘誓願を菩薩の総願といいます。菩薩が菩薩である限りにおいては必ず、その四つの誓いを持つ。「衆生無辺誓願度」、衆生という課題を中心に、「煩悩無尽誓願断」「法門無量誓願学」「仏道無上誓願成」という四つの誓いを担って歩むのが菩薩です。

法蔵比丘が法蔵菩薩になるのは、課題としては四弘誓願という課題を担って、そこから、法蔵菩薩独自の願を起こす。そういうところに別願がいわれる。その別願の内容は「たとえば恒沙のごときの、諸仏の世界」から「無数の刹土、光明ことごとく照らして、このもろもろの国に遍《あまね》くせん」と。ここで国ということが出てきます。「恒沙のごときの諸仏の世界」、そういう世界は、数えることができない、したがって、その諸仏の国、「無数の刹土、光明ことごとく照らして、このもろもろの国に遍く光明を照らそう、こういう願が立てられた。そして、「かくのごとく精進にして、威神量り難からん。我《われ》仏に作《な》らん、国土をして第一ならしめん」、その国を第一の国にしようという願を立てる。そして「その衆、奇妙にして、道場、超絶ならん。国泥洹《ないおん》のごとくして、等双なけん。我当《まさ》に哀愍《あいみん》して、一切を度脱せん。十方より来生せんもの、心悦《よろこ》ばしめて清浄ならん」、その国の衆生、その道場、こういう課題です。その国は、泥洹のごとくして、泥洹というのは涅槃（nirvana：ニルバーナ）の音訳です。その国には、十方から来生する。あらゆる世界から自由に出入りする。そして「我が国に到りて、快楽安穏ならん」と。こういう願を立てます。

これが、法蔵菩薩の総願と別願であると解釈されているところです。だから、菩薩一般の願、菩提心、仏法の道心として解脱する、煩悩を超え、あらゆる教えを学ぶ、そして覚りを開いていくという総願を持つと同時に、さらにそれを国という課題において、しかも国を超えて、十方世界から自由に来て出入りして、その国が第一の国であり、涅槃のごとき国であり、安穏な場所にしたいという願を立てます。世自在王という名前は、一人の仏であるけれども、世自在という名前のもとに法蔵比丘がその前に仏を讃めて、自ら発願して確認する課題をすでに持っていて、その世自在王は実は五十三仏の伝統を受けて、今、自らが願を確認する。その願の内容が、自ら総願という課題を持ちながら、さらに国の課題を開いてくる。ここに、『大無量寿経』が開こうとする教えの課題の大きさが思われます。

「幸《ねが》わくは仏、信明したまえ」からは、先ほど諸仏の証誠ということを言いましたが、自分が起こした願を、十方の世尊に見ていて欲しい。この願のためには、自分の身は苦毒の中に終わるも、苦毒というのは、他の翻訳では地獄、極悪所と訳している翻訳もあり、自分の身は地獄の中に終わっても、このわが願行は終わらない。「忍びて終に悔いじ」と。諸仏、世自在王仏の前に願を表白するわけですが、わが願を証明して欲しい。十方の世尊の前に、わが願を見ていて欲しい、と。

浄土の教えは、はじめから国という課題を孕んでいます。世間とか国とかいわれる課題を孕んで、真に人間が人間になるという課題を、永遠の課題として明らかにしよう。そのためには、その願が、この苦毒の中で終わるとも、「我が行、精進にして、忍びて終に悔いじ」ということです。これは後の勝行段に行きますと、「不可思議兆載永劫」の修行という言葉で出てきますが、修行は終わることがない。願が深いだけ、それを確認する実践も、ほとんど永遠の課題であるということが出される。法蔵比丘が世自在王仏のもとに、世自在王仏の徳と世自在王仏が明らかにされた願いに応じて自らもそれと等しくなろうと確認してきた志願の内容と、それを実践するについて、十方諸仏の前に自分の願を明らかにして、法蔵比丘が世自在王仏の前に名告りを上げます。

そういう意味で「嘆仏偈」が持っている内容が、その後の『大無量寿経』の内容を展望している。本願が説かれなければならない課題、南無阿弥陀仏という法が開かれなければならない課題が、これでよく分かります。個人の個人的救いならそんな説き方もされないし、そういう法もいらない。法蔵比丘という名前のもとに真に明らかにすべき課題が、一般的菩薩道の課題であると同時に、さらに広く国として開かれてきている。大安と作《な》らんとか、快楽安穏と作らんという言葉でいわれる、十方衆生の真の拠りどころとなり安息所と作らんという願いです。

地上の救主

曽我先生が「地上の救主《きゅうしゅ》」（『曽我量深選集』第二巻所収）ということをおっしゃった。成就して光となった阿弥陀の前に救済を頼むのが一般の浄土教の信仰になっているが、因位の法蔵菩薩ということを抜きにすれば、阿弥陀の光、衆生を救《たす》けんがために形をとられた阿弥陀の姿は、ときには有難いけれども、その有難さというものが光を失っていく。つまり信仰生活が阿弥陀の救《すく》いを頼む、摂取不捨の光を外に仰ぐという形で他力を頼んで、安堵を求めるが、どうも阿弥陀が有難くない。阿弥陀では救からない自分が残ってくる。そういう問題を曽我先生が出してこられて、親鸞聖人の人生態度、あるいは越後から関東で伝えられている生活態度、雪を褥《しとね》に石を枕に、といわれる親鸞聖人の生き方を偲んで、法蔵菩薩が、実は、我が救主であるといわれます。

阿弥陀が救い主だというのがふつうの理解ですが、阿弥陀が救い主であるというよりは、法蔵菩薩の名告りこそ我が救いであると、曽我先生は「地上の救主」というテーマを考えられました。西方のはるか彼方で、来いと呼んでおられる阿弥陀如来、これが救主だというのがふつうの浄土教の理解だが、因位の本願に立たれる名告りとしての法蔵菩薩、これが私にとっては救い主だというのが、曽我先生が越後時代以降考えられたテーマです。光で救かるというが、光を生み出してくる根にある願が、実は私どもにとっては救いなのだ。それは『大無量寿経』が説かれるときのお釈迦さまのお姿が光顔巍巍とましますが、そのお釈迦さまのお姿が救いなのか、お釈迦さまが説かれている本願の教えが救いなのかということにも関係するわけでしょう。

一応、曽我先生は分けられましたが、本当は、願《がん》と行《ぎょう》、本願と阿弥陀とは分けられない。南無阿弥陀仏として一体なのですが、南無と切り離して阿弥陀仏を外に立てて光の阿弥陀仏ということになると、それでは救からない。何か光になる根というものが志願の深さで教えられている。私どもが救かるのは阿弥陀の光で救かるといえなくもないが、法蔵の願心に救けられる。願心に救けられ、願心に励まされて、私どもは人生を生きる立場を得る。発遣招喚《はっけんしょうかん》といいますが、西方の阿弥陀の招喚の勅命、これは実は願なのです。

清浄願心は、実は私が起こすものではない。本願自身が発起したものに触れて初めて救けられる。だから法蔵菩薩によって救けられるという曽我先生の表現は、真に教えを主体化していただいたときに、主体によって私が救かる、もっといえば菩提心によって救けられる、あるいは法蔵願心によって救けられる。法蔵願心は具体的には私の上には信心です。信心によって救けられる。信じてそれから何かによって救けられるのではない。信心自身によって救けられる。信心自身が救かる主体である。それは、内に願心というものを見出してくることによって、もう救かる必要がないほどはっきりした願に触れて、身を苦毒の中に置いても悔いないという立場が開けることが、真の意味の救いである。願を見出したことによって比丘が菩薩になり、菩薩になったところに、無上仏道を永遠に歩んで悔いないという名告りが誕生してくる。

安田先生は、「宗教心というものは、できるからやるとか、できないなら止めておこうというようなものではない。起こさずにはおれないというのが宗教心だ。宗教心に立つということは、それが、できるとかできないとかいうことを超えるようなものをいう。これが宗教心によって救かるということなのだ」といっておられました。だから、法蔵願心は個人の願ではなくて、法蔵の名のもとに一切衆生の真の主体とならん、という課題を持っている。十方衆生を包んで真の国となり、十方衆生の真の安穏となり、その十方衆生を担って自分は苦毒の中に終わっても悔いはないという課題です。

総願というのは、大変大きな課題ですが、菩薩の総願をさらに徹底して、単に大きい願というよりも、実践的な、主体的な願として確認する。法蔵菩薩の願も菩薩の総願という課題を持たないわけではない。それを持った上で、「衆生無辺誓願度」という課題を、国という契機を通して深めていく。国を語らない四弘誓願とは課題がいくらか違うように思います。浄土というのは、安楽国土といわれるように国ですから、国を生み出すことを通して、真の衆生を生み出そうということです。

『浄土論』も『無量寿経優婆提舎願生偈《むりようじゆきようう ば だいしやがんしようげ》』といわれ、浄土を語る。その浄土は、「かるがゆえに我願わくは、彼の阿弥陀仏国に生まれん」（聖典一三七頁）といわれる。阿弥陀の国を通して、本当の菩薩の願いを成就する。何故、国が必要かというときに、天親菩薩は畢竟平等という。真の平等をいかにして開くか、何故、願生するのか。個人の問題と衆生の問題がどうしても矛盾する。自分が宗教を求めるということと、自分が求めたものと共に人と生きるというときに、自利利他が矛盾する。これが菩薩にとっては最大難関です。六波羅密は、人との関係の中で仏教を実践するという菩薩の課題なのですが、最後は菩薩の課題としてどうにも動かなくなる。菩薩の願を実践しようと思えば思うほど、どうしても、人との間でどれだけ救ったかとか、救えなかったとかという濁りが出てくる。その濁りをなくそうとして、何もあとかたも残さず、飛ぶ鳥跡を濁さずというように、菩薩行を実践しようというのが、菩薩の志願なのです。

自分が最高に人を救けながら、一人も救けないかのように生きる。これはいうは易く実際はできない。菩薩道の階梯でいうと「七地沈空の難」がそれですが、行為するのもしないのも平等である。あたかも行為しないが如くに行為する。しかも最高に行為するというのが理想になる。そうすると何もできなくなる。最後は何もしない方がよいということになる。そこに実践がかかったときに志願がにっちもさっちもいかなくなる。それは、やってみて、六地まで歩んで来てぶつかる課題です。そういう意味で、天親菩薩が阿弥陀の国を要求せずにはおれないという問題は、畢竟平等という問題だということが教えられている。

仏道を求めるというのは、明らかに根源的な主体の問題ですが、真に主体の問題が解明されるかどうかというときには、単に個ではない。人間関係を抜きにして個が救かることもできない。救かることを証明してもらう存在との関係、この問題がからんだときに菩薩道の限界として、自我が超えられない。凡夫性がどうしても脱却できないという問題が残る。ここにそういう課題を超えて、平等の本願力、阿弥陀の願力のもとに平等に、本当に菩薩道が成就する世界を仰がずにはおれない。それが天親菩薩の願生だと。そこに、法蔵菩薩が国を荘厳して、国を通して仏法を成就しようとせずにはおれない課題がある。

国でありながら、本願の国には国境がない。民族性とか社会性とか、生まれだとかが残った国が、穢土であるこの世の国である。しかし、仏法が要求する国を、法蔵比丘が、今、発願して真の国とは何かを明らかにしていこうとする。

仏法を通した国とは何か。そこに、西方安楽国を荘厳して呼びかけざるを得ない、悲願といわれる課題がある。国という課題を通しながら、衆生を包んで国を開く。こういう課題を通しながら、真に一人一人に具体的に主体の転換を要求してゆく。法蔵比丘の「嘆仏偈」の志願は、不可思議兆載永劫の修行に耐えるような志願です。不可思議兆載永劫にも朽ちないような願をもって我が願とする。

「嘆仏偈」を受けて法蔵菩薩と世自在王仏との対話が、次に語られてきます。

衆生の本国となろう

仏、阿難《あなん》に告《つ》げたまわく、「法蔵比丘《ほうぞうびく》、この頌《じゅ》を説き已《おわ》りて、仏に白《もう》して言《もう》さく、「唯然《ややしか》り。世尊《せそん》、我《われ》無上正覚《しょうがく》の心を発《おこ》せり。願わくは、仏、我《わ》がために広く経法《きょうぼう》を宣《の》べたまえ。我当《われまさ》に修行して仏国を摂取《せっしゅ》し、清浄《しょうじょう》に無量の妙土《みょうど》を荘厳《しょうごん》すべし。我《われ》世において速《すみ》やかに正覚《しょうがく》を成らしめて、もろもろの生死《しょうじ》、勤苦《ごんく》の本《もと》を抜かしめん」」（聖典一三頁・註釈版一三～一四頁）

法蔵比丘が、世自在王仏の前に、発願、修行しようという願を宣《の》べ、そこに、「仏国を摂取し」という言葉が出てきます。自分が覚りを開くならばその国を摂取しよう。この摂取が、異訳の経典では「選択」という言葉になっているので、法然上人は、法蔵願心が仏国を選択する、その選択に注目されて「選択本願」ということをいわれた。つまり、選択本願ははじめから国ということが課題である。修行して国を選び取ろうと。そしてその国の内容を、「無量の妙土を荘厳」しよう。こういう願を世自在王仏の前に出している。「我《われ》世において速《すみ》やかに正覚を成らしめて」、つまり自分は国を摂取し、その国において衆生を包み、衆生を救けよう、衆生の苦悩の本《もと》を抜こう。我が国を開いて、我が国に衆生を触れしめて、衆生の苦悩を抜こう、という志願です。これが別願を、法蔵菩薩独自の願を開いてくる。

法蔵菩薩という名のもとに、衆生平等の国、平等に衆生の故郷となろう。平等に衆生の本国となろうという志願を建てて、いかなる国が十方衆生の国に成り得るか、いかなる国を建てれば、あらゆる衆生が、どんな宿業であろうと、どんな苦悩であろうと、この国に触れれば真に心が開かれるのか。そこに選択本願というものが建てられてくる。

金子大栄先生は、国を建てる願だから、いうならば、憲法だと。本願を建てるということは国の憲法を建てるのだと解釈されます。願心荘厳《がんしんしょうごん》といわれますから、本願が選び取られるということが、国の形を作ってくる。その国の形が自ら仏法を語る意味を持ってくる。

「弥陀の本国、四十八願」という善導大師の言葉があり、国といっても、何が真に衆生の国になるかというときに、本願が国になろう。願で国を作るというよりも、願が国になるような、そういう国を作ろうというのが、法蔵願心の根にあるのではないかと思います。

浄土とナショナリズム

仏、阿難《あなん》に語りたまわく、「時に世饒王仏《せにょうおうぶつ》、法蔵比丘《びく》に告げたまわく、「修行せんところのごとく、荘厳《しょうごん》の仏土、汝自《なんじみずか》ら当《まさ》に知るべし。」比丘《びく》、仏に白《もう》さく、「この義弘深《ぐじん》にして我《わ》が境界《きょうがい》にあらず。唯《ただし》願わくは世尊、広くために諸仏・如来の浄土の行を敷演《ふえん》したまえ。我《われ》これを聞き已《おわ》りて当《まさ》に説のごとく修行して所願を成満《じょうまん》すべし。」その時に世自在王仏《せじざいおうぶつ》、その高明《こうみょう》の志願の深広《じんこう》なるを知《し》ろしめして、すなわち法蔵比丘《びく》のために、しかも経《きょう》を説きて言《のたま》わく、「たとえば大海を一人升量《しょうりょう》せんに、劫数《こうしゅ》を経歴《きょうりゃく》して、尚《なお》底を窮《きわ》めてその妙宝を得べきがごとし。人、心を至し精進《しょうじん》にして道を求めて止《や》まざることあれば、みな当《まさ》に剋果《こっか》すべし。何《いず》れの願いをか得ざらん。」ここに世自在王仏、すなわちために広く二百一十億の諸仏刹土《せつど》

の天人の善悪、国土の麁妙《そみょう》を説きて、その心願に応じてことごとく現じてこれを与えたまう。（聖典一三～一四頁・註釈版一四頁）

ここに「汝自当知《にょじとうち》」という言葉が出ております。師である世自在王仏の前に志願を語ったときに、世自在王仏が「汝《なんじ》自《みずか》ら当《まさ》に知るべし」、願を持っているなら、もうそれで汝の求めているものは、汝自身で尋ねることができる。このように告げたところが、法蔵比丘は、「この義弘深《ぐじん》にして我が境界《きょうがい》にあらず」と答えた。「非我境界」、我が境界にあらず。そして、「広くために諸仏・如来の浄土の行を敷演《ふえん》したまえ」、諸仏・如来の浄土の行を広く述べて欲しい、と今一度お願いした。

それを受けて、世自在王仏が法蔵比丘のために説いて、「たとえば大海を一人升量《しょうりょう》せんに、劫数《こうしゅ》を経歴《きょうりゃく》して、尚《なお》底を窮《きわ》めてその妙宝を得べきがごとし」、大海を一人で測ろうと、劫数を経歴して、時間を惜しまず、無限の時をかけてでも尋ねて行けば、海を測り終えることができる。「人、心を至し精進にして道を求めて止まざることあれば、みな当に剋果すべし。何れの願いをか得ざらん」、願の質が無限の時に耐えうるような願をもって仏道を尋ねることを確認して、そこから、「世自在王仏、すなわちために広く二百一十億諸仏刹土の天人の善悪、国土の麁妙《そみょう》を説きて、その心願に応じてことごとく現じてこれを与えたもう」と、説き出しております。

世自在王仏が説く内容は二百一十億の諸仏刹土、一応数は二百一十億といっておりますが、法蔵比丘の前に、法蔵比丘に先立って諸仏が持っておられる世界、諸仏が持っておられる刹土、国土の麁妙、そこに住する存在のあり方を説いて、その心眼に応じてことごとく現じて、これを与えたまうと。十方諸仏の中より選び取るといわれるが、あらゆる諸仏の国土を説いて、その国土の善悪・麁妙を全部押さえた上で、法蔵願心を選び取る。こういうところに、法蔵比丘が法蔵菩薩となって修行し阿弥陀仏国を建立したというときの、阿弥陀仏の国が持っている一つの性質が、象徴的に示されている。

人間が作った国は、それぞれの歴史を持ち、それぞれの風土があり、他の国との関係があり、そこに生活しているそれぞれの民族がある。しかもそこに生活する人間存在が持っている、アイデンティティーといいますか、自己確認は、自分が受けた宿業の範囲内だけでの価値感、倫理感、善悪感を出ることができない。これは近代の問題でいうと、国が自分を主張するとき、他の民族や、他の国土を蹂躙する。いわゆる植民地主義という形で近代国家は自分を膨張させた。そういう時代があって、それに抵抗してそれぞれの民族が自立する。そこに国の難しさが教えられた。日本も、そういう歴史を経験して、国を自覚し、国を持つことが非常に難しいということを歴史の上で教えられた。

では、国なしに、どんな国でもいいのかというと、人間にはやはり、自分を確認する文化的伝統、歴史的伝統がある。自分が今、語っている言葉を抜きにしたら、自分の存在の意味づけができなくなる。何でもいいように思いますが、やはり、自分の存在は自分の歴史から来ていますから、その歴史が持っている意味を、今、自分が受けて、そこに自分が作られてきている。その作られている自分自身を自己確認する場所として、限定された国を持たないなら、自分というものの自覚がなくなってしまう。拡散してしまう。

歴史を通していただいてきた自分たちの文化や言葉、自分の国土が持ってきた文明、そういうものを拡散してなくしてしまうことは、人間にとっては、自己喪失、ニヒリズムに行ってしまうような無意味感、存在の価値に対して自己評価ができなくなる危険がある。では、自分が成り立っている歴史だけでいいかというと、そうはいかない。無数の衆生の上には、それぞれの歴史、伝統、言葉、文明があり、それに対する誇りがある。一つの価値感だけを、自分の価値観を全部に強制するわけにはいかない。そこに、人間が本当に自己を立てることができる歴史や文化をいかに持つかということがある。皆、平等であるべきにもかかわらず、唯一貴重なものであるべきであるという矛盾した要求がある。どうでもいいものとして自分を置くわけにはいかない。これほど貴重なものはないという歴史を、私ども一人ひとりは皆、かけがえのない歴史として持っている。

ナショナリズムが間違えるのは、自分だけがいいものだ、自分の国だけがいいものだと、他と対立して、他を蹂躙せずにはおかない自己拡張の要求が起こってくる点にある。また、そういう要求を持たなくては自分自身も意味づけられないような、つまり、根には自我意識があって、自我拡張の意識になってくるものがある。そういう要求がいかに大きな間違いを犯すかは、今、起こっている戦争を見てもよく分かりますし、私どもの日本という国の歴史を反省してもよく分かる。

けれども、ナショナリズムのような形で起こる自分の文化に対する自己意識がなくていいかというと、それをなくして単なる客観的評論家になったら、自分の立っている意味が本当に確認できない。常に歴史のアウトサイダーとして自分だけは別の意識に立っているなら、それでもいいかもしれませんが、所詮、私どもは歴史の中に巻き込まれ、歴史自身を生きているわけですから、単に外に立っているということは許されない。そういう意味で、国を本当に建てることがどういうことなのかという課題が、人間存在にとっては大切である。

人間存在は孤立して一人で生きているのではない。衆生として生きている。その衆生は単にふつうの人類を生きるのではなくて、特定の場所に特定の歴史を受けて、そして特定の衆生としていのちが与えられている。非常に厳粛な限定を受けて私ども人間のいのちがある。このことは他の民族、他の歴史を受けた人間とぶつかったとき、嫌でも知らされる。自分はそんなつもりではないということはお互いに許されない。例えば、今、アメリカに行って生活しているイラク系のアメリカ人がいる。イラク系のアメリカ人は自分は戦争しているわけでもなんでもないが、血がイラクにつながってるということだけで、敵国人だと見られる。かつて日系アメリカ人がひどい目に遭った歴史と同じようなことが起こる。だからといって自分の責任ではないとはいえない。自分のいのちが何処から来ているかという背景を背負っている、そういういのちを人間存在は生きるのです。

何ぴとでもいいようないのちを勝手に生きるわけにはいかない。自分の思いでは勝手な思いを持つことはできても、人間の中に生きるということは、何ぴとでもいいというわけにはいかない背景と責任を持っている。国を持つことが嫌だというわけにはいかない。国という言葉のもとにいろんな意味が考えられるが、なにも国境という意味ではない。国というところに、やはり人間存在の背景を思う。

もちろん、国の中には、それぞれの宿業を持った人どうしが成り立っているから、交じることもあるし、限界が働くこともあるし、いろいろな場合があるが、そういう国の課題を持って衆生が生きている。そこに法蔵比丘が衆生を本当に摂め取るについて、仏国を摂取しようと。その仏国を摂取するについては、それぞれの諸仏の国がある。その諸仏の国を研究するということです。

今までのあらゆる諸仏、二百一十億は縦にも横にもあらゆる諸仏の世界を見る。そういうものを全然見ないで独断的に、あるいは自分の思いで国を作るのではない。あらゆる国の善悪麁妙を全部学んで、そこに本当の国を建てようという。こういう形で教えられている法蔵願心の質として考えさせられるものがある。あらゆる歴史的な状況の中に生まれてきた、あらゆる国のそれぞれの特質を充分に踏まえた上で、あらゆる衆生が自分の宿業を引き受けながら、しかも真に平等になることが成り立つような国とは何であるか。これは困難至極な課題です。そういう願心を持って我が国を建てようということです。

無上殊勝の願

時にかの比丘《びく》、仏の所説の厳浄《ごんじょう》の国土を聞きて、みなことごとく覩見《とけん》して、無上殊勝《しゅしょう》の願を超発《ちょうほつ》せり。その心寂静《じゃくじょう》にして、志着《こころざしじゃく》するところなし。一切の世間に能《よ》く及《およ》ぶ者なけん。五劫《こう》を具足して、荘厳《しょうごん》仏国《ぶっこく》の清浄《しょうじょう》の行を思惟《しゆい》し摂取《せっしゅ》す。」（聖典一四頁・註釈版一四〜一五頁）

諸仏の説かれる厳浄の国土、荘厳された清浄なる国土を聞いて、皆ことごとく見る。覩見《とけん》の覩という字は、よく見る、はっきりと見るという意味を持っています。明らかに、正確に見る、ただ何となくぼやっと見るのではなく、その状況、善悪、麁妙をきちんと明晰に見て、無上殊勝の願を超発《ちょうほつ》した。この「超発」という言葉を親鸞聖人が注目しておられる。法蔵菩薩があらゆる国土を覩見して願を超発した。「正信偈」に「超発希有大弘誓」（聖典二〇四頁）といわれて、超発という言葉に注目している。

この無上殊勝の願、そして願を起こすその願自身が、「その心寂静《じゃくじょう》にして、志着《じゃく》するところなし」と押さえ直されている。願というのは、ちょうど私どもの何かをなそうという思い、つまり、元気を出して、頑張って何かをやろうという実践的な要求を表す言葉が願である。あるいは願いという言い方をした場合は祈りに近く、こうあって欲しいとお願いする、何かに依頼する。そういう意味の言葉なので、今、ここに、法蔵比丘の物語のもとに法蔵比丘が国を建てようとした、その要求とは、無上殊勝の願だ。その願の起こり方は超発である。

超発、超えるということは、ある意味で断絶です。それまでの人間の意識経験の積み重ねで起きてきたことではない。だいたい菩提心がそうなのですが、特に法蔵願心といわれた場合の願は超発的に起きる。私どもからすると捉えにくい概念ですが、勉強したから起こってきたとか、突然、インスピレーションのように起こってきたとか、そういうことではない。起こり方が、法蔵菩薩の物語の上でいえば、世自在王仏が説かれた二百一十億の国土を覩見して、そこに願が発起してきた。こういう語り方です。しかも、超発した願は「寂静」である。寂静ということは「涅槃」の性質です。燃え上がるような激しい、血がたぎるような起こり方が願であると考えられるが、そうではなく寂静である。だから頑張って起こすものではない。人間の頑張り心で起こるような願とは違うということを、ここで押さえている。

説かれた教えを見る中に、忽然として起こってきて、しかも静かである。そういう願、つまり寝ても醒めても忘れることができない形で起こってくるものである。特定の縁で起こるわけではない。あらゆるものを見そなわした上で、しかも静かに起こっているような願、そして志着《じゃく》するところなしということは、煩悩の欲でないということです。

煩悩の欲、つまり自己拡張的な、自分の範囲（テリトリー）を作ろうという欲求ではない。私どもが国を作ろうといったらテリトリーなのです。皆、それで失敗するわけです。例えば、武者小路実篤（一八八五〜一九七六）が「新しき村」を作って失敗したとか、七〇年安保闘争のときでも、自由の地域を作ると、その世界が、外の世界と異質な世界を作って、そこにバリケードを張って、よその者が入ってこないようにして、自分の思いを実現するテリトリーを作る。それが一般に国を作るという発想です。そういう人間が分かるような国の建て方に似せて物語を語りながら、実は、静かであって着するところがないところに、無上殊勝の願を超発する。無上殊勝の願を超発して、その国を建てよう。表に表れた人間生活、衆生の歴史とか、衆生の文化の中に、これとは異質なものを作ろうということであれば、違うものを叩き潰して突然引き込むか、あるいは、蹂躙して、そこにねじ込んでいくか、そういうことになるけれども、そういう建て方ではない国を建てようと、無上殊勝の願を超発する。

安田先生は、「仏法というのは、たとえキリスト者であっても、たとえマルキストであっても、触れることができるような本質を持っているはずだ」、また「キリスト者を止めて来なければ仏者になれないとか、マルキストを止めなければ信じられないというものではないはずだ」、「現実には非常に難しいし、考えにくいけれど、そうでなければならないはずだ」といっておられた。人間の心理として、迷妄の意識を破って一如に帰るという、そういう仏陀の開いた世界は、ある意味で習俗とか、人間の中に作るテリトリーというものを破っていく。人間の世界にはいろんな差別、いろんな違いがあり、それぞれの伝統や文化や歴史に執着して止まない人間どうしが生きているのだが、どこかに真に根底において一つになれる場所を仏法は求めている。だから、特定の教理とか、形となった習俗とかいうものを立ててしまえば、どうしたって違うわけです。

例えばイスラエルの人はイスラエルの宗教に固執する。イスラエル人の血を受けたお嫁さんでなければ信頼しないとか、つまり血の信仰、そしてそこに固まっている習俗の形に対する執着、これを失ったらもう民族を失ってしまう。つまり宗教が習俗の形をとっていて、その形をとらないなら異教だ。異教徒は許せないし、信頼もできない。厳しい砂漠の中で殺し合いの生活をしてきた民族どうしが、それぞれの神を立ててお互いの神と神とが闘ってきた。イスラエルの神とアラブの神とは絶対手を結べない。神さまだけれども、それぞれを信ずる人間は絶対に許し合えない。そこに戦争の歴史があり、殺し合いの歴史があるから、もう怨みが怨みを呼んで、お互いに絶対に許せない。宗教は人間の最後の我執の拠りどころみたいなものになっているわけですから、アラブの人とイスラエルの人が恋愛をしたら悲劇にならざるを得ない。シェイクスピア（一五六四～一六一六）の悲劇どころではなく、民族の悲劇の歴史を背負っているわけですから、どうにも許せない。

そういう意味でいえば、「仏教は宗教ではない。宗教が最後に刀折れ矢尽きて、たどりつくべき場所が仏教である」、と安田先生がいわれたことがある。どうしても、仏教というものに立っていると、仏教は、仏教の意味をやはり何処かでテリトリーとして考えて、「仏教徒よ立ち上がれ」ということになると、同じ宗教の中にあるナショナリズム、仏教ナショナリズムを作って、そして元気を出すという人間の発想に取り込まれてしまう。しかし、本当の仏陀の願いは、そういうことではなかった。

今、法蔵菩薩の名のもとに釈尊が、本当の国を作ろう、無上殊勝の願を建立して国を建てようと願う。人間が生まれて生きるところにある悲劇、どうにも脱却することができない悲劇、お釈迦さまはその苦悩の前に試されたと伝記上伝えられている。釈迦族の王子であったにもかかわらず、釈迦族が滅亡することを目の前で味わわれた。隣のコーサラ国が攻めて来て、釈迦族が滅びる。それをお釈迦さまは人間の苦悩として、攻めて来た象の大群の前に黙って座られた。第一回のときは、お釈迦さまのそのお姿を見て象の大群は引き返した。しかし三回目には、お釈迦さまを避けて通って、釈迦族は蹂躙されて滅亡してしまった。つまり国と国、民族と民族ということになれば、衆生の持っている罪業の歴史に巻き込まれる。人間の歴史は戦争の歴史といってもいい。そういう止めることができない人類の悲劇性、人類の持っている罪をよく見た上で、本当の国を建てようというところに、無上殊勝の願の一つの性格がある。

寂静なる願、寂静というと、ふつうは動かないもの、木石のようなものを思いますが、寂静にして、しかも願である。静かでありながら、しかもそこから立ち上がるもの、これが法蔵菩薩の願です。その願を建てて、五劫《ごこう》を具足して、荘厳仏国の清浄の行を思惟し摂取す、といわれる。五劫の思惟、これも親鸞聖人は、「正信偈」で「五劫思惟之摂受《しょうじゅ》」（聖典二〇四頁）、といわれ、五劫という言葉に注意している。後に本願を成就したときに、「阿難、また問いたてまつる。「その仏、成道したまいてより已来《このかた》、幾《いくばく》の時を経《へ》たまえりとかせん」と。仏の言わく、「成仏より已来《このかた》、おおよそ十劫《じっこう》を歴《へ》たまえり」」（聖典二八頁）と、十劫正覚ということがいわれる。正覚を成就してから十劫の時を経たと。

親鸞聖人は、この十劫の方にはあまり注意されません。十劫の方に非常に重点を置いて考える浄土教の中の派があります。西山派《せいざんは》というのは、この十劫正覚ということを非常に重要視します。『安心決定鈔《あんじんけつじょうしょう》』という蓮如上人が大切にされた聖教があって、ここには十劫正覚ということが出ている。十劫とか五劫とか、あるいはその次に出てくる四十二劫とか、こういう数は物語を成り立たせる数字で、特別な量的な意味はないと考えた方がいいと思います。だいたい劫自体が神話的時間です。カルパ（劫）ということが、ほとんど無限の時、今の天文学的な数字にしたら、どのくらいに当たるのか分かりませんが、物語的には、劫ということは神話の概念です。

恒砂劫《ごうじゃこう》とか、芥子劫《けしこう》とか、盤石劫《ばんじゃくこう》とか、いろいろな解釈があります。例えば、『大智度論』には、天人が一〇〇年に一ぺん、天からふわっと降りて来て、天人ですから自由に飛び回れる。その薄い羽衣《はごろも》がすうっとすれる。それで巨大な石がすり減るまでの時間というのですから、考えられないような時間です。その石の大きさが四十里四方あったというのですが、その大きさがどれだけあろうと、大きな石がすり減る時間というのは、気が遠くなるような時間でしょう。これが盤石劫。恒砂劫は、ガンジス河の砂の数を数え上げる年数というのですから、これも気が遠くなるような話です。ただ、無限というよりも、いかにもありそうな例で、インド人は語りかけるわけです。単に無限といったのではあまり感動もしませんが、無限をある想像できるような形で語りかける。そうすると大変なものだということになる。カルパ自体がそういう概念ですから、それの五倍、五倍することの意味がどれだけあるのか分かりません。無限の五倍というのも数学上ではあるらしいですが、我々では考えてみようがない。そういう時間である五劫を具足して、仏国を荘厳し、清浄の行を思惟し摂取する。

仏国を建てることと、清浄の行の二つの事柄が出ております。浄土の教えを、親鸞聖人の見方から、二つの大きな概念でまとめている。一つは荘厳ということ、もう一つは荘厳した国に衆生を摂取せんがための行、そこに回向という言葉を見出されて、本願の中に二つの大きな用きを親鸞聖人は読んでおられる。仏国を荘厳する清浄の行と、物語としてはそう読んでおいていいのでしょうが、浄土教の教えで、きちんと親鸞聖人の理解に従って法蔵願心を整理すれば、大きく二つの選択があると考えておきたいところです。思惟し摂取するというところを、親鸞聖人は「五劫思惟之摂受」、摂受といわれます。

法然上人は、「選択《せんじゃく》」という言葉に注目しています。摂取という言葉について、『大阿弥陀経』と『平等覚経』では「選択」という言葉で翻訳されている。その「選択」の言葉に注目して、摂取するについては選択ということがあるということで、「選択本願」を注意された。法然上人のお仕事が、本願の行としての念仏を明らかにする。そこに、何故念仏一つで救かるのかを明らかにするについて、如来が本願によって選び取った行だから、本願の性質は選択にあるというので、摂取より選択に重点をおいて、法然上人は、本願を明らかにしようとされた。それで選択本願といわれる。

親鸞聖人は和讃で、「選択五劫思惟して」（聖典五〇二頁）といわれる。選択のために五劫思惟して、仏国を荘厳し、清浄の行を摂取した。この五劫思惟の「思惟」について、曽我先生に書いていただいた字が私の寺の本堂に掛かっております。蓮如上人の『御一代記聞書』にある言葉を、曽我先生のご理解によって、手を入れられたのでしょう。「思案の頂上と申すべきは、弥陀如来の五劫思惟の本願にすぎたるはなし」と。思案の頂上、考えるということについて思案するという。思案の最高の頂きは、五劫思惟のこの思惟だ。「この本願に同心せば仏になるべし」と。曽我先生はこのように書いてくださっておりますが、この十方群生海を平等に摂取して、成仏せしめようという思案、そこに五劫の思惟を通して、本願を選び取るわけです。

荘厳仏国と清浄の行ということで、真の国を摂取する。この国は、本願成就の姿としていろいろな形が『大無量寿経』で語られる。それが浄土の姿であるとふつうは考えるのですが、親鸞聖人は、真の国を建てたいというその願の根本は何かと押さえ、大悲の根源にあるもの、つまり、願を生み出す元こそむしろ国だ。願が国を作ったというけれども、願がそこから生まれてくるようなものこそ国だ。その国は実は十二願・十三願の成就であると押さえ、光明無量の国、寿命無量の国という理解をしてくる。

ふつうの浄土の理解は、宝石があるとか、珊瑚・琥珀・瑪瑙があるとか、いろいろな功徳が語られてある。親鸞聖人はその浄土の意味をもっと掘り下げて、選択本願の一番元にあるもの、それは本当に無明の黒暗《こくあん》の衆生の闇のいのちが明るくなる、光に遇う、そして有限ないのちが無限の意味をいただく、二重の意味で十二願・十三願をもって浄土の本質とし、そういう浄土が本当に衆生に用くとされる。

一応は衆生を包むために浄土を建立するが、建立された浄土は、衆生にとって外に語られる。それが本当に衆生を包んで、衆生の生活を支えるようにするには、どうしたらよいか。単に国を作っただけでは衆生と無関係になる。作った国が真に衆生の生活の場になるには、どうしたらよいか。そこに、今度は清浄の行、衆生を包んで衆生の上に浄土が用くための形が選び取られてくる。そこで親鸞聖人は『浄土論』の「回向」という言葉に注意され、苦悩の群生海に用くために、本願が回向すると理解される。そういう親鸞聖人の理解を通して無上殊勝の願の内容として、五劫を具足して荘厳仏国と清浄の行とを思惟し摂取す、というのである。

唯識の阿頼耶識

阿難《あなん》、仏に白《もう》さく、「かの仏の国土の寿量《じゅりょう》、幾何《いくばく》ぞ。」仏の言《のたま》わく、「その仏の寿命は四十二劫《こう》なりき。」時に法蔵比丘《びく》、二百一十億の諸仏妙土《みょうど》の清浄《しょうじょう》の行を摂取《せっしゅ》しき。かくのごとく修し已《おわ》りてかの仏の所《みもと》に詣《もう》でて、稽首《けいしゅ》し足《みあし》を礼《らい》して、仏を繞《めぐ》ること三帀《さんぞう》して、合掌《がっしょう》して住して、仏に白《もう》して言《もう》さく、「世尊、我《われ》すでに荘厳《しょうごん》仏土の清浄《しょうじょう》の行《ぎょう》を摂取《せっしゅ》しつ」と。

仏、比丘《びく》に告げたまわく、「汝《なんじ》、今説くべし。宜《よろ》しく知るべし。これ時なり。一切の大衆《だいしゅう》を発起《ほっき》し悦可《えつか》せしめよ。菩薩《ぼさつ》聞き已《おわ》りてこの法を修行して、縁として無量の大願を満足することを致《いた》さん。」

比丘《びく》、仏に白《もう》さく、「唯聴察《ただちょうさつ》を垂《た》れたまえ。我《わ》が所願のごとく当《まさ》に具《つぶさ》にこれを説くべし」（聖典一四〜一五頁・註釈版一五頁）

仏の寿命として四十二劫がいわれ、「時に法蔵比丘、二百一十億の諸仏妙土の清浄の行を摂取しき」、阿弥陀の徳が、諸仏の徳を納めている。諸仏の徳を否定して阿弥陀の徳を建てるのではない。阿弥陀の功徳は諸仏の徳を含んで、しかも、真に衆生に用かんがために阿弥陀と名告る。こういう物語ですが、この法蔵比丘が「唯聴《ただ》察を垂《た》れたまえ。我が所願のごとく当《まさ》に具《つぶさ》にこれを説くべし」といって願が説きだされる。

この法蔵比丘が、比丘であった存在が「阿難、仏に白さく、「法蔵菩薩……」」（聖典二八頁）、法蔵菩薩という名が出てきます。阿難が、法蔵菩薩という名前が出てきたときには成仏しているのか、いないのかを問うのに対して、仏は、「法蔵菩薩、今すでに成仏して、現に西方《さいほう》にましります」（聖典二八頁）と。法蔵菩薩という名前が出るときにはもう阿弥陀になっている。この世自在王仏の前で聞法し、修行し、願を建てていく間は、比丘、法蔵比丘と名づけられている。これは物語として、そういうことなのかもしれませんが、志願を担ったときに比丘は菩薩に成る。真に志願を担ったというときには、もう兆載永劫の修行に立ち上がっている。しかし兆載永劫の修行に立ち上がるということは、物語的には、だんだんに歩んでいって、無限の時間を経て仏に成るという説き方でしょうが、比丘が菩薩になるというときには、菩薩はむしろ仏の因位として、真に仏に成ることができる位ですから、菩薩の名告りのところには因位の仏が成り立つ。

因と果とは別ですけれども、法蔵（dharmakara：ダルマーカラ）という名前で一人の求道者の形をとって釈尊が見出された本願の教えを語る。そのダルマーカラを、曽我先生は、宗教的な要求の総合主体という言葉で、考えておられたことがありますが、単に物語の主体ではない。法蔵比丘という名のもとに、無限なる衆生を包んだ課題を成就せんとする要求です。それは、歴史上の特定の人のことを物語っているわけでもないし、単に神話でもない。あらゆる衆生を課題として、あらゆる諸仏の国土を全部展望して、願を起こすということは、因に解せば、十方群生海を平等に摂取して涅槃の覚りを開かしめたいということである。その願の主体は、真の意味の十方群生海の主体、各々の一人ひとりの真の主体で、その主体の真の課題を、法蔵菩薩の名のもとに、今、明らかにしようとするわけです。

法蔵菩薩とは何であるかを、『大無量寿経』と『唯識論』とを照らし合わせて明らかにしようとされたのが、曽我量深先生です。人間存在というものは、身体的精神的存在で、精神と肉体とが分かれない。人間というものは身体の働きが一つの精神作用である。精神作用といっても身体の作用と別ではない。身心一如と仏教は昔からいうが、これがこのごろの人間理解になってきている。ヨーロッパの考え方では、身体は物質であり、精神は異質なものだ。精神と肉体とは全然相容れないものだと理解してきているが、仏教では、身心一如という言い方をしてきた。

仏教では、人間存在とは、広い意味で意識である。その場合の意識は、西欧でいう精神現象ではない。西洋では、精神はロゴスを受け止める場所で理性であって、高いもの、清いもの、優れたもの、肉体は卑劣なもの、汚いもの、悪いもの、罪なもの、と精神と肉体を分けて、人間の歴史は精神現象の歴史だというのが、近代に至るまでの一つの人間理解だった。マルクスに至って、物質性の方が大事だと、逆に物質性が反乱を起こした。けれども、現代に来ると、精神と肉体は別のものではない、人間のいのちというものは単なる物質でもないし、単なる精神でもないということがいわれてきている。

『唯識論』が見た意識というのも、西欧で考える単なる精神ではない。『唯識論』で見ている意識は、生きているいのちというものが広い意味の意識現象である。煩悩を起こし、あるいは分別を起こし、肉体を持って物を食べて生きている。そのこと全体が意識である。高度な精神作用だけが意識なのではない。生きていることが意識作用だという理解での意識です。そこに意識ということが深められてきて、そして『唯識論』では「阿頼耶識《あらやしき》」が見出されてきた。その阿頼耶識は、肉体を感じているような意識、身体を感じているような意識である。ふうに考えるとか、見たり聞いたりする感覚作用をも総合して、あらゆる経験を統一している意識。意識といっても、今私どもが考える意識作用よりも深い。

このごろの心理学では、無意識といわれる。無意識は意識ではないのかというと、無意識という言葉で、私どもが意識しているよりももっと深い意識をいおうとしている。意識がないわけではないが、意識されない形で意識している。それを無意識という。フロイト（一八五六～一九三九）以降の精神医学の要求で、ユング（一八七五～一九六一）などが無意識ということをいう。キリスト教の教えなどが見ていた人間の意識よりも、もっと隠れた、意識にのぼらないような意識を人間が生きている。「阿頼耶識」は人間のあらゆる経験を蓄積している。あらゆる経験という場合は、個人が生まれてこのかた記憶しているものに留まらない。先ほど宿業ということをいいましたが、私が生まれて血を受けた日本民族がなした歴史の責任の中に私の身はある。明治以降、万世一系なкакどといって、嘘をついているが、長い歴史の中には何が混ざっているかは、本当は分からない。民族の背景というものは、単に個人が生まれてこのかた持った記憶だけではない。身体とか髪の毛とか、目の色とか皆に関わって個人の思いではない歴史の背景が、今の自分の背景になっている。

宿業が似ていることを「共業《ぐうごう》」という。よく似ているから一つの括りをして日本人という。身体が持っている背景は、単に個人の記憶よりももっと遠くもっと深い。そういうものを包んだ意識を名づけて阿頼耶識という。唯識でいう阿頼耶識（玄奘訳の『唯識論』ではこういう字を当てる）は、もともとアーラヤ（alaya）という発音で、蔵という意味です。蔵には三つの意味がある。アーラヤという言葉の元の意味は、愛着される場所、執着される場所です。愛着処という意味で使われた。「愛阿頼耶」という言葉でいわれる。つまり、自己愛が成り立つ場所を蔵に喩えて、その蔵に自分が愛着する。

その蔵の内容が何であるかを分析してきたときに能蔵、所蔵ということがいわれる。能蔵、所蔵とは何かというと、経験です。私どもの生活経験が蔵に蓄《たくわ》えられる。そしてその蔵からまた新しい経験が生まれてくる。こういう場所の働きを人間の意識が持っている。単に勉強したという頭脳の記憶だけではなく、私どもがどういういのちを生きてきたかということを私どもは覚えている。例えば忘れていても身体が知っている。蓄積された生活を身体が知っている。自分としては、そうなりたくなかったのに、いつの間にか、生活に疲れたような顔をしてくる。自分がそんなつもりもないのに、職業病になったり、職業的な顔になってくる。あの人はああいう商売をしている、こういう商売をしているということが身についてしまう。このように不思議な作用を持っている。そういう生活が蓄えられるのが、所蔵です。

考えてみれば変な話です。私が起きているときの思いは寝たらなくなるはずです。ところが起きて目を覚ますと、前の日に経験したことも、その前の日に経験したことも何処かに残っている。しかし思いや理性で蓄えたわけではない。いったい何が蓄えたのか。そういうところから阿頼耶識ということがいわれてくる。つまり経験の蓄積処、経験を蓄積するという不思議な働きを、いのち自身が持っている。これは本当に不思議な話です。習ったことを後から後から忘れていくにもかかわらず、何処かに残ってきている。経験したことがだんだんに、いつの間にか残ってきている。

その経験の蓄積が自分です。そしてその蓄積された経験を持って新しい経験をすることができる。蓄積された経験と無関係に新しい経験をするわけではない。どういう経験をしてきたかということが次の経験を生み出してくる。画家は画家の訓練をしてきた目で、自然界を見る。そうではない経験をした人間とは違う見方ができる。科学者が科学者として、月なら月を単に見ても、見方が違ってくる。少し違う現象が起きたことに気がつく。そういう経験を積んできたから新しい経験ができる。蓄積された蔵がまた新しい経験をすることができる。蔵なる識です。私どもの理性が自分だという思いを持つ、そういう意識よりも、もっと広く深くいのちを成り立たせている主体である。真の主体である。この主体は、私どもが意識したときには自我の場所として執着する。そういう意味で「愛着処」になる。寝ても覚めても生きているような意識、阿頼耶識というのは、このように定義されている。

曽我先生はそういう阿頼耶識と法蔵菩薩とを照らし合わせた。阿頼耶識の蔵はアーラヤで、法蔵菩薩の蔵はアーカラですから、語源が違うということをいう学者がいますが、曽我先生は何も言葉が同じだから一つだといってるのではなく、本当の主体を自分が自覚するということと、法蔵菩薩の名で教えられている真の宗教的主体ということは無関係ではない。そういうことから、法蔵菩薩は阿頼耶識であると言いだされた。私どもは自分が意識できるものを自分だと思う。真の主体はもっと深い、身体を持ち環境を持ち、宿業を担っている主体です。自分の思っている自我は、そんなものは嫌いだといって自分の都合のいいことばかりを思っているもので、それは主体ではなく、妄念にすぎない。ここにこのいのちを生きているのが主体で、寝ても覚めても生きているものが、真の主体です。

その阿頼耶識は迷いの根拠、迷っているいのちを成り立たせている主体で、そういう意味で因位である。果位になったときには、阿頼耶識は大円鏡智といわれる。大円鏡智となるような因位の名前が阿頼耶識である。それに対して、因位の法蔵は、むしろ暗を担って、暗の底まで見すえて、その暗を光に転ぜんとする願を持つ。願を持つところに名づけられる法蔵という名告り、そういう阿弥陀因位の法蔵の名前と、私どもの身体を生き、環境を感じ、そして宿業を担っている主体。その主体は、我執の根拠となって迷っているが、実はそこに解放されたいのちを根源的には願い続けている。そういう意味で、阿頼耶識と法蔵菩薩とは一つである。『唯識論』の課題と『大無量寿経』の課題とを交互に照らし合わせた。本当は私ども自身が何を自覚して、どういうふうに自分のいのちを了解するのかの手掛かりとして、法蔵菩薩を非神話化したわけです。

法蔵菩薩の非神話化

非神話化はキリスト教では非常に大事な課題になっている。神話的概念を解釈して実存的に了解する。しかし、法蔵菩薩はもともと神話ではない。神話ではないが、物語として語られているから、物語を主体化して、私ども自身の課題として聞き直す。法蔵菩薩とは何かというときに、物語としては、発願して修行して阿弥陀に成ったというのだが、その意味は、私ども自身からすれば、真に自分自身を明らかにするについての課題を教えてくれている。つまり、私ども自身としては私を自覚するというけれども、その「私を」というときの私自身とは、私の理性とか、私の反省では届かない。それぐらい深い課題を担っている。それを教えの鏡を通して、私どもに呼びかける。

阿頼耶識は、身体と環境とを意識するといわれる。阿頼耶識という意識の対象は身体と環境、さらに不可知の執受ということがある。その不可知の執受とは、種子《しゅうじ》と有根身《うこんじん》です。種子とはあらゆる人間が、人類としての経験を蓄積している可能性です。人間の類として経験してきた人類的経験の背景が、私どもの可能性の中にある。不思議な話で、類としての人間の現象を、私どもは皆持っている。

例えば心臓が一分間に六〇打つということ。鳥の心臓はもっと早く打つ、犬の心臓ももっと早く打つ、象などの心臓はもっとゆっくり打つ。人間としての経験は、自分で思っているのではなく類として同じような打ち方をする。消化の仕方といい、出す酵素といい、それは類として持ってきた経験としてしていることで、私の思いとはまったく無関係にしてくださっている。そういうものを、不可知の執受という。

よく知ることができないでも、自己自身を保っている働き、この働きの中に二通りある。その一つの有根身とは、根を有した身ということです。私どもの身体は機能を持っている。機能にはいろいろあるが、代表的なものは五根といわれる。五根は感覚器官の働きだが、根は五根に限らない。『倶舎論』では二十二根といわれる、いろいろな根、いろいろな機能を備えている。単に意識が生きているわけではない。私どもの意識はむしろそういう根に支えられ、根を内容とした意識生活である。もう一つは種子で、人類的経験を可能性として秘めている。こういうものがなかったら私どものいのちは在り得ない。そういう不可知の執受と、処と了といわれるが、処は環境です。こういうものを持った意識作用です。意識作用といえる感覚器官の働き、あるいはものを考える意識の働きよりも、もっと広くもっと根底的な働き、それが阿頼耶識の内容である。

曽我先生が考えたのは、阿頼耶識と、五劫に思惟して十方群生界の平等の根底を開こうという要求を持って歩み続けようとする志願。しかも、それは寂静なる志願、寝ても覚めても用くような志願とどこか似たところがある。似たところというより、もうこれは一つと考えて問題を煮詰めていけるのではないかというのが、曽我先生の視点である。

仏典が語ろうとする物語は単なる物語ではない。真に人間存在を明らかにする課題として考えようとした。ですから、法蔵菩薩は阿頼耶識であるというと誤解が多い。法蔵菩薩は阿弥陀になる願心だし、阿頼耶識は迷いの意識ではないかと。あるいは蔵という字が同じだといっても語源が違うのではないかとかいう。しかし、思想の問題として、特に近代をくぐって現代あるいは今後の人間が、『大無量寿経』の教えを考えようとするときに、単なる神話ではこれは分からない。何を言おうとしているのか。物語として面白いけれど、物語そのものでは宗教にならない。あるいは仏道にならない。無上菩提心を明らかにしようとする法蔵願心の課題は、私どもの上ではどういう問題を明らかにしようとするのか、そういう課題です。私どもの主体が、単に私が思っているよりももっと深く、また、非常に人類的な課題を背負わされている。人類的な課題を本当に見すえながら、兆載永劫の修行を担って人間の意識の中に光のいのちを与えようというところに、法蔵菩薩の物語の意味がある。そういうところから浄土を見直していけるのではないか。

浄土というと、なにか、生きているうちには行けないから、死んでから行くという形で了解されてきた。生きている世界ではなく、死後の世界として感じられるものと。それはしかし、仏教の教えとしての浄土の意味とは違う。仏道が語ろうとする浄土は、いったい何を明らかにしようとするのか。人間の感覚として死後にまで救いを求めるような要求に呼びかけて、私どもに法蔵菩薩の名で語りかけてくるのはいったい何であるのか。浄土教が積極的にまず浄土を荘厳して、浄土を通して浄土の形、浄土の志願を呼びかけて、浄土を通してさらに主体を明らかにしてくる。

本願を選択していくということは、願を確認して、願自身を深めていくことで、私どもの持っている願の方向性が正され、静かなる願がだんだんに見えてくる。こういうところに、法蔵菩薩が五劫に思惟して超発した願を選び出してくる。一つの願として建てたというのではなく、起こった願を点検して、分析して、課題を克明に体系づけて、構造的に展開する。これにより超発した本願が四十八願です（三十六願、二十四願という経典もある）。まとめていけば四弘誓願、さらにはもっと根源的には「超発無上殊勝願」というところに来るわけですが、それを国という共通の環境として、課題を展開して、無上仏道を明らかにする。単なるこの世的な形の中で救いを得るとか、何か特殊な体験を得るということではなく、超発するという形で、人間の上に起こる課題を、時間的にいえば未来へ、空間的にいえば超発という形で担って、永遠に願いに立って課題を根源化していくのが仏法です。

現代のような非常に唯物的な、実利主義的な、あるいは功利主義的な関心が覆っている時代では、なかなか説得力を持つのが難しい。しかし、この世に対して浄土を建立するということの深い意味があると思う。それはこの世の中に浄土を作るということとは違う。この世の中に浄土を作ればテリトリーになる。京都の山科に、やはり親鸞聖人に触れて、当時非常に大きな影響力を持った西田天香さん（一八七二〜一九六八）がおられ、一灯園《いっとうえん》という原始共産共同体を作った。大きな感化を及ぼした方ですが、そこを塀で囲んでその中で原始共産社会のような理想郷を作ろうとされた。

この世の中に美しい場所を持とう、人間の思いとしては桃源郷みたいなものが欲しい、この汚い娑婆は嫌できれいな世界が欲しい、そういう夢のような世界を作ろうとした。それは切ない要求なのかもしれませんが現実にはできないわけです。現実に入ってみたら、少しはきれいかもしれないが、比較の話であって、やはり人間がそこに生きておりますから、いろいろな問題が出てくる。夢を見ているうちはいいけれど、現実の課題にぶつかってくると、霞を食べては生きられないという形でいろいろな問題を抱えてくる。先生が亡くなったあと、それを続けていこうとすると、責任地獄みたいなことになってくる。だから、人間の営みは、どうしてもこの世の中に美しい場所を作りたいと思うが、実際作ってみるとできないわけです。

流転というのは、作っては失敗し、作っては失敗して、しかし、止められない。止めてしまえば、それは堕落だし、やれば失敗だということになる。そこで、作らずにおれない願心はいったい何なのか、作って失敗するということはいったい何なのかと問題を煮詰めていって、単に流転するのではない、真に人間が生きるということは、どういう意味を持って、どうなりたいかをはっきりさせていく。

浄土を、この世に対して彼岸と呼びながら、しかし、その彼岸は単に死んでからというのではない。そこに、浄土を建立して、しかも清浄の行を呼びかけずんば止まんという願心です。これが、法蔵菩薩という菩薩の名前で呼びかけて、何処までも問題を深め、担っていこうという人間像として（安田先生は、現在の言葉を使って、人間の原型、アーケタイプ〔archetype〕という言葉で語っている）、あらゆる衆生の本来の姿、真のいのちとして見出されるべき姿として表現したわけです。

だから、特殊な個人のことを語っているのではない。十方の衆生が、どういう意味で、人間であることに頷き、人間の罪業のいのちを担って生きることができるかを問題にして、それを担い、歩もうとする姿が法蔵菩薩です。そこに法蔵菩薩という菩薩が、私を超えて私になるという言い方をされますが、単に自分の思いではなく、私自身は忘れたり、むしろ踏みつけてしか生きていない私の本当の主体を自覚せしめるべく、法蔵菩薩という名のもとに教えが開かれている。だから無上殊勝願というのは、国の形を通し、行の形を通して無上殊勝の願の形を求めている。その元にあるものは、形以前の、形を超えて動いてくるもので、教理とか教義とかというものよりも、もっと深く本当に人間を解放しようとするものです。

十方の衆生を平等に本当のいのちにしたい。苦悩の衆生、救い難き衆生、どうやっても救けることができない衆生を、本当に救けずんば止まんという願い、そこに止むに止まれない願心として、しかも静かなる願心として、法蔵菩薩が立ち上がる。こういう要求は物語を通さずしては語り得ないところがある。物語の方が本当の要求をよく顕す。物語はフィクションですが、フィクションだからといって人間が考えた内容なのではない。そのフィクションを通して、実は、私どもが忘れており、私どもがもがいていることの根底にある存在の真実を語り、人間の本当の主体を表している。そういう意味で、単なる神話の世界とか単なる物語ではない。

私はフィクションとか、イメージも非常に大事だと思います。フィクションだからといって馬鹿にするとか、イメージなんだからダメだと、そんなものではない。フィクションとかイメージというのは妄想ですが、妄想が大事なんです。妄想を通すということによって、考えを通して考えるよりも、もっと深いものに目覚めさせる。フィクションの持っている感動というものがある。フィクションを通すことにおいて言い当てられるものがある。大乗仏教は文学の語り方をする。文学を通して宗教が語られることにおいて、教義で語られる以上に私どもは感動することができるし、理性で分かるとか分からないではなく、感ずることができる。感じ取ることによって感じられた内容を人間が意識的に対象化して分析したものが教義である。教義は分かったからといって感動があるわけではない。だから教義以上に人間を動かして立ち上がらせるものが物語である。そういう意味で物語は大事だと思います。

キリスト教は神話的事実を信仰内容にする。しかし、神話的事実がそのまま信仰内容になるのではなく、大乗仏教の場合は、物語を通して語られる事実には、物語以上の深い人間の事実がある。それは神話で語られたごとくにあるのではないが、人間に呼びかけんがために構成された一つのフィクションとなる。大乗仏教の経典は皆そうです。そのフィクションが持っている存在の真理性を私どもは聞法を通して感じ取っていく。真理性を語ろうとする一つの教義的な形になった『唯識論』の言葉と、物語のフィクションの主体である法蔵菩薩とを照らし合わせて、それによって法蔵菩薩が語ろうとする存在の事実を、私どもが尋ね当てていく手掛かりにすることができるのではないか、というのが曽我先生の教えです。

真宗における「祈り」

ご質問がありましたので、真宗における祈りと願についてお話しします。

「祈り」という言葉は『大無量寿経』ではほとんど使いません。「誓い」という言葉は使います。浄土真宗の教えとしては、祈りを否定する。祈りは要らない。あるいは祈りは間違っていると教えてきた。どうしてかというと、祈りというのは現世《げんぜ》の祈りといわれ、この世での願いを祈りとする。祈りということになれば、ふつうには、私ども自身の力ではどうなるか分からないことを神や仏にお願いする。どうか救けてくださいと現世利益《げんぜりやく》につながるものが祈りである。祈禱《きとう》仏教といいますが、祈禱することは本当は仏教ではない。仏陀の立場からすると祈禱が要らないいのちをいただくと、浄土真宗の教、南無阿弥陀仏の教えでは受けとめる。「全部は如来からいただくのだ。それこそ何の不足を感じるか」と清沢先生がおっしゃるように、全部与えられておるではないか、こういういのちを明らかにするのが浄土真宗の教えだということで、祈りはむしろ否定してきました。

ところが、一つはヨーロッパのキリスト教を中心にした考え方と対話するとき、この願ということを語ろうとすると、仏教の願は、無上殊勝の願であるとか、菩提心であるとか、そういう言葉でなにか分かったような気になっていたけれども、仏教を翻訳するとか向こうの人と対話しようとするときに、共通の概念がないと対話ができない。そこで、願を、vow つまり「誓い」と訳した。神が誓うという。また「願い」ということで、will とした。しかし、キリスト教の概念の中で一番深い人間の意欲を表す言葉は「祈り」(prayer)です。神への祈り、これは人間への期待とか、人間への要求ではない。神に捧げる祈り、prayer は、単に現世の祈りだけではない。

キリスト教の歴史では、もう少し深い。罪なるいのちを救いたまえという祈りですから、単に現世の祈りではない。

現世の祈りは、ある意味では超えていかなければならないが、祈りそれ自身にも、存在の祈りとか、根源的な寿《いのち》が、寿に還《かえ》りたいという祈りがある。このようにいわないと願の意味が明らかにならない。願を欲求としてしまったのでは、西洋では全然ニュアンスが違ってしまうということで、祈りという言葉を考え直さざるを得ない。鈴木大拙先生が願を prayer と翻訳している。また曽我先生が、本願三心を考えていくときに欲生《よくしよう》心《しん》ということをはっきりさせようとして、一ぺん「祈り」について考えてみたらどうかといわれたことがある。

言葉というのは、使われてきた歴史があり、一つの共同体が約束している共通理解がある。こちらで祈りとはこういうものだと一応定義して使うことはできるが、他の国や民族、他の歴史を持った言葉と思想的意味として用いて対話しようとするときには、それで済まなくなってくる。そういう意味で、祈りという言葉をもう少し大切に考え直されなければいけないのではないか。祈らずにはおれないという問題は、単に現世の利益追求とか、打算とか、それだけでは済まない深いものを孕んでいるのではないか。起こった形は現世の祈禱になっているが、それをよく見てみれば、起こっている願いは、不純粋であったり、汚いものであったり、自分中心であったりしている。しかし、根には単に否定しきれないもっと深いものがあるのではないか。これを大切にして掘り下げる必要があるのではないかというのが、曽我先生が祈りという言葉を、もう一度見直そうとされた理由ではないかと思います。

日本語の中では、どうしても現世の祈り、自分の幸せを祈る、自分の除災招福《じよさいしようふく》、自分が幸福に会いたい、自分だけは不幸に遭いたくないとなる。ジェット機に乗っていても、自分だけは生き残りたいという祈りになった場合には、根源的な法蔵願心は明らかにならない。だから祈りを否定するということは一応分かるのですが、しかし、もう少し掘り下げれば、何か切ないもの、とにかく我執に絡まってはいるけれども、そこにもっと深いものがある。そういう課題を掘り下げてくる言葉として、「祈り」という言葉をもう一度取り上げないと、現代人にはどうも、呼びかけにくい。

このあいだ私のところに、「浄土真宗は祈りを否定するというけれど本当ですか」、と電話をかけてきた人がいた。一応は否定するけれども、単に否定するだけでは済まない課題があると話したら大変喜んでおられた。単に否定するだけでは私は救われないといった方が、それではもう一回聞き直そうといってくださった。

「祈り」という言葉も一概に否定してしまっていいものではない。自覚していく過程で、自分が祈っていることが、はたして本当の宗教的課題になるのかを明らかにするについては大事かもしれません。しかし、否定しても私の中にあるそういう祈りは消えませんから、間違っているのだといくらいわれても、私の不平不満のいのちと、除災招福を祈るような我執のいのちの根には、祈りがありますから、単に否定して済むものではない。欲生心こそ本当の祈りだというのは、単に否定するのではなく、祈りのもっと深い祈りといいますか、そういうものを呼びかけた方がいいのではないか。これは、私は大事な問題ではないかと思います。

現世の祈りの問題も、親鸞聖人は現世利益ということを、和讃でもいい、真の利益として現生正定聚、現世の利益ということを押さえておられるのは、人間にはそういうものを要求せずにはおれないものがあるからです。本当にそれに答えるものが信仰なのだと、信仰こそが本当の意味の現世の利益なのだ。現世利益は要らないといってしまえば、人間というものは救けようがなくなる。救かりたいという欲求は現世利益を欲求している。今が嫌だから何とかして欲しい。その何とかするなどという心が間違っているといわれたら、もう接点がなくなってしまう。

要求が間違っていることを自覚するには、その要求自体を深めることが大事なのではないか。法蔵の願と、人間の祈りとは質が違うが、質が違うといっても、その祈りをも担って突き抜けるようなものこそが願だ。突き抜けるということを抜きにし、人間の祈りだけということになると、ナショナリズムになってしまう。この間テレビで、アメリカの牧師が教会で「兵士の無事を祈りましょう、神様、どうか」とやっている。自分の都合のいいことを祈っているなあと、傍から見たらよく分かる。真剣に祈っているのですが、自分の国の兵士は無事に、敵の兵士は殺して来いという。だから、祈りとしては変な話です。人間の祈りは、どれだけ純粋に祈るといっても、そういう限界を持っている。

ドストエフスキー（一八二一～一八八一）が『カラマーゾフの兄弟』という小説の中で、大審問官である疑い深い次男坊、ドミートリーの弟イヴァン、その人の言葉を通して、「キリストが今もしこの世に出てきたら罪人として、また、十字架に架けられるだろう」と語っている。そういうことが、現象として起こった宗教には、どうしても出てくる。自分の都合のいいことを祈る形に取り込まれてしまう。それを、もしダメだといってしまったら、宗教の形はこの世に留まれない。そこを突き抜けるためには、どれだけ汚れても、その形になって留まらなければならないということがある。

今、現世祈禱が流行っています。現世利益の宗教が流行っているから、現世利益をいわなければダメだと。そういうつもりはない。しかし、現世祈禱が流行らずにはおかない人間存在の問題を単に拒否してしまったら、純粋かもしれないけれども、この世に場所を持てない。そこが難しいところです。他宗のお寺に行くと山門に「祈禱」などと書いてある。ああなってしまえば、これは堕落です。祈禱しましょう、御札を売りましょう。何でもやりますよ、というわけです。それでは仏教ではなくなってしまう。単に祈禱に取り込まれてもいけないが、単に祈禱を拒否してもいけない。そういう立場が願ではないかと思います。願に立って、祈りも包んで、そして、祈りを批判していく。その辺が難しいところだと思います。

国を棄て王を捐てる

本願を起こすに当たって、その主体が法蔵比丘という名前で出てきます。その法蔵比丘は、後に願が成就して位が変わって法蔵菩薩として出てくる。菩薩という言葉は、もともとはお釈迦さまの因位、お釈迦さまが仏に成るに至った背景を語る場合に、ボディーサットバ（bodhisattva）、菩提を志向する衆生という意味で使われていたようですが、後には優れた求道者を表す位に使っている。ボディーサットバは、中国で音写して菩提薩埵と訳しています。その菩という字と薩という字を取って菩薩という。

法蔵菩薩に限らず菩薩というのは仏になるべき因の位ですから、大乗仏教の論書や経典にたくさん名前が出てくる。菩薩については、『華厳経』が一番多く名前を出しているかもしれません。『華厳経』は、仏法を語るのに果の位から語らずに因の位から語る。『華厳経』の性格として因分可説、果分不可説ということがいわれる。果の位は、覚りを開いた仏陀のみが得ている内容ですから、衆生にとっては思うこともできない。けれども、因のご苦労、因の修行、あるいは因の思索ということであれば、迷いの中でもがいている衆生にも触れることができる。『華厳経』は、初めて覚りを得たその覚りの内容を説いているが、『華厳経』には仏陀が出てこないで菩薩どうしが対話する。金剛蔵菩薩とか、解脱菩薩という名前で、菩薩が出てきて、菩薩どうしが仏法について対論する形式で経典の内容が進められている。菩薩という言葉が、仏法を求める存在を表す代表的な名前なのです。この『大無量寿経』でも本願を起こす因の名前が、法蔵という名前で表現されています。その名前に、因の位であれば菩薩と名づけてもいいのですが、ここでは、菩薩に先だって比丘という名前になっている。比丘というのは、発心してまだはっきりと菩提へ志向するということが確立されていない位で、在家の場合は、優婆塞《うばそく》、優婆夷《ばい》、一般には善男子《ぜんなんし》、善女人《ぜんにょにん》という言葉でいわれる。

一般の在家の衆生が、仏さまの教えを聞く心を持った場合には、善男子・善女人といわれる。その善男子・善女人が、その発心を固めるために家を捨てる、お釈迦さまがなさったように世間生活から独立する、宗教心を求めるために、在家生活から身を切り離すという決断を持った場合に、比丘、女性の場合には比丘尼《びくに》という。お釈迦さまの教団では、比丘、比丘尼、優婆塞、優婆夷を四衆という。優婆塞、優婆夷というのは、元の梵語に漢字を当てているもので、ウバソク、ウバイという。この二つは在家の善男子・善女人を表す。出家した存在と在家の存在とを合わせて、釈尊の教団を作っている人を四衆と呼んでいる。

法蔵比丘は、はじめは国王だったので、このときにもし聞法しておられれば優婆塞です（男性であれば優婆塞、女性であれば優婆夷）。出家して、道を求めるために、国を棄《す》て王位を捐《す》てて法蔵比丘と名告った。経典の物語上では法蔵比丘として聞法し、世自在王仏について教えを受けて、わが国を建立せんという願を確認して発願し、修行すると語られている。ふつうですと発願したときに菩薩の位に立つといってもいいのですが、物語上では菩薩という位は、ずっと後に出てくる。本願を建て終わって、「重誓偈」を説き終わって、さらに「阿難、時にかの比丘、……この弘誓を発し、この願を建て已《おわ》りて、一向に志を専らにして、妙土を荘厳す」（聖典二六頁）。ほとんど願を確認して、願を成就するという形で物語が展開してきて、「法蔵菩薩、すでに成仏して滅度を取りたまえりとやせん」（聖典二八頁）という言葉で、初めて法蔵比丘が法蔵菩薩という言葉で語られてくる。

菩薩という名前は仏の因位ですから、仏になったときにはその位を超えるわけです。菩薩因位を超えて成仏する。成仏したならば菩薩とはいわず仏陀という。ところがこの法蔵菩薩の物語は、そういう因果の次第で語りながら、菩薩の位は成仏を表すところで初めて与えられている。ふつうの物語とすると何か矛盾を孕んでいるようにも見える。どういう意図があって経典がそうなっているのかは分からないが、法蔵菩薩の位がはっきりと菩薩として名告られるのは成仏ということが出されてくるところである。この点では、物語として語ってあるが何かを示唆しているのではないかとも考えられる。

曽我先生は『唯識論』の語っている阿頼耶識という名前と対応させて、「法蔵菩薩は阿頼耶識なり」といわれた。ずいぶん若いころから何か直感しておられたのでしょうが、ずうっとそのことを考え抜いていかれて、一九二五年に大谷大学に戻られる直前に、「法蔵菩薩は阿頼耶識なり」ということを公に宣言された。『唯識論』の、意識を八つに分けたその第八識の阿頼耶識という名前と浄土の経典を語る『大無量寿経』の本願の主体である法蔵菩薩とを重ねることは、思想史的に考えても、あるいは仏教学的に考えても、どこから考えても無理である。曽我先生はおそらくそれを承知の上で、それでも、法蔵菩薩の物語が意味しているところを、自らの肯きを通して明らかにしたいという非常に厳しい志願を持ち、亡くなるまでくり返しくり返し思索しておられた。九十六歳で亡くなられたのですが、九十歳を過ぎても、「法蔵菩薩は阿頼耶識」ということをいつも憶念しておられた。

法蔵菩薩は単に昔物語でもないし、神話的な物語でもない。真の人間存在を明らかにしようとする志願そのものを因位として法蔵という名前で語られている。法蔵とは、法を蔵しているという意味であり、阿頼耶という名前も蔵という意味である。しかし原語のダルマーカラのアーカラの蔵と、阿頼耶識のアーラヤの蔵とは意味が違うと梵語学者からはいわれるが、法を蓄える蔵という意味も、人間存在のあらゆる経験を蓄え、新しい経験を生み出してくるような蔵とは響き合っている。

法蔵菩薩という名前に注目したということは、それまであまりありませんでした。法蔵菩薩という名前が経典に語られていますから、法蔵菩薩のご苦労とか、法蔵菩薩の慈悲とかという形で阿弥陀の因位の名前が出されることはあっても、その法蔵という名前がいったいどういう意味なのかは、あまり考えられたことはない。それを、曽我先生は法蔵と名づけられてある言葉の意味を、『唯識論』の語ろうとする人間の意識の根本的な一番深みにある意識と照らし合わせることによって『大無量寿経』の教えをより身近にしようとされた。

あのころ曽我先生は、念仏の教えをずっと信じて生きているにもかかわらず、苦悩の闇が深くなる一方であった。本当に自分が探し求めていることを語ろうとする友達に恵まれなかった。そういう具体的な生活の中で、自分が出遇っている仏法とは何かということについて格闘しておられた。そして、阿弥陀の光の救いだということは教義としてはよく分かっているのに一向に有難くない。つまり化身土《けしんど》に陥ってしまったような、曽我先生自身の生活体験があった。そこに、闇の中に入って、衆生の闇を本当に見すえて、苦悩の群生海を救わずんば止まんというその悲願、一切衆生を救いあげた光になった如来よりは、救けることができない闇の中に身を置いて一緒に歩んでいくような法蔵菩薩の願いを、曽我先生は非常に親しくいただかれた。

浄土の救主よりも、地上の救主だ！　今、現に孤独に傷つき、煩悩に悩んでいるこの我が身のところに現れたまう大地から涌き出る地涌の菩薩、『法華経』に出てくる地涌の菩薩に刺激を受けて、法蔵菩薩こそ地涌の菩薩だといわれる。大地を割って誕生する菩薩、もちろん『法華経』には上行菩薩という名前に代表される菩薩が出てくるのですが、法蔵菩薩という名前は出てこない。曽我先生は地涌のイメージのところに法蔵菩薩を親しく感じられた。あたかも蒔いた種が地面の中から芽吹くように、法蔵願心が、この煩悩の、孤独の、あるいはこの不安のいのちのただ中から立ち上がってくるところに親しく法蔵菩薩の救済を感じられた。いっこうに救からない身とともに歩むような大悲心に『唯識論』の阿頼耶識との共通性を感じられた。阿頼耶識の性格は、「安危を共同《ぐどう》する」(窺基《きき》『唯識述記』)という言葉でいわれているのですが、本当の主体を引き受けて生きている阿頼耶識は逃げることができない、身をもって生きている存在こそ真の主体である。安全だろうと危険であろうと運命を共にするというのが阿頼耶識の性格です。

理性は、計算をして得な方へ、危険だったら避けて安全な方へという選び方をしますが、阿頼耶識は、愚かもののように逃げることができない身を引き受けている意識です。そういう身体と環境を感じて宿業のいのちを引き受けて生きている用きに名づけられた阿頼耶識という名前と、苦悩を救けずんば自分は正覚を取らならないと誓って、苦悩の衆生の中にどこまでも歩み続け、永劫の修行を続けたいという願心とがどこかで呼応する。仏法の中に人間の救いを託さずにはおれない曽我先生の求道心が、法蔵菩薩という名前と阿頼耶識という意識に、なにか共通の性格、あるいは相通ずる問題性を見出された。

そのころに書かれた論文は難解ですが、そこには魅力的なものがある。浄土教の救済は、一面で現在は罪悪深重、煩悩熾盛《しじょう》という言葉が言い当てている人間の暗さ、人間の辛さを教えて、救いは遠い未来あるいは死後、人間のいのちが終わってから救けられるという説き方をしてきた。浄土教の、良くいえば謙虚な姿勢、悪くいえば遠慮しすぎということを改めて、清沢先生は浄土教の持つ積極的な面、つまり現に救済されつつあるを感じるという言葉に代表される、現在救済主義を打ち出された。その課題を曽我先生は引き受けられて、罪悪深重、煩悩熾盛の人間であるが、それだからこそ、そこに法蔵願心が呼びかける。人間の死とか人間の限界を教えて、他力とか本願力によって、人間の力や努力を超えた救済を与えようと教えてきた内容を失わずして、しかも現に今、救かることができないいのちの中に救済が感じられるという方向性を、法蔵菩薩の願心を引き受けて明らかにしようとされた。

忘れることができない代表的な論文に「闇へ闇へ」という題の論文がある。そこでは、法蔵願心は闇へ闇へという方向性を持っていることをくり返し語っておられます。宗教的な救いというと、私どもは、辛いから辛さがなくなって救かることを考える。救かった状態が人間の苦悩から隔絶した状態をいうなら、今はそれは得ることはできないが、その権利を確保するという形で教えてきた。今は全面解放ということはないが、死と同時に全面解放して浄土に摂め取って仏にしようというのが法蔵菩薩の慈悲心である。そういう形で、救済を未来へ、そして闇から光へという説き方をします。二益ということをいう。現在は正定聚、死後はお浄土の滅度の利益という二つの利益を与える。こんな有難いことはない。こういう形で教えてきました。

近代教学の課題

苦悩の今に覚りを開くという形で聖道仏教が教えている人間理解は、どこかで苦悩がなくなる状態を今、得ることができるという。超えることのできない矛盾を抱えているにもかかわらず、あたかもその矛盾がないような意識になれる、矛盾などない状態こそ本当のあり方だと教える楽観主義です。もし、現在救いに触れられるならという形で求めるならば、聖道仏教が教えるような、この身の間に成仏する、密教でいえば即身成仏、親鸞聖人の言葉でいえば竪超《じゅちょう》という方向になる。このいのちを突破して覚りの世界に入り得るということは、浄土教のものの見方からすれば、ごまかしです。離れることのできない煩悩具足の存在、『唯識論』が押さえている深い我執の存在を忘れたり、あるいはそんなものは突破して生きられるということは、どこかに虚偽がある。

浄土教が教える人間理解は現在の哲学でいえば非常に実存的であり、現実存在を離れないので、救いを未来に教えるというのは、ある意味で非常に大事な教え方であるともいえます。しかし、なにか遠慮しすぎて、その救いを夢見たような死後の方へ持っていってしまうと、現在はしょうがない、死んでから救かればいいという形で、それも何処かに逃避的なものがある。

私は、蓮如上人が、現在の利益と滅後の利益という二益を教えられたことの意味には大切なものがあると思います。一益法門《いちやくほうもん》といって、現在に信心を得れば覚ったのだ、仏に成ったのだという言い方をすることは、異安心《いあんじん》として厳しく戒めてきた。一益法門になってしまうなら浄土教の本質は失われる。あるいは密教的になり、秘事法門となる。一益法門という形になると、これは体験主義です。しかし二益ということをあまりに教義的にして、現在は未来を確保する、その未来はいつ来るかという時間を臨終という時間を区切って死後の救いというように図式化して、浄土教の教えを人間の区切りと重ねて教えてきたところに不透明さがある。信心の内容として、どこかに不純粋なものを残しているのではないか。あまり遠慮しすぎて、浄土教のより積極的な信仰の喜びが欠け落ちていっているのではないか。

特に近代という問題を通せば、科学的な思考と世界観、あるいは人生観の中で、近代に触れた人間が宗教的な教えに本当に頷くことを自らも体験し、それを教法としていかに明らかにするかという課題がある。ここに清沢先生、曽我先生がぶつかっていった問題がある。これは、両刃の刃みたいなもので、例えば、蓮如上人の教えは非常に広がった。もし親鸞聖人の教えだけだったら、蓮如上人が出てくるまでの浄土真宗の有様というのは、風前の灯だった。親鸞聖人が二〇年間関東で教化をなさって京都に行かれた後、関東は惨憺たる有様になっている。京都で三〇年生活しても、亡くなられたら、京都の真宗の教団はほとんど残っていない。その後、門弟たちが努力をして拡げていったその教団の拡がり方というものは、純粋だから拡がったというよりは、いろいろな形で人間に媚《こ》びて、人間の要求に訴えて拡がっていった。それを蓮如上人が整理して不純粋なものをできるだけ異安心として叩いて、純化した形で拡げていく努力をなさった。

信仰問題が本当に群生海の中に入っていくということは非常に難しい問題です。純粋なら拡がるというものではないし、邪義であれば一時は流行ってもすぐ廃れていく。

近代教学が通った課題は、近代の人間に浄土教の真理性が本当に頷かれるためには、単なる妄念であってはならない。仏教の形で語られている人生観とか世界観が科学と矛盾するならば、それは科学的ではないという形で信仰が批判される。信仰領域は科学と矛盾する、実体性あるいは対象性という領域を持たなければならないのか。そういうものと矛盾せずに人間の存在の真実を教えているものなのか。

清沢先生は非常にはっきりしていて、宗教の言葉は宗教体験を語るものだ。宗教体験を語り、宗教体験を明らかにする言葉であって、科学的な世界観、科学的な人生観とぶつかるものではないと、はっきり述べておられる。例えば経典には十万億土のかなたに浄土があるといってある。文字通り十万億土はるか遠くにお浄土があって、死んだらそこに魂が飛んでいくと了解していたならば、それは科学と矛盾する。しかし、経典の言葉は宗教体験を表現している。この世からすれば十万億土の彼方、つまり、ほとんど行くことができない世界を衆生に与えようというのが本願だ。それはなにも十万億土の世界を超えて文字通り行くという意味ではない。宗教体験の内容として、近代理性に十分頷きうる内容をもう一度回復するという営みが、近代教学の一面の努力です。

しかし、そのことが実は、生活の中で感じる具体的な事実と離れていってしまうことがある。例えば、科学的世界観ということをいったら孤独感ということは全然必要ない。けれども、孤独感というのは具体的人間にとっては、毎日のように始終起こる事実です。それを科学で説明して、そんなものはないといくらいわれても、消えない具体的な事実がある。同じように死後の恐れや死の不安も、科学的世界観とまったく矛盾しない形で私どもの日常に始終起こる。

浄土教の教えは、単なる情緒の教えではないし、安田先生がくり返していわれたが、センチメンタリズムではない。しかし、あまり理性化、理論化すると、生きた宗教感情から遠ざかってしまう。ここが難しい。人間にとっては人間の持った宿業として理性を持っているから、理性を通さないと、長続きしない。単なる感情とか体験ということになると普遍化しない。しかし、普遍を追及するあまり理性化してしまうと、これまた感動を呼ばない。

法蔵菩薩という名前は、いくら解釈しても解釈ができないような、解釈したのでは終わらないような、真に人間の一番奥底から呼びかけている悲願を表す名告りですから、あまり理論化しすぎたのでは意味がない。言葉を聞き、言葉を通して、思惟を通して、何ものにも替え難い大切さを回復していくのが私どもの生活です。聞法するということは、理性を通して聞くということですが、解説書ではダメだと思います。ある方が法蔵菩薩という本を出された。法蔵菩薩という語源を調べたり、似たような言葉を並べて法蔵菩薩を説明してくださった。私も曽我先生の本を読んでいたから法蔵菩薩なら面白いと思ってその本を買って読んだが、がっかりした。法蔵菩薩を解説しても何も面白くない。

浄土の経典を呼び起こしてくるような因位の名前、その名前で語る精神こそ大事である。国を棄て、王位を捐て、出家発心をする名告りである。これから願を見出そう、これから願を修行していこうという名前、そして、四十八願を建立し、この願を建て終わって、これを行じて、ほとんど成仏するというところまで続く名前、この法蔵比丘の名前を憶念することが、浄土の教え、あるいは念仏の教えを親しくいただくについては、大変大事な用きを持つのではないか。

蓮如上人のお弟子で赤尾の道宗《どうしゅう》という方がいます。赤尾の道宗が残した二十一ケ条を見ると、法蔵菩薩のご苦労を我が身に刻みつけようと日夜研鑽されている。ただ念仏して救かったというものではない。念仏して救かるということは法蔵比丘のご苦労だ。その法蔵比丘のご苦労を忍ぶために、夜昼常に法蔵菩薩と対面しようとする。この人の迫力は、とにかく、寝るときには薪を四十八本並べてその上に寝る。うとうととして法蔵菩薩のご苦労を忘れそうになると、赤尾というところは富山の深い谷で、昔は山の中の山道を何里も入っていった奥の村落ですから崖や滝がいくらでもある。そういう滝の上に出ている枝に登っていってぶら下がる。落っこちたら千尋の谷だ！　どうだ！　これでも法蔵菩薩のご苦労がわからないか！　といって枝を揺するというのです。離したら千尋の谷だぞ！　というところで法蔵菩薩のご苦労を思い出す。そんなに無理してまでと思うほど、厳しく法蔵菩薩のご苦労を実感しようとして生きたということが、道宗の伝記に語られている。

これは大事なことです。法蔵菩薩の願心、因位の法蔵菩薩の苦労は、真に救かろう、求めようという心をいい加減にしておいて、救かりたいとか、こんな不平不満の生活ではないはずだと思っている人間に、法蔵願心が呼びかけようとしている。闇へ闇へとどれだけでも闇へ入って行こうとする法蔵願心が私どもに語ろうとしている心を、私たちは何処かで閉ざしている。安直な、閉鎖的な自己防衛本能で、真のいのちそのものを切り開くような視点をどこかで覆っている私どもに、法蔵菩薩の願心が、これでもかと呼びかけている。

法蔵菩薩こそ念仏の魂

曽我先生が教えられたのは、その法蔵菩薩が阿頼耶識だということです。私どもが自分で意識していることを知ることができる働きは、六識です。眼、耳、鼻、舌、身、意という感覚器官を通して私どもの意識生活が成り立っている。第六意識は理性の働き、考える働きです。前五識というのは感覚器官です。

阿頼耶識とは、あらゆる意識生活を成り立たせ、それを総合統一して、寝ても覚めてもどんな危険が来ても、どんな嫌な生活が来ても、寒いも暑いも、どんなことがあってもそれを生き抜いている意識で、身体を支え、環境を引き受け、宿業を担って生きている意識、私どもが意識している意識よりも、もっと深い意識です。

人間の意識はふつうは対象を意識します。眼は外界の色を見、鼻は外界の香を嗅ぎ、耳は音を聞く。ところが阿頼耶識という意識は、何かを意識するような場所を持っていない。眼、耳、鼻、舌、身は感覚する作用ですから、色声香味触になる。触れるという作用は身体の感覚作用です。広い意味で皮膚は暑さ寒さを感じたり、神経作用は痛さを感じたり、運動作用を感じたり、触れるという言葉で生きていることを感じている作用です。阿頼耶識という意識は、その根として空間的な意味の場所を特定できない。

第七識とは、自我意識。確かに自我意識という働きはあるのだが、自我意識を意識する根は何処か。これもはっきりしない。身体が自我を思うわけでもないし、寝ても覚めても自我意識というのはあるから、熟睡したときに自我意識があるかどうかは問題かもしれませんが、『唯識論』では昏倒しても、自我意識は相続すると教えている。前の自我意識がいったん切れて次の自我意識が起こってきたときに、統一性が何処で保たれるか。このごろ、前の生活を忘れてしまった症状、記憶喪失症ということがいわれる。これは自我が喪失する。しかし、喪失した記憶が戻るということがある。それがどうして成り立つのか。もし理性が思うことだけで全意識が成り立っているなら、全然忘れてしまった時間があって、また戻るということは何処で成り立つのか。今の科学なら全部脳細胞で解決できると考えるかもしれませんが、どうなのか分かりません。

純粋に意識だけが事実だということから押さえていけば、自我意識と阿頼耶識とがお互いに根となる。そういう考え方をする。これはまた面倒な論証があって議論が錯綜するが、ともかく阿頼耶識という意識は意味を押さえにくい意識です。はっきりと反省して分かるとか、判然と、何か対象をはっきりと意識するという働きではなく、いのちそのものを支えているような意識。意識というよりも、生まれてから死ぬまでの一代のいのちをずうっと生き続けるようないのちそのもの。いのちという言い方をすると生理作用みたいなことになるが、そうではなく、私どものあらゆる意識生活を引き受けて、意識生活を生み出してくる、意識することを成り立たせる不思議な働きだと思います。

その意識にはいろいろな妄念、妄想、記憶や希望などが全部絡まって起きている。意識生活を統一し、持続せしめて、そして一代が終われば亡くなって命終していく。そういうことを成り立たせる意識、これを『唯識論』では阿頼耶識と押さえる。意識生活を引き受けるのも意識だし、意識生活を生み出してくるのも意識作用である。だから、壺があってそこから意識を取り出すように、外側の壺のような実体があるわけではない。阿頼耶識という意識は非常に押さえにくい。そういう分かりにくい意識が見出されて、その意識こそが私の全存在を引き受け、私と共に生き、私と共に死んで、安危を共同する。また人間と共に苦悩を背負い、人間と共に喜びも悲しみも味わいながら、本当の明るみを、この苦悩のただ中に開かなければ自分は成仏しないと歩み続ける主体の名告り、これが法蔵菩薩である。法蔵菩薩というものを失った念仏というのは呪文です。法蔵菩薩こそ念仏の魂《たましい》といってもいいわけです。

法蔵菩薩は念仏を持たないと本当に自分が名告りをあげる場所がない。法蔵願心を因果を通して因から果へという因果の次第を通して、別に本当は因果があるというわけではないが、因果を通して人間の生活の中に呼びかける。人間は因果を感じて生きているから、因から果へと、何か因果を感じて生きている。けれども因果撥無、因果などないものだとか、あるいは邪因邪果、全然違う因果を立てようとする。そういう人間の迷信、人間の誤りを正して、正しい因果の生活を回復する。そこに因果の次第を通しながら人間の迷いを破る仏法の教えを呼びかける意味がある。阿弥陀をいただくというよりも法蔵菩薩をいただくということが、念仏生活を相続せしめ、念仏生活を本当に力あるものにしていく、大事な、溶鉱炉でいえば火入れ作業のようなもので、聞法生活の着火作用というところがある。

法蔵菩薩を忘れると教義学になるか体験主義になる。一般には体験主義がものをいう。生活の中で体験したことは非常に迫力を持つ。しかし、同じ体験を何回もするわけにも、同じ体験を皆に与えるわけにはいかない。だから、あらゆる人間の上に、同じく平等に救い、同じく平等の解放を与えていこうという場合には、体験主義は克服されなければならない。もちろん、信仰体験がないなら、単に理論や教理であれば無意味だが、体験主義を体験に留めないで、体験を成り立たせた原理として明らかにしていかなければならない。そういうところに、親鸞聖人や蓮如上人がなさった仕事の意味がある。

教えに出遇ったら、その教えの内容をより明確に、より普遍的に、人間の言葉として、人間の理性を通して肯いていける形にしていく努力がくり返しなされる必要がある。体験主義でいいのなら、念仏して救かったという体験を持てばいいのだが、どうして出遇ったのかを明らかにしないなら、誰にも伝わらない。出遇わしめる因としての願、出遇わせずんば止まん、これに目覚めしめなければ自分は救からないという因位の願をどこまでも明らかにする。外に普遍性を開いていくというよりも、内に深めていくことによって本当の普遍性を明らかにする。そういう方向で一番掘り下げていったところに見出されるものが本願である。本願として選び取られてきた願の言葉は、尋ねていくといろんな課題を持っているが、そういう尋ね当てられてきた願に、願を掘り当てなければ止まない意欲、それが悲願あるいは弘誓と名づけられるような用きではないかと思います。

第5章　三悪道のない世界［第一願〜第十願］

四十八願の概要

正依の『大無量寿経』では願が四十八の数で整理されている。この四十八願を見ていくと、国という言葉が非常に特徴的に出ている。国中人天《こくちゅうにんでん》とか、国という言葉がずうっと出てきて、第十二願、第十三願に来ると国という言葉がない。第十八願からまた国が出てきて、第十八、第十九、第二十の三願では、我が国に生まれんと欲《おも》うということで、欲生我《よくしょうが》国《こく》という言葉が三つある。また、二十二願には他《た》方仏土《ほうぶつど》という言葉が出ているが、第二十三願からずうっと、また国があり、今度は人天が菩薩に変わっている。

第三十一願、第三十二願だけは、国土清浄、宝香合成と国の環境が語られる。成就の国土の姿を見ると、浄土の姿がいろいろ語られてあるが、本願自身で見ると、浄土の姿が特に誓われているのは、第三十一願と第三十二願のみ。後は、国中人天とか、国中菩薩とか、浄土の人の問題がずうっと出てくる。

本願を善導大師の時代の方々が解釈していますが、代表的な方が、浄影寺《じょうようじ》慧遠《えおん》（五二三〜五九二）です。この方が本願を三つの概念で整理され、摂法身《しょうほっしん》の願、摂浄土《しょうじょうど》の願、摂衆生《しょうしゅじょう》の願という三つの言葉で整理をした。

摂法身の願というのは、特に法身を成就する。法蔵菩薩がご自身の法身を成就しようとしたのが、第十一願と第十二願と第十七願である。摂浄土の願というのは、第三十一願と第三十二願である。後は全部、摂衆生の願である。摂衆生の願が圧倒的な分量で、浄土はどういう世界を作ろうとするかを明かす。人間関係に重点を置いて、どういう人間を誕生させようとするのか、どういう人間関係を生み出そうとするのかが、本願の一番大事な問題だ。環境というのは二つで、自分自身の法身というのは三つだと整理しておられます。

ところが親鸞聖人に来ると、まったく視点が変わってくる。親鸞聖人が特に見出した願は、真仮《しんけ》八願といわれる八願です。真実五願という言い方もされる。まず第一に注目されたのが、第十一願、第十二願、第十三願、それから飛んで第十七願、第十八願、これが真実五願といわれる。真仮八願は、それに第十九願、第二十願、第二十二願を加えて真仮八願となる。そのほかに、『教行信証』には、第三十三願、第三十四願が引用されている。あるいは、和讃では第三十五願に触れている。親鸞聖人の見方からすると、浄土教の先達方のように、本願全体をどういう性格を持った願であるかという視点で分類するという関心ではないようです。教行信証という一つの次第というか、『顕浄土真実教行証文類《けんじょうどしんじつきょうぎょうしょうもんるい》』といわれますが、教・行・証という大きな柱を立てられた。教えがあって実践があって果（証）を得るという、教行果（証）という次第と対応して浄土の教行果（証）ということを明らかにされた。

法然上人のお仕事は選択本願にあった。選択本願ということは独自の願、法蔵願心独自の願を選び出すのが選択本願である。単に発願したとか、ただ菩提心を持ったということなら、これは一般仏教と通ずる菩薩の願心である。しかし、法蔵願心の特徴は、浄土を建立するという独自の願である。法然上人は、選択本願一つにしぼって法蔵菩薩の本願を押さえた。浄土を建立する、そして衆生に浄土を与える、これが選択本願です。そのためには一切衆生に平等に、誰でも浄土に来られる行を与えなければならない。だから、本願の中心は念仏を選択する。諸行の中から、人間の努力とか人間の行為が要らない、ほとんど意識的な作用を持たないで誰でもができる行為として念仏という行為を選び取った。

念仏という行為の意味は普遍的であり、易《やさ》しい。易しいというのは慈悲を表すためです。易しいということはふつうなら価値にならない。難しい方が価値になるのに、何のために易しい行を選び取るかといえば、慈悲のためである。誰でもできるということが眼目だから、難しい行為を立てたらできる人間とできない人間を差別する。本願の選択として易行を選び取ると、法然上人はおっしゃる。浄土を建立せんがために、一般の衆生を摂取せんがために、選択本願を建てる。その選択本願の行として念仏を教える。これが法然上人のお仕事です。

それまでの一元的な仏教理解、今、現に覚りを開くという仏教理解に対して、法然上人が浄土を説いた。人間は救からない存在、救いを求めながら、求めても求めても報われない存在に、いかにして本当に救いをもたらすことができるか。そこに選択本願が、今、お前に覚りを与えようとはいっていないが、必ず与えようと誓っている。必ず与えてくださるということを信じて、今、その選択本願に乗託すれば、いずれ必ず与えられる。

ところが、そのいずれ必ずが、法然上人の場合は、よく分からないところがある。『選択集』自身では、あるいは法然上人の教えを聞く限りにおいては、第十九願、臨終といういのちが終わるときに、諸仏菩薩が護って浄土に連れて行きましょうという願は、仏さまの意に添うように、諸仏菩薩が出てくださるように、今のうちから一生懸命努力して念仏も称え、あるいはお供えもし、何でも善い行為をして浄土に連れて行ってくださいと祈る。だから、来迎往生は諸行往生である。念仏往生ではないとはっきり教えておられる。けれども、そう法然上人がおっしゃっているのに、受け取った側は、皆法然上人の教えは、努力して、念仏し続けて、臨終をくぐって浄土に行けるのだと了解した。そこに、法然上人が浄土教を選択本願として明らかにしたが、まだ聖道のなごりとしての努力意識、信仰に残る自力意識の問題が徹底して批判されていないという問題が残っている。

法然上人の教えを受けた親鸞聖人は、浄土の教えと聖道の教えとを相対させて、選択本願が誓う浄土の教えを聖道の教えと対比させながら、はっきりと明らかにした。その場合に、本願を根拠にした。選択本願の中に選択本願自身が明らかにする道程がある。その他の論理を持ってくる必要はない。選択本願自身が語っている。そういう視点から本願を読み直して、本願の中から大事な願を選び出された。それが真仮八願という選び出し方です。四十八願の中から、どの願が、どういう意味で大事なのかを読み取ったということは、親鸞聖人が宗祖《しゅうそ》といわれるだけのご苦労です。法然上人が全部教えてくださっているわけではない。ヒントは、例えば、第十一願、第十八願、第二十二願という選び出し方を曇鸞大師がしている。四十八願の中心は第十八願にある、第十八願こそ念仏往生の願だということを曇鸞大師は押さえている。それに先立って十一願、後づけて二十二願、これが曇鸞大師の本願の見方です。その三願によって、『浄土論』を読んでいる。

浄土はこの三願で成り立つ。これは一つのヒントとなる。けれども、それだけではない。親鸞聖人が真実五願を選び出したことには大変なご苦労がある。単にこの願を読んでいたら分かったというものではない。親鸞聖人ご自身が念仏生活をしていく中で、教団を持たれ、友を持たれ、論敵を持たれた。その中で、起こってきた教義問題、あるいは信仰の揺れの問題に根源的に答えて行こうとする視点から本願を読み直すときに、この本願の中にすでに解答があった。何のためにこの本願が建てられたのかということを、現実の課題と照らすことによって親鸞聖人は読み取られた。その中から五願が選び出されてきた。

どうしてそのように読めたのかは、不思議なことです。例えば、先ほどの慧遠からすれば、浄土を建てているのは第三十一願、第三十二願と、こう見る。文字面からいうとそのように見える。ところが、親鸞聖人は、浄土を建てようとする願は、第十二願、第十三願だと読まれる。むしろ第三十一願、第三十二願は化身土になる。何故そう読まれるのか。

そこには、浄土についての理解、純粋な信仰の内容としての浄土とは何かという問題に対する追及がある。死んでからの浄土ということになると、七宝荘厳があったり、いろいろな飾りがある方がいい。第十二願、第十三願では頼りがない、ただ光があったりいのちがあったりするだけだ。その辺に、親鸞聖人が本願を読まれるときには、願だけ読んで分かったというわけでもないし、単に日常生活だけして分かったというものでもない。親鸞聖人はいつでも、生活の中に法蔵願心を尋ね、念仏の中に本願のお言葉を尋ね、毎日留まることのない生きた信仰生活を歩んでおられる。その中から本願の意図が浮き出てくる。そういう親鸞聖人のご苦労を通して、四十八願の形が、ただずっと並んでいるものではなく、非常に立体的な理解が出てきている。

安田理深先生は、そういう親鸞聖人の理解について、本願はいわば山脈である。本願という平原があるのではない。本願は山脈である。第十一願から始まって第二十二願に終わるような、連峰の裾野が四十八願である。四十八願の裾野から連峰が生まれているのだという理解をしておられる。大変イメージしやすい優れた理解だと思います。裾野も大事なのです。裾野が支えて初めて連峰が成り立つ。だんだん林が広葉樹林から針葉樹林へ、そして岩峰へと山も展開するけれども、それぞれに意味がある。

現在の私どもが読むと、はっきり意味が読み取れないとか、たいした意味ではないということがあるかもしれないが、本願を組み立てていった製作者の中には、それなりの思いがあったのかもしれない。順序も異訳の経典とはずいぶん違っている。親鸞聖人がお引きになる異訳の経典では、はじめの方にある願が後の方へ行ったりしている。これを私どもが理解をする必要もないし、考えても分からないことだが、正依の『大無量寿経』によって願の次第に沿いながら、本願の内容を尋ねてみたいと思います。

地獄・餓鬼・畜生のない国

正依の『大無量寿経』では、本願が四十八願という数になってまとめられている。文章もさることながら、順序次第が整えられていて、康僧鎧訳の『大無量寿経』が非常に優れた経典であることが分かる。四十八願がどういう展開になっているかは、なかなか分からないが、大きくは第十願まで、次は二十願まで、それから終わりまでと、性格としては大きく三つに分けられるのではないか思います。学者によっていろいろな分け方があるので、あまりこだわらなくてもいいと思います。分け方については、法然上人も親鸞聖人もあまり問題にしておられません。

✢第一願　無三悪趣の願

――**たとい我《われ》、仏《ぶつ》を得んに、国に地獄《じごく》・餓鬼《がき》・畜生《ちくしょう》あらば、正覚《しょうがく》を取《と》らじ。**（聖典一五頁・註釈版一五頁）――

これが無《む》三悪趣《さんまくしゅ》の願といわれる第一願です。三悪趣の地獄、餓鬼、畜生がない国を作ろうという。異訳の経典を見ると、注目すべきことに、地獄、餓鬼、畜生に加えて蜎飛《けんぴ》、蠕動《ねんどう》のたぐいのない国を作ろうという言葉がついている。地獄、餓鬼、畜生だけだと、六道輪廻の中の三悪趣である。親鸞聖人が大事にされる言葉が、下巻の中にあり、その場合には五悪趣といわれる。横超《おうちょう》という言葉を親鸞聖人が見出されてくる元の言葉は、「必ず超絶して去ることを得て、安養国に往生せよ。横《よこさま》に五悪趣を截《き》りて、悪趣自然《じねん》に閉じん。道に昇《のぼ》ること窮極《ぐごく》なし。往き易くして人なし。その国逆違《ぎゃくい》せず」（聖典五七頁）。このところは、「信巻」に引用されるのですが、ここに五悪趣とある。この五悪趣は六道輪廻を代表している。六道とも、六趣ともいう。「趣」とは、「道」とも訳すのですが、何処から何処へ行くという方向性を持った言葉です。留まった状態ではなくて、あるところから落ちてきて、またあるところへおもむいていく。そういう変化する一状態を示す言葉です。安田先生はこれを翻訳して状況的存在（situational being）といっていました。

私どものいのちは一つの状態に納まって動かないのではない。毎日毎日状況の中で苦しまされ、状況の中で喜ばされて流されていく。それを状況的存在といわれる。これが輪廻という言葉の元です。六道というのは地獄、餓鬼、畜生、修羅《しゅら》、人、天という六つの状況でくり返し流されていく状況的存在を表している。そういういのちが何処かで、私どもの毎日の中に感じられる。それを延長して前世・過去世、さらに未来世まで私どもの感覚の中に入ってきて、このようないのちを持ったところを見ると、あまり犬と変わらない、猿を見ているとよく似ている、前世は猿だったのではないかという感覚がある。流転という言葉が、前世から未来世までを包んできたわけですが、もとは今のいのちが状況的である。今のいのちがずうっと同じではなくて、状況が変わればどう変わっていくか分からない。地獄から天国へぐるぐる変化していく。そういう状況を六道という。

脱出できない悪い状況として押さえたのが悪趣です。地獄、餓鬼、畜生とは善悪の悪ではない。善悪の悪と少し重なっているが、嫌悪され憎まれるべき状態、厭《いと》われるべき状態を代表的に三悪趣という。六道流転の中で、地獄、餓鬼、畜生の三つは特に憎まれる状態です。横截五悪趣《おうぜつごあくしゅ》では、六道流転が憎まれる。こういう仏法の願に触れたときには六道が憎まれる。つまり流転状況に流されるということがむしろ憎まれる。流転状況を超えることが仏法の目的である。

お釈迦さまが誕生して、七歩歩《あゆ》まれたという伝説がある。その七歩は六道を超えることを象徴している。状況的存在の中に埋没して自分が取り戻せない。自分というものを感じてしまうと、流されているいのちの中で、いても立ってもいられない。そこから脱出すべき自己がない。こういうのが人間の苦悩です。自分を取り戻したくても、何が自分だか分からない。状況こそ私になっている。部長になっていても、クビになったとたんに、もう私がなくなってしまう。名刺の肩書きが自分であるということ、これが流転状況の中で流されている存在であることを如実に示している。そこから一歩立ち止まって私自身を回復するということは思ってもみないし、思いを超えている。

それに対して、仏法に立つということは六道を超えるということです。ここでは、まず本願を建てるについて、この三悪趣を選んだのは何故か。一番身近には、源信僧都の言葉として伝えられている『横川法語』の有名な言葉として、

それ、一切衆生、三悪道《さんまくどう》をのがれて、人間に生まるる事、大《おお》なるよろこびなり。身はいやしくとも畜生におとらんや、家まずしくとも餓鬼にはまさるべき。心におもうことかなわずとも、地獄の苦しみにはくらぶべからず。世のすみうきはいとうたよりなり。人かずならぬ身のいやしきは、菩提をねがうしるべなり。このゆえに、人間に生まるる事をよろこぶべし（聖典九六一頁）

というのがあり、三悪道に対して、人間に生まれたことの意味を語っている。人間に生まれたことが、地獄、餓

鬼、畜生の状況に比べられないほどの意味を持つ。地獄、餓鬼、畜生というのは、インド人が感覚している神話的状況ですが、因果の次第としては、人間の時になした倫理的な罪とか悪とかの罰として地獄、餓鬼、畜生を感じると教えられている。殺してはならないいのちを殺したり、してはならないことをした罪が、次の世に餓鬼道とか畜生道とか地獄を引いてくると教えられている。

罪の恐れ、あるいは罪悪に対する不安感と、倫理的な道徳感とが絡んでいるのかもしれませんが、そこに流転ということがある。次の状況がどうなるか分からない。三悪道を逃れて人間に生まれたのではないか。地獄の苦しみに比べれば人間は贅沢を言うな！　とはじめは教えてくる。「世のすみうきはいとうたよりなり」、この世に住むのが嫌だというのは「いとうたより」である。「かずならぬ身のいやしき」、地位の高い身ではないというのは「菩提をねがうしるべ」である。その状況の中に満足できないということを人間が感ずる。そのことが仏法を聞く縁である、菩提を求める縁である。この状況が悪いということが、かえって真のいのちを問う縁になる。

はじめは状況の相対の中に喜ぶべきだと教えながら、たとえ厭わしくとも、人間に生まれたことが持っている意味は、菩提を願う、つまり存在の本来のいのちの意味を問い直す、そういう場所に生まれていることだから「人間に生まるることをよろこぶべし」と『横川法語』が教えている。はじめだけで地獄、餓鬼、畜生ではないところで喜べというなら、天人で喜んだらそれで安住です。

安田先生は、地獄、餓鬼、畜生の状態は、人間が人間であることを阻害されるほどひどい状態がある。人間が人間でありたいと思うときに、人間であることすら許されない状況がある。そういう状況をまず超えたいという要求が法蔵願心の出発ではないか。真の共同体を作ろうというときに、共同体を阻害するものが見すえられている、という言い方をしておられました。

この無三悪趣の願が第一にあることの意味は、法蔵願心が国を作りたいという要求と重なっていると思う。国を棄てて王位を捐てた法蔵菩薩が真の国を作りたいというときに、六道流転の中で国を作るなら、どれだけ理想を高くし、どれだけ純粋に作ろうとしても、人間であることを剝奪してくるような状況を、流転状況の中で避けることができない。もし流転状況の中の天国みたいなものを作ろうとするなら、流転状況である限りにおいて三悪趣を截ることはできない。こういう問題は、非常に普遍的な課題です。どれだけいい家庭を作ろうとしても三悪趣がついている。どれだけ良い教育環境、師弟関係を作ろうとしても、人間と人間がつき合う中に、すぐに地獄、餓鬼、畜生がついてくる。竹林の七賢のように理想郷として世俗世間を切って、まったく個人の関係を理想化すれば、天国が成り立たないわけではない。

身近な話ですが、同窓会に行ったときに、友人がいってました。同窓会というのは昔の追憶でしょう。中学とか高校とかの時代の追憶の中で、お互いに何十年経っていても、その時代に戻ると、ある意味の抽象空間だから何の用心もしないでいい。気が楽である。その時間は、油断したら足元をひっくり返されるという関係からするとものすごく有難い。抽象空間であれば、そういう関係は一応成り立つ。では本当に三悪道を離れたかというとそうではない。一時的には有り得るけれど、日常に戻ったとたんにすぐ利用関係になる。今度は一票入れろとか、すぐに三悪道がついてくる。だから、この世の中で油断するとすぐやられる。

三悪道の中に真の国を建てるということは、どうして成り立つか。私どもは夢みたいな抽象空間で救いを求める。その延長のように浄土を考えるなら、文字通り地獄、餓鬼、畜生がない、きれいで美しい人間関係ということかもしれない。やはり人間が心の奥底に持っている地獄、餓鬼、畜生の流転という問題、これを超えなければいけない。『横川法語』でもはじめは相対です。地獄、餓鬼、畜生というのは悪い状況ですから、人間に生まれたことをまず喜ぶべきだ。非常に説得的でよく分かる。しかし人間に生まれただけで相対的に喜んでおれるか。やはり面白くない、辛い、「世のすみうきはいとうたよりなり」です。住みにくい、だからこそ、そこに落ち着けないから菩提心が出るのだと展開している。

課題としては地獄、餓鬼、畜生のない国を作りたい。切実な要求である。地獄、餓鬼、畜生というものが宿業の中で感覚され、ひょっとしたら自分も地獄、餓鬼、畜生に陥るのではないかという不安感や危機感を感ずることがないなら、浄土は要らないでしょう。真に浄土が欲しいということは、逆にいえば、真に三悪趣のない世界が欲しいということと裏腹です。地獄、餓鬼、畜生で何とも思わない人間だったら、浄土はまったく無意味である。流転が流転として痛まれないなら、状況存在ということが何も悲しくないなら、仏法を聞く必要はない。法蔵願心が、まず、地獄、餓鬼、畜生を建てたということは、地獄、餓鬼、畜生を喜べるような人はいないということです。少なくとも、辛い、嫌だ、そうなりたくないということは、何処かに、人間である限り三悪趣のない世界が欲しいという言葉に響くものがある。だから、教えになる。それをまず第一願として建立してくる。

地獄、餓鬼、畜生がないということはどういうことか。聞法するのも、仏法の教えを聞こうとするのも、根にはこういう要求がある。地獄、餓鬼、畜生ではありたくない。六道輪廻でしょうけれど、地獄、餓鬼、畜生の方が分かりやすい。六道輪廻というと人間まで含まれ、何故、人間が悪いのかということにもなるから、まずは無三悪趣の願が建立されてくる。

地獄というのは、罪悪の罰としての極限ですが、状況は苦悩の状況です。源信僧都はそれを八大地獄という。一番底は阿鼻《あび》地獄です。阿鼻地獄は無間《むけん》地獄とも訳される。まったく暇がない。苦悩が終わって一息つく暇がない。苦悩から苦悩へ。人間の苦悩は苦悩に暇がある。どんなに辛い苦悩でも、苦悩と苦悩の間に息つく暇がある。

息つく暇もないほどの苦悩というものが地獄の最極限の表現としていわれている。人間のイメージに訴えるために地獄の鬼が、人間にあらゆる手段で苦悩を与える。苦悩の連続です。

人間はふつうの生活経験であれば慣れます。例えば戦争状況とか、極限のひもじい思いなどでも、連続してくると慣れてくる。苦悩とか、恐怖の状況も続くと慣れてくる。何でも、人間は慣れということがある。けれども、地獄は慣れさせない。無間地獄はあの手この手で苦悩を与えて、人間はあまり苦しいと死んでしまうのですが、死んだとたんに地獄の鬼が「カッ」というと生き返る。死ぬわけにもいかない、また元へ戻る。このように苦悩状況を教えている。何が一番辛いかというと、堪忍してくれといくらいっても地獄の鬼にはまったく通じない。地獄の鬼にとって苦悩という言葉はない。「カッ」というのは、地獄の鬼にとっては、人間が苦しいということはまったく眼中にない。砂を潰しているのと同じである。だから潰されている側にすると行き場がない。どんなに辛いかということをいくらいっても、鬼には涙がない。

人間の場合は、辛い場合に辛いということを知ってくれる人がいると救かる。誰も自分の苦悩を知ってくれないということほど辛いことはない。だから皆、「何故、私はこんな辛い思いをしているんだ」と愚痴をいう。分かってくれる人が欲しいわけです。分かるといってくれるだけで救かる。それをいくらいっても何も分かってもらえないと地獄に見えるわけです。地獄の一番の辛さは言葉が通じないことである。苦悩の最極端の象徴が地獄である。

餓鬼道《がきどう》は貪欲《とんよく》の象徴です。欲につかれて罪を犯した者の落ちる場所です。貪欲にはきりがない。貪《むさぼ》りの心にきりがないから満ち足りることがない。それを象徴的に教えている。畜生というのは、人間からすると理性がないということです。三悪道は、人間がこういう言葉を聞くと何か響くものがある。地獄、餓鬼、畜生的要素を人間の中に、何処かに秘めているわけです。地獄、餓鬼、畜生的存在を生きているのです。それを真に超えるという課題、国土として超えるという課題、それが法蔵願心の一番最初の出発点です。

法蔵菩薩という名前のもとに、十方衆生と呼びかけて、国土を開いて、その国に衆生を摂め取って、仏道の志願を成就するについて、まずはじめに、「無三悪趣の願」、三悪道のない国を作ろうという願を発しています。欲界・色界・無色界といわれる三界の状況の中で、状況存在として流されて生きている人間に、真の自己自身を取り戻すのが仏法の願いですから、状況的な在り方を突破するために、六道を超えることが建てられてくるのがふつうですが、そういう建て方をせずに、まずは、三悪道のない国を建てて衆生を摂め取ろうという。浄土がどういう意味を持って建立されるかといえば、衆生が浄土という生活圏を持つと、邪魔がなくなり、魔事がなくなる。聞法修道するについて順境になります。それによって仏法を成就することができるのです。

真に仏法を成就することがこの世では難しいため、浄土を建立することは非常に大きな意味がある。浄土の功徳として特徴的にいわれるのは、不退転ということです。浄土に生まれるなら退転しない。環境に左右される存在である私たちが、退転しない場所をいただく。仏道を歩ましめる環境を開こうというところに法蔵願心が国土を建立する大きな目的がある。地獄・餓鬼・畜生のない国ということは、仏法を求めるについて、まず人間であることと、聞法できる環境であることです。人間状況があまりに痛ましいと、宗教的要求にまで問題を煮詰めることすらできません。悲惨な地獄的状況、餓鬼的状況あるいは畜生的状況であるなら、まず、人間になり、人間として生き、最低限度の生活を営める境遇になるために、我が国土では三悪道をなくそうというところから出発する。したがって、この願自身は仏道に先立っての環境調整という意味を持っている。

✣第二願　不更悪趣の願

たとい我《われ》、仏を得んに、国の中の人天《にんでん》、寿《いのち》終わりての後《のち》、また三悪道《さんまくどう》に更《かえ》らば、正覚を取らじ。（聖典一五頁・註釈版一六頁）

人間が救かりたいというときに、苦悩の状況があれば、まず、そこから脱却したいと願う。そういう意味で三悪道なき国をもって人間に呼びかけるのですが、流転の中でたまたま悲惨な状況を離れているなら、今度はまた落ちるのではないかという不安がある。第二願はふたたび悪趣に更《かえ》らないということで「不更悪趣《ふきょうあくしゅ》の願」と呼ばれている。

はじめが三悪道のない国、その次は、いのちがたとえ終わっても三悪道に更らないという願です。人間存在にとっては、苦悩というものに加えて、非常に大きな問題は不安です。状況が苦しいというよりも、状況の中に私どもは不安という問題を持つ存在です。例えば、怪我をした場合、怪我という痛みだけが人間にとって辛いのではなく、その怪我がどうにかなるのではないか、その怪我がいのちを取っていくのではないかという不安感で、痛さ以上に人間は苦しむ。

仏法は実存状況としての「苦」ということを深めて、不安ということを大事な問題として取り上げる。『浄土論』でも「解義分」の中にも、「無安衆生心」（聖典一四三頁）という言葉がある。衆生を安んぜしめようという菩薩の願心が出される。生活物資を与えるだけでは人間は救からない。過去は後悔するという形ですが、現在および未来にわたって恐れを持つ。不安感が人間を現在のいのちに安住させない。三悪趣について改めてもう一度、たとえいのちが終わっても、三悪道には堕ちないという願を重ねて誓う。それで三悪道の恐れを本当に克服する。浄土にいったん触れれば、現在に三悪道がないだけではない。未来永劫にわたって三悪道に堕ちるという恐れがない、そういう国をまず開こうというのが法蔵菩薩の第二願です。

差別のない国を作ろう

第三願　悉皆金色の願

たとい我《われ》、仏を得んに、国の中の人天、ことごとく真金色《しんこんじき》ならずんば、正覚を取らじ。（聖典一五頁・註釈版一六頁）

浄土に生まれれば衆生がことごとく真金色になる。こういう願が何故建てられてくるか。インド民族は何回も他民族によって蹂躙されたのですが、ヒンドゥー教の神々は、いろいろの異民族の神々を全部包んだ神々の世界であって、その神々の世界自体の中に差別構造がある。

民族差別が皮膚の色の差別というものを持っていて、ヒンドゥー教の差別が人間の差別状況を固定し、職業差別、階級差別が非常に細かく分かれていて、必要以上に人間の苦悩を深めてきた。そういう状況の中で、釈尊は、カーストを離れて人間として真の平等のために、出家して姓を捨てた。姓によってどの階級、どのカーストに生まれたかがすぐ分かるようになっていたので、釈尊の弟子になったときには姓を捨てさせて、出家して新しい名を持つという制度を作った。

釈尊の願いは、法蔵菩薩が国を作るについて皆金色であるという意味は、皮膚の色から来る民族の差別、階級の差別のない国を作ろうということです。松原祐善先生は、元の言語の意味から、差別なき国を作ろうという意図がこの願にはあるといっておられる。親鸞聖人は『唯信鈔文意《ゆいしんしょうもんい》』で、「いし・かわら・つぶてのごとくなるわれらなり」（聖典五五三頁）という言葉を残している。私どものいのちは、たとえ三悪道がなくても、輝くいのちになることは少なく、よほど恵まれた人が非常に輝くいのちを得ることもあるが、大概はくすぶったような生活をして、ほとんど雑草の如くに生きている。そういういのちを皆平等に光り輝くいのちにしたいという願いが出てくる。親鸞聖人の言葉でいえば、群萌《ぐんもう》、群生《ぐんじょう》といわれる衆生のいのちが皆平等に光り輝く、全部が瓦《かわら》になるのではなく、皆が同じように光るという願いです。

『阿弥陀経』では、「青色青光《しょうしきしょうこう》、黄色黄光《おうしきおうこう》、赤色赤光《しゃくしきしゃっこう》、白色白光《びゃくしきびゃっこう》」（聖典一二六頁）、色はそれぞれ違いながら皆それぞれが輝くという。真に存在を大切にする場所、真にその存在が尊さを回復してくる場所、そういう国でありたい。比較相対して光る存在と光らない存在というのではなく、皆同じように金色に輝いて欲しいという願が第三願として確認されている。私どもの生きている世界は、無数のいろいろの形の差別があり、差別の上に人間を痛めつけ、人間の存在の意味を覆《おお》ってしまう。それに対して、浄土を建立することの意味が、しだいに明らかになってくる。永遠に尽きない法蔵願心は、それぞれが真金色《しんこんじき》であるような国を作らないなら、自分は正覚を取らないという。皆同じ真の金色であって欲しいというのが、この願の大事な意味である。

✣第四願　無有好醜の願

たとい我《われ》、仏を得んに、国の中の人天、形色不同《ぎょうしきふどう》にして、好醜《こうしゅう》あらば、正覚を取らじ。（聖典一五〜一六頁・註釈版一六頁）

第三願と第四願とが関係しておりまして、第三願の方の色はカラーで、仏教の言葉では、「顕色」という。これは文字通り七色とか十二色という色です。これに対して「形色」という場合は、カラーではなくて、感覚器官にとって触れ得るいろいろな姿、いろいろな要素で存在を人間が把握する、柔らかさとか、温かさとかも含めた形です。「顕色」の方は眼に見える色ですが、「形色」の方はその他のいろいろな形です。私どもの生活をするこの世は皆形が違い、形が良かったり醜くかったりという違いが与えられている。表の形と内面の形とがあるのでしょうが、形の違いが差別の構造を生み、人間を苦しめている。第四願は、形の違いを超えて皆平等に、美しくあって欲しい、真金色と重ねて、好醜のない国を作りたいという願です。

この第四願は、あまり注意される願ではなかったのですが、この第四願に注目したのが柳宗悦（一八八九〜一九六一）です。終戦直後の一九四八、九年、北陸の富山、城端《じょうはな》別院で生活しておられた柳さんは、民芸運動で有名になりました。『美の法門』という文章を書いて、そこから生活必需品の中にある美しさに着眼していった。名も知られず、誰が作ったかも分からない日常雑器として使われている道具の中に、すばらしい美しいものがあることを見出していかれた。後にはそれが流行って、今度はふだんに使うものではない特別な民芸品となってしまった。柳さんの元の意図はそうではなく、無名の職人が無心に作った雑器に隠れた使い良さが持っている機能美、ことさらにゴテゴテ作った今の民芸品とは違い、一番スッキリした形の中にある洗練された美しさに着目していかれた。そういうことに目を向けていくきっかけが、第四願の発見だったそうです。

雑器というのは同じに作る。今なら機械で作っても作れるようなものでしょうが、職人が寸分の狂いもないほど同じものを後から後から作っていく、その全体が美しいという。芸術品として作るのではなく、床の間に飾る美しいものをいうのではなく、日常雑器にある美しさの中に目が向いていった元が「無《む》有《う》好醜《こうしゅう》の願」だったそうです。

この世の中では、違った形の上に人間が価値をつけ、好き好みをつけ、芸術や美学で、より美しいもの、より好ましいものを求めていく。しかし、それによって人間にコンプレックスが起こり、必要以上に人間を痛めつけるという差別が出てくる。そこに法蔵菩薩は、浄土の意味に触れるならば、形や色が平等であって欲しいと願う。現実の人間の感覚とか感情の世界では非常に難しいのですが、法蔵願心がそういう世界を願っているということは大事な問題です。第三願と第四願とを照らし合わせれば、平等であって本当に尊いものを願っているので、これはふつうは矛盾します。本当に尊いものを求めていくと、どうしても尊くないものを差別するし、差別のないことを求めていくと、今度は尊さを失ってしまうのが人間の現実です。民主主義というものの良さは平等ということですが、平等ということになると、だいたいはレベルが低くなってしまうので、レベルが高くなってしかも平等ということは難しい。

法蔵願心が、真に平等であって、真に光り輝くものであるものを願うなら、この世の中に作ることはできない。だから、浄土を建立するのだという意味が少し分かるような気がします。人間世界以外の動物世界のような世界は、機能が自然と呼応して無駄がない。魚には魚の美があり、それを美と思うか思わないかは受け取る側の問題でしょうが、人間の世界へ来ると、ことさらに意味づけたり価値づけたりして、必要以上にその形に苦しむ。そこに人間の面白さ、別の意味の尊さもあるが、そのことが人間にとって非常に大きな苦しさ辛さを生み出してくるから、そこに法蔵願心が「無有好醜の願」を建てる意味があるのではないかと思います。

存在の背景を見通す

第五願　宿命通の願

たとい我《われ》、仏を得んに、国の中の人天、宿命《しゅくみょう》を識《し》らず、下《しも》、百千億那由他《なゆた》の諸劫《しょこう》の事《じ》を知らざるに至らば、正覚を取らじ。（聖典一六頁・註釈版一六頁）

第一願から第四願は、三悪道から無有好醜へ、つまり表に現れた苦悩がない国というものがいわれるが、第五願から第十願までは、神通力《じんずうりき》といわれる精神世界の問題に入ってくる。

神通力というのはインでは精神的な能力のことです。お釈迦さまはこの神通力を身につけられたと伝えられている。今でいえば神秘的な直感力とか、第六感というような非常に磨きぬかれた力ということで、神通力を六つに分類している。第五願から第十願に出ているように、宿命通《しゅくみょうつう》、天眼通《てんげん》、天耳通《てんに》、他心通《たしん》、神足通《じんそく》、漏尽通《ろじん》といわれる。漏尽というのは、煩悩が尽きるという意味です。そういう神通力、広くいえば精神力がこの第五願から第十願に誓われている。

第五願は、宿命通といわれる。宿命とは、文字通りでいえば過去のいのちです。宿命とか宿業といいますが、今のいのちの時間的な背景となっている過去の生活について我々は本当に知ることができない。自分についても、他人についても、真の歴史の背景を知ることができない。そのために、現在の諸苦悩が解決できない。そこで宿命通ということが出される。

菩薩道というのは、人間が真に自分を回復するためには、自分だけが人間として生きるのでなく、諸々の人々と共に生きる中に、自らも不安や苦悩を克服するとともに、人々にも不安や苦悩を克服する智慧を与えていく道である。これを仏教の言葉で「自利利他」という。その自利利他の実践のために智慧を持たなければならない。特に利他教化のためには、神通力を持たなければならないといわれる。

浄土に触れるということは、人々と共に仏道を歩もうとする、その歩みを支える精神的な力が与えられるということです。私たちは、人間関係とか人間の背景とか、諸問題をよく分析し総合して見抜く力を備えていないなら、何をしているか分からない。このごろ、日本が発展途上国へ援助をするといって物資を送りますが、こちらの思い込みでこういう物なら役立つだろうと物資を送るけれど、向こうに行ったら何の役にも立たないということをよく指摘される。自分の思いだけで何かをしても役に立たないどころか逆効果であることがよく起こる。そこで慈悲の願いを持って、よく状況を見抜くことにより何をなすべきかを見出してくることが大切です。そういう意味で神通力がないなら菩薩道が実践できないということが教えられている。

けれども、神通力だけを身につけて、野心でそれを使うようになると提婆達多《だいばだった》になる。提婆達多は本当の人間存在を解放するという方向を向かないで、野心だけでお釈迦さまについて歩いた。だから非常に能力がありながら、自分も苦しみ人をも苦しめ、結局は救からなかった。さらに野心で神通力を使って阿闍世をだますということをした。神通力とは特に利他、衆生を済度《さいど》するという願いを実現するために、ぜひ身につけなければならない力として教えられている。ところが我々煩悩の衆生はそういう力が身につかない。その身につかない人間が浄土に触れたなら、法蔵願力によってこういう神通力を与えたいというのが、この六神通の願です。恐れがなくなり、皆平等になり、皆光っている状況になっても、自他の間でいのちを生きていく精神的な力を身につけて欲しいというのが、第五願の宿命通の意図だろうと思います。

「百千億那由他の諸劫の事」とは、存在の背景をどこまでもさかのぼって見通すことです。人間の知恵では二世代か三世代かせいぜい一〇〇年くらいさかのぼって調べることはできるけれど、それ以前のことは考えない。たとえ一〇〇〇年くらいさかのぼっても、人間の上でそういう背景を探してくると差別を助長することになる。いろいろな因縁でいのちがいのちをくり返してきている中に、二、三世代ぐらいは立派な仕事や生き方をされたかもしれないが、百千億那由他の中には、何があるか分からない。ましてや人間になってくるまでの何億年か前ということになると、爬虫類だったかも、アメーバだったかもしれない。そういういのちの歩みを本当に見抜く、宿命を知ることが、問題を本当に認識し、解決していく上で非常に大事です。

これは医者の場合にもよくいわれる。家庭医が必要だということの一つには、個人の生活環境だけでなく、その親の生活環境、それ以前の生活環境まで知っていると、問題の分析、問題の把握が違ってくる。単に現在の病状だけで判断すると、放っておいてもいいのに手をつけてしまうこともあるし、本当は違った形で処置しなければならないのをほったらかしにすることもある。そういう意味で背景を知るというのはいろいろな意味で必要不可欠なのです。人間と人間が誤解したり相容れなくなるのも、過去の背景の知り方が中途半端なためで、徹底してお互いに知っていけば、もう少し違ってくるわけです。

お釈迦さまが人間をご覧になるときに、その背景を全部見通されるというのが、宿命通の願です。例えば、阿闍世という人を見るときに、阿闍世が頻婆娑羅王《びんばしゃらおう》を殺す事件を起こした。それを表層だけを取り上げておまえは親殺しだというのではなく、事件を起こしてくる背景を見る。『涅槃経』では、父親が、そのいのちが自分の息子になるという予言を信じて、山にいて何の罪もない修行者（仙人）を殺して息子を得た。そういう過去からの因縁を見てくると、親が罪なくして殺されたのではなく、やはり深い罪があった。殺した阿闍世ももちろん罪人だが、殺された人間が罪なくして死んだのではなく、やはり罪人だったと見ていく。そこでは阿闍世に対する言葉が単に断罪する言葉ではなくなってくる。

宿命を知ることができれば、私どもが人にかける言葉も人を見る目もずいぶん違うと思いますが、悲しいかな我々にはそういう力がない。浄土に触れるならば衆生が皆お互いに宿命通を持ち得るという願が建てられるのは、表に現れた現象に左右されて判断するのではなく、その現象を起こしてくる深い因縁、宿命といわれる背景をよく見抜いて欲しいということでしょう。

神通力を得る

⚜第六願　天眼通の願

> たとい我《われ》、仏を得んに、国の中の人天、天眼《てんげん》を得ずして、下《しも》、百千億那由他《なゆた》の諸仏の国を見ざるに至らば、正覚を取らじ。（聖典一六頁・註釈版一六頁）

「天眼」というのは天眼遠見力《おんけん》ともいわれる遠くを見る力です。今の天体望遠鏡みたいなことになるのかもしれませんが、精神的な力で遠くを見る。現在ある身の周りだけを見るのではなく、広い視野で遠い所を見る。天眼とは、単に空間的な遠さだけでなく時間的な未来のものも見抜く力であるといわれる。阿弥陀の浄土に触れたなら、あらゆる諸仏の国を見ることができる。こういう力が備われば、現状分析の力が非常に大きくなる。

異訳の経典では、阿弥陀の念仏三昧によって天眼を得たということが出ている。私どもは目先のことにこだわり、苦しめられて、自分で自分をにっちもさっちもいかないようにしてしまう。ところが、そのことが良いか悪いかということは、本当は一生通してみてもほとんど分からない。天眼遠見力とは単に遠くが見えるというだけではない。あらゆる視野からものが見えるために、一番大事なもの、一番大切なものを見ていくことができる。そういう力が天眼力といわれる。宿命通も、天眼通も、浄土の阿弥陀の功徳が持っている力を表している。もちろんそれに触れた衆生に与えられる力ということなのですが、もともとは阿弥陀の力です。

✢第七願　天耳通の願

たとい我《われ》、仏を得んに、国の中の人天、天耳《てんに》を得ずして、下《しも》、百千億那由他《なゆた》の諸仏の所説を聞きて、ことごとく受持せざるに至らば、正覚を取らじ。（聖典一六頁・註釈版一六頁）

これも大事な願です。聖徳太子はこの耳が非常に優れた方で、八人の人がいっぺんにしゃべることを全部聞き分けたという伝説があり、豊聡耳の王子といわれる。耳というのは聞き取る能力、諸仏の所説を聞いて受持する

ことができる力です。聞法するということは、ある意味で受身のようですが、聞き取るということの大切さをいいます。そういう力を天耳《てんに》という。阿弥陀の脇侍に観音、勢至がいますが、観世音菩薩は、世の音、つまり衆生の苦悩の声を聞き分ける。天耳というのは単に言葉を聞くだけではなく、問題の所在を聞いていく。「観察《かんざつ》」ということもいいますが、観察も単に眼で見るというのではなく、教えの言葉をよく聞くことです。

聴聞《ちょうもん》の「聴」は積極的にこちらから聞こうとする言葉であり、「聞」は聞こえてくるというニュアンスが強いのですが、本当に聞こえてくるのは難しいことです。聞くことを邪魔するいろいろなものを全部取り払って、あたかもきれいな鏡がそのまま映すように存在が語っている事実を受け止めるには、大きな力がいる。私どもが仏法の言葉を聞いても、何をいおうとしているのかが分からない。ここでいう耳とは、音が聞こえる耳ではなく、存在の語りかけてくるものを受け止める力で、これが育てられないと、聞いても勝手に自己解釈するだけの話で、真の存在の意味に出遇《であ》えない。聞法が大事だといわれるのは、聞いていくことによって聞く耳が育てられるからで、耳の力ができてくると本当に聞けるようになる。浄土に触れるということは、天耳を得る、あらゆるものを聞き取ることができる力を得る。

医者は患者と話をしなければいけない。その間に、自分の方からはしゃべってはいけない。患者がいおうとすることを上手に聞き出していく。胃が痛いといっても胃だけが痛んでいるのではないので、胃が痛むからには体中がどこかで痛んでいる。どういう状況で痛んでいるのかをよく聞き取っておかないと本当の診断ができない。名医というのは、こういう神通力を持っていて、患者が来たら何をどう苦しんでいて、どういう病気だということが、顔色を見ただけで分かる。経験と直感があるのでしょうが、患者の言葉にしても誇張があったり、嘘があったり、隠しごとがあったりしている、そういうものも聞き分ける力を持っている。

お釈迦さまのお仕事は、天耳を持たないと本当に相手に言葉をかけられない。相手を真に知るためには、相手の言葉を本当に聞き取ることができないといけない。天耳通ということは、受身のようだが単に受身ではない、むしろ本当に存在を了解し、存在を受け止めて、本当の判断ができてくる。実際にはこれも難しいことです。人間は言葉にだまされますし、言葉の中にある本当のものと仮のもの、真実のものと嘘のものとを見分けることも非常に難しい。そこに天耳通というものが本当に必要になるわけです。

衆生の心を知る

第八願　他心通の願

たとい我《われ》、仏を得んに、国の中の人天、他心《たしん》を見る智《ち》を得ずして、下《しも》、百千億那由他《なゆた》の諸仏の国の中の衆生の心念《しんねん》を知らずに至らば、正覚を取らじ。（聖典一六頁・註釈版一六頁）

あらゆる国のあらゆる衆生の心を全部知るという他心智《たしんち》、他の衆生の心を見る神通力です。菩薩の修行の中に同慈、同悲、同苦ということがいわれる。相手の悲しみを同じように悲しみ、相手の喜びを同じように喜ぶ、相手と一体となるという行が菩薩行の一つとして教えられる。相手の悲しみと一つになるということはまず、相手の悲しみを知るということがないとできない。我々凡夫は相手の心が分からない。まして少しぐらい分かっても相手と一つにはなれない。そういう障害を持っている。つまり自我の壁を持っていて、玲瓏《れいろう》玉の如くに相手を映すことができない。我々は自分の心すら本当に分からない。自分の心が動いていることを自分でよく分からない。心というのは意識現象で、状況とともに動いている。

相手になって相手を知る、相手にならずして相手を知ることはできない、単に冷静に客観的に知ることはできない。相手の悲しみをともに悲しむ、喜びをともに喜ぶということであって初めて相手を知ることができる。我々は自分の経験していないことは分からない。例えば、子どもを失ってみないと子どもを失った本当の悲しみは分からない。推測はつくけれども、その痛みは分からない。人間にはそれぞれ身体という一つの限界があって一つになれないが、仏道の実践の中では、一つにならずして相手を知ることはできないから一つになれということがいわれる。ところが、やってみればとてもできないという問題に出会わざるを得ない。浄土に触れると、そういう限界を超えて他心を見る智慧を得ることができる。

他の人の心を見ることは、ある程度まではいのちというものにそういう能力があるからできる。例えば犬は、好きな人が来ると尻尾を振るし、嫌いな人が来ると唸りだす。人が来ただけでも、犬は嫌いな奴だと何となく感じる。犬などの場合、本能的に持っている能力なのでしょう。お釈迦さまが他心智を持っておられたということも、まったく神秘的な能力というわけでもなく、存在を本当に愛情を持って見ていかれる中で磨いていかれた一つの直感力だと思います。

他心智については「他心徹鑑力《てつかん》」ということがいわれます。「行巻」に仏の持っているたくさんの力を上げています。「けだし阿弥陀仏、大慈悲力・大智慧力・大三昧力《さんまい》・大威神力《いじん》・大摧邪力《ざいじゃ》・大降魔力《ごうま》・天眼遠見力《おんけん》・天耳遥聞力《ようもん》・他心徹鑑力《てつかん》・光明遍照摂取衆生《こうみょうへんじょうせっしゅしゅじょう》力まします に由《よ》ってなり」（聖典一八五頁）。

この中に、他心徹鑑力とある。この「鑑」は徹底して見るということです。偽物の壺かどうか鑑定するという場合の鑑、つまり存在の本質を見抜く力で、他心智を他心徹鑑力という。私どもには差別観念とか先入観とか、いろいろなものが覆っていて存在の事実を見抜けなくなっている。先入観を払って存在そのものを真に見抜く力が他心智です。衆生の心念をはっきり知ることによって相手の持っている問題と自分の問題とが一つになり、本当に解決すべき言葉が探し出されてきたのがお釈迦さまの説法であったのでしょう。

お釈迦さまの説法は「対機説法」といわれる。相手に応じて、仏法が変わるわけではないが、仏陀の慈悲が相手の持っている問題に応じて言葉を変えて語られたのでしょう。どういう言葉となりどういう形となっても、人間が苦しんでいる状況を真に克服して人間を一人の輝く存在にしたいと願う、そこに他心智が必要である。我々は他人の心どころか自分の心さえ分からないのだから、そういう意味で、浄土の功徳が教えている神通力の方向性が思われます。

✣第九願　神足通の願

たとい我《われ》、仏を得んに、国の中の人天、神足《じんそく》を得ずして、一念の頃《あいだ》において、下《しも》、百千億那由他《なゆた》の諸仏の国を超過《ちょうか》すること能《あた》わざるに至らば、正覚を取らじ。（聖典一六頁・註釈版一七頁）

第九番目は、これは少し変わった願ですが、神足通《じんそくつう》といわれます。機械文明のおかげで私どもは、東京から京都まで二時間半ほどで行ける、あるいはアメリカまでジェット機で八時間ほどで行ってしまうとか、神足通の願に近いような力を得ている。しかし、神足通の願は、一念の間に、百千億那由他の諸仏の国を超過するという。

『浄土論』では「一念同時」または「不動遍至」ともいわれ、自分は動かずして何処までも用《はたら》きに行ける、今の自分を失って何処かに行くのではなく、動かずして用く、あるいは、一念の間にあらゆる世界に行って用くと語られている。浄土に触れたならば、そういう用きが可能になる。

孫悟空は、毛を抜いてフッと吹いたら、身体がパァッと分かれて、分身ができてあらゆる世界へ行って働くことができる。人間は一つの身体を持って生まれて、この身体は一つしかないので、二つも三つも身体が欲しいという場合は困る。現今、サラリーマンはひどい状況で、単身赴任が必然になって、行ったり来たりしなければならない。二つ身体があったら楽になるのでしょうが、一つの身体しか与えられませんから、意識と身体が分裂して本当に辛いことになる。

神足通については、『観無量寿経』の中に出てくる。『観無量寿経』で、霊鷲山で説法しておられたお釈迦さまが、神通力で韋提希《いだいけ》の苦悩を見そなわして、瞬時に王舎城に現れたといわれる。釈尊の慈悲がいつも苦悩の衆生を憶念しておられて、あたかも飛んで来たかの如く、その状況に応じて来てくださるということでしょう。神足通というのは、宮沢賢治が、身を惜しまずしてあらゆる世界に出向いて菩薩道を実践したいと書いていますが、そういうことを願の形にしている。人間にとって理想的な力ですが、ほとんど備えることができない力です。持つことができないにしても、もしこういう力を持つならば、違った眼、違った発想、違った言葉で対応できるのではないか。そういう意味で浄土に触れるときに、非常に優れた直感力、観察力、そして実行力を持つことができるということです。

煩悩を滅尽する

✣第十願　漏尽通の願

たとい我《われ》、仏を得んに、国の中の人天、もし想念《そうねん》を起こして、身を貪計《とんげ》せば、正覚を取らじ。（聖典一七頁・註釈版一七頁）

第九願までは、覚りという方向ではなくて、優れた精神力という意味でした。漏尽通《ろじんつう》では、「漏」というのは煩悩を表し、煩悩がなくなったことを無漏《むろ》といいます。「漏」は汚れを表し、その根にあるものは自我の執着で、そこに意識現象が起こると、起こった意識現象が自分自身を苦しめる。雨が漏って汚れてくる、汚いものが漏れてくるというニュアンスがある。煩悩が完全に滅尽するというのは、ふつう「覚り」または「涅槃」という言葉でいわれるのですが、ここでは神通力、漏尽通といわれる。

『浄土論』では、我心が自身に貪着するといわれる。わが心が、わが身に貪着する、想念を起こして身を貪着する、これが煩悩の姿です。浄土の環境に触れるなら、自らが身のことに執着するという限界を超えられる。ここから仏法の問題に入ってきます。一応神通力ですが、神通力そのものは、直接仏法の課題ではない。仏道を行ずるのを援助する力です。しかし、菩提心は、神通力の願の中にあるのではない。菩提心が実践するのに必要な力となって菩提心を歩ましめる。こういう力を浄土の環境が与えてくる。第十願までは、仏道の願いが起こされる前提になる願といってもいいものです。法蔵願心が誓っておりますが、第十願までなら、法蔵願心の特徴とまではいえない願で、諸仏に通ずる願です。

親鸞聖人は、四十八願の中から大切で欠くことのできない願として、第十一願から第十二願・第十三願、少し飛びまして第十七願・第十八願・第十九願・第二十願、一つ飛んで第二十二願の、八つの願を取り上げてこられます。これが四十八願の中でも一番大事な、アルプスでいえば中心の連峰ということになります。第一願、無三悪趣から始まってだんだん内面化して、この第十願の、執着するわが身を真に超える漏尽通の願というものをくぐって、第十一願が起こされてきて、初めて仏法が課題になるわけです。曇鸞大師は、本願として浄土が建立される意味を考えるときに、第十一願と第十八願と第二十二願の三願を取り上げます。非常に大事な視点だと思います。浄土といっても第十願までですと、人間の理想世界、人間が人間関係を全《まっと》うするために、与えられる力が具足せられる場所であるならすばらしいということですが、こういう世界は法蔵菩薩ばかりではなく、転輪聖王でも作りたい世界です。

第6章　必至滅度の願［第十一願～第十五願］

真実証の内容

第十一願　必至滅度の願

たとい我《われ》、仏を得んに、国の中の人天、定聚《じょうじゅ》に住し必ず滅度《めつど》に至らずんば、正覚を取らじ。（聖典一七頁・註釈版一七頁）

浄土が持っている力、その一番大切なのは不退転《ふたいてん》であるといえるのですが、ここでは「定聚」という言葉になっています。この定聚とは「正定聚《しょうじょうじゅ》」、または「正定聚不退」ともいわれる。正しく定まるとは、必ず仏になることが定まるということで、この願文でいえば必ず滅度《めつど》に至ることです。「滅度」は、煩悩が滅尽せられた世界、あるいは翻訳の違いで、「涅槃」「寂滅」といい、さらに親鸞聖人は言葉を変えられて「一如」「法性」といわれる仏教の究極目的です。一般には覚《さと》りといいますが、仏陀が得られた最高の智慧の内容としての涅槃を必ず得ることができる、究極の目的を必然として持つことができる。それに対して、もうたじろがないという位が正定聚の位です。浄土に触れるということは、そういう正定聚の位を得ることです。浄土の環境を得れば、後はまっしぐらに仏道を歩んで仏になる。この第十一願が、本当の意味で法蔵菩薩が浄土を建立する大事な意味を持ってきます。

親鸞聖人はこの願を、真実証を表す願であるとお考えになりました。「証巻」を開くについて、この願を挙げて、真実証の内容を明らかにされた。浄土の真証ということで、浄土自身が証《さと》りの内容を持っているといわれる。この第十一願は、真実証の問題になるので、問題が非常に専門化し、難しい内容を孕んでくる。「証巻」の内容を全部お話するわけにいきませんが、第十一願が持っている課題を少しお話しします。第十一願は、正定聚と滅度との二つを内容とするように見える。正定聚とは、一応は浄土に生まれた人が得る位ですが、正定聚に対して「邪定聚《じゃじょうじゅ》」「不定聚《ふじょうじゅ》」という言葉がある。邪に定める邪定聚、あるいは、決まらないという不定聚です。邪定聚とは無理やり決める。邪に決める。第一願、第二願で不安ということをお話ししましたが、人間は腰を落ち着けたい、決まりたいので、決まらないのは辛い。決まらないのが不定聚、無理やり決めるのは邪定聚です。

それに対して浄土の力に触れるなら、決めるのでもないし、決まらないのでもない。しっかりと腰が座り、まっしぐらにその道を歩む、こういう位が与えられるのが正定聚です。浄土が欲しいということは、正定聚が欲しいということです。覚りが欲しいというのではない。正定聚に住すれば、必ず滅度に至ることができる。ここに浄土教の特徴がある。この穢土《えど》で覚ってしまいたいという欲求に対して、法蔵願心が展開してきたように、人間の持っている限界を教えられる。むしろこの穢土で覚るということは問題を回避することになる、問題を矮小化することである。求めて歩む場合、退転することが一番恐ろしい。退転することは態度が揺らいでしまうことです。

自分ではこの道を行きたいと思って官僚になったり政治家になったのに、状況の中で平気で賄賂を取るようになってしまう。青年期の理想に燃えた時代にはじめから賄賂を取ろうと思って、政治家になろうという人は、本当の意味では政治家になれない。ほかの道に行った方がいい。根っからそういう人がいないとはいえませんが、ふつうは理想を追求していく。それが環境の中で、利害関係の中で、取らなければならないようになっていく。仏法でも同じように、仏道を求めるといっても、いつの間にかとんでもない方向へ行ってしまう。

自分だけが救かりたいというのが菩薩にとっては一番の難関です。あらゆる衆生を全部包むのが法蔵願心ですが、人間は、わが身を貪り、わが身一つの解決は早く欲しいから、どれだけ激しく修行しても、どれだけ学問しても、わが身のためにしてしまう。それは、仏道に矛盾し、仏道を踏みつけにするという問題を持っているので、二乗地に堕するといわれる。

二乗地というのは、自分だけが涅槃に入ってしまい、自分だけが煩悩を起こさなくなって救かっていくので、歩むべき菩薩道から退転してしまう。凡夫に退転するのなら、凡夫は苦悩の娑婆を生きるわけですから、また、仏法を求めることもあり得る。凡夫に退転するのならまだ可能性がある。しかし、二乗地に退転するということは、覚ってしまうから、問題がなくなる。問題がなくなるということは、仏道にとっては、仏道の魂を失うもので、菩薩の死だといわれる。ふつうなら、そうなるのが一番いいように思いますが、個人的に問題を解決して終わるのは、人類的課題にとっては最悪です。大乗の仏道を歩む場合、どうしてもそこに退転の危機が来る。その退転を乗り超えるために、法蔵願心が浄土を開いて、この功徳に触れたならば、もう退転しないという誓いを建てるわけです。

十一願は、一面には正定聚に住する「住《じゅう》正定聚の願」といわれ、もう一面には必ず滅度に至る「必至滅度の願」といわれる。異訳の経典では、「証大涅槃《しょうだいねはん》の願」ともいわれる。だから分ければ二つの問題が十一願の中にある。親鸞聖人は、この十一願の問題を二つに分けられ、正定聚に住するという課題は十八願に譲って、この十一願は必至滅度の願であると押さえられた。この問題については、改めてお話しします。

この十一願は必至滅度ということで必ずという字がついている。本願力によって保障される、そういう覚りです。本願力によって仏道が成就することが誓われている。だから一如、法性、寂滅あるいは涅槃として教えられている。実存の中に煩悶し、不安を持ち、もがいている状況を真に超えたのが涅槃です。第十一願は、必ず覚りに行ける必然性として、未来に真実証があるという形で我々に呼びかけてくる。我々は、今覚ったとか、今不安がなくなったという形で求めるのですが、浄土の教えを通したらそういう必要がない。たとえ今不安の中にあろうと、あるいは苦悩の中にあろうと、本願力に触れるところに、究極目標は求めずして与えられているという信念に触れれば、永遠の歩みを孕んで現在に立てる。覚ってしまったら、歩まなくなってしまったなら退転です。現在に立つことができるのは正定聚で、何故、正定聚に立てるかといえば、必至滅度ということが本願によって誓われているからです。

あたかも船に乗って向こう岸に渡るが如くに、本願力に乗ずれば必ず滅度に至る、自分の力を加えて行こうとか、乗った船の上で走る必要がない、乗っていれば着く。こういう形で、第十一願の誓う証の内容として、真実証とは何かを、親鸞聖人は「証巻」で明らかにされた。本願が誓う内容だから全然分からないかというと、そうではない。今得るわけではないが、今、向こうから来るものとして感受せられるものがある。それは真実証として語ることができる。今、得ていないのにどうして語れるかといえば、未来に必ず得られるものとして、今すでに見透すことができるという形で、真実証の内容が明らかにされている。

分水嶺の本願

四十八願のうち、第十願までは、浄土を建立しようとする法蔵菩薩の願心が、広く人間存在に対して、人間を知り、人間関係を構築するために必要な智慧として語っています。そのはじめが無三悪趣、続いて不更悪趣、そこから悉皆金色という形で展開し、無有好醜、そして六神通と展開しています。その内容は、人間としての尊さを自覚できるような智慧を自ら開ける場所を作ろうという意味だと思います。もちろん、如来の究極の智慧を通して、初めてそういう課題も満たされてくるのでしょうが、一応は、人間の理想の世界の如くに語ってきている。それが十一願に来て、初めて仏教独自の概念が出てくる。

第十一願の問題について曽我先生が「分水嶺《ぶんすいれい》の本願」という講義をなさっている。曽我先生の「分水嶺の本願」(『曽我量深選集』第十一巻所収)を改めて読み直してみました。曽我先生が昭和二十年代に北海道にいらっしゃったときに、北海道のはずれ、その「分水嶺の本願」の中では場所がはっきりと何処かは分かりませんが、北方四島を見ながら、漁師さんたちの町でお話をする。その漁師さんたちの中に漁に行って帰ってこない方がある。つまり境界線のあたりに魚がいる。境界を超えたところに行けば獲れる。国境には線が引いてあるわけではありません。国境などは人間が勝手に地図に線を引いているだけで、海の上には線がありません。したがって、ぎりぎりの所で獲っていて、こっちは領海内だといっても向こうは侵犯しているということもあり得ます。明らかに領海侵犯している場合もあったでしょうが、とにかく、一歩踏み越えて行って捕まってしまう。あるいは踏み越えていないでも捕まる。そういう状態で、あの当時ソビエトに連れて行かれたら、スターリン（一八七九～一九五三）の時代ですから、スパイ嫌疑などかけられたら、もう帰ってこられない。そういう状況で家族の心配も一方ならない。そこで曽我先生は、一方に国境という問題を考え、もう一方で分水嶺ということを考えた。一線からこちらは日本海へ流れ、一線からこちらは太平洋へ流れる。同じように降った雨が尾根のほんのわずかなところで背を分ける。分水嶺ということと、第十一願が持っている意味とを結びつけられた。

必至滅度という問題。滅度というのは常楽《じょうらく》である、畢竟《ひっきょう》寂滅であると、親鸞聖人は「証巻」で転釈されるが、いったん如来の世界、仏の世界へ完全に入ったら、人間であったら帰ってこられない。人間界にいる間は如来の世界は本当は見えない。如来の世界に入ると帰ってこられない。その分水嶺、非常に危機的な状態の北海道の北方領土問題と、漁師さんの生活問題、それらの問題が絡んだところで、曽我先生は「分水嶺の本願」ということを直感なさった。大変熱の入った講義で、十一願の問題を諄諄と語っておられる。

浄土真宗たるゆえんは何であるか。これはこの土にありながら、凡夫のいのちを生きながら、しかも仏の境界に触れ得る。その一点を如来の本願が誓っておられるのだと。この第十一願の意味を、単に真実証と押さえてしまうと、彼方の終わった世界ととれてしまうが、十一願という本願として押さえれば、それは本当は超えたら帰ってこられない如来の世界と、迷い続けて苦しんでいるこの世界と、この間に分水嶺という境界を置きながらしかも関係せしめる。そういう意味で十一願は四十八願全体、四十八願を生み出してくる源にあるような願である。しかもこれによって人間の上に成り立つ立場は正定聚という立場、「設我得仏　国中人天　不住定聚　必至滅度　不取正覚」、国の中の人天が、定聚に住し必ず滅度に至らずんば、正覚を取らじ。つまり浄土に触れるということは定聚に住し、必ず滅度に至る。正依の経典ではそのように訳している。これを親鸞聖人は、異訳の

『如来会』に照らして十一願の意味をいただいている。

『如来会』では、成等正覚《じょうとうしょうがく》、必定《ひつじょう》して等正覚を成り、大涅槃を証する。格調の高い言葉になっている。正定聚という言葉を等正覚という如来の最高の覚りの一歩手前、正覚と等しいという言葉で、唐訳『如来会』では非常に高い位として翻訳している。その言葉を親鸞聖人は大切にされて、『正像末和讃』でも使っている。それは大涅槃を証することを必定する。大涅槃は分水嶺を超えた彼方です。それを必定するという形でここに立てる。仏道を建立する願、超世《ちょうせ》の悲願、世を超えた人間の有限の世界を超越した世界という形で仏法を語りかける。本当の超越性として語りかける。その世界を涅槃、寂滅とか滅度という究極概念で、究極の在り方として、仏教は呼びかけている。無上菩提ともいいます。

菩提と涅槃という概念は違いますが、両者は相対応する。究竟の果として相対応する概念。仏教の最高の極地を直線的な一番の彼方とするなら、その彼方を、今ここに必ずその結果を得ることができるという位を確保する。安田先生はそれを鉄道に譬えておられた。京都から東京に行くときに、東京行きの列車に乗ればよい。乗れば東京に着いたのも同じだ。乗って自分が走る必要はない。東京行きということがはっきりしておれば、それに乗れば間違いなく着く。こういう譬えで必定ということを言っておられた。浄土を建立するということは、仏教と無関係に楽しい世界を作るとか、理想世界を作るということではない。浄土を建立するということは人間が求めても得ることができない。あるいはもし得たならばもう死、いのちが終わる。聖道門が激しい修行の結果、例えばミイラになっても、煩悩を超えた世界を得ようとしてミイラになって行こうと。

本当のいのちの極限に心の静まった世界を求め続けて、最後にはいのちを落としてしまう。いのちを落とさなければ得ることができない。「虎穴に入らずんば虎子を得ず」という諺がありますけれども、虎穴どころか、ミイラにならなければ得られない。死を賭して、法隆寺の玉虫厨子に描かれているジャータカ物語の「捨身飼虎」の話のように、本当に仏法を求めようと思うなら、羅刹《らせつ》の淵に身を投げよという、超世という問題を本当に求めることになれば、そういう限界がある。

この世に留まって有限の解決を得ていこうとすることではない。宗教的要求、仏教の要求は、最後は死線をも越えるような課題になる。そういう難しい究極の問題を求めて行けば、歩んでも歩んでも果てがない。『十地経』でも唯識でも、三大阿僧祇劫の修行ということが教えられている。とてもこの一生だけ修行したら得られるという生半可なものではない。課題が難しい。学問が難しいとか、知識の量が多いという問題ではなく、人間のいのちが与えられたいのちのままに生きることが難しい。何故難しいかといえば、人間独自の我見、我愛の執心がくっついていて、取り除かれない。だから与えられたいのちの如くに、いのちを本当に全うして、充分に生きることができない。そこに人間のいのちの根本問題がある。

浄土を建立するということは、そういう困難な課題に対して、浄土に触れたならば、どれだけ課題が困難であろうとも、その究極の果を必ず得ることができる必然性への信頼、必然性を今ここに確保するという信頼に立ち得る。独自の視点で仏教の究極の課題に向かう立場を開いた。そこに本願の仏教の独自の立場がある。つまり、自分の力でもし歩もうとするならほとんど不可能である。そのときに、自分の本当の願いを成就すべき場所を如来の世界が開いてくださる。

これを天親菩薩は「不虚作住持《ふこさじゅうじ》」という。不虚作、虚しくなさないで住持せしめる。不虚作住持という言葉で仏の功徳、仏の力を『浄土論』で語っておられる。「観仏本願力　遇無空過者　能令速満足　功徳大宝海」（聖典一三七頁）という偈文です。仏の本願力が、それに遇《あ》う者に、空《むな》しく過ぐることがない力を与える。そういう力の場所を開いて、つまり如来の力がいつでも用いて衆生の無駄骨がないような世界を開いて衆生を仏道に収めしめる。こういう意味で十一願が、浄土を建立する目的が語られている願であるといっていいと思います。

生死巌頭に立つ

第十一願に注意されたのは曇鸞大師です。曇鸞大師は、四十八願の中から三つの願を取り出されましたが、やはり中心は十八願です。十八願は「念仏往生の願」といわれる一番有名な願です。法然上人が「選択本願」と名づけられて、本願の中の「王本願」であるといわれた。十八願は「たとい我、仏を得んに、十方衆生、心を至し信楽《しんぎょう》して我が国に生まれんと欲《おも》うて、乃至《ないし》十念《じゅうねん》せん。もし生まれずは、正覚を取らじ。唯《ただ》五逆と正法を誹謗《ひほう》せんをば除く。」（聖典一八頁）と。浄土教のお話、あるいは親鸞聖人についてのお話の中に十八願と出てきたら、この本願文の持っている課題がある程度分からないと、なかなかこの浄土の話は聞き難い。

十八願は一番中心の「王本願」、衆生が往生するという課題が浄土教の中心テーマである。往生することを誓っている願は三つあるが、その中でも十八願が一番中心である。特に法然上人がこれに注目された。四十八願の中の一番中心がこの願であると。この願に力点を置いて『無量寿経』を読み直された。曇鸞大師も十八願に注意された。十八願をまず出して、その十八願の内容として十一願を押さえた。十八願は何のためかといえば十一願のためである。往生するということは何のためかといえば、「住正定聚故　必至滅度」、正定聚に住して滅度に至るためである。浄土に生まれたならば正定聚の位を得ることができる。正定聚の位は何のためかといえば、必ず滅度を得る、必ず大涅槃を得る、仏教の究極の課題を必ず成就することができるということが、浄土の功徳として開かれる。だから往生する。往生するということは十八願である。十方衆生を往生せしめようと如来の悲願が誓ってある。何のためかといえば十一願だと。十八願、十一願、そして二十二願が引かれた。

二十二願は還相回向を述べています。十一願の究極の課題は、必ず滅度に至るという究極のテーマに向かってまっすぐ行くことですが、実はその究極の課題は還相回向という形で人間の上に来る。今度は浄土のいのちを捨ててでも他の国へ行って、自由自在に修行しようと、自由自在に衆生を助けようと。自分が一番下に身を投げられるようになる。こういう力が与えられるのが実は無上の覚りです。だから、十一願の必至滅度の内容は二十二願だと。曇鸞大師は十八願・十一願・二十二願の三願をもって、四十八願の中心と押さえた。

法然上人は十八願一本槍で念仏往生を中心にされた。親鸞聖人は法然上人の教えを受けて、選択本願の念仏往生を徹底して教えられた中に、改めてもう一度、この念仏往生の道が本当に十方衆生に呼びかけ、十方衆生を包んで、如来の正覚を成就しようと、無上仏道を本当に人間の上に成就しよう、無上の覚り、究極の覚りを単に理想に置くのではなくて、本当に愚かな凡夫の上に成就させようというこの本願の教えこそが、真実の仏法だと受けとめられた。

この本願の仏法こそが真実の仏法だという積極的な内容を明らかにすべく、本願文をもう一度読み直された。そのときに十一願がどういう意味を持ってきたかというと、十八願の願因によって十一願の果を得ると位置づけられた。念仏往生の願因によって必至滅度の願果を得る。こういう表現が『三経往生文類』にある。つまり十一願は本願究極の課題を語っている。親鸞聖人は「証巻」の課題を「必至滅度の願　難思議往生」（聖典二七九頁）と「証巻」のはじめの、いわゆる標挙《ひょうこ》の文に出している。中心のテーマをまとめている言葉です。そこに「証巻」を成り立たせている願は「必至滅度の願」、十一願を必至滅度だと押さえて、その内容を難思議往生と押さえている。

「往生」という問題は、『教行信証』を貫く難問題の一つだが、「証巻」に「難思議往生」という。念仏往生の願である十八願を語る「信巻」の標挙の文では、難思議往生といわずに、「至心信楽《ししんしんぎょう》の願　正定聚の機《き》」(聖典二一〇頁)という言葉を置いている。「正定聚」という問題は本願からいえば十一願に出てくる言葉です。親鸞聖人は十八願と十一願の課題を交互に入れ替えている。ここに十一願は、単に浄土を建立するのは仏法の課題のためだけではなく、これが本願の立場を明らかにする。それこそ曽我先生が直感されたように、分水嶺です。

生死巌頭ということを清沢先生はおっしゃる。「独立者は常に生死巌頭に立在すべきなり」(『清沢満之全集』第八巻四二五頁)と。巌頭という言葉で思うのは、明治三十六年に日光の華厳の滝に一高生の藤村操《みさお》(一八八六～一九〇三)が投身自殺をした。飛び込むについて「巌頭の辞」を残している。華厳の滝の岩の上に、辞世の言葉を残した。まさに生死巌頭の言葉です。清沢先生は、独立者は飛び込むときだけそこに立つのではなく、何時でも「生死巌頭に立在すべきなり」という。しかし生死巌頭に立在するといって、凡夫は卑怯未練な存在であって、とても生死巌頭になど立てない。いつも引っ込み思案で一歩下がって安全なところにいたい人間なのに、どうして生死巌頭ということをおっしゃるのか。実はこの十一願によって、正定聚に住することが生死巌頭に立っていることなのです。生死巌頭に立つことができる力は、実は摂取不捨の利益による。摂取不捨ということなしに生死巌頭に立てといわれたら、足が震えて我々は生死巌頭などに立てない。死が恐ろしい。死ぬまで死は怖い。必然的に来るものを怖がって生きなければならない。しかし摂取不捨、本願力に本当に託するところに凡夫が生死巌頭に立てる。そういう道を開いてくるのが十一願です。

仏法は無我《むが》だといわれる。蓮如上人も「仏法には、無我にて候」(聖典八八三頁)とおっしゃるが、無我というのも一つの課題です。涅槃とか、寂滅ということを別の形でいっているわけです。我執が本当に否定されるのは何のためかといえば、ニヒリズムになるためではない。無我によって本当にいのちが自由に燃焼する。我執があると実力が充分に出ないし、いのちが充分に生きられない。おどおどし、コンプレックスや卑下慢《ひげまん》で、いのちが充分にほがらかに燃焼できない。

人間は、いつも他人と比較して自分が自分であることに満足できない。我執がある故に充分に自分が生きられない。その我執が本当に寂滅する。それは無我というテーマでしょうが、無我になれない。何かの体験の中に、教えを聞いていく中に、蓮如上人の言葉でいえば「一心にたすけたまえと頼む」という中に、ふと無我のような心境がわかないわけではないが、なかなか人間は、ふと体験したとか、一度分かったというくらいでは救からない。その面倒な問題が『歎異抄』でいえば第九条です。「念仏もうしそうらえども、踊躍歓喜《ゆやくかんぎ》のこころおろそかにそうろうこと」（聖典六二九頁）、この問題は、人間存在が一筋縄ではいかない。なかなか根が深い。聞いても聞いても、修行しても修行しても、どれだけ努力しても、いつも元の木阿弥に戻ってしまう。

曇鸞大師はそういう問題が在ればこそ、菩薩道でいえば、七地沈空の難だと。つまり努力に努力を重ねて本当にこれで得たと思う体験があった。そこから今度は足が出なくなる壁を人間は持っている。七地沈空の難というのは非常に高い位の課題なのでしょう。しかし人間存在の持っている難関としてはよく分かる。そういう人間の構造を突破して空しく過ぎないいのちにすることが如来の本願である。そこに不虚作住持功徳ということがいわれる。不虚作住持の力が人間の上に響いたときに、定聚に住する。正しくここに定まったというのは腰を落ち着けたという意味ではなく、本当にこのいのちを尽くして生きていける、真っ直ぐ、昇道無窮極、何処までも歩んでいける確信に立てるということです。それが十一願の内容である。

現生正定聚

善導大師がこの十一願文を押さえて、浄土の荘厳功徳を解釈するときに、『如来会』の言葉に拠っています。親鸞聖人はそれを見逃さない。ここに親鸞聖人は『如来会』の十一願成就の文を引用している。この浄土の経典は、本願文と後に成就の文という形で、本願が誓われてきて、後でそれを全部成就するという形で構成されている。

本願文と成就文という。正依の『無量寿経』の第十一願成就の文は「それ衆生ありて、かの国に生まるれば、みなことごとく正定の聚に住す。所以《ゆえ》は何《いか》ん。かの仏国の中にはもろもろの邪聚および不定聚なければなり」（聖典四四頁）という言葉です。短い言葉ですが、ここにはいろんな問題がある。十一願の願文は「たとい我、仏を得んに、国の中の人天、定聚に住し必ず滅度に至らずは、正覚を取らじ」（聖典一七頁）です。この十一願の願文だけでいえば、国の中の人天、浄土の衆生は、皆正定聚である。定聚に住する。定聚に住するということは必ず滅度に至ると。親鸞聖人は、「証巻」のはじめに、「正定聚に住するが故に、必ず滅度に至る」（聖典二八〇頁）とおっしゃる。これは曇鸞大師の言葉をそのまま使っている。正定聚に住するが故に必ず滅度に至る。必ず究極の位を得ることができることが正定聚である。だからもう疑いがない。その位を得たならば必ず滅度に至る。ひょっとしたら滅度が得られないのではないかとか、また流転するのではという心配がもうなくなる。

必ず滅度に至る位をここに得る。だから東京行きの列車に乗ったらそれでよいという譬えになる。『如来会』では「もし我成仏せんに、国の中の有情、もし決定して等正覚を成り、大涅槃を証せずは、菩提を取らじ、と」

(聖典二八一頁)とある。住定聚という言葉を「等正覚を成り」と翻訳している。正覚に等しい智慧を得るということです。等正覚になり、そして大涅槃を証する。そこに決定ということが加えられていて、必然性というものは決定性である。これが『如来会』の十一願文、それを『無量寿経』の成就文では、「それ衆生ありて、かの国に生まるれば、みなことごとく正定の聚に住す」(聖典四四頁)と一応読まれている。

ところが『如来会』の成就の文では「かの国の衆生、もしは当《まさ》に生まれん者、みなことごとく無上菩提を究竟し、涅槃の処《ところ》に到らしめん」(聖典二八一頁)といわれている。彼の国の衆生、彼の国に生まれた人と、もしは当に生まれん者、これから生まれていく者。已当今の往生という言葉があるが、すでに生まれた者、今生まれる者、当に生まれんとする者、これは過去・現在・未来三世にわたる。だからこれから生まれていく者、当に生まれんとする者、こういう存在について、『如来会』では、無上菩提を究竟する。正依の経典では「正定の聚に住す」。これから生まれんとする者が、正定の聚に住すという意味を持っている。それによって、曇鸞大師の『浄土論』(論註)を親鸞は「証巻」に引用している。そこでは妙声《みょうしょう》功徳《くどく》成就の釈文として、「『経』に言わく、「もし人ただ彼の国の清浄安楽なるを聞きて、剋念《こくねん》して願ぜんものと、また往生を得る者とは、すなわち正定聚に入る。」」(聖典二八一頁)と曇鸞大師は釈している。これを親鸞聖人は見逃さなかった。

十一願文は、浄土の功徳としての正定聚を語っている。しかし成就文に来ると、そこに『如来会』では、浄土の衆生のみならず、浄土に生まれんとする者、つまり願生の位、願生する者に正定聚が与えられる。親鸞聖人はこの言葉と、龍樹菩薩の『十住毘婆沙論』の釈文に注意する。龍樹は、「聞名得不退」、御名《みな》を聞いて不退を得ると、くり返し『易行品』でいわれる。阿弥陀の御名を聞いて不退を得るという言葉と照らし合わせて、菩薩の初地の課題として不退を得ると。菩薩道に立てる歓喜地です。歓喜地とは、仏に成ることを確信した喜び、それが菩薩初地の喜び、初歓喜地といわれる。初地の喜びである。

菩薩初地の喜びというのは仏に成る、つまり見道といわれるが、「分かった、なるほど」という体験がある。仏法によって人間が本当に解放されるかという課題がはっきりしたということです。端的にいえば無我ということでしょう。我が課題なんだと。無我、なるほど無我になればいいんだ、無我を自分の課題にすることがはっきりした。無我になったという喜びは覚りでしょう。結果の喜びでしょうが、初地の喜びはそうではなく、この道を歩もう、この道で好いんだということがはっきりした。そこに無限の展開を包んで、この道一筋が我が課題だということがはっきりしたというのが初地の喜びである。

その菩薩初地の喜び、これと等しい意味が浄土に願生する者、願生者の心に本願が与えてくださる摂取不捨の利益、これによって人間の課題は完全に成就できると信ずる。そこに信心歓喜がある。十八願成就文に「諸有衆生、聞其名号、信心歓喜」（聖典四四頁）といわれる。信心の喜びは成仏の課題がここに確定した喜びだ、と親鸞聖人は読まれ、そして浄土に生まれて得る功徳は、すでにして生まれんとするところに恵まれると。ここに十一願の意味を読み取られた。

「証巻」では、願成就の文を「それ衆生ありて、かの国に生まるれば」と読んでいるが、これを、『一念多念文意』で十一願成就文を読まれて、「かくのごとく法蔵菩薩ちかいたまえるを、釈迦如来、五濁のわれらがために説きたまえる文のこころは、「それ衆生あって、かのくににうまれんとするものは、みなことごとく正定の聚に住す。ゆえはいかんとなれば、かの仏国のうちには、もろもろの邪聚および不定聚は、なければなり」とのたまえり」（聖典五三六頁）と読んで、「生彼国者」という言葉は、生まれんとする者はと、生まれたならばという意味で読み、因である願生《がんしょう》の位に皆ことごとく正定の聚に住する位が与えられる。非常に積極的に、浄土の教えが持っている意味を、今ここに私どもが確保できるのは願生の位であると、積極的に捉えている。

今浄土に生まれたとはいわない。今願生する。浄土を求める。如来の世界を開こうとする位に我らは立つ。立つけれども、立ったときに浄土に生まれたと同じ利益を得る。そこに親鸞聖人は十一願の意味を読み取っている。本願の仏法によって我々凡夫の上に、凡夫であるがままに確固とした立場を開くことができる。凡夫の私が、出来が悪いとか、愚かであるとか、罪が深いとか、いろんな問題を孕んでいるからダメだといわずに、どれだけ問題を孕んでいても、本願に触れるところに空しく過ぎない人生が開ける。この本願に触れたというところに、本願の仏法として分水嶺に立てる、というのが十一願の意味である。

現生正定聚という言葉は、親鸞聖人の非常に積極的な宣言ですが、十一願の意味を、十一願が単に浄土に生まれてからのことだけを語っているのではない。それでも一応は意味がある。浄土を建立する意図は語り得るけれども、浄土を建立するのは、浄土に生まれて救けようとすることだが、それを開いて生まれようと思う位は現在です。単に未来ではない。現在の中に未来を孕んで歩んでいける。未来を孕んで歩んで行けるのは、今の親鸞聖人の言葉でいえば、釈尊の教え方が非常に具体的人間の問題をきちんと押さえている。覚ったとか、無我になったとか、煩悩がなくなったという表現をするのは、ある一面の言い方であって、人間が生きているということは、どれだけ覚りすました人間でも、生きていることが持っているいろんな問題を抱えている、足が抜けないところがある。

唯識では我執というものに二重の構造を教えている。煩悩に二重の構造があるという。煩悩を修行して断じていく場合、分かったという形で断ちうるものと、一歩一歩生活の中でそれを克服していくものと、二種類の煩悩がある。見所断、修所断といいますが、なるほど立場が間違っていたということは教えを聞いて本当に頷けば、立場として立てるわけです。

今までの立場が間違っていた。今度はその立場を取るまいということは決断としてはできる。しかし生活してきた薫習《くんじゅう》という問題、これは分かっても止められぬものが付いてくる。つい癖が出てしまうとか、そういう立場を取らないと決断したにもかかわらず寝たら同じ立場に立っていたとか、夢の中では同じ立場に立っていたとか、それらは人間の中に残っている根の深い課題です。生きているということは理屈通りにはいかない、理性の計算通りにはいかない。言うことを聞かない感情もくっついているし、その根には煩悩がくっついている。煩悩の種類でいえば、生まれてからこのかた起こした煩悩のみではなく、無始以来の煩悩の根を抱えている。そういう分析の仕方をします。

禅の方の立場でも覚り後の修行ということをいう。覚ったら終わりかというとそうではない。むしろ覚った後の修行が大事だといわれる。パッと分かって無我だというわけにはいかない。俺は無我だ！　何でも自由にできる！　そんなわけにはいかない。生きるとなるといろんな問題にぶつかる。分かったといってワッハッハーと笑って終わりではない。またいろんな問題に巻き込まれていく。人間が生きるということが持っている根の深さ、悩みの深さに気づいてみれば、ここに威張って立っていることはできない。本当に謙虚に本願力をいただいて立っているということが、人間にとって非常に健康で、しかも新しい立場を開いてくる。

正定聚というのは煩悩を起こさないという意味ではなく、成仏という問題についてはもう迷わない、成仏の課題については本願力に任せた、本願力に帰命する、その一点において迷わない。ただ人間として生きたり、決断したりして生活するという点では迷いだらけである。だから凡夫である。凡夫であることがなくなって正定聚に立つのではない。凡夫であるままに正定聚に立てる。こういうところが凡夫の上になり立つ分水嶺、これが本願の仏法の開く立場である。だから十一願は本当の意味で浄土を建立して、衆生を摂取して、十方衆生に正定聚を与えようとする願である。十一願という願が課題を見すえた、衆生にこの立場を与えればよいという課題をここに開いた、明確にした。そこから本当の本願が選び出されてくる。

難思議往生

親鸞聖人がこの十一願を難思議往生と押さえられた。これは真実証の願であると、真実の証とは難思議往生だと。大経往生ともいう。『大無量寿経』の往生ということです。曇鸞の言葉でいえば本願「無生《むしょう》の生《しょう》」、いわゆる凡夫の有漏の生死《しょうじ》の生ではない。胎卵湿化《たいらんしつけ》の四生《ししょう》といわれる、この世の迷いのいのちを得て生まれてくる生まれ方という意味の生ではない。本願の生、本願に触れたいのち、本願に触れる生活、こういうことを表そうとするのが往生。往生というと、迷いの人間がなにか違う所に生まれていくと妄想するが、阿弥陀如来の世界に触れる、阿弥陀如来の本願に触れる、本願のいのちを生きる者となる、そういう意味の往生だ。だから往生というが、往生というものに触れるということは「無生の生」をいただくことだ。「生のない生」という言い方を曇鸞大師はする。「無生の生」という言い方は、やはり中観的な『般若経』系統の表現でしょう。

いのちのないいのちといっても考えようがない。いのちというと私どもは生きているということを考える。しかし単に生きているということではない形でいのちを与える、そういう往生だと。だから親鸞聖人における往生という問題は十一願の往生です。ふつうは十八願の往生、そこから十九願、二十願の往生が出てくる。それに対して親鸞聖人は十一願に往生を見ている、往生という言葉を考えていくときの一つの大事な押さえになってくる。

つまり往生ということは必至滅度、仏に成ることを必然として確保するという信念を開くことが、往生の持っている、往生浄土を開いてそこに生まれしめることが持っている目的である。そのため浄土を開いて衆生を摂取するという一つのイメージである。

人間は環境を生きているから、環境を生きていることに苦しんでいる存在に、本当に新しい環境、しかも、悠々と仏法を聞いていける環境を与えて、新しい主体になることを確保して、人間の課題を成就せしめよう。こういう呼びかけです。その浄土の教えを聞いて、人間の側から聞くというと、自分に都合のよい世界、理想世界、自分の願いがそのまま認めてもらえる世界が欲しい、そういう世界を仏さまは作ってくださるのだろうという妄念の形で聞いてしまう。そこが難しいところです。

これは第十九願・二十願のところでよく考えたいと思いますが、一般に流布している浄土の教えは、どうしても死後往生、西本願寺系の方はその一点を頑として今でも譲りません。浄土に往生するのは死んだときだ、死んだ者だけが往生できる、生きている間は穢土に居るではないか、だから死んだら行くのだ、という形で教えている。それは生きている人間にとって、何処かで超越性という、本願の世界は超世の悲願、あるいは勝過三界道といわれ、我々のこの世界ではない世界、そこに彼岸といわれる意味がある。彼の世界というのは超越した世界ですから、我々の有限の、この知恵や能力や、努力で行ける世界ではない。そういう世界に何処で我々は入れるのかということになると、仏法の教えを本当に聞いて触れるのは容易ではない。人間が難思議往生を分かろうとすると、なかなか思議できない。思議しだすといくら思議しても分からない。どこかで分かるように教えておかないと、教えというものは広まりません。あっ、分かった、それなら信じようと。超越性を何か分かるようにするためには、死が一番簡単です。

死んだら行けると教えられたら、それはしょうがない、死んだら行けるのか、そう信じておこうというだけです。死ということが超越契機になって、生きているうちはダメだ、超越できるのは死ぬときだと。死、生死巌頭というけれども、死から向こうは我々は生きているうちは分からないから、そういう形である意味のイメージ操作をしておけば、安全なのです。多くの人は自分の死後の不安もあるが、自分の親しい方々の死後、亡くなっていった方々の所在、安否を尋ねる問いに私どもは取り巻かれている。それに呼びかけなければならない。そこに仏教の教えと人間の迷いの感情とが、何処かでくっつかないと教えが具体化しない。浄土真宗というけれど、浄土真宗の純粋な教義面だけでは、十方衆生が包めないという課題がある。

親鸞聖人の教えには、死んだら浄土に往くなどということは何処にも書いてない。亡くなって往った方について、「往生する」「おめでとう往生された」という言い方をしている。親鸞聖人も非常に人間的な感情のところでは、亡くなった人は、浄土に往ったと感じておられるかもしれない。しかし少なくとも、教義的な押さえとしては、『教行信証』や『和讃』に語られた限りでは、そういう形で浄土はいわれない。浄土は、如来の本願の世界というのは、尽十方無碍光如来の用く世界ですから、人間の生死を境にして死んだ世界にだけ用くなどということは何処にも語っていない。仏法は生死を貫いて勝過三界道ですから、死後の人間にだけ救いを与える、そんな世界は仏法ではありません。

けれども、そこは難しい問題で、生きている人間は、有限の罪の、あるいは煩悩の分別の限界があります。その限界を超えて本当の如来の世界に触れるという、親鸞聖人の浄土真宗の真髄は、現生正定聚にある。現生正定聚が確保されればそれでよい、というのが親鸞聖人の教えでしょう。死んだら往生するかどうか、そんなことはもう問わない。現生正定聚がはっきりすれば、もうそこに救いが来ているのですから、正定聚のいのちを生きて亡くなって往けばいい。もう成仏の道は確保したのですから、生きようが死のうが必ず成仏する。

摂取不捨の故に正定聚に住したらそれでよい。さらにもう一つ救かりたいというのは欲が深いので、もう一つ「どう救かりたいんだ」と押さえていけば、必要ない世界を要求しているわけです。だから親鸞聖人の教えの中心は現生正定聚にある。十一願、必至滅度の願の成就として我らの上に、摂取不捨の利益において正定聚が与えられる。これが本当に信じられれば、それでよいというのが浄土真宗の真髄です。

正定聚というときには、方向がある。正しく定まる。どう定まるか、成仏に向かって定まる。成仏に向かって定まるについて、そこから本当に浄土を開かなければならないという課題が出てくる。つまり十一願から浄土の課題が開かれてくる。本願文でも十一願、十二願、十三願と展開してくる。本願成就の文、これはお釈迦さまが衆生の上に本願の仏法が聞き止められた、その聞き止められた形を語っている。だから浄土真宗は本願成就の文に立つといわれる。本願文に立つのは浄土宗だと。本願成就の文に立つのが浄土真宗だといわれる。

本願は有難いというが、何処に成就するかといえば人間の上に成就する。本願を聞いた人の上に本願が成就する。本願を証明するのは人間である。本願は仏さまが証明するのではない。本願は人間が証明する。本願が本当に人間を救うものだということを証明するのは凡夫である。凡夫の上に本願が本当に聞き止められたということを語るのが本願成就の文である。親鸞聖人は『教行信証』では、本願文、成就の文、本願文、成就の文と引用をされる。成就の文がなかったら、本願は空になるわけで、単なる願いになる。

本願成就の文を見ますと、十一願成就の文から始まっています。「それ衆生ありてかの国に生ずれば、みなことごとく正定の聚に住す。所以《ゆえ》は何《いか》ん。かの仏国の中には、もろもろの邪聚および不定聚なければなり」（聖典四四頁）という十一願成就の文から下巻が始まっている。十一願から何が出てくるかというと、「十方恒沙の諸仏如来、みな共に無量寿仏の威神功徳の不可思議なるを讃嘆したまう」（聖典四四頁）。これは十七願成就の文です。「あらゆる衆生、その名号を聞きて、信心歓喜せんこと、乃至一念せん。心を至し回向したまえり。かの国に生まれんと願ずれば、すなわち往生を得て不退転に住す。唯《ただ》五逆と誹謗《ひほう》正法とを除く」（聖典四四頁）これは十八願成就の文です。このように十一願から十七願、十八願と展開してくる。十一願が見定められて、そこから本当の意味の浄土の教えが展開してくる。本願が十一願で終わったら仏法は成就するかもしれない。一応、浄土に生まれたら正覚を与えようというのです。定聚を与えようと誓っているわけです。

十一願は定聚を得るのが人間の課題だと。定聚を得ることが課題だということは、人間は覚りが課題だ、迷わないような覚りを得ることが課題だという人間を、つまり結果を得たいという人間を、そうではない、定聚に立てばよいのだと。分水嶺に立てばよい。分水嶺に立つことにおいて、迷いと覚りとを両方踏まえて生きられるのだ。向こうへ往ってしまったら、迷いのことが分からなくなるのではないか。その押さえがこの十一願です。ところがそういう意味が分かっても、浄土に往くということはどういう内容なのだ。どうしたら往けるのか、どういう浄土なのかということが十一願だけでは出てこない。そこで十一願から、初めて浄土の問題が展開されるわけです。

本願の用く場所

親鸞聖人は「信巻」で、「無上妙果《むじょうみょうか》の成じ難きにあらず、真実の信楽《しんぎょう》実《まこと》に得ること難し」（聖典二一一頁）という。聖道門仏教は皆この無上妙果を得ようとする。無上妙果ができないというのではない。真実の信楽実に得ること難し。本当の信心が得難いのだと。本願の仏法にとっては信心が一番課題である。何をどう信じるかが課題である。無上妙果、覚り、正覚あるいは菩提とか涅槃といわれる最高の結果を得たいという立場が自力の立場とか、聖道の立場です。

凡夫の立った立場はこの立場ではない。無上妙果を求める立場ではない。信心を明らかにすればいい、と親鸞聖人は選んでおられる。信心とは本願が用く場所になるような心を得ることです。求めずして無我になっていくような、我執を自ら否定するのではなく、我執を突破して用く本願力が用く場所になる、ということが信心なのです。「我がある」ということを否定するために、否定しよう、無我になろうといくら努力をしても、我執は、分かったけれども止められない。いくら否定しても後から後からくっついている根の深いものですから、否定はできないのです。

実際に否定しようとすること自体の中にもう我執が入っている。反省する理性にくっついている我執がある。こういうのは悪いのかなあ、こんなことをしては悪いかなあと考えるその根に、自己保身というか、自分かわいさが反省させているところがある。ああ飲み過ぎたなあと反省するのは胃が痛いからです。反省を成り立たせるものの中に我が入っている。もちろん我がなければ反省もしないわけですから、我が入って初めてできる。そこが人間の問題で、我がなければいいというものではないが、自我を持って生きている人間であるが、その自我に苦しんでいる。いきなり、自分の上に無我が成り立ったといったら、やはりそれは不健康だと思います。人間の上には我がなくてはならないのです。我があることが罪を作り、自分も苦しめ、人も傷つける。我があってよいわけはないが、かといって我はなくてはならない。

我というものはないんだといわれればないのですが、ないものに執着して、くっついて生きているのが人間存在です。そういう構造で生きているのにもかかわらず、我をなくそうという努力ではなく、本当の本願力に包まれているいのちとして、全体を包んでいる本願力の用きを信頼するときに、本願力自身が我を持って生きている全体を、煩悩の凡夫のいのちをそのまま仏法の場所にする。「聞其名号　信心歓喜」といいますが、信心歓喜の立場は無我だというわけにはいかないが、単に我執の立場ではない。しかし、我がなくなった立場でもない。凡夫であるということは我執の存在だということですが、我執のいのちを生きながら無我のいのちを証明する、そういう意味を持ってくる。

自然という言葉は本願が自ずからしからしめるという。自分からそう成ろうとするのではなく、本願力自身が自ずから用くいのちに成るということです。方向として十一願が、等正覚あるいは正定聚という位を凡夫に開く。矛盾したいのちの中に、有限ないのちの中に、何処かで無限を証明していく。何処かで無限を生きている、そういう身にする。窮屈ないのち、限られたいのちには相違ないが、どこかに窮屈を、有限を突破したところを、射程に持っている。そういうことが十一願によって与えられてくる。

十一願成就の文の言葉でいうと、浄土には邪定聚、不定聚はない。浄土に生まれれば正定聚だと。つまり如来の世界ですから、如来の本願の世界に生まれたならば、本願力が用いている限りにおいて、曲がっていくわけにはいかない。曲がることができなくなってしまう。強烈な磁石の中に入れば、全部磁力の働きによって浮かされるように、如来の本願力の用きの中に入れば邪定聚、不定聚はない。自分から間違ってみようがない。『如来会』にはそのことを「もし邪定聚および不定聚は、かの因を建立せることを了知することあたはざるがゆえなり、と」（聖典二八一頁）、邪定聚および不定聚はかの因を建立することを知らない。「不能了知　建立彼因」といわれ、この言葉を親鸞聖人は非常に大事にされます。かの因を建立する、かの因というのは、無上菩提を究竟し涅槃の処に至らしめんとあるのですから、無上菩提、涅槃といってもいい。涅槃の因を建立する。因を建立することを知らない。果を知らないというのではなく因を建立する。因を建立することを知るのが正定聚である。何が因であるかがはっきりしないのが邪定聚および不定聚である。こう押さえられている。

無上菩提とか涅槃とかいわれる仏教の究極の課題の因果を得ようとするが、果を生み出してくる因をはっきりすればいい。その因を知らない。それが邪定聚および不定聚です。浄土にも生まれた存在および生まれようとする存在もこの因をはっきりすれば、それは正定聚だ。徹底して浄土は如来の本願力の世界である。本願力の世界の因も本願力が用くのだと。こういうことをはっきりとさせたのが親鸞聖人です。そこに回向ということを押さえてきて、往相の回向も、還相の回向も如来の回向であると。如来の回向において私の上に仏法が成り立つ。それが自然法爾《じねんほうに》です。信心一つをはっきりさせる。本当に如来を信ずる、その一点をはっきりさせれば本願が用いてくる。こういう意味で十一願の課題は正定聚を衆生に与えようとすることだ。浄土を開いて正定聚を与えよう。そういう意味をはっきりすれば、浄土に生まれようとする者にも正定聚が与えられてくる。

先ほどの『一念多念文意』では「生彼国者」、「彼の国に生まれんとする者」と親鸞聖人は読んでおられる。そこに曽我先生は非常に力を入れられて、「者」という字を「彼の国に生まるれば」という仮定の助詞として読まずに、「者」として読む、実字として読むことを盛んに強調しておられました。どうしてここで実字として読むことを強調するのか。特に「証巻」に引用された親鸞聖人の願成就の文の読み方からすれば「かの国に生まるれば」とも読んでおられる。「生まるる者は」とだけ読んでいるのではなく、「生まるれば」とも読んでいる。だから実字として読むことに、そんなにこだわる必要はないと思います。それは『如来会』の方から「彼の国の衆生、もしは当に生まれん者」という言葉があるので、実字として読むことを強調する。単に仮定ではない。人間がある。「者」という「生彼国者」というのは「生まるれば」という仮定をいっているのではない。生まれんとする者と存在がはっきりするというので実字として読め、と盛んに強調されているのですが、どうもその点については、私はここであまりそこを強調する必要はないのではないかという疑念を持って読んでおりました。

親鸞聖人が何処を強調しておられるか。例えば、『浄土論註』の妙声功徳の文ですと、「剋念して願ぜんものと、また往生を得るものとは」（聖典二八一頁）と、「者」という言葉を必ずつけている。そこに人間存在ということを押さえているといわれるが、「生まるれば」というのは何故いけないのかという思いがありました。真宗の立場で読む場合には、実字として読むという宗学上の強調点があるようです。

特にこの親鸞聖人の「証巻」の読み方からすると、「何故、聖典はこれを「生まるれば」と読むのか、「生まるる者は」と何故読まないのか」という質問があったのですが、「証巻」の加点に「生まるれば」と振ってありますので、「生まるる者は」とは読んでみようがない。親鸞聖人は、後の宗学者が「生まるれば」と読まなければいけないのだというほど固執しておられたわけではないと思います。「生まるれば」と読んでも、「生まるる者は」という意味を持っています。生まれたならばとは、何が生まれるかといえば衆生が生まれるのですから、そんなに強調することはないのではないかと思いました。

本願文の第十一番目にあるその十一願が、浄土を開いて正定聚を与えようとする願いと、正定聚は必至滅度であるという課題を押さえている。それを親鸞聖人は真実証、つまり浄土の真証として、浄土の開く証として、煩悩成就の凡夫が、凡夫であるけれども真実証に触れるのだと。真実証ということを押さえてくるとき、「謹《つつし》んで真実証を顕さば、すなわちこれ利他円満の妙位《みょうい》、無上涅槃の極果《ごっか》なり」（聖典二八〇頁）という二つの言葉で押さえている。利他円満の妙位とは、利他、如来が衆生を利益する利他です。この内容が還相回向の問題となる。無上涅槃の極果、これは十一願の問題です。十一願文の内容として二十二願の内容が包まれてくる。したがって往相回向の文が教・行・信・証と展開してきて「証巻」へ来ますと、曽我先生は面白い喩えを出していて、「だんだん森が深くなっていって、山へ入っていく、こんな深山に来たら、深山幽谷、もう人には会うまいと思ったら、ふと見たら村里に出てしまった」と譬えておられる。一番深みに行ったら、またもとに出てくるのだといわれる。

無上涅槃という課題は一番の静けさ、寂滅といわれる一番の究極の世界である。これは実は一番用く世界、無碍に、自由に、自在に用く世界である。ふつう我々は静と動、静かさと動きとは相反する。静かさの極地は、零下二百何十度です。何も動かないものになる。動くという場合、わあっと動いてしまう。その両極端を考えるのですが、仏法の上では、本当の如来の静けさは煩悩が克服された世界。本当に自由無碍に衆生を済度できる。自利と利他とが矛盾しない。本当に一番の静けさは最大の用きを持つ。こういう言い方になる。だから利他円満と無上涅槃とが一つになる。十一願成就の大涅槃の内容として二十二願が開かれてくる。

このように親鸞聖人は真実証の内容を明らかにする。しかもそれが具体的に我ら凡夫の上にどういう形で触れるのかというと、「しかるに煩悩成就の凡夫、生死罪濁《しょうじざいじょく》の群萌、往相回向の心行《しんぎょう》を獲れば、即《そく》の時に大乗正定聚の数《かず》に入るなり」（聖典二八〇頁）、我々の上においては正定聚の数に入る、正定聚の人となる。正定聚の人とは一人ではない。本願力に乗託した無数の衆生と同じ位に入る。「正定聚に住するがゆえに」といって、そこに必ず滅度に至るから云々と展開してきて、「真如すなわちこれ一如なり。しかれば弥陀如来は如より来生《らいしょう》して、報《ほう》・応《おう》・化《け》種種の身を示し現したもうなり」（聖典二八〇頁）と展開している。

「証巻」というのは本当に分からない。難思議往生だから分からなくてもいいといえば、それっきりなのですが、それにしても、親鸞聖人は「証巻」をこのように述べて明らかにしようとされた。念仏往生が、無上大涅槃を孕んでいる、無上仏道、確かに仏法なのだ。

これは、例えば明恵上人や、解脱房貞慶《じょうけい》（一一五五～一二一三）から、仏法ではない、あれは邪道だ、邪教だと論難された。それに対して、釈尊の願い、阿弥陀の本願の本当の意味が、生死罪濁の群萌の上に仏法を開く。正定聚を得るという菩薩道が教えてきた課題を成就して、無上涅槃を展開する。あるいは仏法が究極の概念として教えてきた課題を、凡夫の上に、生死罪濁の群萌の上に開く。それこそが真実証だ、本当の仏法の覚りだと積極的に押えてくる。その内容が実は浄土の課題である。

十一願文は、親鸞聖人においては真実証の内容として確認されてあって、一方には往生という問題があり、一方には浄土という問題があり、一方には無上仏道という問題があって、いろいろの問題を孕んでいる。十一願を押さえることによって、浄土教が持っている意味、浄土を開いて、衆生の上に本当の意味で仏法を成就するという課題が、ここに明示された。

正定聚ということが、具体的に我々の上に与える決断としては、『歎異抄』第一条に「本願を信ぜんには、他の善も要にあらず、念仏にまさるべき善なきがゆえに。悪をもおそるべからず、弥陀の本願をさまたぐるほどの悪なきがゆえにと云云」（聖典六二六頁）とあるように、人間の価値に振り回され、人間の倫理観に振り回される迷いの衆生の中に、本願の力、本願の功徳が教える最高善あるいは最高の方向性がある。それに託するなら人間の上での相対的な苦悩、迷いを超えていける。善悪の迷いに対して念仏に勝るべき善はないのだ。あるいはどれだけ罪があっても本願をさまたげるほどの悪はないという信頼。これが正定聚の内容だ、曽我先生はそういうふうに教えてくださっています。非常に具体的に我らの苦悩、私どもの分別の迷い、日夜に苦しめられてくる相対的な判断の迷いを超える。

正定聚に立つということはどういう意味を持っているかというと、最高の根拠を持つ、最高の拠りどころを持つ、最高の拠りどころを持つことによって、私どもの自我の関心を孕んだ、人間の社会的、歴史的な積み重ねが持ってきた価値判断の基準の揺れ、こういうものを突破して、いつも還る場所を持つ。広い意味でいえば人間として生きていく拠りどころ、拠点。浄土がそういう意味を持っている。このごろ、トポスとか、場所ということが盛んにいわれますが、場所というのは、単に私どもを取り巻く環境という意味ではなく、私どもの生活主体を何の上に成り立たせるかという立場の問題でもある。

十一願を開いて定聚を与えるということは、自我を根拠にするものでもなく、煩悩を根拠にするのでもなく、理想を根拠にするのでもなく、単に人間の感情を根拠にするのでもない。本願力を、大悲の本願を根拠にする。これが大きな意味で人間を成り立たせる場所という意味を持つ。親鸞聖人の言葉でいえば、本願の仏地、仏の大地、本願が仏の大地となって、我々の生活の根拠となる。これが正定聚ということを与えてくる。私どもにとって現生の救いになる。そういう拠点を持つと、私どもの迷い、苦悩は、なくなるわけではないが、それに還れば克服されていく。相対的な迷い、相対的な苦悩が、それに還ることによって不思議にも乗り越えられていく。これが宗教生活を成り立たせるのではないかと思います。

浄土は単に人間が描いた空間という意味ではなく、正定聚の信念を与える場所、場所といっても空間的場所という意味ではなく、主体の拠りどころになるような場所という意味を持つ。これを持てばよい。これを私どもがはっきりと人生の中に持てばよい。十一願の課題は十二願以降を展開しておりますので、次第に内容がつけられていくかと思いますが、非常に大事な問題が、この十一願で出されたということです。

仏法の機に成る

ふつうは十一願を正定聚の願と名づけるのですが、親鸞聖人は本願の内容を、十一願は必至滅度の願であるといわれる。『顕浄土真実教行証文類』（『教行信証』）においては、「証巻」、つまり真実証を明らかにする巻に取り上げられている。その「証巻」の標挙の文では、「必至滅度の願　難思議往生」（聖典二七九頁）と押さえられる。「証巻」は何を明らかにするかといえば、必至滅度の願、難思議往生である。それでは十一願文にある正定聚という課題はどうなったのか。正定聚という課題は本当の意味で信心を明らかにすれば、信楽を獲得すれば、「如来選択の願心より発起《ほつき》す」というが、如来選択の願心において、正定聚の機は信心において開かれる。信心の利益として与えられるという意味で、真実信を明らかにする「信巻」の標挙の文に「正定聚の機」と置いている。だから十一願に出てくる定聚という言葉は、信において問われるべき問題である。本当に仏法の機に成る、本当に仏道に立つという決断を持った存在になる。これは信心の問題である。

機というのは、用きとか、機能とか、非常に大事な概念、機会という意味も持ちますが、仏法の機というのは、仏法が本当に現実に人間の上に用いて、人間を仏法に立ち上がる存在にする。人間存在の中に仏法を求める心が起こり、仏法に触れて、仏法に感動して、仏法に立ち上がる用きを持った存在を機という。正定聚の機だけでなく、邪定聚、不定聚も機といいますが、邪定聚にしろ、不定聚にしろ何処かに可能性がある。迷ったり、苦しんだりしているからには、何処かに正しい道に気がつく可能性がある。そういう意味で邪定聚の機、不定聚の機と、機の一貫した展開として親鸞聖人は押さえられる。

十一願の問題は無為法身《むいほっしん》という、時間を超えた、用きを超えた在り方、それを一如といい、法性という。一如というのは捉えてみようがないので、本当は一如と表現した場合は一如でない。表現された限りの一如であって、一如そのものではない。矛盾していますが、「離言の法性」といわれ、言葉を離れた法性なのだと。

法性というのは言葉になっているのですが、仏教は言葉を使いながら、言葉で理解してという形では触れることができないことを言い当てている。ふつうは言葉で何かを表現すれば、表現された内容を聞いたものは、その言葉を通して言い当てていることがすぐに理解できるのが言葉の用きです。その場合は言葉が対象を指向している。机、本のように人間の意識の対象になるものを言葉が言い当てれば、言い当てた言葉を聞いた者がまたその対象を思い起こすことができる。けれども言葉には限界がある。いったん意識になるものを言葉として表現する。けれども仏法の極限概念としての一如とか、法性という言葉でいおうとするそれ自身は、分別している意識、何かを考えたり、見たり、聞いたりして体験する内容、その体験内容を語っているのではない。体験している事実そのものを何処かでひっくり返す。体験したり、経験していると思っていることが実は本当の体験あるいは経験になっていない。

本当の体験というのも一つの言葉ですが、私どもに成り立っている経験の構造は、私どもが無始以来迷ってきた迷いの意識構造によって初めて経験が成り立つ。平易な言葉でいえば独断と偏見を通してしか経験は成り立たない。私どもの経験は非常に独断と偏見が甚だしい。なかなか純粋に経験することができない。例えば利き酒ということがあります。パッと口に含んで、プッと吐き出し、これは何処の酒だと。ふつうよりは優れた感覚を持っている人でも、はじめに何処何処の酒だよ、といわれて飲んだら、まずそれが間違っているかどうかを決めるのは難しいそうです。全然違っていれば分かるでしょうが、似たようなものの中では難しい。

我々は独断と偏見で生活している。その意味で独断と偏見というところまではよく分かるのですが、お釈迦さまはもっと根源的に、本当の体験は覚りという純粋な在り方でなければ体験できないと教えられた。それを遮《さえぎ》っているのは自分自身の意識の構造の中にある執着の心、迷いを成り立たせている無明の心です。それを破った智慧、そういう状態で本当に生きていることが一如であり法性である。だから迷った意識でいくら考えても分かるはずがない。迷っている人間を目覚めさせるべく如来が言葉で語りかけざるを得ない。そういう意味の限界概念ですから、それを「証巻」では人間の極地として語りかける。その極地を求めて得ることはできないかもしれないが、求めずして信心において確保できる。正定聚に住すれば滅度は求める必要はない。

十一願の中には人間が仏法の機を確保するという課題が説かれているのですが、その課題は実は十八願が深めてくる。本願の次第としてはそういう展開になる。十一願自身の大きな問題は定聚に住すというよりは滅度に至らしめる。定聚に住するということは滅度に至る内容であり、別のことではないのですが、どちらが大事な問題かというときには「必至滅度」の方を親鸞聖人は押さえられる。

この十一願によって「信巻」には、「無上妙果の成じ難きにあらず、真実の信楽実に得ること難し」、無上妙果、これは「証」です。無上妙果の成じ難きにあらず。ふつうは無上妙果は難しい。無上妙果はとても人間では得られないというのですが、逆に無上妙果の成じ難きにあらず、真実の信楽実に得ること難し。何故なら本願力が用くからである。本願力が用くから、無上妙果は本願力が誓って開くものである。けれども、真実の信楽実に得ること難し。真実の信心という課題は我々が本当に本願を信受するという課題だから、本願の用きであると同時に私どもに開けるという機縁《きえん》の問題、時機《じき》純熟《じゅんじゅく》の問題として、これは実に得ることは難い。本当に得るということとは滅多にできないことです。

第7章　光明無量の願［第十二〜第十六願］

第十一願の展開

✣第十二願　光明無量の願、第十三願　寿命無量の願

たとい我《われ》、仏を得んに、光明能《よ》く限量《げんりょう》ありて、下《しも》、百千億那由他《なゆた》の諸仏の国を照さざるに至らば、正覚を取らじ。

たとい我《われ》、仏を得んに、寿命能《よ》く限量《げんりょう》ありて、下《しも》、百千億那由他《なゆた》の劫《こう》に至らば、正覚を取らじ。（聖典一七頁・註釈版一七頁）

第十一願によって浄土が説かれる意味が本当に明らかになってくると同時に、今度はこの十一願の必至滅度ということを内容とする仏法の道を、より具体的に展開しなければならない。それが第十二願以降の展開になっている。正依の『無量寿経』は上巻と下巻に分かれている。上巻と下巻の特徴について、親鸞聖人は新羅の憬興の

『無量寿経述文賛』に出ている解釈を大事にされ、上巻は如来浄土の因果を説く、下巻は衆生往生の因果を説くという。単に分量的に半分に分けたというのではなく、上巻と下巻では課題が違う。上巻は如来が本願の国土を建立して、このような国にしようという如来浄土の因果を説く。下巻はその如来の国にいかにして衆生を包むかという衆生往生の因果を説く。このように『述文賛』で憬興師が書いている。

下巻は人間が浄土にどう関係するかという課題である。最初に、「それ衆生ありてかの国に生ずれば、みなことごとく正定《しょうじょう》の聚《じゅ》に住す。所以《ゆえ》は何《いか》ん。かの仏国の中には、もろもろの邪聚および不定聚なければなり」（聖典四四頁）という言葉から下巻が始まっている。続いて「十方恒沙の諸仏如来、みな共に無量寿仏の威神功徳の不可思議なるを讃嘆したまう。あらゆる衆生、その名号を聞きて、信心歓喜せんこと、乃至一念せん。心を至し回向したまえり。かの国に生まれんと願ずれば、すなわち往生を得て不退転に住す。唯《ただ》五逆と誹謗《ひほう》正法とを除く」（聖典四四頁）。これは十七願と十八願の成就の文といわれている。ところが本願の文では十一願の次に、十二願、十三願が出ている。第十二願は、「たとい我、仏を得んに、光明能く限量ありて、下《しも》、百千億那由他《なゆた》の諸仏の国を照さざるに至らば、正覚を取らじ」、つまり光に限りがあるなら限りのない光になろう、限りのあるような仏であるなら自分は正覚を取らない。こう誓っているのが十二願。十三願は、「たとい我、仏を得んに、寿命能く限量ありて、下《しも》、百千億那由他《なゆた》の劫《こう》に至らば、正覚を取らじ」とある。

十二願と十三願とを読むと、なにかぴったりしないとはじめ思いました。片方は「照さざるに至らば、正覚を取らじ」、もう一方は「那由他の劫に至らば、正覚を取らじ」とあって、片方は有限で、片方は無限みたいに見えると思っていた。片方はあらゆる世界を照らさないならば、自分は正覚を取らない。一方は寿命に限りがあって、百千億那由他の劫に至るならば、正覚を取らない。だから限りがなくなりたい。百千億那由他は、十二願の場合は、無限の国、無限のものすごくたくさんの国を照らさないならば正覚を取らないと誓って、十三願の場合は、どうも無限まで行っていない数と読まれる。そこに矛盾がある。片方は無限に、片方は有限に至るというのは変ではないかと思って、学生のころ先生に質問したことがあります。それは翻訳がどうしてそうなったか分からないが、とにかく両方とも無限なんだと説明されて、どうかな、と思った。そんな疑問を持った人はあまりいないらしく、素直にどっちも無限なのだと、こう聞いてきたようです。

光明も限量がなくなりたい、寿命も限量がなくなりたい。つまり照らさないような国があってはならない。寿命の場合は自分が生きて用《はたら》かないような世代、そういう時代があってはならない。時間と空間とを通して無限でありたい。いつでも何処でも誰でも必ず照らし続けようという願いが、十二願・十三願に出ている。十二願と十三願と十七願、この三つの願は他の願と比べて特徴がある。それは三十一願、三十二願も（この二願は国土の願といわれます）少し特徴があるのですが、その他の願は全部人間存在に関わる。つまり国中人天とか、国中菩薩とか、他方仏国の菩薩とかです。衆生に関わる。けれども、十二願・十三願は衆生ということが直接入っていない。十七願は諸仏が出てきて衆生ではない。

善導の『観無量寿経』解釈

昔から『無量寿経』を解釈した方、特に浄影寺慧遠《えおん》が、本願の解釈で、十二願・十三願・十七願は摂法身の願である。如来が法身自身を成就する。法蔵菩薩が法身、自分自身を成就する。そういう願であると解釈される。その後、『述文賛』をはじめ、だいたいそういう理解をしている。仏自身を成就せんとする願だと。親鸞聖人もこうした理解を参考になさっただろうと思います。

しかし、親鸞聖人は浄土ということを考えるについて特徴がある。それは本願の中に、三十一願・三十二願に、浄土はこういう形を持ちたいという具体的な願がある。あるいは二十八願、道場樹の願において、浄土を国土としてこういう国にしたい、その国の内容として環境を語る。それに対して摂法身といわれる場合には、仏自身を誓う願という。仏を誓う願と国土を誓う願とが一応別になっている。ところが親鸞聖人はこの十二願・十三願をもって真仏土《しんぶつど》の願とする。「真仏土巻」というのが、『教行信証』六巻中の第五巻に在るのですが、真の仏土、厳密にいえば真の仏身《ぶっしん》と真の仏土《ぶつど》。仏身仏土の願、これが『教行信証』第五巻になっている。

仏身仏土の巻を開くについて親鸞聖人は、この十二願と十三願を引用しておられる。これも非常に特徴的で、こういう理解をした学者は、それ以前にもそれ以後にもまずない。それは一つには、親鸞聖人は、浄土ということをどのようにいただいていくかという場合、それまでの歴史では、仏教の主流の聖道門の考え方としては、『維摩経』に語ってあるような心が浄土を作ると。つまり我々が穢土を感じるのは我々の心が汚いからだ。我々の心がきれいになれば世界はきれいになる。「随其心浄　即仏土浄」という『維摩経』の言葉がある。「その心の浄きに従って、国土浄し」と。だから我々は修行して心を浄めさえすれば、世界はきれいになる。こういうのが浄土だと。主流の考えとしてはそうです。

それに近い考えが浄土教の中にも入っていて、『観無量寿経』が説いております浄土は、心を澄ませて浄土を観《み》ていく。修行して浄土を観ていく。本当に浄土が見えるようになるためには、こちらの心が本当に澄んでいかなければいけない。こちらの心が濁っていて浄土が観えるはずがない。だから心を統一し、清浄潔白にして、浄土を観ていく。いわゆる観察です。浄土を観察する修行をして浄土を観ていく。こういうのが浄土教の中にも入ってきて主流をなしていた。

それに対して善導大師が、『無量寿経』を読めば、『無量寿経』が語ろうとする浄土は、人間が心を浄くして観るような浄土をいっているのではない。浄土はもともと如来の世界だ。如来の世界は衆生の世界とは異質の世界、人間がいくら求めても本当は触れることのできない世界である。しかし如来は大悲の如来なるがゆえに、苦悩の衆生に本当の我が世界、如来の世界を与えたい。そのために本願が立ち上がる。人間が心を浄くして観る世界なら、如来が本願を建立する必要はない。人間の努力に任せておけばいい。そうではなく、人間が努力しても行くことのできないその世界を、如来の側から浄土を建立して衆生に呼びかけようとする。そこに本願という契機がある。だから本願の浄土は、人間が努力して、心を澄ませて観る世界とは違う。

こういうことを明らかにされたのが善導大師です。そこで善導大師は『観無量寿経』の解釈をひっくり返した。今までの偉い学者方が観る『観無量寿経』は、どうしても人間の努力で観ていく世界。そうではない。『観無量寿経』は一応はそのように書いてあるが『大無量寿経』に照らして観れば、『観無量寿経』の意図はそんなところにはない。だから善導大師は隠顕《おんけん》ということをおっしゃる。表に現れている経典の言葉、その陰に隠れた意図、本当はこれに触れて欲しいという如来の意図がある。ただ人間は自力執心が深く、自分が努力すればなんとかなるだろう、自分の心をきれいにすれば如来は救ってくださるだろうと、自我中心のままの、自己正当化の心で如来の世界を要求する。こういう要求に一応訴えながら、本願の世界に本当に目覚めさせる。これが『観無量寿経』の仕事であると、今までの『観無量寿経』の解釈を一変する、古今楷定《ここんかいじょう》といわれる解釈が出された。

善導大師の理解に忠実に、その意図を受け継ぎながら浄土を観ていくと、どうなるか。これは親鸞聖人が苦労なさったところです。本願の浄土を、どのように明らかにすべきか。親鸞聖人が五年間の流罪の後に赦免されて、僧籍に戻ってよいという許可が下りたときに、自分は僧籍には戻らない、結婚もしているし、「僧《そう》にあらず俗《ぞく》にあらず」（「化身土巻」末・聖典三九八頁）と決断して、愚禿釈《ぐとくしゃく》と名告った。その愚禿釈親鸞と名告ったときの、この親鸞という言葉の背景には、天親、曇鸞の『浄土論』『浄土論註』との格闘があったのだと思います。

『浄土論』『浄土論註』は正に浄土を明らかにしている古典である。その国土の光の用きと、国の主である阿弥陀如来自身の用きとは、阿弥陀が国土自身の用きとなって衆生を救けようという表現となっていて、主とその国土とは切り離せない。曇鸞大師の解釈もそうである。それをくぐって親鸞聖人は、真仏・真土ということを明らかにするについて、この十二願・十三願は、そのまま成就したときには、光が無量でありたい、無量光という名前を持った如来、あるいは無量寿仏という名前を持った如来である。無辺光、遍く照さざる処はない無辺光仏・無碍光仏・無対光仏、光の用きが無限でありたいということを名としている如来、同時にまた無量寿仏という名を持った如来である。

この二つは別ではない。一つの用きが二つの名を持っても二仏ではない。一仏がいろいろな御名を持つ。しかしその御名《みな》と国土、いろいろの荘《しょうごん》厳が語られている。七宝荘厳とか、道場樹とか、人間がそこで修行するのに都合がよいような荘厳が語られてある。しかし親鸞聖人は浄土の中に人間を呼びかけて、人間を誘引する意味を持った広い意味の方便という意味を持った荘厳があり、それに対して、本当に如来の本願が開いている国土、そこに混ぜこぜにしてはいけない問題があると気づかれた。明確にそのことを自覚されたのは親鸞聖人だけでしょう。先立っては源信僧都がおられるし、胎生《たいしょう》、化生《けしょう》ということは『無量寿経』にある。浄土の中に化生があることはちゃんと出ているが、そのことを信仰の重要な課題として取り上げて分析されたのは親鸞聖人です。その眼から見ると「真仏土」、それに対しては、「化身土」「化身仏土」「方便化身土」といわれる。つまり人間の考えに呼びかけんがために、ことさらに、人間の要求に応じて形を表す国土と、本当に如来の本願に触れた場合にいただくことのできる国土との差がある。そこに真仮をいう。そういう視点から、仏身を誓う願いと仏土を誓う願とは同じ願である。十二願・十三願によって、仏身としての無量光仏と仏土としての無量光明土とが開かれてくる。因願においては十二願・十三願、これが仏身仏土を開いてくると了解された。これが親鸞聖人の浄土の理解が独創的なところである。

『無量寿経』の本願をこのように読んだ方はほかにいません。仏身は仏身、仏土は仏土、因願についても、果についてもそう見ている。真仏土と化身土とを明晰に分けない。そこに親鸞聖人は本当に触れていくべく、真の仏土という課題を、十二願・十三願を頼りにしながら尋ねられた。真仏土といわれると、「真仏土巻」は我々が読んでもいったい仏土なのか、何なのかよく分からない。無量寿仏、無量光仏、そのどちらが用くかといえば、光の用きである。光が本当に用いていのちになる。だから無量寿仏は無量光仏のむしろ内面である。用きは闇を晴らす光となって我々に用く、本当に用けばそれがいのちとなる。そういう意味で光の内容が「真仏土巻」で吟味されている。

身土不二《しんどふに》ということがいわれます。私どもにとって環境と主体とは分けられない。環境を感ずるのが主体である。主体だけがまずあって環境が外にあるのではない。我々は主体を感ずるところには同時に環境がある。環境と主体とは一応内面と外面ということがあるけれども、事実としては分けられない。

唯識《ゆいしき》では、自分を意識する内容は身体と環境と、人間の生活をしてきた過去の経験の蓄積によって与えられているこれらの経験の可能性、つまり無始以来の薫習《くんじゅう》によってそれを種子としている、可能性としている主体を阿頼耶識《あらやしき》が感ずる、と説明している。真の主体は、主体が自分を感じるときには内に身体を感じ外には環境を感じるのであって、環境と別に身体だけを感ずるということはない。我々が身体を感ずるということは、身体を通して環境を感じている。環境のない身体だけを感ずることはない。一応切り離せば内と外はあるが、外の色にしろ温度にしろ、あるいは音にしろ、実は内に感じているものである。感ずる機根が外を感じているのであって、外に何も感じないで機根が用いているという自覚は成り立たない。外と内とは一体である。環境と主体とがデリケートに作用し合いながら切り離せない。だから環境が悪くなると身体も悪くなる。環境と身体とが無関係ならば環境がどんなに変わろうと、主体は自分勝手に知らん振りをしていられるが、汚い空気の中に来れば身体はくたびれる。それはいのちが、つまり主体と環境が呼応しているからです。

我々はどこかに内に主体があり外に外界があって、自我が外の環境を勝手に取ってくると思っている。そういう認識の誤りがある。私どもの自我意識、大前提になっている常識は、内には自我があり外には実体があると考える。そういう考え方の成り立つ基盤は、内と外を同時に感覚するような基本主体としての阿頼耶識があって、それが内には身体を感じ外には環境を感じる。だから根本主体に帰せば、内も外も一体である。

哲学の用語に純粋経験とか、直接経験という言葉がありますが、直接経験においては内も外もない。例えばきれいな景色を見たときには、あるのは景色のみであって、自分がいて景色があって、それを取って頷くというのは、後から考えた話です。分析以前の、直接経験を、我々は何処かで忘れてしまう。分析が長い間牛耳って、忘れてしまっている。浄土といわれる如来の願心の世界は、自我があって、浄土があってということではない。如来の本願が一応国土を開いて、如来の主である阿弥陀が国土の主となって、国土をもって衆生を摂取する。それは人間が身体と環境とを分けて生きている、そういう感覚に応じて如来の本願が分位する。表現を分位するということで、阿弥陀自身が何処かにあるということではない、阿弥陀自身がむしろ国土になって、大地となって、衆生に呼びかけ、用くのである。

『浄土論』では「観仏本願力　遇無空過者　能令速満足　功徳大宝海」（聖典一三七頁）と、如来自身を語る最後に、「仏の本願力を観ずるに、遇うて空しく過ぎる者はなし」という荘厳が置かれている。如来自身とは何か、出遇って空しく過ぎないということを衆生に与える用きである。天親菩薩が語る、阿弥陀如来の姿とは、不虚作住持功徳にある。空しく過ぎない。一切の生活経験が無駄ではないということを自覚させる用きこそ阿弥陀如来だ。曇鸞大師はその不虚作住持功徳を中心にして『浄土論』を読み直している。不虚作住持功徳こそ本願の用きである。本願が呼びかける用きである。それが阿弥陀の用きである。それを受けて親鸞聖人は、「真仏土巻」、仏身仏土を語られる巻の中に、この不虚作住持功徳を置くわけです。

如来の悲願が用く

十一願が必至滅度を誓った。その必至滅度の滅度の内容は、主体でも、環境でも、状態でもない。滅度とは無為法身といわれるように、作ったり作られたりするものではない。そういう世界を浄土教は、阿弥陀如来がそこから立ち上がって、「阿弥陀如来は如より来生《らいしょう》して、報《ほう》・応《おう》・化《け》種種の身を示し現したまうなり」（聖典二八〇頁）、つまり衆生に呼びかけんがために、報身《ほうじん》ともなり、法身《ほっしん》ともなり、化身《けしん》ともなって用く。本願とは報身である。因果の形をとる。因願果徳という。因果の次第をとって衆生に呼びかける。そこに報身、阿弥陀如来は報身であると定義されている。法身ではない。報身とは、因の願が修行を通して果となる。その果となった姿が報身である。つまり報《むく》いた身、我々の身は業報《ごうほう》に報いた身、過去の身、苦楽の身、善悪業に報いて、私どもの生活の経験の蓄積が今の私になっている。それに対して阿弥陀如来は本願が修行に報いて阿弥陀如来となっている。

十一願は、人間の側からは超越世界、あるいは人間を突破した、我々からでは捉えることのできない究極体験、如来の体験の世界、そういう世界に至らしめようという願である。いわば滅度の側から立ち上がって、「従如来生」する、「弥陀如来は如より来生して」という表現です。「如来如去」するといわれるのですが、私どもの時間の意識経験の内容ではない。相対的な意識を超えた本来の経験、本当のいのちになった在り方それ自身ですから、時間を超えている。そこから来るというのは、本当はそこに来るも来ないもない世界。そこから来るというのは非常に比喩的な表現であって、来るとか来ないとかいう世界自体は如ではない。我々の生滅の世界ですから。ところが人間のものの考え方は、どうしてもパターンがあって、動く世界と動かない世界があった場合でも、動かない世界から動く世界へ出て来るという、そういうものの考え方がある。

華厳教学とか、あるいは中国で作られたと考えられている馬鳴《めみょう》菩薩作といわれる『大乗《だいじょう》起信論《きしんろん》』などは、代表的な、一如が迷いの世界に出て来るという表現をとります。真如《しんにょ》が生滅の世界へ出て来る。こういうと我々は、真如という状態がのこのこと迷いの世界に出て来る。隠居したお爺さんが出て来るように真如がのこのこと出て来るといえば、私どもは何となくイメージとして分かる。如来さまが一如から出て来る。しかし概念として厳密に押さえていくと、如というのは、本当は出て来たり出て来なかったりするようなことが寂滅した世界です。出て来る限りはいまだ如ではない。表現として如が出て来るという表現をとる。

お釈迦さまが覚りを開かれて、自分の生まれた意味があった。この苦悩を超えた智慧に触れたということは、苦悩してきた甲斐があったと。覚りに触れて人間の迷いの根源を摑まえた。人間の苦しんでいる一番の根源は我執にあった。我執というものは迷妄だった、間違いだったと目が覚めた。それが一如に触れたということです。

その触れた一如を喜んで自分が生まれた意義があったと。寂滅、そのいのちを終わっていってもよいというところまで行ったときに、それで終わってはならない、という声が聞こえてきた。梵天《ぼんてん》の勧請《かんじょう》といわれますが、インドの神々が釈尊を励まして、そのことをなんとか人間の世界に伝えようという説法の使命を呼びかけた。そして転法輪《てんぼうりん》に立ち上がった。転法輪に立ち上がっていくとは、言葉の世界へいま一度出て行く。言葉を超えた覚りの寂滅の世界に触れて、もう一度迷いの世界に還って、迷っている衆生に迷いの根を破る道を伝えようと、こういう意味でお釈迦さまが如来になった。そういう人間が立ち上がったことが一つのきっかけになって、如から来る、如来といわれるのですが、本当は如自身は動かない。如に触れた人が如をなんとか迷いの世界に語りかけようとして、言葉の世界に出て来るのであって、如自身は出て来ない。象徴的表現という意味を持っている。

親鸞聖人も「阿弥陀如来は如より来生《らいしょう》して、報《ほう》、応《おう》、化《け》種種の身を現したまうなり」といわれる。本願が何処から起こっているか。本願は法蔵菩薩が如から形を現したと親鸞聖人は書いているが、迷いの世界から覚りの世界へというのは、一如から、つまり根源的な迷いを晴らした立場から、いかにして衆生に語りかけ、いかにして衆生に苦悩を超える道を教えるか、そのために闇の中に入って、衆生の苦悩の中に入って歩み続けようという願いが本願である。本願は因から果へというが、その因は、我々の苦しいから救かりたいという意味の、苦しんでいるのが因で、救かるのが果だという因果ではない。如来の因ははじめは一如だということは、果から出発している。果から出発して因へと。だから法蔵菩薩が阿弥陀如来だというが、法蔵菩薩そのものはむしろ闇に足を置いて、何処までも衆生を照らさずんば止まんという願いが、法蔵願心の本質である。

本願は、一如から出発して一如に衆生を還さんがための用きである。如は動かない。本当は如は動かない。如というのは寂滅といわれ、涅槃ともいわれる。だけど動かないものが、実はそれが衆生が救かる究極概念ですから、そこに導かんとする大悲が、至らしめんとする願いが、如を大地として立ち上がり、如に還していく。その場合には十一願が、衆生の側からすれば彼岸であるような、超えることのできない彼岸の世界へ必ず行かしめる願である。十二願・十三願はその彼方の世界を、滅度というのは正にニルバーナですから、煩悩の寂滅した状態といわれる静かな世界、用かない世界を、今度は本願を国土にして本当に用く世界にする。ここに十二願・十三願として立ち上がってくる本願の意味がある。

冷たい死のような静けさではなく、衆生の闇を晴らすべく、光となり、炎となり、熱となり、灼熱の塊となって、衆生の苦悩を燃やし尽くさずんば止まんという願心となって呼びかける。だからいのちは尽きることがない。光も留まることがない。障りとするものなどない。何処までも行く。このような動く願心となって立ち上がったのが十二願・十三願だと思います。寂滅に留まらない。法蔵願心が衆生を摂取せんがために、如来の悲願を本当に衆生に呼びかけんがために、本願と成る。願心が十一願に留まったなら、衆生をして死滅させてしまう。不虚作住持があるように、もう空しく過ぎる者はない。本当にいただいたいのちの尊さと、どんないのちを生きていようと充分の意味が与えられている世界を開こう。我々は一つ一つのいのちを、あれはダメでこっちは有効だと分別する。その分別心の思いが満ちる世界へ行くのではなく、如来の願心は何処までも照らして、そこを浄土にしていこう。きれいな心だけが浄土なのではない。煩悩熾盛の心の底の底まで無関係ではないと用く。こういう世界を作り上げていこうという願いが、必至滅度を受けて十二願・十三願になっている。

親鸞聖人は身土不二の阿弥陀の仏身と阿弥陀の浄土とを、一応果として分位してくる。果になって二つの姿をとってくるのは、衆生が浄土に触れたときに、如来と国土、環境と主体を分けて感じていくからである。身と土を分けて感ずる我々に応じて仏身仏土を開くが、もとは願心である。十二願・十三願ということが、実は仏身仏土の中心である。こういう意図で親鸞聖人は、「真仏土巻」を十二願・十三願に依って開かれたのではないか。

実際は十二願・十三願およびその成就文は、十二光仏、光の御名となって成就したということが中心になって、ほとんど仏身を語っているが、親鸞聖人はその仏身を語っているところに仏土を仰いでおられる。それと別に仏土を見ようとするのは「化身土巻」である。十二願・十三願を「真仏土巻」の願として取り上げられたというところに、独自の了解がある。『教行信証』といっても顕浄土真実であって、浄土を明らかにする、浄土を顕す教えですが、親鸞聖人は「教巻」に「往相の回向について、真実の教行信証あり」(聖典一五二頁)といい、衆生をして浄土に往生せしめる、衆生を往かしめんがために教・行・信・証という次第を開く。なかんずく行信という、名号を信ずる心をもって浄土に生まれて往く、行信を開いている。それが終わったところに「真仏土巻」が開かれてくる。

この「真仏土巻」とそれまでの教・行・信・証とがどういう関係になるのか、これが一つの大きな問題です。『無量寿経』の上巻下巻でいえば、下巻の課題、つまり衆生がいかに浄土に往生して往くかという問題です。単に浄土が作られても我々とは無関係である。我々が本当に浄土に触れていく道、そこに浄土真宗が成り立つ。その触れていく道は教・行・信・証である。触れられるべき浄土および阿弥陀如来、それは「真仏土巻」で明らかにする。『無量寿経』でいえば上巻にあるものが「真仏土巻」である。もちろん上巻には真仏土と化身土と両方含まれています。そして下巻は衆生の上に成就する行・信・証が説かれる。教・行・信・証の表される巻を「回向の巻」といいますが、回向のことが論じられる。衆生往生の課題、我々にとっては、まず如来の回向として、本願力回向としての行信をいただくことが一番重要です。

行信をいただくについて、本当の浄土とは何かという課題、これは本願を本当に信受するについて、本願を憶念する内容として、そして今度は名号を信ずるというわけですから、その名号の内容、これは後で十七願で名号がいわれてきます。名号の内容は十二願・十三願に誓われる無量寿、無量光ということが御名になっているわけです。だからそこに我々が本当に願って止まない浄土は、浄土それ自身として一応明らかにすれば「真仏土巻」でしょうが、「真仏土巻」に明らかにされる浄土は、実はもっと具体的には本願力自身が十七願・十八願となって我々に呼びかけてくる。本願の次第としては、今十一願から十二願・十三願が開かれてくる。寂滅の世界から本当のいのちを回復すべく十二願・十三願が開かれてくる。

西方浄土を観る

『観無量寿経』の説き方は、表には定散といい、定で心を澄ませて浄土を観ていく方法をとっている。十六観といわれますが、はじめの十三観は浄土を観ていく、心を澄ませて浄土を観ていく方法です。「息慮凝心《そくりょぎょうしん》」といわれますが、おもんばかりを止めて心を凝らす。意識を専注して浄土を観ていく方法です。それに対して十三観が終わったところで方向を転じて、お釈迦さまが機類に応じて、九品《くほん》といわれますが、上品《じょうぼん》・中品《ちゅうぼん》・下品《げぼん》という三品《さんぼん》について、上中下生《げしょう》を開いて行の内容をだんだん落としていく。つまり良い行為をもって浄土に往くようにしようということが説かれてくる。善導はこれは散善という。散善は「廃悪修善《はいあくしゅぜん》」。三福九品といわれます。目に見える行為をもって、散善の方はお経を読んだり、そういう行為をして浄土に生まれて往こうとする。定善の方は心を澄ませて見ていく方法ですが、それは十三観で、散善が三観、全部で十六観。これが『観無量寿経』で説かれている。どちらも人間の努力である。心の努力か身体の努力です。これを定散二善という。

『観無量寿経』は表には定散二善が説かれているが、上品上生のところに、「具三心者　必生彼国」（聖典一一二頁）と三心が説かれている。善導大師はここに注目して、息慮凝心や廃悪修善を説いてきたけれども、「一者至誠心《しじょうしん》　二者深心《じんしん》　三者回《え》向発願心《こうほつがんしん》　具三心者　必生彼国」とある三つの心の内容を深く読んで、お釈迦さまの心は、実は定善散善という人間の努力では本当に如来の世界へは行けないことを自覚して、そこに機の深信を押さえてくる。至誠心、深心、回向発願心、特に第二の深心に「無有出離之縁」だといわれて、人間の自覚を、機の自覚を教えて如来の本願を信ぜよというのが『観無量寿経』の隠れた意図、本願の意図だという。

ただ人間は努力してみないとおさまらないから、とにかくしてみよう、観られるものなら観てみようと観させる。ところが心を留めて浄土を観ようとして観ることができない。千が中に一人、万が中に一人も観ることができないといわれて如来の本願を勧める。本当の目的は本願を説くにあると、『観無量寿経』一巻を通して善導大師が力を込めて説く。

聖道門の諸師方は表しか観ていない。顕の義といわれますが、顕には、表に現れた言葉面に引っ張られる。しかしよく読めば、本願が説かれている。単に隠れているだけではない。氷山の一角のように、『観無量寿経』の中に、ひょっと弥陀の本願が出てくる。それをはっきりと押さえれば隠の義である。これは善導大師の言葉ですが、親鸞聖人は、この隠顕《おんけん》という言葉を「化身土巻」に特に取り上げられて、『観無量寿経』を読む場合に重要な問題として扱っています。

この十三願のところで浄土が説かれているのは、単に心の内容を観るのではない。実際に西方に相を立てて本当に西の方に浄土を観よと、止観《しかん》ということがいわれます。単に抽象的に美しい世界を考えよというのではない。西の方、日の沈むのを観よ、日の沈んでいく姿を観ていく中に浄土を観よと実践的に教えます。これは日想観という。また水想観といい、水を観よ、水を見るときには水の中に瑠璃《るり》の姿があるのを観よ。水の面を何処までもじっと観続けよと実際に観させる。抽象的な理観ではない。『観無量寿経』が説かれているのは事観だというのです。凡夫のために説いているのだから聖人の感覚で聞かずに、凡夫として観よと、事観を注意して、相を立てて西の方の相を観よと説いている。そこにとらわれて、一面に浄土教は西方浄土だと。やはり西の方に在るのだとなる。

善導大師は「立相住心なお得ることあたわず」（真聖全第一巻五一九頁）という。立相住心ですらなお成じ難い。相を立てよというのは事観であって、抽象的なことで浄土を説いているのではなく具体的なことを勧めている。にもかかわらず、それすら我々は本当には観られない。定善では救からないから本願が説かれるのだという。そこまで来ないで定散二善に留まって、西の方、死後に救かるという教相が残っています。親鸞聖人は深い意図を汲んで、だから「真仏土巻」では、十二願・十三願が根本願だという。そこには、西方浄土ということは出てこない。だいたい天親菩薩の荘厳にも出てきません。本当に信仰において光に触れる。そこに浄土が開かれてくるのであって、西の方、死んでから往くということは「真仏土巻」からは出てくるはずはない。だから江戸教学はいかに間違っているかが分かります。念仏して死んでから往くのではない。

親鸞聖人のお心はなかなか分からない。親鸞聖人は配慮して方便化身土が説かれる意味を充分に明らかにしておられる。こういうことが説かれるのは、みんな方便のためである。人間には執着があって人間の考え方で得ようとする。そういう思いを破るために教えが説かれてある。本願が説かれてある意味にまで本当に深められている。いきなり本願といっても何のことやら分からない。人間の思いの側から摑まえようとしますから、どうしても摑まらない。そのため、一応人間の努力という形をとって教えながら、その限界を超えて本当に帰依する世界に目覚めるまで歩ましめるところに、如来の方便がある。そういう意味で方便の教えであるといわれる。『観無量寿経』を方便の教えといったのは親鸞聖人だけです。以前の方は方便とおっしゃらず真実だといわれる。ただ善導大師は方便とか真実とかいう言い方ではなく、隠顕という言い方をされた。顕からすると誤解されるけれども、隠を観なければならない。つまり眼光紙背に徹して経典の真意を読み取らなければならないというのが善導大師の教えです。現在の浄土宗も『観無量寿経』中心の宗派です。

善導大師の教えは、表にはやはり『観無量寿経』を解釈しておられますから、その表層を克明に解釈される。こんなものは要らないとおっしゃらずに、『観無量寿経』の表の相を克明に解釈されて、その裏に実は本願がある。弥陀の本願を通せば念仏しかないのだと語ってくる。念仏しかないというところに来るまで、人間はなかなか諦められません。あれもやってみよう、これもやってみようということをくぐって、最後は正定聚だ、念仏一つだということに導いてくるのが『観無量寿経』である。

ところが『観無量寿経』中心になると、『無量寿経』の本願の教えというものが何処かで忘れられてくる。どうしても努力が中心となる。今の浄土宗は完全に観経宗です。観経中心の宗派ですから、何処かに念仏しながら三昧に入って西方浄土を観るということがいわれる。お経にも説かれてあるが、本願に照らせば明らかに方便という意味がある。それが突破できない。浄土真宗も親鸞聖人以降、親鸞聖人まで深められないで、どうしても何処か方便の面が大きな顔をしてのさばってくる。それが江戸教学を通じて長い間あったのではないかと思います。近代教学が異安心、つまり異端だと見られたのは、親鸞聖人の純潔の信心そのものに立とうとして、そのことをいおうとすると、今まで説教してきた、方便の段階で説教してきた立場の本願寺教学というものが危うくなる。それで近代教学は異端だと言い出すわけです。しかし少なくとも親鸞聖人の著作が直接私どもの眼に触れるわけですから、親鸞聖人の教えに照らして私どもの誤りを正していけばよいと思います。

浄土真宗の本尊

十二願・十三願をどういう意味で捉えるかについて、親鸞聖人の見方が、それ以前の学者方の解釈とは違う。親鸞聖人の浄土についての見方が、それまでの浄土教の見方と一線を画すほどの質の違いがある。浄土の質が違うということは、往生についての見方も当然変わってくる。十二願・十三願をどう捉えるかということが、これらの願をどう見るかということだけに留まらないで、浄土教全体の理解に関わる非常に大きな意味を持ってくるように思います。

それまでのこの二願の見方は、阿弥陀如来が自己自身を成就する願ということで、「摂法身の願」とか、「仏身自身を成ずる願」という理解が一般的であった。親鸞聖人は単にそれを仏身に留めないで、「仏身仏土を成就する願」と押さえられた。つまり光明無量・寿命無量という願をもって阿弥陀如来自身を成就すると同時に、阿弥陀如来の浄土も成就する。仏身のほかにもう一つ、仏身が生きるような世界をもう一つ作るというのが、ふつうの仏と浄土の考え方ですが、親鸞聖人は真の仏身と仏土（真仏土）を、十二願・十三願によって成就すると押さえられたということは、画期的な意味を持っている。

十二願は「光明無量の願」といわれ、十三願は「寿命無量の願」といわれる。仏というと、光明無量の仏、無量光、無辺光、無碍光等の十二のお名前で、『大無量寿経』が十二願成就ということを表している。その仏に対して「土はまた無量光明土なり」（聖典三〇〇頁）と「真仏土巻」のはじめに押さえられてきます。

無量寿仏あるいは無碍光如来、阿弥陀という名前について、親鸞聖人も晩年に、本尊《ほんぞん》（名号本尊といわれる）をお書きになった。ふつうは本尊といえば木造か、絵像ですが、親鸞聖人は名号を、「南無阿弥陀仏」「帰命尽十《きみようじんじっ》方無《ぽうむ》碍《げ》光如来《こうにょらい》」あるいは「南無不可思議光如来」とお書きになって、その上下に讃を加えておられる。ふつう本尊というと仏さまを書くわけですが、親鸞聖人は一応人間に対して対面する仏さまのお姿を名号として仰いで、単に対象的なお名前ではないという意味を表さんと、『浄土論』『浄土論註』の言葉、あるいはその他の重要なお言葉を上下に加えた。中でも不虚作住持功徳の文、「観仏本願力　遇無空過者　能令速満足　功徳大宝海」という天親菩薩の『浄土論』の言葉などを上下に書き加えた。それにより阿弥陀の意味を、御名を憶念する意味は阿弥陀の本願を憶念することであり、本願を憶念するということはどういう力、どういう意味が私どもに与えられるかを、本尊の上下に文字を加えることによって押さえている。

　これは名号が偶像化したり、呪文化したりすることを避けるためです。理屈っぽいようですが、言葉を書き加えて本尊にすることを親鸞聖人がなさっている。原始教団、関東教団などでは、それが実際に門徒の家々で使われていたと考えられます。数は少ないですが、何幅かの親鸞聖人の真蹟《しんせき》が残っている。その場合親鸞聖人が本尊と仰いだ南無阿弥陀仏の意味は、光の名前と寿命の名前と両方あります。「帰命尽十方無碍光如来」とお書きになる場合もあるし、「南無不可思議光如来」「帰命無量寿如来」とお書きになる場合もある。

　どうして光といのちなのかはよく分からないのですが、闇を明るくする実際の光の用きになぞらえて、宗教経験に触れたときに私どもの生活の中に、なにか憂鬱《ゆううつ》というか、面白くない、不平不満、鬱屈した気分が在るけれども、それが吹き飛ばされる。人間は単に世の中で成功すればそういう不平不満がなくなるわけではない。もちろん人間は成功することによって気分を晴らそうとするが、仕事や人間の思いが成功したからといって、それだけでは本当に人間の意味は満たされない。なにか満たされないものが残る。お釈迦さまが見出されたように、人間自身の意識の在り方が、与えられたいのちの中に、分別という作用をもって自分と環境を分かち、自分と他人を分けている。そして自分の中にさらに自分を意識しているという意識構造があって、その分別して分けた意識が、なにか埋められない溝を感じている。

仏教では人間の意識が、意識自身の中に持っている深い溝を、ふつうはそれは何も悪いことではないのですが、特に大乗仏教では分別の罪と押さえてくる。そこに分別を超えた智慧、それを般若《はんにゃ》（プラジュニャー）といいますが、その分別を破るような智慧に触れる。別の言い方をすれば、いのちがいのち自身に帰る、本来のいのちを回復する。もっと違った言い方をすれば、経験が本当に純粋な経験になる。こういうことによって、私どものいのちが、本当の喜び、本当の生きていること自身の喜びを見出す。そこに人間のいのちだけが持っている問題と、人間のいのちだけが本来を回復することによって見出す喜びとがある。光ということをいうのは、人間の意識が持っている暗さが破られるからです。つまり人間は見えない溝を自分の中に持っていて、それが病的になった場合には精神分裂になる。健康な人間でも意識しないけれども、常に自分と外、環境と自己、人と自己との間に垣根を作っていて、自分自身の経験が自分自身に帰れないのでしょう。

ブーバーの哲学

ユダヤ系の哲学者のマルティン・ブーバー（一八七八～一九六五）が、Ich und Du（我《われ》と汝《なんじ》）、Ich und Es（我とそれ）、という二つの根源語、二つの関係で人間の在り方を言い当てている。ふつうは「我＝それ」という言葉で言い当てることができる。つまり外を「それ」としてしか扱えないような自己、ということは自分自身が「それ」になっている。「我＝汝」という関係になることが人間の本当の関係である。そういう根源語という独自の哲学を出して非常に大きな影響を与えた。

このブーバーの考え方でいえば、ユダヤ教は一神教ですから、「我と汝」ということは人格と人格の関係、物化しない、人格と人格との関係です。その根源には神と自己という関係を見ている。Ich und Du（我と汝）という関係が本当に成り立つ根源には、神と自己ということ、つまり神と自己という根源語があって、その上で人と人も本当にIch und Du（我と汝）が成り立つ。それは、いったん根源語という言葉を通すことによって、考え方として誰にでも非常に分かりやすい教えにした。私どもは生きているときに、自分のいのちを生きながら、何処かで外を自分に都合のよい物として、自分に都合のよい対象的存在として扱う自分になっている。そのことが結局自分自身が本当の関係、本当の出会いを持っていないという根本問題である。この問題は人間一般に通ずる。特にユダヤ教の問題ではなく誰にでも通ずる問題として非常に大きなショックを与えた考え方だった。

私どもの日常経験は必ずブーバーのいうIch und Es（我とそれ）的な在り方に、そういう構造になっている。なぜなら仏教の考え方では、虚妄分別という意識の用き自身が、根源的に迷った形で起こっていて、我々の経験は常にブーバー的にいえばIch und Es的な「我＝それ」関係でしか起こらない。そこに暗さがある。本当の自分になっていない、何処かで自分が物化され、また人をも物化している関係でしか生きていない。それがなにか面白くない、なにか満たされない生活になっている。そこに宗教経験が本来を回復するなら、仏教でいえば、分別を超えた智慧に触れるなら、ブーバー的にいうならIch und Du（我と汝）の関係を取り戻すなら、そこに本当の明るみがある。そういう意味で宗教概念として、光明はいのちが本当のいのちになるときの喜びを表す言葉として、どんな宗教にも光ということがいわれる。

仏教では光のことを実体的な光という意味ではなく、智慧の相、智慧の形であると教えている。したがってその智慧が無限である。十二光に開かれた姿を見てみると、人間のあらゆる意識の障害、人間の意識に起こるいろいろの問題を、すべて洗い流して明るくする。無碍光とか、清浄光とか、歓喜光という言葉で光の性格が押さえられてきます。人間の生活はそれとは逆に障りがある。清浄でない、喜びがない生活をしている。それを智慧が障りのない、本当に清浄な、喜びのある生活に変えてくる。そういう光として限りない光ということが誓われている。

阿弥陀が衆生を本当に救《たす》けるということは、本当の意味で光が満ちあふれる世界にすることによって救けよう、これが十二願の意図です。それに重ねて十三願があるということは、人間は長生きしたい、不老長寿《ふろうちょうじゅ》という形で願いが出ます。しかし、人間の深い願いは、閉鎖された、閉ざされた、有限のいのちが単に有限で終わってしまったのではあまりにも悲しい、あまりにもつまらない。だから単に閉鎖された一つのいのちが少しぐらい長くなるとか短くなるのは、たいした問題ではない。無限に続くいのちの中に自分のいのちの意味を見出したい、何処かで無限に続くいのちの流れに預かりたい。単に一つの有限の閉鎖系としての身体に与えられてある時間を生きる、その個体を引き延ばして無限にするという意味なら、たいした意味ではない。そういう意味ではなく、内面的には一瞬が永遠になる、一瞬の意味が永遠に続くいのちの意味にかなう。そういうものを何処かで人間は深く願っている。

本当の光明に照らされると、自らその智慧に遇えば、内に寿命無量ということが与えられてくる。これは空間的な感じでいえば、無限の光、無限に何処までも照らす光である。と同時に時間的にいえば、何処までも続くいのち、弥陀のいのちに終わりはない。これを願いとする。人間の個々のいのちは有限である。有限の悲しみ、有限の寂しさ、有限で終わったのではあまりに寂しいという思いが何処かにある。有限の悲しさを感じているということは、何処かに無限のいのちに触れたいということが、根本的な願いに在る。

本当に明るくする光の用きと同時に、生老病死《しょうろうびょうし》ですから、いのちが在るということ自身は時間的存在である。つまり有限のいのち、有為のいのち、限られた中に変化しつつだんだんに生まれてから死へ向かって、少しずつ変化して衰えていく。そういう変化をいのちといいますが、そのいのちの中に、いのちの無限が欲しい。これは矛盾しているわけです。いのちは有限である。有限であるからいのちが成り立つ。無限ということになればいのちがないということである。永遠のいのちを考えることはできますが、本当はいのちというのは永遠に在るはずがない。お釈迦さまが見抜かれたように、生老病死、生まれるということは、死すべく生まれるということである。だから生きるということには死ぬという限定があって、生きるということが成り立っている。

無限の寿命ということは矛盾概念です。あり得ないことです。文字通りそういういのちは、神話的には分かりますが現実にはあり得ない願いということになる。あり得ない願いを阿弥陀が願っているということも意味がないわけではない。つまり、いのちからいのちへ、人間のいのちが身体を変えながら、くり返しくり返し、苦悩のいのちを生きていく、その辺際までも照らし尽くそう。どれだけいのちが変わっても、阿弥陀のいのちが照らし尽くそうという意味ですから、照らされる側にすれば、永遠に変わらない阿弥陀の光に触れるところに、阿弥陀のいのちの歴史に参画する。そういう意味が与えられる。

光明無量、寿命無量という二つの意味、これは梵語の中に、アミターバ、アミターユスという二つの言葉があって、それが翻訳されて、無量寿、無量光といわれるのですが、そのもとは十二願・十三願という願にある。

親鸞聖人は、『正像末和讃』で「超世無上に摂取《せっしゅ》し　選択五劫思惟して　光明寿命の誓願を　大悲の本《ほん》としたまえり」（聖典五〇二頁）といわれます。つまり十二願・十三願を大悲の本であると了解している。十二願・十三願をもって仏身仏土を成就する。阿弥陀自身と、阿弥陀の世界とを成就する。そういう意味を持った光といのちの願いを大悲の本、衆生を救わんとする願いの一番の本とお考えになっている。

私どもからすれば、阿弥陀の光、無限なる光に出遇う。そして阿弥陀のいのち、限りなきいのちに出遇う。この二つをもって我らは本当に満ち足りる。ですから親鸞聖人は「正信偈」のはじめに、「帰命無量寿如来　南無不可思議光」（聖典二〇四頁）という二句を置いて、正信念仏偈を始めておられる。この二句に浄土の教えに触れたいのちというものが語られている。これで充分に人間のいのちに満ち足りるという宗教体験を持つことができる。無限なる明るみと、無限なる充実したいのちの意味の二つによって、どんな状況に在ろうと、相対的苦悩の状況を超えて人間の生が満ち足りるということを押さえておられる。

大乗仏教の旗印

第十四願　声聞無数の願

たとい我《われ》、仏を得んに、国の中の声聞《しょうもん》、能《よ》く計量《けりょう》ありて、下《しも》、三千大千世界の声聞《しょうもん》・縁覚《えんがく》、百千劫《ごう》において、ことごとく共に計校《けきょう》して、その数を知るに至らば、正覚をとらじ。（聖典一七頁・註釈版一七頁）

十四願は声聞《しょうもん》無数の願と名づけられています。浄土には無数の声聞を収めようという願が建てられている。声聞というのは声を聞くこと、声を聞くというのは教えを聞くという意味で、少しも悪いことではない。けれども声聞とはどんな人のことか。お釈迦さまの教えを聞いていたお弟子方、十大弟子をはじめとするたくさんのお弟子の方々に対して大乗仏教の側から、声を聞いていて、つまり教えを聞いていたにもかかわらずお釈迦さまの本当の心根、本当の大事な問題が分からなかった人である。こういう意味で声聞について、大乗仏教は非常に鋭い批判をする。何故そんなに声聞をけなすのかというほど声聞をやっつける。

『維摩経』や『勝鬘経』という経典では、声聞の代表者として十大弟子、お釈迦さまの高弟といわれた方々を糞味噌にやっつける。何故なら、大乗と小乗の立場の違いを明らかにするためです。どのように立場が違うのか。お釈迦さまの言葉には苦悩を超えて覚りを得るためのいろんな修行や考え方が説かれている。それを早く身につけて、早く苦悩を超えていこうという関心で聞いて、最後は阿羅漢《あらかん》という小乗仏教の一番高い位に至る。それは今の十三願の問題からすると、自分のいのちは閉鎖系としての閉ざされたいのち、身体的に限定されて親から与えられたいのちであるが、このいのちは何十年生きるか分からない。数年で終わるかもしれない時間の有限の中に生老病死という限定を持っている。

何故生老病死があるのかは、いまだに科学でもよく分からない。遺伝子が見出されてから遺伝子の中に生老病死という指令が入っているという。しかし、それが何故人間の遺伝子の場合は、だいたい長くても一〇〇年、このごろ一〇〇年を超える人もいるようですが、それはよほどの場合であって、ふつうはそんなに長くは生きられない。どうして成長して、止まって、衰えていくのかは分からない。分かったからといって、いのちがいのちである限り持っている一つの限定ですから、それを壊してしまって永遠に続くいのちにすることはできない。どうしても閉鎖系であれば、いのちというものが持っている限定がある。

声聞はどう考えるかというと、自分が持ったいのちの中で自分の感ずる苦悩をなくすいのちにしよう。このようにお釈迦さまの教えを聞く。問題は自分の解決にある。だから自分の誤りを直し、自分の考えを直して、早く覚りに達してしまいたいと。つまり仏教からすれば、我執という問題、人間の意識が意識である限り、その根に潜む我執からの解脱というテーマに懸かり果てる。これは人間だけではない。我執というほど強くはないけれども、自分のいのちに対する自己愛みたいなものは、犬でも猫でも持っている。いのちがいのちである限り、自己防衛的な、自己愛的なものは何処かで持っているが、それが人間の場合、自分でそれを意識する。自分が自我愛を持って生きていることを意識する存在。そういう複雑な意識構造を持っているから、そこに自我を超えるという課題がある。

仏陀は我執を超えるときに、自我はないものだ。我というものは立てたものにすぎない。考えられたものにすぎない。愛着するべき実体としての自我はないと、我を破壊する。こういう教えを出されたわけですが、その破壊するときに、単なる自分という関心の自我愛を滅却すれば救かる、苦悩を感じなくなるから救かると、課題を矮小化する。お釈迦さまの願いは、教えを説かんとするときに、単に自分の救いに留めてはならない。これを人類の宝として、これから後に生まれてくる無数の衆生のために教えを説かなければならない。自分個人の救いに留まらない願いである。

この開かれたいのちの意味を、これからの苦悩の衆生、未来の衆生に向かって伝えて欲しいと教えが説かれた。ところが受け止めた声聞は、自分が救かるという関心を成就するために、必至になって修行をし、学問をして救かっていこうとした。その結果、一番最高の位が阿羅漢になった。そこにお釈迦さまが教えの言葉を吐かんとする根にあった大悲心というもの、一番大事な問題、一番大事な関心が何処かで忘れられているというのが大乗の指摘です。

つまりお釈迦さまもおっしゃったけれど、煩悩を超えるという意味は、単に個人の煩《わずら》い悩みを超えればいいということではない。人間に生まれたということは人類の業《ごう》を持って生まれてきた。その人類の業を本当に超えるということは、単に個人が煩悩を起こさなくなればいい、個人がもう腹を立てなくなればいいという問題ではない。だから声聞は自分が腹を立てなくなるように、自分が煩悩を起こさなくなるようにすることがお釈迦さまの教えの意味だと受け止めた。同じようだけれど、そこに如来の大悲が本当には見えていないと大乗仏教から指摘されたわけです。声聞は救からない存在だと。声聞は、本当は自分が救かったというけれど、人類的課題を遂行するというお釈迦さまの使命からすれば、一番罪の深い存在と見られてくる。だから龍樹菩薩は「二乗地に堕するは菩薩の死なり」(『十住毘婆沙論』「易行品」意、真聖全第一巻二五三頁)と、菩薩の死だといわれる。

ボディーサットバは覚りを本当に求めようとする存在である。ボディーサットバに成ろうとするときに、二乗地、二乗というのは声聞、縁覚という二つの在り方を二乗、声聞は声を聞くという。縁覚は独覚ともいう。一人で覚るというが、これも関心は個人関心である。慈悲がないわけではないが、慈悲の質が何処かで閉鎖系である。条件つきである。つまり大乗の慈悲は無縁の慈悲である。二乗の慈悲は法縁の慈悲である。法縁の慈悲とは法を立てて、無我であると覚ればいいという形で、何処か本当の人間の実存状況、本当に人間の悩み苦しむ存在であることを忘れてしまう。現代的な言い方をすれば観念論的に救かってしまう、そういう教えの受け止め方です。そこに声聞・縁覚は、個人的に煩悩を超えうる存在になれば救かったという。こういう存在理解が、大乗からすれば一番問題です。

大乗仏教は自己の旗印《はたじるし》を立てるときに、二乗を糞味噌にけなす。ところが大乗の立場からすると、声聞はダメだと言いきってしまっているだけでは、大乗の立場も本当はそれでは成り立たないのではないかという問題がまた出てくる。旗色を鮮明にするためには二乗の問題を叩くということが必要だけれども、それではお前たちは救からないと言いきってしまったら、それでよいかというとそうではない。

一番救け難い。何が救け難いかというと、声聞に成って解脱《げだつ》を得てしまったら、もうこれ以上は求めなくなる。つまり極限へ行ってしまう。生きていながら死んだに等しいような存在になってしまう。そうすると悩まないから救ける必要もない。二度と菩提心が起こらない。これは大乗からすると一番難しい問題です。つまり意欲のない者はどうしてみようもない。反逆する者はまだ可能性がある。反逆するのは、何か問題があるから教えに背こうとするわけですが、反逆もしない求めもしない存在はどうしようもない。菩提の芽がもう出て来ない存在をどうするかという問題が大乗自身の中にある。それに対して『維摩経』や『勝鬘経』という経典は、どちらかというと、声聞はダメだ、大乗に立てという形で大乗への回心《えしん》を促す。『法華経』では、二乗を救わんがために、二乗開会といわれますが、二乗を摂《おさ》め取る。『法華経』には、大乗の菩提心に二乗を救い取るということがいわれる。それで『法華経』は一乗の経典として、中国、日本で非常に大切にされたわけです。

法執の問題

声聞という問題は大乗仏教の課題として非常に重い意味を持っています。思想の上からも、求道心に宿る罪の問題としても、非常に重い意味を持っている。これを本願は十四願で誓っている。第十四願、声聞を無数に受けようではないか。阿弥陀の大悲が、阿弥陀の光が、声聞をも包もうではないかと誓う。声聞が宗教問題を単に個人の問題として、単なる個の問題に解消してしまう在り方を持つというところに、人間の宗教が陥る一つの大きな問題がある。

安田先生は面白い言い方をしていました。人間として、個人として比べるなら、おそらく仏弟子の中で十大弟子に匹敵するような人間はそれ以降出ないのではないか。能力が優れていた上に、お釈迦さまに直接教えていただいた。もともとその当時としては相当実力のあった外道《げどう》の指導者であったような人たちが、お釈迦さまに回心している。能力もあるし、お釈迦さまに鍛えられたわけですから、とてもそれ以降の人間はかなわない力がある。けれども何故、大乗が声聞・縁覚というか。それは立場が個人的だから、人間の大小ではない。立場の大小だ、こういう言い方をしておられました。

そういう意味でいえば、本当に十方衆生が平等に収められるような世界にしよう。その場合に一番難しいのが大悲の悲願が本当に見えない声聞である。声聞というのは我執を破ったというが、大乗からすれば我執の根にある法執《ほうしゅう》が見えていない。我執は破ったけれども我執の根にある法執の執《とらわ》れを自覚していない。こういう捉え方をします。

法執について具体的にいいます。我執はないものだということを教えるために、五蘊《ごうん》（色受想行識）を教える。お釈迦さまはくり返してこの五蘊をいわれる。色は物質的存在、識は意識的存在、物質的存在と心理的存在、その間に受想行というものが入っている。これは、受は感情、想は表象、行は動き行くものということで、意思を表します。そういう身体的、意識的、心理的存在をいう。そういうものがいのちである。五蘊によって成り立っているのが存在であって自我はない。我々は五蘊を自我だと思っているが、自我という実体は何処にもない。自我という執れにすぎない。我執を破る。ところがこの五蘊の色受想行識という概念は否定しない。それを法執という。

例えば救かるために阿弥陀を信ずる、と阿弥陀を立てる。立てた阿弥陀に執われる。神もそうです。人間の罪のために神を信ずる。その神に執われる。人間はなにか自分は自己を正当化したい。自分を肯定したい。自己を否定するけれども、自己を否定する根拠がないことには自分も否定できない。だからその根拠を立てる。ところが立てた根拠に執われる。ふつうはこれは見えない。大乗仏教はそこを見たわけです。

これを安田先生は、執の意味は実体化する作用だ、といわれた。自我を実体化する。それを破るために概念を立てたけれど、その立てた概念を実体化する。そういう執れを大乗仏教では法執という。法執を破ることが大乗の課題である。小乗では法執という問題が見えていない。だから我執の煩悩、我執という執れから起こる煩悩を起こさなくするのが求道であると考える。

喩えていえば、我々が病気で苦しむときに、病気を治そうとするが、病気が嫌だという問題がその裏にある。我々は縁があれば病気になる。しかし病気が嫌だという心は消せない。病気が治っても病気が嫌だという心は残っている。そういう問題はふつうは見えない。ですから大乗仏教は根本問題を見出してきた。その根本問題の立場に立って、声聞・縁覚という二乗の立場をいかに摂め取るか、これが大乗仏教において教学的にも、実践的にも大きな問題になった。

阿弥陀の浄土を光明無量、寿命無量と建てたときに、声聞を包む。声聞自身は闇が晴れたと思って生活しているかもしれない。しかし晴れたように思って生活しているその根に、本当の無限の光ではない、本当の無限のいのちではないものがある。そういうわが身を照らし出して、声聞を摂して、声聞を浄土のいのちに巻き込む。こういう願が十四願である。具体的には、声聞をそのまま摂め取るわけにはいかない。声聞自身に問題を気づかせ、そして声聞を回心させて摂め取るということでしょうが、声聞はなかなか気がつかない。そのふつうでは気がつかない存在になってしまった声聞に、如何に気づかせるか。これは実際は非常に難しい問題です。

私は寺に生活していますが、寺に生活する者、つまり住職や坊守は一番仏法に近いところにいるのですが、どうも一番教えが聞き難くなっている。大谷大学の学生でもそうなのですが、紺屋《こうや》の白袴《しろばかま》とか、医者の不養生とか、一番近くにいると新鮮みがなくなる。本気で聞かない。つまり声聞という者はお釈迦さまの話はもう分かったというのです。そういう存在を本当に包まずにはおかないのが大悲である。「大悲止むことなし」とはそういう意味でしょう。反逆する存在はまだよい。何も問題を持たなくなった存在が一番困る。

安田先生は教務所のやる仕事には行かんといって一生とうとう行かなかった。それは本当の実存的な要求、本当に悶えている生活の中で、仏法の言葉を聞き当てたいというのではないのです。坊さんが会をやった場合は「もう分かっています、だけどもう少し説明を詳しくしてください」という感じなのです。そういうところで一生懸命にお話しても、「はあはあん」、「もう少し好いことはないか」ということになる。それで安田先生は短い時間の一生の中で、自分がやるべき世界はここではないと思われたのでしょう。だから教務所のやる仕事には行かない。それも問題は問題なのですが気分としてはよく分かります。例えば「声聞の会」などというと、皆学者で、何でも知っている。覚りも開いている。説法したって聞いてくれない。だけど阿弥陀さまは、一番難しい存在を本当に摂め取ろうとする。これが大悲です。これは実際は大変な仕事です。死んだ人間をよみがえらせるような仕事です。

曇鸞大師は面白い喩えを出しています。阿弥陀の本願に触れれば千年ほとんど死んでいた人がよみがえるし、川底に産み付けられた魚の卵には、魚の母の念持力で、水がなくなって渇いていても、水が戻れば卵が孵《かえ》るような力があるという。ずうっと干からびていて川が川でなくなっていた所に、洪水が来たら魚が生まれた。魚の母親が祈りを込めて卵を産んだ。そうするとほとんど死んだと思ったが、水が来たらよみがえった。阿弥陀の本願はそのようなものだと。こういう喩えを出しています。

　宗教関心をまったく失った生活をしているように見えるが、一番宗教関心を失った存在に宗教関心を呼び起こさせずにはおかんというのが阿弥陀の本願だと。曇鸞大師はそのように解釈している。これは曇鸞大師の感動ではないかと思います。曇鸞も四論の学者で仏教のことは大概自分の頭で理解した。ところが、曇鸞大師は身体が弱かったといわれています。仙経を求めた。仙人に入門して長生きの方法、健康法を学んだ。そして長生きできるようになったと思ったのでしょう。菩提流支《ほだいるし》三蔵《さんぞう》という三蔵法師が新しいお経を持ってきた所へ出て行って、「仏教はなるほど理論はよいことを行っているけれどもいのちを長生きする方法については仙経の方が上だ」といったら、怒鳴りつけられた。「お前の迷いのいのちを少しぐらい延ばして何するつもりだ」と三蔵法師に叱りつけられた。それが縁になって曇鸞大師は目が覚めた。

　曇鸞はほとんど声聞みたいな者になっていたわけです。仏教は勉強したから、あともう少し勉強を続けたいからいのちを長らえたい。宗教関心が何処かに行ってしまった。教義が知りたい。知識欲でもう少しものが知りたい。そんな関心で三蔵法師の所へのこのこ行った。そこで正体が暴露して「迷いの中でいのちを長らえて何にするか」と怒鳴りつけられて目が覚めた。

　声聞という問題は、我々自身が下手をするとそこに陥る問題を教えています。声を聞いて勉強する。安田先生は、自分は学生だといつもいっていました。学生は何も悪いことはない。ただ学生が、ミイラ取りがミイラになるのではないけれども、下手に仏教の言葉や概念を覚えた、論理を覚えたというと、始末に負えない。下手に大谷大学で真宗学をやった人間はダメなのです。仏教の話を心を込めて聞けなくなる。下手に仏教学をやってしまうと、菩提心が分からなくなってしまう。私はそういうことを身に染みて教えられました。

私は寺に育ったのですが、寺が嫌いで、仏教を信じませんでしたから反逆して唯物論的な方に行こうとした。そういう若いときの反逆が、かえって仏教に触れたときには新鮮な、こんな世界があるのかという形で、私は目が覚めるような思いで仏教を聞くことができた。下手に印度哲学をやっていたらダメだと思います。「ああ、あんなことといっているけれど、お釈迦さまはそういっていない」とか、「あれは何経に書いてある」とか皆、分かるわけです。「あいつ、いい加減なことをいっているけど、何処に書いてあるのか」とか、そうなってしまうと菩提心の問題は見えなくなる。人間は何のために仏教を本当に求めるのかということはとうに分かっている、となる。

声聞というのは悪いことはないのです。だけど聞いていくうちに言葉は覚える、問題の所在も分かる、考え方も分かるという中に、一番大事な大悲という問題が分からなくなる。それを失ってしまう。それはつまり死んだに等しい。菩提心からすれば死んだに等しいと大乗仏教はいうのです。しかし阿弥陀の大悲は、声聞を本当によみがえらせずにはおかない。これは人間の力からすれば絶望でしょう、とてもできるものではない。そこに大悲をかけようという願いが十四願です。だから浄土が無量の光であり、無量のいのちであるということを内面化して、声聞を包む。こういうところに大悲の意味が押さえられるのではないかと思います。

聞くということは難しい。聞法すれば聞法ずれをする。蓮如上人は『御一代記聞書』で「耳なれぬれば　なるこにぞ乗る」（聖典八八六頁）といっています。驚かして驚かして、すずめを追い払っていると、そのうちに驚かなくなる。立っている案山子《かかし》の頭に糞をする。こうなってしまう。真剣な宗教心を取り戻すことがいかに困難か、初発心に還ることがいかに難しいことかと思われます。その問題が十四願、声聞という概念で、声聞を救うというだけではないのであって、一番本当に救いにくい存在を救わずんば止まんという、そこに大悲がかかっている。そういう意味だろうと思います。

清沢満之は生きている

第十五願　眷属長寿の願

たとい我《われ》、仏を得んに、国の中の人天、寿命能《よ》く限量《げんりょう》なけん。その本願、脩短自在ならんをば除く。もし爾《しか》らずんば、正覚をとらじ。（聖典一七頁。註釈版一七～一八頁）

十四願と十五願は内面的な問題としてつながっていると思います。十五願は法蔵菩薩が仏に成るときには、自分が寿命無量であろうとすると同時に、その国の衆生も寿命無量ならしめようというのです。実際はほとんどそのこと自体は無意味なようなものです。それは、「その本願、脩短自在ならんをば除く。もし爾《しか》らずんば、正覚をとらじ」、つまり浄土に生まれた衆生のいのちには無限の力を与えよう。声聞は自分の短いいのちの中に自分の覚りを得て、自分を完成するという関心である。ところが浄土のいのちになるということは単に個人のいのちではない、永遠のいのちだ。しかしその本願には、漢文で「除其本願」の除という字が付いている。この除くという言葉は、ここと第二十二願と、二度出てきます。これも内面的につながっていると思いますが（もう一つ出てくるのは十八願で、この場合はちょっと違うのですが）、浄土に生まれた衆生自身が自らの意欲で決断する場合は例外です。しかし基本的には無量のいのちにしてあげよう、これが第十五願です。

しかしそのいのちを受けたならば、その衆生は自らの本願によって脩短、脩という字は長いという意味を持っていて、長短という意味です。漢字の意味としては長いという意味です。長くするのも短くするのも自在である。つまり長さにかかわらない。無限の意味をいただいたならば、もうその長いということに意味がなくなる。寿命を長くするのも短くするのも自由です。自らのいのちを自らのいのちの欲しいように生きよ、という願が十五願である。

これは声聞のように個人のいのちを個人で完成するのではない。如来の悲願を人類のいのちに還していく。そういう願に触れるなら、個人のいのちの長さとか、個人のいのちの仕事は、二の次になる。浄土のいのち、つまり本願の中に自分のいのちを捧げていけばよい。そこに十三願で誓われていた寿命無量の用きが衆生の上に用いてきている。衆生のいのち自身に無限のいのちの意味が与えられている。分を尽くすということが無量のいのちの意味にかなっていく。

私が大谷大学に行ったころ、清沢満之先生の生誕百年がありました。清沢先生は文久三年（一八六三）に生まれて、明治三十六年（一九〇三）に四十歳で亡くなられましたから、一九六三年に生誕百年がありました。そのときに、まだ鈴木大拙先生（一八七〇〜一九六六）がおられました。鈴木大拙、曽我量深、金子大栄、三人の巨頭が生きておられました。大谷大学の講堂で、そのときは金子先生は出られなかったのですが、一番はじめに先般亡くなった西谷啓治《にしたにけいじ》先生（一九〇〇〜一九九〇）が「清沢満之の精神」という題でお話しされた。それを受けて鈴木大拙先生が「清沢満之は生きている」というテーマでお話しになられた。曽我先生が最後を受けて「清沢満之を憶う」という題でお話しなさったのですが、鈴木先生のお話は非常に面白い。自分たちのところに清沢先生が生きているという非常に直感的なお話です。そのときに曽我先生は、いま鈴木先生は、清沢満之は生きているといわれたけれど、清沢満之は何処に生きているかといって、唯識をやった先生ですから「われらの本能《ほんのう》に生きている」といったのです。本能という言葉は曽我先生が好きな言葉で、よく「本能」とおっしゃったのですが、宿業本能とおっしゃって宿業本能を受ける主体、それは阿頼耶識、その阿頼耶識と法蔵菩薩は一つであるというのが曽我先生の理解ですから、法蔵菩薩として生きているというわけです。

清沢先生が何処に生きているのか、法蔵精神として、法蔵 魂《ほうぞうだましい》として我々の内に生きている。大拙先生が「清沢満之は生きている」といったのは、まさか霊魂が何処かで生きているといったわけではない。鈴木先生にとっては、清沢先生が生きているというのは、自分が清沢満之を感じている。清沢満之の用き、清沢満之の言葉に感動するその精神が私の中に生きているということだったのでしょう。あなた方のところにも生きているではないかと。

ところが曽我先生はもう少し厳密に、何処に生きているか、本能に生きていると。本能というのは生物的本能ではなく、宗教的要求ということです。人間の意識が本来のいのちの在り方から、それを本当のいのちに還りたいという願いを持ちながら、本当のいのちになれずに、ブーバー的にいえばIch und Es的な生き方しかできないで生きている。だから何処かに本当の生き方をしたいという願いが深くある。それを曽我先生は本能というわけです。

あたかも、ツバメが北から南に春になれば飛んでくるように、人間の根源に深い要求がある。それは個人を貫いて誰もが持っているとか、偉い人だけが分かるとか、そういう問題ではない。人類が、平等に法蔵願心が用いて呼びかけてくるような課題を背負って生きている。だからそこに清沢満之が生きている。清沢満之の個人のいのちではなく、清沢満之をも動かした宗教的要求が生きている。それが結局、阿弥陀の願心が寿命無量として、個々の人間の中にも用《はたら》こうという、個々の人間のいのちの中にも無限の意味を与えようという願いなのです。

個人のいのちは長短それぞれ縁に従って、与えられただけを生きるしかない。しかしそれに触れれば、その与えられたいのちを通して無限なるいのちに触れることができる。こういうことを十五願で、いま一度寿命無量ということで押さえてくるのではないかと思います。

女人・根欠・二乗種

✣第十六願　離識嫌名の願

たとい我《われ》、仏を得んに、国の中の人天、乃至不善《ないしふぜん》の名ありと聞かば、正覚を取らじ。（聖典一七頁・註釈版一八頁）

問題としては十四願、十五願とつながってきて十六願も大きな問題を孕んでいる願です。「不善の名」といわれています。不善というのは善悪という概念でいえば悪いということですが、この願の別名として「無諸不善」、「離識嫌名《りきげんみょう》」、「離諸不善」という言葉がつけられています。文字通りは不善の名がないというのですが、不善の名がないということについて、『浄土論』の荘厳の中に「荘厳大義門《だいぎもん》功徳」ということがあります。「荘厳大義門功徳成就とは、偈に「大乗《だいじょう》善根界《ぜんごんかい》　等無譏嫌名《とうむきげんみょう》　女人及根欠《にょにんぎゅうこんけつ》　二乗種不生《にじょうしゅふしょう》」と言えるがゆえに。浄土の果報は、二種の譏嫌《きげん》を離れたり、知るべし。一つには体、二つに名なり。体に三種あり。一つには二乗人、二つには女人、三つには諸根不具人なり。この三つの過《とが》なし、かるがゆえに離体譏嫌《りたいきげん》と名づく。……」（聖典一四〇頁）と出ている。

『浄土論』の中に、譏嫌《きげん》の名がない。譏《そし》り嫌うような体がないのみならず、名もないということが出てくる。その『浄土論』を通して、十六願の意味について、離譏嫌名と、譏り嫌う名がないという願名がついてくる。これはいろんな問題を孕んでいるかと思いますが、現代的な問題として考えれば差別の問題です。荘厳功徳の意味をどう考えるかは、いただき方の問題でいろんな解釈が成り立ちますが、不善、善くないという意味は倫理的な意味ではない。『歎異抄』第一条に「他の善も要にあらず」、「悪をもおそるべからず」とありますが、善をよしとし悪を嫌うという形で私どもの分別が成り立っている。一応倫理の上では、人間生活の上では相対的基準として善悪ということが大事なのですが、そのことがまた人間を阻害する。何処かで人間に殻を被《かぶ》せたり、人間にレッテルを貼ったり、人間に上下をつけたり、そしてそのために人間が本当に自分を回復できない。こういう問題を持っている。

『浄土論』では、三つの概念を出してくる。女人の問題は『無量寿経』では三十五願で、また改めて出てくる。女性差別を仏教ではどう考えてきたかということは、きちんと押さえなければいけない。それから根欠、これも現代の差別になっている。機根が欠けている、身体が不自由である存在に対して世間の生活の中で差別になってきた。そういう問題を一つの手掛かりにして、浄土には根の欠けた存在がないばかりではなくて名もないと、譏るという用きをさせる名がないといっている。

私どもの生活の上で実体があることと、名があることが二重に重なっています。現代の差別用語の難しさは、差別意識を表現する言葉と、そしてその表現されるような事態が重なっていることです。だから何処までが事実でいう言葉で、何処からが差別なのかの基準が非常に難しい。浄土という場合に浄土の願心が誓っているのは、不善の名がないという名の方に力点があるということは、結局その言葉を通して分別し、言葉によって生きておりますから、譏嫌の名がない、離譏嫌名という『浄土論』がいうのは分別の問題なのです。

人間の分別というのは単に個人が考えるのではない。言葉を通して歴史と文化、人間の営みを受け継ぎ、伝えていくわけですから、その言葉を通して私どもの価値観も差別意識も形作られてきている。それを浄土の願心のもとに、名をも、つまり言葉で分別することをも本当に解決しようという願心、すなわち人間の分別を人間が直すというのではなく、如来大悲の願心の前に、人間の持っている差別、人間の持っている言葉の壁を突破して、本当の平等の世界を開こうという誓いなのです。そこに光明無量の用き、寿命無量の用きが、十四願、十五願、十六願を通して、具体的な問題をくぐって無限という意味が確認されているのです。

解釈によっては、根欠や女人を差別しているのではないかという非難もある。そういう受け止め方をすると、そういう面がないわけでもないが、事実として歴史の中に抜き難い差別を持ってきましたから、それを本当に解決しようというのが大悲の願心なのです。それを本当にいかにして解決するかと読んでいく。本当は大悲は言葉以前の願心ですから、十二願、十三願を大悲の本としたまえりと、親鸞聖人がおっしゃるのは、一応形なき大悲が十二願、十三願の言葉を通して、大悲の本とする。つまり光明無量、寿命無量をもって大悲の本とする。その大悲を具体的な課題を通して確認し直して、本当の大悲の場所にしていこうということです。ですから言葉になった限りにおいて、インド民族の持っていた問題、あるいは中国、日本民族の持っていた問題を孕んでおり、たとえ経典の言葉といえども、現代の観点から問題であるなら、言葉は消せませんから、解釈の問題として訂正していかなければならないと思います。本は大悲です。本当は言葉になった限りにおいていろいろの問題が必ず出てくると思いますが、その本に返して大悲の言葉としていただいていかなければいけない。本は光明無量、寿命無量の意味を、本当に具体的に実現したいというところに在ると思います。

十四・十五・十六願は、どちらかといえば寿命の問題です。寿命の問題を具体化して、全体を光明無量の中に摂めていこうという意味を持って、ここに置かれた。そして十二・十三願に代表される無量なる仏身仏土の願を通して、第十一願の課題を衆生の上に実現しようという願いを持っている。そこに十七願ということが改めて出てくる意味がある。たまたまこういう順序になっていますが、おそらく長い間の宗教的な要求自身の反省の中に教えの言葉が吟味されているのでしょう。

慈悲とは何か

『無量寿経』の上巻は如来浄土の因果を説く、下巻は衆生往生の因果を説く、これは憬興師の押さえです。十一願成就の文から下巻が始まっていますが、これは一応本願全体を十一願にまとめて、そこに曽我先生の言葉でいえば、「そこに分水嶺がある」。覚りと迷いの分水嶺、あるいは往相還相の分水嶺もある。そこに親鸞聖人の教学を通せば荘厳から回向への分水嶺もあると。

荘厳というのは浄土を象《かたど》る。本願を象徴して形なき願心を、形を通して国土と御名とを建立して、阿弥陀というのも仮に名づけた名前ですから、実体的に神がいるわけではない。阿弥陀というのは阿弥陀という御名を通して衆生に光を与えようという大悲願心の方便法身《ほうべんほっしん》です。曇鸞の教学を通して親鸞聖人の理解した阿弥陀像は方便法身です。方便法身とは、方便というのは大悲の方便、大悲自身が衆生の自覚を促さんがための形を言葉をとって具体化したのが阿弥陀という名です。阿弥陀という実体が何処かにいるというのではない。阿弥陀の御名の本に、衆生に大悲願心を用きかける。親鸞教学はそこから回向ということを出してくる。回向という問題は『浄土論』の本願力回向という言葉から来るのですが、大悲自身が自分を回《めぐ》らし向ける、そこに大悲自身が自己を否定して、つまり形なきものが、形がないということを否定して、形になる。こういう意味で荘厳を生み出してくる。荘厳（浄土の形）も方便である。曇鸞大師は浄土の荘厳功徳を全部方便であると押さえている。

荘厳された浄土自身も大悲願心の形です。それを今度は本当に衆生の生活の中に用きかけようというところに、親鸞聖人が大悲の回向という言葉で理解された本願の意味がある。回向といっても本願の用きなのですが、その本願の用きを回向と理解された。そのことの意味を十七願の問題として次に掘り下げてみたいと思います。

「大悲《だいひ》」の話をしましたので、「慈悲」について少し述べたいと思います。慈悲の慈とは、梵語のマイトリーの翻訳語であり、悲とは、カルナーという語の翻訳語です。中国語で書いた場合に悲しみという字ですから、『歎異抄』では「ものをあわれみ、かなしみ、はぐくむなり」（聖典六二八頁）と哀れみに当てます。相対的にいえば、一方では慈に対し、一方では智に対する。智に対した場合は、悲は、智が男性、父親に喩えるなら、悲は女性、母親に喩えて、無批判に包む。慈に対した場合、慈は慈しみ育てる、悲は一緒に悲しむ。そういう意味を持っています。

大悲といった場合は、大中小という概念が絡んできます。小悲というのは有縁の慈悲といわれます。有縁の慈悲は「衆生縁の慈悲」ともいう。悲しいことを悲しいと感ずる縁としては、愛する人が亡くなったような、人間関係の悲しみです。それは辛いでしょうねという形で、一緒に悲しむ。これを小悲という。

手助けをするという場合は慈になります。菩薩の実践概念に、慈悲喜捨《じひきしゃ》の四無量心《しむりょうしん》ということがお釈迦さまのときからいわれます。修道の心の問題を自覚する一つの課題として、同慈、同悲、同喜、同捨がいわれます。同慈、慈しむというのは、本当に相手の心になって慈しむ。同悲は、相手の悲しみと一緒になって悲しむ。同喜は相手の喜びと一緒になって喜ぶ。同捨は、愛着してくっついてしまうのではなく、平等心だと。単に冷たい関係ではなく、ベタベタくっつくのでもない。曽我先生は面白い喩えを出しています。例えば子どもに対して、捨の心というのは、少し成績が良いからと有頂天になったり、少し成績が悪いからとぼろかすに怒ったりするのではなく、ああ、そうかそうかといって平等に包む、そういう平等心であると。単に冷たいのではない、捨といって捨ててしまうのではないが、捨という言葉で平等心を表す。

菩薩の実践として、慈悲喜捨ということが、四無量心として教えられています。人間関係の中で自我を立てず、相手の立場に本当になれるかという実践をする。悲とは、そのときに、相手の悲しみと一緒に悲しくなれるかという実践です。実際やってみると、どれ一つとしてできるものはないというのが凡夫の自覚になる。衆生縁の慈悲としては、人間として分かる限りにおいて一緒に悲しみを持とうということです。

先に述べた小悲の次は中悲です。中悲は、「法縁の慈悲」といわれます。小悲、つまり有縁の慈悲は人間の条件で悲しむ。一方この法縁とは存在の道理として、あるいは、五蘊の存在であるということで悲しむ。諸行無常、今は華やかにやっているけれど、どれだけ盛んだからといって喜べるものではない。有為のいのち、無常のいのちとして悲しむことが法縁の慈悲です。

それに対して大悲というのは、「無縁の慈悲」である。無縁、縁が無い。どういう条件だから悲しいとか、どういうことがあるからそれを悲しいというのではない。とにかく無条件に悲しむ。そういうところに大悲という言葉の本がある。大悲というのは人間からは考えようがない。人間の条件として考えれば、有縁の慈悲までは分かる。法縁の慈悲、これは人間は悲しいとも思わないが、法縁の慈悲までは概念としては分かる。無縁の慈悲については本当に分からない。概念としていえば、如来の大悲というのは無縁の慈悲だ。無条件に、いつでも、何処までても、照らして止まない、「大悲無倦《だいひむけん》」、倦むことがない。私どもから手掛かりとして考えれば、有縁の慈悲より深く、法縁の慈悲より深い、そういう慈悲だと。

曽我先生は、機の深信にある「無有出離之縁」だと。無縁の慈悲は、具体的にいえば、救かる縁のない衆生、度し難い衆生、救うことのできない衆生を、救わずんば止まんというのが大悲だとおっしゃっています。「されば、そくばくの業をもちける身にてありけるを、たすけんとおぼしめしたちける本願のかたじけなさよ」（聖典六四〇頁）と『歎異抄』後序でいわれる。本当に背き続けており救かる縁などない私が、大悲の恵みに預かる。大悲とは、逆説的で、救かるはずがない人間を救けんとすることです。

キリスト教にも似た考えがあります。アガペーとエロースといいます。神の恩寵《おんちょう》、神の慈悲はアガペーであると。上から来る愛、絶対愛。こちらからは分からない。むしろ私どもは、どうしてこんなときに神さまは見てくれないのかという、ひどい状況になって、キリストでいえば十字架にかかるような状況になっても、そこに神が用いているると受け止める。人間が幸せであると思っているような意味の愛ではない。

大悲というのは条件があって用く慈悲ではなく、条件など一つもないという絶望状況でこそ本当に用く。ふつう私どもは、慈悲というと有縁の慈悲のところでいただいている。日本に居てこんな美味しいものが食べられて有難いとか、戦争に行かないで有難いとか、その辺の有難さ、これは有縁の慈悲です。有縁で揺れ動いている。有縁というのは人間関係ですから、近い者ほど良い者だという。自分の都合のよいものは愛着する、そういう形でしか愛せない。あるいは悲しめない。それが有縁の慈悲です。有縁の慈悲というのは、法縁の慈悲、あるいは無縁の慈悲と深まって行った立場から見ると、自我愛に覆われている。慈悲のようですけれども、実際は自我愛の延長でしかない。それがふつうの人間の営みです。そこに慈悲喜捨の実践をしてみようという菩薩道の教えが生きているわけです。

老少善悪を選ばず

「如来の本願を説きて、経の宗致《しゅうち》とす。すなわち、仏の名号をもって、経の体《たい》とするなり」（聖典一五二頁）と、親鸞聖人が『教行信証』「教巻」で『大無量寿経』の中心課題が本願である、体は名号であるといわれる。その本願文で、十二願・十三願から十七願にかかる前に三つの願が入っている。この三つの願が十二願・十三願の内容について、あるいは課題について、具体的な内容を通して浄土を開く、無量光明土を開くことがどういうことかを語ろうとしている。

大悲が場所を開いて、そこに衆生を摂取して、衆生に新しい存在の意味と新たなる主体の開けを与えようとする意味を具体的問題を通して確認するのが、十四・十五・十六願の三願である。特に十六願の問題が不善の名ということで、これは後の方にくると、その不善として浄土を開くについての問題性がことさらに誓われている。それは本願の言葉が教えとして形を持つについて、人々に呼びかけるために、教えの言葉が生まれてきている。

だからその時代、その社会の苦悩の具体的な状況に対して、それを超える仏教の意味、そういう状況的な課題を本当に超える願いを語るために、その時代の状況が教えに反映する。

インドなら暑い気候が多いので、浄土は涼しい場所だと語りかける。それは実体的に涼しい空間を作るということに意味があるのではなくて、人間の感じている苦悩状況を超えるということを呼びかけんがために、そういう相対的な表現がとられてくる。北極の人間だったら涼しい場所などと呼びかける必要はない。暖かい場所と呼びかけた方がいいわけです。相対的な状況をとって呼びかけようとする。そういう問題があろうかと思いますが、特に不善ということになりますと、倫理的にいえば、不善というのは悪がないということでしょうが、倫理的な意味と同時に、仏道の上での善ということと二重の意味があります。

倫理の上では、社会状況とか、政治状況の中では、何が善であるか、何が悪であるか、絶対的な意味は持たない。どういう行為が悪であるかという基準が揺れ動くわけですから、絶対的な意味は持たない。しかし、一応の基準で善悪が教えられる。それは倫理的な生活の中で、こういうことはしてはならないという戒律が示され、それを犯せば悪である、それを守れば善であると教えられます。仏教は特に意業《いごう》を、心の問題、主体の意識の問題を重んじてきますから、善といっても表に現れた行為だけではなく、煩悩に対応して、煩悩という心理作用が仏道にとっては不善である。善は心理作用として、善の心所という言葉がいわれます。そこには第一に大事な善の心所は、信ずるという作用。これは道徳の本に、行為の本になるような問題ということになります。不善がないことで良い場所だといいますが、不善がないということは、いろいろの問題を孕んでいる。

特に不善がないというのではなくて、不善の「名」という。「乃至……聞かば」とありますが、何々から何々までをつづめるというのが、乃至という意味です。何々から聞までと、上に言葉がなければ考えにくい。感ずる、嗅ぐ、見るというような意識作用にとっての善くないもの、臭いについて、感触についても肌触りとか、あるいは味とか、そういう感覚器官の対象としても善くないものは嫌われるものがあります。不善ということは善くないという意味がある。単に倫理的な意味ではなく、もっと広く人間にとって厭われるもの、嫌われるもの、憎まれるもの……。悪という字にも憎むという読みがあります。「あく」と読めば悪いという意味ですが、「お」と読めば嫌悪という、憎むという意味になります。不善というのは、そういう意味が当然入ってくる。それで「乃至……聞かば」というのは、その他のいろいろの感覚器官にとって善くないものというものを含んだ上で聞くという作用を出す。それが言葉に関わるわけです。

不善の名を聞くということは、不善という概念があるということです。そういう意味で「乃至……聞かば」まで というのではないかと思います。感覚器官がよくないと感じるということは本能的なものもあるのでしょうが、人間の場合はそれに加えて、歴史や社会がつけ加えてきた価値観や美醜の感覚なども教育を通して、我々は言葉にしてくる。本当の無量光明土、大悲が一切衆生を平等にそれに摂して、そこから新たなる存在の意味を見出す。特定の相対的有の意味ではなくて、存在それ自身。親鸞聖人は浄土に生まれた身体は、虚無《こむ》の身、無極《むごく》の体だと『大無量寿経』の言葉を使われます。形ある体、有限の身体が浄土に触れるのではなくて、真実報土に触れる身体は虚無であり、無極である。何もないし、極まりがない。こういう形で、真実報土に触れるということは無限定であり、無条件である。

人間がそれに執着している有限の業の果報を引きずっている我執の、世に霊魂といわれるような実体が真実報土に触れるのではない。真実報土を開いて、十方一切の衆生を平等に包むときに、包まれた感動を持った衆生の自覚内容は、いうならば無我です。「虚無の身、無極の体なり」（聖典二八三頁）と押さえられる身体をもって、一切衆生に新たないのちを与える。そういう課題において嫌われるような概念がない。逆にいえばこの世には不善の名がある、不善の体があって、体といっても消えないような実体ではないのですが、無常の世の中に、一つの人間生活、あるいはいのちに対して関わるいろいろのことが、厭わしい、憎まれる。そういう状況が来ると、人間はそれに言葉を与えて、その言葉を憎みますから、事実とそれに名づけられる名とがあるわけです。

事実に名がつけられるときには、必ず人間の歴史や民族の業など、いろいろなものが重なって、事実の上に名が覆っている。事実があれば必ずその事実を厭うというのではない。歴史的に、あるいは民族の伝統においてある事実を、これは嫌なものだと教えてきて、そこに教育された一つの感覚が、これは嫌なものだと感じる。人間の歴史には文化があって、それぞれの美醜や善悪、そういう価値概念が加わっている。全部ゼロにするということは人間の営みを一挙に無に落とすわけですが、何故そういうことを誓うかといえば、人間がそれによって、つまり名づけられた不善の名によって非常に苦しむからです。

『歎異抄』の第一条は、「本願を信ぜんには、他の善も要《よう》にあらず、念仏にまさるべき善なきゆえに」(聖典六二六頁)とある。人間は善というものを欲しがる。不善は嫌だ。善を欲しいという心があって、本当に欲した如くに、全部善を所有して身につけられれば、苦労しない。しかし、思った如くに善を身につけられないどころか、生活の中で悪を犯し、あるいは犯そうという意識なくして悪を生きる。こうした問題にぶつかると人間は苦しみ、そこから逃げられない。倫理というものは善悪を教えて、人間を善に教育するという積極的な意味を持ちながら、実際は人間はそれで非常に苦しむ。それで限界にぶつからないなら、善を求めて善になっていけるなら、それほど具体的に問題にならない。しかし現実にかえって、それが非常に深い、逃れることのできない罪悪意識や差別意識を生んで来て、それで非常に苦しむ。

そこに善悪を超えるような意味を求める。善であるだけが人間の意味ではない。悪であったら意味がないかというと、悪があっても意味がないわけではない。善悪を超えたような意味がある。そういう境地を開かんがために本願が呼びかける。ですから不善の名がないということは、単に善という価値だけがあるということではなくて、人間に呼びかける場合には、不善の名がない、善だけがあるという呼びかけ方をするのでしょう。

その場合の善は、『歎異抄』の言葉でいえば、「念仏にまさるべき善なきゆえに。悪をもおそるべからず」（聖典六二六頁）という絶対善です。倫理的善ではない。念仏を称えたから善人だという意味ではない。悪をおそるべからず。念仏が悪を消してしまう滅罪《めつざい》のような信仰も、『観無量寿経』には説かれていますが、本当の本願の意図は、滅罪というよりは罪を超えたような、罪悪意識も突破したような存在の意味に目覚める。罪を消して救かるのではなく、罪に苦しむ、その罪に苦しむという問題が実は善を欲して、悪を恐れるという心根ですから、その悪を恐れることと、善を欲しがることの両方を突破したところに触れる。それが本願が呼びかけて、念仏が善だという意味です。

不善の名という問題は、真実報土を開くことの非常に大きな意味である。離譏嫌名ということを紹介しましたが、譏り、嫌う名前、譏嫌です。これは『浄土論』の大義門功徳から来る名前です。十四願にある声聞という問題が大義門功徳では中心になる。個人的救済、個人で救かってしまいたいという我執を持った人間が、救済を要求するときに落ち込んでいく非常に大きな問題です。浄土は、本当に広大無辺な世界を開いて、個人的、独善的救済に立ってしまおうとする声聞をも、大乗の菩薩に転ずるような力を持つ。現実の人間生活では、不善にはいろいろの名前がある。相対的な中で嫌われる名は、いろいろな形で表現されます。「老少善悪のひとをえらばず」という。年寄りは嫌だとか、あいつは年寄りくさいとか。あいつはまだ若いとか、まだヒヨコだとかいう。

やはり嫌われる名として、年を取ったとか、若いとかは、相対的な生老病死のいのちの中の一状況ですから、本当は本質的意味ではないが、それを相対化して嫌う。自分自身の意識の中にもあります。若い方がいいとか、年を取るのは嫌だなあとか。そういう中で、悪い方を厭うという事実に加えて言葉がさらにそれを増幅する。

老少善悪、男女貴賤《きせん》という。男女という性差、これも非常に根の深い差別の問題です。男女老少を選ばずとか、男女貴賤を論ぜずという。貴賤というのは貴い人、賤しい人という言葉で家庭の状況の違い、豊かな生活を送れる家庭であるか、貧しいその日その日を食べるのが精一杯の生活を送らなければならないか。そういう状況に生きなければならないのは、自分の選びで生まれるわけではなく、時代の状況の中で生まれてきますからやむを得ないわけですが、そこにも差別を置くわけです。自分はどっちを取りたいかといえば、できることならと、いい方を要求する、嫌う方を差別する。

人間の文化と歴史の中で、また自分の生活感覚、感情が色々の相対状況の中で、物事を全部善悪化していく。当たり前といえば当たり前の人間の生活が、実は、人間を非常に苦しめる。人間は煩悩の衆生ですから、テレビの番組を見ていると、セレブや億万長者の部屋を見せて煩悩をくすぐって、ますます欲求不満に陥らせるような番組ばかりが出てきます。人間はかき立てられて欲求不満に陥っていく構造を持っていますから、好悪感に善悪の価値観が加わって、言葉として表現されている。それが人間存在の本来のいのちの意味をどれだけ遮《さえぎ》るか、どれだけ傷つけるか。大悲の本願が無量光明土には不善がない、不善という問題が真の人間生活をどれだけ障害しているかを自覚せよという意味があると思います。それを本当に超えしめるような視点が大悲本願によって与えられる。その場所が南無阿弥陀仏である。

第8章　諸仏称名の願［第十七願］

天親菩薩の五念門

✣第十七願　諸仏称名の願

たとい我《われ》、仏を得んに、十方世界の無量の諸仏《しょぶつ》、ことごとく咨嗟《ししゃ》して、我《わ》が名を称せずんば、正覚を取らじ。（聖典一八頁・註釈版一八頁）

十二願・十三願を具体的な課題を通して十四・十五・十六願と語ってきて、その次の願が十七願です。これは非常に大きな問題を持っています。親鸞聖人以前では、特にこの十七願を注意して取り上げたのは、天親菩薩の『浄土論』くらいです。

『浄土論』が五念門という形をとって教えている。五念門の第二番目に讃嘆門《さんだんもん》がある。五念門とは、礼拝門・讃嘆門・作願門・観察門・回向門の五つです。天親菩薩が『無量寿経』の教えを受け止めて、『無量寿経』の体は、我一心に尽十方無碍光如来に帰命する、南無阿弥陀仏に帰命する。帰命尽十方無碍光如来、阿弥陀如来に帰命すると表白している。世尊の教えに従って『無量寿経』の教えをわがいのちとして、表白する内容が五念門という形をとっている。その第二番目に讃嘆門が出ている。これは明らかに十七願を受けている。

十七願を重視して、『無量寿経』の中心問題を考えるのは、天親菩薩以外にはいないように思います。法然上人は、四十八願の中心は第十八願だ、十八願一つを取って、この願が王本願である、念仏往生の願であるといわれます。十八願一つが本願の中心だと。他の願は十八願を浮き立たせるための、十八願一つに本願の意味を集約してくるための背景のようなものだと。けれども親鸞聖人は、四十八願の中から非常に特徴的な願を選び出している。単に一願だけというのではなく、真実五願とか真仮八願とかいわれ、五つの願とか、八つの願とかいう取り上げ方をしているのですが、特に十七願について非常に重要な取り扱いをされる。

「たとい我《われ》、仏を得んに、十方世界の無量の諸仏、ことごとく咨嗟《ししゃ》して、我が名を称ぜずんば、正覚をとらじ」。ここに称名《しょうみょう》、我が名を称《とな》えよ、如来の御名《みな》を称えて欲しいという言葉がはっきり出ている。十八願では乃至十念とある。何から乃至十念なのか、はっきりしないのですが、ふつうは一念乃至十念と読んでいます。数の上で乃至といっていると。乃至十念の内容をどう読むかは学者によって違う。念だといっても理念ということも、観念ということもある。これが称名念仏だと押さえてきたのは善導大師です。

善導大師の伝統を受けて法然上人は、この願が念仏往生の願だと。十八願こそが念仏往生の願だといわれるわけですが、親鸞聖人は、念仏はむしろ十七願にあると。我が名を称えよと、如来の願が我々に名を称えよという。これを受けて称名が如来の願であることがはっきりしてくる。そして成就の文では、十一願成就の文を受けて十七願成就の文が出てくる。そこでは、「十方恒沙の諸仏如来、みな共に無量寿仏の威神功徳の不可思議なるを讃嘆したまう」（聖典四四頁）とある。因の願では「ことごとく咨《し》嗟《しゃ》して、我が名を称ぜずんば、正覚をとらじ」（聖典一八頁）と。つまり咨嗟、讃《ほ》める、讃嘆という。

讃嘆と称名とは、これは違う行為です。だから善導大師は五正行といわれる。浄土の行として正しい行為を善導大師は選び出している。この場合は読誦（経を読む）、観察、礼拝、讃嘆、称名、この五つの行為が浄土の正しい行である。他の行は阿弥陀如来の浄土にとっては正しくない雑行《ぞうぎょう》、混じりけの行であると批判をして五正行という。だから讃嘆と称名とは善導大師の場合は、別の行為です。その中で善導大師は称名が正定業であるとされる。ところが天親菩薩は、第二に讃嘆門において称名といわれる。それは本の願に返してみると咨嗟して称える。咨嗟と称と、褒《ほ》めるということと名ということを一つにした。

成就の文を見ますと、「威神功徳の不可思議なることを讃嘆したまう」とある。そこに曇鸞大師が、『浄土論』を解釈するときに、讃嘆門に非常に重要な問題を見出された。天親菩薩の『浄土論』（聖典一三八頁）を見ると、「なんらか五念門」のところに礼拝・讃嘆・作願・観察・回向が出ていて、その第二番目に讃嘆について、「いかなるか讃嘆する。口業《くごう》をして讃嘆したまいき」といって、「かの如来の名を称し、かの如来の光明智相《ちそう》のごとく、かの名義《みょうぎ》のごとく、実のごとく修行し相応せんと欲《おも》うがゆえなり」（聖典一三八頁）という。口業によって讃嘆する内容は、如来の名を称する行為だ。如来の名を称することが讃嘆になるということは、実は如来の光明智相のごとく、かの名義のごとくと、こういう問題が入っている。

ただ名を称えたら讃嘆になるというのではない。本当に名を称えれば讃嘆するのだけれども、名のごとくに、つまり本願が名を持って衆生に呼びかけている、その名前の意味のごとくにせよと。光明智相つまり光の用きを持った、光の用きとは、我々の心の暗さを智慧をもって明るくする。我々の心が善悪にとらわれて、自分が善を欲しい、善人になりたい、にもかかわらず自分は悪の傾向を持っている。そのことに苦しむ、そこに迷う。善人になりたいけれどもなれない。偽善でしか生きられない、というところに悩む。そういう人間存在の心を、転ずる。善も欲しからず悪をも恐れずという視点を持つことは明るくなることです。

心が晴れる。これでいいんだという信念が開ける。信心の智慧が光の用きを持つ。その光の用き、光明智相になったときに、如来の名を称することは、如来を讃嘆することと一つになる。讃めようと思って讃められるものではない。名を称えれば讃めることになる。こういうことで天親菩薩は、称名門といわずに讃嘆門といわれた。善導大師がそれを分けられたのは、如来の名を称せよというのだから、もう我々は名を称えればいいのだと。そこに自分の心根として、どういう心で称えたらいいのかという課題を持つと、自力が入ってきます。

真面目に称えようとか、心静かに称えようとか、いろいろ条件つきで称えようとする。称名を自分の善行の一つにしようとする。善を欲する心で称える。その一つに讃嘆の心をもって、如来を讃めようと思って称える。讃嘆という心根を要求して、称名の材料にしようとする。これは善導大師は、五正行というときには、他の行は助《じょ》業《ごう》だ、助ける業だと。称名に正定業《しょうじょうごう》という名前をつけるときには、他の行為に称名の用きを助ける用きを持たせて、称名する。本当は助業は要らないのだ。読誦とか、観察とか、礼拝とか、いろんな人間の他の行為を加えて称名する。称名するときには頭を下げなければいけないなどということになると、いつでも何処でも称えるということとは矛盾してきます。満員電車の中で礼拝しろといってもできない。称名ならできる。他のものを助ける行為をもって称名せよと一応は教える。教えるけれど本当は要らないというのが善導大師の真意です。だから善導大師のいう讃嘆とは、人間の努力意識を孕んでいます。

けれども天親菩薩のいう讃嘆は、そういう意味ではない。如来の名を本当に意味をいただいて、光明に触れれば、そこに本願を聞けば、平等に無条件に如来の世界に触れることができる。その名を聞いて称えれば、如来の願に相応して、如来を讃めようと思って称えるのではなくて、称えることが如来のお心を讃めることになる。天親菩薩のいう讃嘆という意味と、善導大師がいう讃嘆という意味とは、同じ言葉だけども少しニュアンスが違う。そういう問題がこの願文の中にあります。

親鸞聖人の第十七願観

親鸞聖人は、十七願をもって大行《だいぎょう》の願とされた。十七願は如来の願が、我が名を称せよ、「我が名を称せずんば、正覚を取らじ」と。十方諸仏が我が名を称ぜずんば、正覚を取らじ、とある。ここに一つの大きな問題があります。称名という行為。いつでも、誰でも、何処でもできる。称えようと思いさえすれば、口が発音できない状態、発音ができない状態があるかもしれないが、意識が用く限りにおいて名を憶念することはできる。ですからこの称は、発音という意味ではない。発音も含んでいますが、この称は、元は発音する、意思伝達の器官として、発音を通して意味を聞くということが言葉の元です。表意文字や表音文字という文字が出てきて意味を記述するようになったのは、人間の歴史でずっと新しい。もともとは発音です。犬がいろんな発音で意思を表明すると同じように、人間もはじめはいろんな音を発音して意志を伝えようとしたところから言葉が出る。

だからもともと言葉は、声の屈曲だという定義があります。声の屈曲、音の屈曲だという定義がありますが、もともと言葉自身が発音という意味を含んでおります。だから名を称するということは、称という字は確かに口《く》業《ごう》です。口業とは口の行為、声が聞こえない人の場合は事情が少し違うと思いますが、ふつうは耳という感覚器官があって音を聞くことができる。そういう場合は音を通して意味が分かるという用きを持ったのが、広くいえば言葉です。言葉を使うということは、言葉を発音するということです。しかし大きい音とか、小さい音ということをいうのではない。

称名の場合は相手は人間に聞かせるためではない。相手は如来のお心との対応です。称名とは、憶念される如来との対応です。人に聞かせるために称えるわけではない。よく大きな声で人に聞かせるために称えるという人もいますが、本願は称えて人に聞かせるとは書いていない。称えて欲しいというのであって、称えて欲しいというのは、名というのが方便だからです。何の方法（方便）かといえば、本願を憶念する方法だからです。如来の本願を思い起こす方法として、称名という方法をとった。ほかの行でも憶念できるのではないかといいますが、名を通してということは、平等に摂せんがため、衆生を平等に潤《うるお》さんがためです。

ほかの行為は、できる場合とできない場合がある。しかし名は、言葉というものは、人間の社会の中に生まれてその言葉を教えられて育てば、言葉が使えなかったり、聞こえなかったりする場合は一概にいえませんが、広くは意味を表す。言葉は、少なくとも意味が分かる人間には、普遍的な方法になり得る。そういう意味で遍く潤さんがためだ。このように法然上人がいわれる。ですから名に限定して、それを方法としたという意味です。

称という字自身を昔の人が解釈しています。称という字に「称念」という、称える、発音するということの中に、意味を念ずる、意味を思うという作用が入る。言葉を出すということは、言葉に意味を込めて意味を思い起こす、言葉には必ず思い起こすという作用がついています。山という発音をしたとたんに、山という思いがついてきます。だから言葉には念が入る。

それから「称応」という。言葉に「かなう」、称にかなうという意味がある。つまり名前を憶念するときに、名前と自分が何処かで一つになろうとする。よく言葉は嘘だ。腹の中は分からない、という言い方をします。もちろん言葉にはそういう面もあるが、逆にいえば言葉と意味が一つになろうとする。そういうことが要求されている。我々の言葉は意識があって言葉を出すというよりも、言葉で意識しています。それをさらに悪知恵が働いて、思っていない言葉を出すという作用を持つ。一応は意味にかなうという作用を持っている。

そして「称量」という、「はかる」という意味も含んでいる。言葉自身の中に、言葉を使う用きの中に、そういう意味が含まれる。阿弥陀の御名を称えるという場合には、今ここで問題にしているように、天親菩薩は名義の如く称えよという。如来の願いに相応して欲しい、出遇って欲しいという意味ですから、大きい声とか、小さい声とか、声に出ているかいないかは第二の問題です。名に適《かな》うことが、言葉を方法とする中心問題になります。

「本願を憶念して自力の心を離るる」（聖典三四一頁）と親鸞聖人はいわれる。本願を憶念するという作用が、『歎異抄』第一条の一番はじめにあるように、「弥陀の誓願不思議にたすけられまいらせて、往生をとぐるなりと信じて」（聖典六二六頁）と、教えの意味を聞いてそれを信ずる。「念仏もうさんとおもいたつこころ」、それは単に突然念仏だけが出てくるというのではない。念仏を称えんとする心は、弥陀の本願を憶念する心がついている。「憶念称名いさみあり」といいますが、その称名とは、人間にとって非常に根の深い、言葉というものを通して意味を表現する、そういう生活をするのが、人間存在であると。

犬や猫には言葉がない。犬猫語があるのだという学者もいます。童話のドリトル先生のように動物の言葉が分かるという物語がありますが、そういう言葉があるかどうかは人間からは分かりません。表現はあります。腹が減ったとか、散歩に連れて行ってくれとかいう犬表現はあります、あれは言葉にまではなっていないでしょう。人間の口はいろいろな発音をするようにできていて、他の動物の口はものを食べやすく、餌を噛みやすくできています。人間は食べるという面も持っていますが、どちらかというと喋るようにできています。他の動物は人間の発音のような複雑な発音ができる口の格好をしていません。

称名、御名を称えよというのが基本的方法である。ここにはいろんな問題が絡むのですが、まず十方衆生を包むために浄土を開いた。物語の上では、その浄土を本当に衆生に与えんがために、そこに法蔵菩薩が五劫に思惟した。五劫に思惟して方法を選び取った。名号を選び取るということは、人間にとって一番普遍的で、一番根源的で、いつでも誰でもできる行為である。五劫の思惟を通して「重《じゅう》誓《せい》名《みょう》声《しょう》聞《もん》十方《じっぽう》」（聖典二〇四頁）と、称名を選び取った。

人間には疑いがあって、何故称名を選び取ったのかは、なかなか頷けない。いろんな行為があっていいじゃないかと。特に仏教の場合は、インドでは三昧ということがいわれ、精神集中という方法がとられている。精神集中、特に観念門です。「観」という方法、これが一般的には方法として取られている。お釈迦さまも三昧に入る。インド人は思惟が好きで、ものを考えていくときに、ジーッと座って考えていない状態にまで透明になって考える。ただ散歩しながら考えるとか、書斎に入って考えるというだけではない。ほとんど考えない状態にまで行って考えるということをインド人は方法としてとっています。お釈迦さまもそういう方法をとって三昧の行を続けられた。それで最後の覚りのときには、三昧から立ち上がったといわれる。そういう意味で「乃至十念」の念も観念だと。ズーッと意識を集中して、そしてこのこと一つを思う。

こういう方法を浄土教では、善導大師の言葉を使って定善といいます。心を一つの対象に定める、意識集中を通して本当の問題を考えつめていく。『無量寿経』を読むときでも、頭で読んでしまう。人間は難しい行為をして功徳を積む、自分の能力を高める、努力して自分を高めていこうということなら、誰でもよく分かる。自分はできなくても、そうすればきっとそうなるという思いがある。だから非常に難しい行為をしていると尊敬される。回峰行がその典型です。比叡山の千日回峰行というのは、本当に死をかけた難行です。そういう行は大変なことですから、尊敬されるし、自分も自惚れる、自己満足する。ところが、如来の本願は、それを取らずに称名せよという。人間の常識的発想、自分の努力、自分の意志や力をかけて極限にまで努力していく。そして善を欲求する。低い方より高い方を欲求して苦しんでいる人間にとっては、称名という方法は方法としては頷けない。一番軽いものとして考えられる。一番侮辱される。

如来の往相回向

御名を方法とすることに対する疑いは、なかなか晴れません。龍樹菩薩は易行であると。行為としてあえて一番易《やさ》しい行為を選んだ。何故、あえてかというと、弱き者を摂せんがためだという。怯弱下劣の存在、難行から落ちこぼれていく存在、自分の修行に耐え得ない存在。退屈してしまったり、絶望してしまったり、あるいは自分の力不足があって途中で倒れてしまう存在を包まんがために、一番易しい行為を開く。龍樹菩薩は、菩薩道を本当に成就するために易行を開いて、易行を開くことによってあらゆる菩薩を本当に菩薩道に立たしめるという言い方をします。

『観無量寿経』によると、十悪・五逆・具諸不善、一生造悪といわれ、一生悪業にばかり生きて、少しも善業ができなかった存在である。しかし死が必然となって、いま正に死なんとする。自分のような悪業、地獄に行く人間だけれども救けて欲しいという欲求が起こったときに、最後の手段として、如来が称名せよと。他の行は間に合わない、時間もないというときに、称名を呼びかける。ですから、称名ということは、人間は頷けないから、龍樹も『観無量寿経』も、一番悪い状態をも救わんがためだという。しかし『無量寿経』はそうではなく、十方世界の衆生を本当に平等に救わんがために、称名という方法を選ぶといっている。

　曇鸞大師や天親菩薩の押さえ方からすると、十二願・十三願の光明無量・寿命無量という場所を、本当に広く、衆生に普遍的に開かんがために、一つの行為を選び取る。その場合に元は、願は形がないけれども、形をとって、無量寿・無量光という世界を作りたいと願った。その願いをさらに衆生の上に実現するために、広く衆生の上に呼びかけて、衆生を浄土に触れしめんがために、そこに無量寿・無量光という意味を担った言葉を与える。それを親鸞聖人は、如来の本願が衆生に呼びかけんがために、動き出す用きを『浄土論』の五念門の最後の回向門に端緒を得て、如来の回向であると。本願力回向という言葉がある。本願力が回らし向ける。回らし向けるという行為は、これは親鸞教学の基本用語、中心用語（キーワード）ですが、もともとは仏教の一つの行なのです。回向という行が教えられる。それは自分の持った功徳、自分の持った善を振り向ける、施す。

　布施行という場合は、ふつうは施すことが一番基本ですが、さらには、物を与えることは必ずしも本当の意味を与えることにはならない。観音さまの場合には、施無畏《せむい》といって、畏《おそ》れのない心を与える。これが観音の布施である。物質的なものでない無財《むざい》の七施も後には教えられてきます。優しい言葉をかけなさい、挨拶をしなさい、優しい目で見なさいというのが布施になる。与えるといっても何も物を与えるとは限らない。いろいろの与え方がある。仏法の意味を与える法施があります。布施と似ている概念なのですが、布施という場合には、こちらにある意味をそちらに与える。

　回向は、例えば自分が百万巻のお経を読んだとすると、その読んだ功徳は自分にある。その功徳を一切衆生の救いのために振り向けようとして読む場合は、回らし向けて善根の蓄積する場所を、一切衆生に広げる。衆生回向ということがいわれます。菩提回向という考え方もある。自分の積んでいる善根を自分のためにするのではない。覚りのために、覚りに振り向ける。菩提回向という言葉もある。こちらにある功徳を他に転ずるという意味もあります。

法然上人がこれをどういう意味で使ったかというと、如来の浄土に生まれんがための行を浄土の行とすれば、覚りをこの世で開こうとする行は、浄土の行ではない。例えば、回峰行というのは浄土の行ではない。善導大師がいったように、無量寿仏の国に生まれるという行為は、正定業だ。それ以外の経典を読む、『法華経』『般若経』『般若心経』を読むのは、浄土の行ではない。空《くう》のための行であるとか、霊山浄土の行であるとはいえるけれども、阿弥陀の浄土の行ではない。しかし、それを浄土の行に振り向ける。これをもって阿弥陀の浄土にも入れてくださいと。浄土の行でないものを振り向ける。このように法然上人は使っています。念仏は振り向ける必要がない。だから、不回向だという。もともとはそういう意味を持っている。回向というのは意味を転じて振り向けるという意味を持っている。

親鸞聖人は、称名という方法を本願が選び取ったことが、如来の往相の回向だという。本願が浄土を開いた。浄土を開くことは荘厳といいます。象《かたど》る。基本的には、仏前に金具を置いたり、飾ることを荘厳というのですが、如来の本願が浄土を荘厳すると。衆生を救いたいという願い。衆生をどのように呼びかけたら衆生がこちらを向いてくれるか。如来の願いの方に、衆生を向かせるにはどういう言葉をかけたらよいかというときに言葉を作り出す。そして、こういう形を持っているのが浄土だと。願いをある意味で限定する。限定すれば必ず誤解が生ずる。言葉には共通の理解と同時に、言葉がそこに意味を付与した場合には誤解が生ずる。間違って理解することが必ず出てきます。意味を表現した場合は誤解を生じる。これはやむを得ない。特に如来の願いは形なき願い、無相の願いである。本当は一切衆生を一如の、一如というのは形のないことですが、形のない自由さに導きたいという願いは、どうなったらそうなるのかがはっきりしない。

本来に帰れというのですが、本来とはどういう形なのか。どういう形でもないわけです。裸になれといって、文字通り着物を脱いでも、なにもそれは裸になったことでもなんでもない。存在了解の問題ですから、目に見える形の問題ではない。しかし、言葉は一つの形をとることですから、形を通して呼びかけなければ呼びかけてみようがない。だから、願心《がんしん》を荘厳する。願いを象る。そういう作用が浄土を生み出すという意味です。浄土を生み出すということは、願心が衆生に呼びかけんがための場所を開く、それを荘厳というのです。

その荘厳せられた場所。本当に衆生がそれに触れるための方法を開かなければ、衆生は荘厳された意味に触れることができない。願それ自身に触れられない。形を見ても、形を聞いても、それに本当に主体的に触れることができない。私どもが方法として分かるのは、『観無量寿経』がとった「それを観《み》よ」という方法です。「観察せよ」、その浄土の姿、いろいろな形をとって教えられているその姿をよく見抜いていけ。それは定善という方法です。

これも積極的意味を持ちます。しかしこの定善という方法は、できない衆生がたくさん出てくる。観れども観えず。ですからその方法を、称名として選び取ったところに、本願の五劫思惟がかかっている。私どもは、いきなり称名と出されても、荘厳から称名へは無限の距離を感じる。それを親鸞聖人は、果から因へ、如来の一如の形、究極の形を、誰にでもいつでもできる、御名を称えよという方法にまで具体化した。それを親鸞聖人は、如来の回向という言葉で押さえようとされた。

こちらから理解しようとしても届くものではない。如来が向こうから迴し向けてきた。願心を形を変えて、一つの有限な形。無量寿如来の御名を称えるという一つの具体的な形をとって表現してきた。この回向という言葉を「表現」だと押さえているのは曽我先生です。回らして向けてくる。顕してくる。如来の願が表現してくる。現代的な意味としては、回向というのは表現だと曽我先生はいわれた。そういう意味で、この十七願は、往相回向の、本願が衆生を摂して浄土に行かしめんとして、衆生を共に浄土に歩ましめんとして、自らを表現した往相回向の行です。

第十七願が大行

この十七願は行の願です。衆生の上に顕れて、口業を通して、言葉という行為を通して、如来の願を表現する。これが十七願であると親鸞聖人は押さえられた。そしてその行という意味は、「大行」である。何故「大」という字をつけたか。『阿弥陀経』に少善根福徳という言葉があり、善や福は人間の価値概念です。善いもの、幸福の福、福々しい、豊かさを持つものを人間が要求する。私どもは貧しいということは悲しいことである、貧しいのは嫌だ、豊かな方がいいと感じるし、そういう要求を持っていて、永々と働いている。貧しくてもいいんだと腰を落ち着けたら、働かなくてもいいようになって、意欲を失ってしまう。

福への要求を本当に超えられたら、本当に楽になれる。ギリシャの哲人の中に、犬儒学派（キュニコス派）というのがあります。ゴロゴロ寝てばかりいる皮肉な学者たち、学派があったそうです。皮肉といわれる面があって、ふつうの心情としては福が欲しい。だから災いを嫌いだと。日本人の宗教はたいがい、除災招福だといわれます。災いを除いて福を招くのが、日本人のあらかたの方々の宗教概念である。そのために祈る。

親鸞聖人は、南無阿弥陀仏の中に讃歎・称名があるという意味をもう少しはっきりさせるために、名号は「もろもろの善法を摂《せつ》し、もろもろの徳本を具せり。極促《ごくそく》円満す。真如《しんにょ》一実の功徳宝海なり」（聖典一五七頁）と「行巻」のはじめにいわれる。善の方法、善法を摂し、あらゆる善法を包んでいる。「徳本を具せり」。南無阿弥陀仏という御名の中に、他の福や善を求める必要がないほど、南無阿弥陀仏に善法や徳本が包まれている。人間は、福が欲しい、善が欲しい、徳が欲しいと念じている。その念をある意味で突破しなければならない。ただそれが欲しいと念仏したら徳が来るか、福が来るかというと、そうはいかない。無上の功徳とか大宝海、一如の真実功徳は宝の海だと教えられる。

人間が欲しくてたまらないものを全部満たして、『浄土論』が語るように「一切所求《しょぐ》満足功徳」（聖典一四〇頁）と、全部満たしてあげましょうと呼びかける。そういう意味が御名の中に包まれている。だから、「少善根福徳」ではない。小さなという意味は、人間の状況に応じて、人間の努力で行われる行という意味です。人間の行はそれぞれ善であり、徳であるかもしれない。しかし相対的な量ですから、無限の大海である如来の世界に対していえば、小さい徳でしかない。どれだけ難行であっても、如来の大海の前には芥子粒のようなものだ。だから「少善根福徳」です。

それに対して念仏の行は、ふつうの人間の感覚からすれば一番小さな易行だ。一番小さなつまらない行だ。これは人間の誤解なのです。大悲が分からないから、人間の側からすると量的な、あるいは努力の質的な内容が、大きいものだと思う。しかし、自己中心的な、自分だけが良いものに預かろうとする心根で行じている行にすぎないのだから、如来の大悲願心からすれば小さなものです。十方恒沙の諸仏が本当に讃めることができるような御名、本当に普遍の願いを具体化したのが南無阿弥陀仏なのです。偉大なる行です。

浄土真宗の坊主は念仏ばかり称えないで、修行したらどうだといわれます。人間はふつうはそう考えます。人間からすれば、念仏など行にもならない。蛙の鳴いているのとどう違うのだと、犬が吠えるのと同じではないか、そんな理解しかしない。努力することが行だと思っている。だいたい修行というものは、もともとは努力だといわれます。繕い直して行じていく。そして何者かになっていこう、高い位になっていこうとする。けれどもそれで本当に相対差別を突破できるか。一如という世界に行けるか。本当に努力をして、努力をして努力に敗れれば、努力をして最後はくたびれて、死ぬ寸前まで行って、そこで、はたと努力は無意味だと覚られた。

難行は無意味だと覚られた。そこまで行けば転ぜられて意味がある。ふつうは途中で止まって難行の功徳を誇りにして、人間に差別をつける。難行をした人間が偉くなって救かって、難行ができない人間は救からないという差別を作るにすぎない。一如を目指すべき、平等法界を明らかにすべき、仏法にとっては、難行を人間が要求しますから、たとえ方法としていったんはとっても、本当はそれは超えられるべき限界がある。いきなり念仏を出されると、摂論家《しょうろんげ》が、中国の『摂大乗論』の学派が念仏を馬鹿にして、念仏は願のみあって行はないといった。浄土に往きたいという願はあるが行が安っぽすぎるではないか。こういう問いを出します。これは常識的発想です。如来の願が見えない間は人間の願いにしか見えませんから、人間の願いからすると努力の方が大きい。しかし如来の願からすれば、人間のなす努力というものは小さい。どれだけ真面目にやろうと、どれだけ激しくやろうと、如来の大悲からすれば、ほとんど一歩も進んでいない。人間の世界と如来の大悲の世界とは、永遠の階段みたいなものですから、登りつめられないほどの断絶がある。

浄土教の歴史の中では、如来の浄土は修行して行くこと能わずと教えています。修行して行くことができない世界。如来の願に相応する以外に、如来の願と出遇う以外に、人間の努力では行ける世界ではない。そのために称名一つを限定してきた。人間の努力からすれば、御名を称えることなどほとんど努力にならないですから、称名は如来が選び取って、如来が回向した。称名は如来が形なき願を衆生の上に浄土を開くべく、限定した一つの行である。こういう意味で十七願が大行である。

称名の主体

もう一つの問題は、称名の主体は、無量の諸仏という言葉で出されている。そして成就の文では、「十方恒沙《ごうじゃ》の諸仏如来」という言葉が出ている。これは非常に大事な言葉です。十方世界の無量の諸仏、十方恒沙の諸仏如来。親鸞聖人は非常に注意深く、「行巻」で、「大行とは、すなわち無碍光如来の名《みな》を称するなり」(聖典一五七頁)と書いておられる。もしこれをヨーロッパの言葉にした場合どう翻訳するか。主語がない。「称する」の主語がない。大行が称するのか、大行が称するわけがない。大行という事実は何であるか。無碍光如来の名を称するなり。無碍光如来の名を称するという事実が大行である。そこに、誰がとか、何処でとか、いつとか、という限定がない。

曽我先生は大行は所行《しょぎょう》の法《ほう》だという。『教行信証』の最初の解釈である存覚《ぞんかく》上人(一二九〇~一三七三)の『六《ろく》要抄《ようしょう》』の釈に依られて、所行という言い方をされます。所行というのは、漢文的表現で、受身形、行ぜられる法だと。ヨーロッパ語で翻訳すると、行ぜられるにしても、誰によってということをつけないと文法的に正しくならない。受身形だけで行ぜられている、誰によってだという限定がないと、おそらく文章にならない。

「大行とは、すなわち無碍光如来の名を称するなり」。これで日本人は分かった気になります。私が称えるのだということになります。無碍光如来の名を称する。私が称える、あなたも称える、主語は何処にでもある。ところが、主語がないところに意味があると曽我先生はいう。所行の法ということを表すのだ。いつ、何処で、誰によって称えられても大行である。能行《のうぎょう》ではない。能行を否定する。能行とは称えようとする意思です。『歎異抄』では、「念仏もうさんとおもいたつこころのおこるとき」（聖典六二六頁）といいますが、称えようとする心が称える。能行というのは私が称える。ところが存覚上人は注意深く、所行の法だといわれる。称えられる法だと。

曽我先生はさらに、覚如上人の言葉などを使われて、「念仏は自ら称えられるなり」、称えようとする心を必要としないで、称えられる。本願を憶念すれば、名号は称えられるという言い方をする。能行を否定することは、自力の心を否定することです。自分が称えようとするところに意味を求めようとする、そのことを否定する。自ずから称えられるのだ。翻訳するとすれば、受身形の動名詞みたいなものです。称えられていることである。称えられているという事実。それが行である。我々は、称えられていることが在るところには、称えようとするものがある。つまり、能行をつのろうとする。能という言葉は信心に属する。信心が称える。主体は信に属する。「世尊我一心」といいまして、天親菩薩は、我一心と、信心の上に我を置いている。

清沢先生は、非常に注意して書いておられる。「我《われ》、他力の救済を念ずるとき」、念ずるという主体になっています。憶念の主体であり、称名の主体ではない。称名は所行の法だ。誰が称えても平等に大行だ。親鸞聖人は、ここに主語を置いていない。名号が大行だという意味は、凡夫が称えるということではなくて、凡夫において称えられる。そこに平等に大行である。如来がそこに表現している。だから主語は、因願でも、成就文でも、十方恒沙の諸仏にある。つまり如来とか、諸仏とかいう位が讃める。

親鸞聖人は、諸仏称揚《しょうよう》の願・諸仏称名の願・諸仏咨嗟《ししゃ》の願といわれて、三度「諸仏」を主語に加えておられます。これは見落としてはならないところです。如来の本願をいただいて称名が成り立つならば、称名が成り立っている事実は、諸仏を生み出している場所である。ふつうには称名とは、我々凡夫が称える。我々凡夫が能行で行ずる。だから諸仏が称えるというのは、我々に先立って覚りを開かれた方が称えているその言葉を聞くと了解する。これは分かったようで分からない。講録などは所行というけれども、能行もあるのではないか。はじめに我々に先立って所行がある。しかし、私が称えるのは能行ではないか。だから所行から能行が来て、能行がまた所行を生む。このような解釈をする。そんなことをいうと、わざわざ十七願から十八願が生まれてくる意味が消えてしまう。

親鸞聖人はその問題をはっきりさせるために、念仏往生の願と、法然上人が押さえられた十八願に対して、十七願こそは念仏の願だ、「大行」の願だと分けられた。つまり能は「信」にある。行はいわば平等の「法」であって、これを親鸞聖人が「大行」といわれる意味は、そこに本当に仏弟子が誕生し、如来が誕生する行、だから大行なのだ。

大悲が行じている。大というのは人間の行ではない。如来の行という意味です。晩年に関東の門弟を励まして、信心の行人は諸仏と等しいという手紙を何回も書いています。念仏を信ずるなら本願に触れて、真の仏弟子とされる。罪悪深重、罪の深い、愚かな、善業などはできない生活者である。しかしそこに諸仏と等しい位をいただく。称名する主体は諸仏である。だから私が諸仏だとはいわないが、諸仏と等しい位がいただける。だから自重せよ。こういう励ましの手紙を何回も書いている。それは、何のために如来が称名を選び取ったか。

十方群生海の衆生を本当に仏法に立たせる、諸仏にせんがための行を選び取った。人間から見ればつまらない行、単なる言葉、口先で発音もできるという誤解があるが、そうではない。言葉において大悲の願を現行する、そこに大悲を顕現せしめる。ふつうの行は、努力とか、修行とか、それぞれの個人の生活の中に、個人的表現を持ったものが行だという。そういう誤解から見ると、大行は分からない。むしろ小行としか見えない。行がない、無行としか見えない。そういう誤解、思い込みが何故に成り立つか。自力の執心があるからである。

自分に対する驕《おご》り、自分の能力に対する自惚れ、自分の罪は深いけれど少しぐらい良いことはできるだろう。ちょっとは如来に近づけるだろうという思いが何処かに潜んでいて、如来の行が頼りない。如来が呼びかけている言葉では物足りない。それは如来の教えの言葉の意味がいただけていない。疑い深いから、そこに本末転倒、我々から如来の世界へ行けるという、因から果へという思い込みがある。それを破るべく、果から因へ、従果向因の行として、回向の行として念仏が誓われている積極的な意味がある。出来の悪い人間を包むという消極的な意味もあるが、積極的な意味がある。

十方衆生の常識は自力執心です。それを破らんがためにあえて言葉を行とする。行ならざる行とする。それは実は大行なのだ。そこに自力の執心を翻えす意味を持って大行と呼びかけている。念仏なんか頼りない。そんな誰でも称えられるものを称えて、そんなものがどうしてで仏法か、もっと激しく太鼓でも叩いてみよ、黙って何をしているのか、というようなものです。人間の努力は見えますが、如来の願は見えません。

如来の願はまったく見えないから、見える形としたときには一番つまらない形をとった。これが大事なところです。一番貧相な形をとって、如来が顕れてくださった。これに気づくには、私たちの眼が翻らなければならない。どれだけ自力の妄念が強いか、自力の執心が深いかということに気づく。その問題は信の問題です。信の問題をくぐらないと、念仏は大行だということは見えてこない。見えてくれば、かたじけなくもこの愚かな凡夫が、本願に触れる。本願に触れるときの主体は、凡愚である。凡愚が遇う。凡愚が遇えば、遇ったときには本願力が我々凡夫の上に、諸仏の意味を与えてくださる。だから大行である。

親鸞聖人が十七願を大行の願として選び出したということの着想は、古今未曾有です。独創的です。法然上人の中にも何処にもない。十七願が大行だという発見は、その着想から読み直してみると皆いっているではないか、というのがこの「行巻」の引用文です。そういう着想の上で読み直してみたら、この人も見ておったか、あの人も見ておったかと、親鸞聖人の経典、論を読みながらの感動が、「行巻」の引用文である。そういう眼で読まないと、念仏の歴史が、大行の歴史であるとは見えない。眼がひっくり返るわけです。修行の歴史、努力の歴史が仏法だという視点で見ると、努力が破れた歴史なのだと。努力に自惚れたり、努力を誇りにしたり、永々と努力しながら迷い続け、苦しみ続けたその歴史の裏に、努力に破れて念仏に翻った歴史が流れている。それこそ大行の歴史だというのが、親鸞聖人の眼だったのではないかと思います。

諸仏の意義

十七願における「諸仏《しょぶつ》」の意義を少し考えてみます。諸仏とは、一般的には、大乗仏教に来たって生まれてきた概念です。小乗仏教では、この世界には仏は一人しかいない。お釈迦さまだけが仏で、後に人間はどれだけ努力して阿羅漢までは行けても、仏には成れない。煩悩を超えて阿羅漢には成れるけれども如来には成れない。つまり一如までは行けない。こう考えられて来た。大乗仏教に来たって、釈尊が説いて感じておられる世界は、諸仏平等の世界である。諸仏というのは、自分一人が仏陀というのではなく、自分が開いた世界は、人類の歴史の中にたくさんの方が開いてきた世界と平等なのである。そういう世界に自分も触れたのだ、ということです。『無量寿経』に来ると、「仏仏相念《ぶつぶつそうねん》」、仏と仏とが相念ずるといわれる。釈尊が自分一人だけの世界を考えているのではない。仏と仏の世界を念じながら、本願の世界を語る。その場合には、阿弥陀も諸仏の一人である。釈迦仏という歴史上の人格としての仏があるというだけではない。法身、報身、化身という言葉がありますが、仏の概念が拡がってきた。教えの中に現れたまう如来の名前、それは、それぞれの覚りの世界（法界）を表現し、表現された覚りの世界を統一している名前である。毘盧遮那仏とか、薬師如来とか、西方阿弥陀仏、過去の仏、未来の仏、という概念もできてきた。たくさんの仏の世界があって、しかもその法界は平等である。覚りの境地は同じである。それをいろいろの面から表す。いろいろの荘厳や、名告りが出てくる。

大乗仏教に来ますと諸仏という概念が出てきて、『十住毘婆沙論』等でも、仏の名前がたくさん出てきます。西方だけではなく、東方、南方、北方とか、あるいは過去の時代の、いろいろの仏の伝統とか、『無量寿経』には五十三仏の伝統が出てきます。それは覚りを開かれたという意味が、お釈迦さまだけが開いたのではなく、釈迦さまの世界に無数の人々が、覚りを開いてきた。いろいろの形で覚りを開いてきたということが見えてきて、未来の衆生も、未来の諸仏として仰がれてくる。これは大乗仏教の中に、『華厳経』や『涅槃経』という経典が生まれてくることと重なって、可能性としての仏、仏性《ぶっしょう》というものが見えてくると、今まだ覚っているわけではないけれども、仏として仰げる。覚らずに亡くなっていったように見える過去の世界も仏として仰げる。こういういただき方が出てきて、仏陀が一人だという考え方ではなく、それぞれの仏が、それぞれの法界をいただいている。それが皆、究極の覚りにおいて平等であるという考え方が出てくる。

『無量寿経』では、東方恒沙の仏国といわれ、阿弥陀は西方にまします。しかし東方の諸仏の国と行き来ができる。仏陀という言葉自身は覚りを開いた存在という意味です。その覚りを開いたということの意味が、歴史上の人物における釈尊一人というのではなくて、もっと広く考えられてきています。

苦悩の衆生の根に仏性が見えてくれば、その仏性が開かれた世界に諸仏があるわけですから、因においてはまだ菩薩であっても、その菩薩の果においては如来が仰がれる。例えば、弥勒《みろく》菩薩は五十六億七千万年の間、補処の菩薩であるけれども、仏と等しい。等覚に住しておられるから、弥勒仏ともいう。

大乗経典の中にはいろいろの仏の名前が出てくる。諸仏という概念が出てくる。阿弥陀も諸仏の一人である。『仏説諸仏阿弥陀三耶三仏薩楼仏檀過度人道経』という異訳の経典があって、親鸞聖人も「行巻」に引用しています。阿弥陀の名は諸仏によって讃められる。つまりそれぞれの法界、独自の領域を開いておられる諸仏方、その諸仏方に普遍の法を呼びかけて、普遍の法として行じて欲しい。こういう願をもって立ち上がり、もしそれが実現しないなら自分は覚りを開かない。こう誓っているのが十七願です。

だから諸仏は自らの行をもって、それぞれ努力し、修行し、難行苦行の自力の行に破れて、諸仏に成っていった。その破れて成っていったときの根本的方法は、自力無効が本当に頷かれていった方法の根には、阿弥陀を讃めるということが響いている。阿弥陀を讃めるということは、無限なる力の前に回心懺悔して、身を投げるという意味を裏に持っています。また阿弥陀を讃めるということは、阿弥陀の御名の前に、無碍光なる無限の力なる阿弥陀の前に、自力を捨てる、自分の無力を知るという意味を持っています。そういう意味で諸仏が平等に讃める方法として認められる。こういう意味があります。ことさらに諸仏によって讃められることを願とするということは、諸仏阿弥陀ということが示すように、阿弥陀が阿弥陀になるためには、諸仏が諸仏であるということと同時である。諸仏がないなら阿弥陀もない。諸仏によって讃められるところに阿弥陀が阿弥陀になろうと誓っているわけですから、これは非常に大きな意味を持っています。

各々の諸仏を各々の諸仏として成就させることが、我が願いだ。その場合に阿弥陀の御名を讃めて欲しい。つまり阿弥陀の名告り、阿弥陀という名が阿弥陀として立つのは、諸仏がその言葉に頷いてくれるということが必要条件である。阿弥陀という実体がここにあるというのではない。称えられるところにあるのだ。ここに阿弥陀という実体があるから、それを見て讃めよといったら、自己主張の話ですが、阿弥陀はそんなことをいっているのではない。皆が讃めてくれないのなら自分はないのだ。皆さんが阿弥陀の御名に賛同し、讃めてくださるところに、阿弥陀が成り立つのだ。

阿弥陀は神ではなくて、「諸仏に讃められる御名」なのである。この十七願は、非常に大事なのではないかと思います。東方恒沙の諸仏国との往還ということがあります。諸仏世界を否定して独裁者として自分が立つのではない。諸仏世界を潰し、イスラムがやったように諸仏の鼻をそぎ、耳をそいで、阿弥陀が立つのではなく、諸仏が本当にこの行が普遍の行だと認めたときに、自分が自分の覚りの法界を開こうと誓っています。いわば運命を諸仏に託しているわけです。

称名破満

第十七願に注目して、第十七願を特に取り出したことが、親鸞聖人の『教行信証』の大きな仕事の一つです。親鸞聖人は、第十七願の念仏が「大行」であると述べています。『阿弥陀経』に「少善根福徳」という言葉がありますが、その「小行」に対して、「大行」だという根拠として第十七願を取り上げています。天親菩薩の『浄土論』の五念門行に、第二讃嘆門があって、曇鸞大師の『浄土論註』では、讃嘆門のところに、「称名憶念あれども、無明なお存して所願を満てざるはいかん」（聖典二一三頁）という問いを出して、讃嘆することは称名であるという。また天親菩薩は、「光明智相のごとく、かの名義《みょうぎ》のごとく、実のごとく修行し相応せんと欲うがゆえなり」（聖典一三八頁）といって、名において光の相の如くに、名の意味の如くになる、名を称するということはその方法であるということを表しています。

親鸞聖人は、その天親菩薩の指示と曇鸞大師の釈論とを通して、称名ということは、人間の上にどういう事実が起こるかということを、「しかれば名を称するに、能《よ》く衆生の一切の無明《むみょう》を破し、能く衆生の一切の志願《しがん》を満てたまう」（聖典一六一頁）と押さえて、「称名はすなわちこれ最勝真妙の正業《しょうごう》なり。正業《しょうごう》はすなわちこれ念仏なり。念仏はすなわちこれ南無阿弥陀仏なり。南無阿弥陀仏はすなわちこれ正念なりと、知るべしと」といわれます。念仏というのは大行で、大行は称名だというわけです。

「行」というのは、用くという意味を持っています。本願が人間の上に用く、無明を破り志願を満たすという事実が起こる。現実に仏法が行じている事実の内容です。ふつうは、人間が行為を通して何かに向かう、あるいは行為を通して何かを実現し目的を獲得していくことを「行」という。その目的は、無明を破り志願を満たすことですが、実は、浄土を建立して、浄土の用きを荘厳するときの中心の問題は、天親菩薩が「荘厳功徳」の最初に押さえた「清浄功徳」です。我々の経験内容である、欲界・色界・無色界の三界を超えることです。「勝過三界道」、三界の道を超えるということが、具体的にはどういう内容なのか。衆生の闇を晴らし、衆生の志願を満たして、衆生の精神生活の闇を晴らして、このいのちに絶対満足を与える。そのために「形相功徳」「光明功徳」「種種事功徳」、……最後には「一切所求満足《しょぐ》功徳」で浄土が荘厳されます。

浄土として荘厳される全体を、環境的に表現すれば「無量光明土」、主体として表現すれば「尽十方無碍光如来」です。これは両方とも光の用き、つまり智慧の用きで、それを衆生の生活の真っただ中に具体化したのが本願の行です。それを親鸞聖人は「諸仏称名の願」と押さえて、浄土真宗の行であるという。「行巻」の一番最初の「標挙の文」（聖典一五六頁）では「浄土真実の行」と押さえています。浄土の真実が現実になる行といってもいいと思います。鈴木大拙師は、真実を「真」と「実」とに分け、不虚偽、不顚倒と曇鸞大師が釈したのに合わせて、英語では「true and real」だと訳しています。

浄土が真であり実であるということが、そのまま人間の上に用く。その用き方が称名という形をとる。その称名の中に、光と願の意味を具体化する、本願が人間の生活の中に実現する。そういう用きとして、称名という方法を選び取り、その称名のところに、第十二願と第十三願で誓った光といのちを具体化して、浄土を現実化し、衆生の生活のところに行じようということが「大行」です。人間の側から人間の意欲を実践し、闇を晴らして、志願を満たしていくというのがふつうの行ですが、法蔵菩薩の五念門行、つまり法蔵菩薩の修行の内容として充分吟味して用き出た行は、衆生の努力を待たない、衆生がそれに意味をつけ加える衆生の側からの行は要らないのです。そういう意味で、称名のところに、一切衆生の無明を破し、衆生一切の志願を満たすという如来の願いが、そのまま実現している。こういう用きが「諸仏称名の願」の内容です。

天親、曇鸞の言葉を通して、親鸞聖人が「大行」といった背景にある問題は、道綽、善導が苦労して弁明しなければならなかった、念仏に対する疑いです。浄土教を『観無量寿経』の実践として見た場合、念仏の「念」はいろいろの意味を持っています。理を念じるという三昧の念仏も含んでいます。善導大師が、念仏といったら十声の念仏だ、称名念仏だというのも、そういう誤解があるからです（善導大師が称名念仏を出してくるのは、その背景に道綽禅師がいます）。しかし、称名念仏を出すと、今度は、人間の、名を称える行為となり、その場合、非常に軽い、易しい行為、難行苦行が行だと考える立場からすれば、行にもならないような行となります。そんな行では、罪悪深重の生活を転じることはできない、人間の行為として見るなら、口で称えるという行為は、ほとんど努力などないという疑難になります。

『摂大乗論』の学派であった摂論家から別の非難が起こります。浄土の行として称名が教えられているのは、方便の意味であって、非常に軽い行でもたくさん積み重ねれば救かることがある。だから称名といっても浄土に行くことは容易ではないという非難が出されます。それに対して道綽禅師は、末法という危機感と同時に、『涅槃経』で「一切衆生悉有仏性」と教えられているにもかかわらず、仏性が具体化しないし、迷いのいのちでしかないという実存的な問題を出して、今の時は浄土を要求し、称名する時だという。道綽禅師は、『観無量寿経』を中心に読んでいて、『安楽集』は『観無量寿経』の解説書といえます。『観無量寿経』では、下品のところで念仏が出てきます。特に、「五逆十悪、具諸不善」といって、他の行をする余裕もない本当の悪人が、臨終に臨んだときに称名ということが出てきます。これは一般には、比較相対して九品の一番低い者に如来が方便として与えているが、自分はまだ上品で他の行で救かっていけると経典を読みます。

道綽禅師には、「暴風駛雨《ぼうふうしう》」という言葉も出てきますが、自分は、時代とも絡んで下品であるという自覚があった。しかし、念仏が何故それだけ大きな意味を持つのかというときには、罪悪深重の五逆十悪の悪人が念仏に触れるということは偶然ではないので、曠劫以来の因縁があって、前生に如来にすでに遇っていたということがなければ、今生の最後に仏の教えに出遇って念仏するということは成り立たない。一声の念仏が出てきた背景には、実はこの一生だけに止まらない深い歴史がある。臨終に一声の念仏で救かるのは、隠されていた鉱脈が顔を出したようものである。道綽禅師は摂論家の問題に対して、このように弁明しています。

さらに善導大師に来ると、もっと積極的に「南無阿弥陀仏」の中に願行が具足しているといわれます。南無という言葉の中に発願回向がある。阿弥陀仏というのはそれが行である。「即是其行《そくぜごぎょう》」と釈しています。これは六字名号を解釈している六字釈《ろくじしゃく》という有名な釈です。南無阿弥陀仏それ自身の中に願もあれば、行もあると。摂論家の疑難は、浄土に往生したいという願はあるけれども、行はない、念仏など行ではない、だから念仏は唯願無行だというわけです。これに対して、南無というのは願である。阿弥陀仏というのは、名が用いている行であると、善導大師は釈しています。

第十八願との関係

親鸞聖人は、称名は人間の行為という意味ではない、人間の行為の一つを選んだには相違ないけれど、人間の行為として重いか軽いかではなく、本願の選びであると。人間は、間違った生活、あるいは苦しみの生活を自分の立場のままで晴らしていこうとします。そういう虚妄顚倒の見《けん》から見れば、念仏で罪業の生活を洗い流すなどということはありません。また虚妄顚倒の見から見ているから念仏は軽いとしか見られないのです。罪業の生活が本当に批判されるような、清浄な阿弥陀の願心に触れれば、念仏の方が重いのです。罪業の生活など吹けば飛ぶようなものだと、曇鸞大師はいっています。しかし、それは常識の立場にはなかなか聞き届けられません。

そこで親鸞聖人は、念仏は本願の行だと善導大師がいい、法然上人が確認していることをもっと徹底して、大行だといったわけです。念仏がそこに現前するという時は、人間の行というよりも、諸仏称名である。また諸仏称揚である。第十七願は諸仏によって讃められる名である。このように行の内容を、「諸仏称名、諸仏称揚、諸仏咨嗟」と三度諸仏をくり返し、大行がこういう意味で成り立っているといっています。念仏が本当に現前しているということは、諸仏称名であり、諸仏称揚であり、諸仏咨嗟です。そこに浄土真宗の行が成り立つのです。ところが、「称名憶念することあれども、無明なお存して志願を満てざるは如何」というのが曇鸞大師の問いです。これは人間が如来の用きが現前するのを阻害しているからです。願が現前することを妨げているのは、信の問題だということを、曇鸞大師は明らかにします。親鸞聖人はその指摘に従って、第十八願を読んだのです。

曇鸞大師は『浄土論註』の一番結びの三願的証《さんがんてきしょう》のところに第十一願・第十八願・第二十二願を取り出していますが、そこで第十八願に念仏して往生することを述べています。善導大師、法然上人も、第十八願が念仏往生の願であると理解しています。「乃至十念」の十念を、十声の念仏と読んで、念仏して往生する願と読んだのです。それを親鸞聖人は、第十七願を行の願と押さえたことにより、第十八願は、乃至十念より「至心・信楽・欲生我国」という言葉の方に中心があると読んだのです。この本願の解釈は今までにない画期的なことです。

『観無量寿経』に「具三心者　必生彼国」(聖典一一二頁)という言葉があります。『観無量寿経』は定善、散善が説かれるのですが、散善の内容を表す九品の一番最初の上品上生のところに、「至誠心、深心、回向発願心」という三心を具すれば必ず往生するという言葉があります。これまでの学者はここを軽く解釈していましたが、善導大師は、この言葉に注目して、長い長い註釈を加えています。この三つの心がどういう心であるかを情熱をかけて解釈した。法然上人は、それを受けて『選択集』に三心章を開いています。その三心章で法然上人は、念仏をすればこの三心が自ずから備わるという言い方で三心を読んでいます。

ところで、三心の第一の至誠心を、善導大師は、「「至」とは真なり、「誠」とは実なり」（聖典二一五頁）といって、真実心であると解釈しています。真実とはどういうことかを解釈する中で、「外に賢善精進の相を現じて、内に虚仮を懐くことを得ざれ」（真聖全第一巻五三三頁）という有名な言葉があります。内と外とが矛盾するようなことがあったら、至誠ではなく虚仮である、表にまじめそうな顔をして内には虚仮を懐いている、そういうことがあってはならないといって、真実であれといいます。

また第二の深心では、深心とは、深く信じる心である、深く信じるとは、というところでは、七深信、六決定という大変長い解釈をしています。『華厳経』に深心を取り上げていますが、ふつう深い心をそれほど問題にはしません。善導大師はこの深心を非常に大事にして、深心とは何であるかを緻密に解釈していきます。その中に二種深信《にしゅじんしん》ということも出てきます。

第三の回向発願心は、本当に如来の世界に発願していくことです。真実で、深い心で、回向発願する心で念仏することは容易ではありません。けれども法然上人は、あっさりと、念仏すれば三心が備わるといっていますので、そこには謎が残ります。事実、念仏してもなかなか三心は備わらないと感じますから、念仏をし続けてみたり、内に虚仮が出ないように必死になって念仏したりします。そこに専修念仏という法然上人の教えと、三心とがどういう関係なのかがよく分かりません。そういう問題が『選択集』の中に謎として残っています。

親鸞聖人は、『愚禿鈔《ぐとくしょう》』でも善導大師の三心釈と、法然上人の三心章の釈、聖覚法印の『唯信鈔《ゆいしんしょう》』などから、この問題をずっと考えています。第十七願が大行だということが頷けることと、本願の称名憶念ということが成り立つならば、事実として、称名しても心が一向に晴れなかったり、ますます内の虚仮が起こるのは何故か。本願が大行を誓っているのに、少なくとも私の上には大行にならないではないか。これをどうするかという問題で悪戦苦闘し、その記録が『愚禿鈔』のような形になったのではないかと思います。『愚禿鈔』の終わりの方に、内外対《ないげたい》ということで内と外とを対論しています（聖典四五七～四五八頁）。至誠心の問題、三心章の問題を受けて、有名な至誠心釈の読み替えがなされています。

善導大師は人間に対して、浄土に生まれようと思うなら真実になって来い、内と外とが矛盾してはならないといっている。そうだとしたら、私たちは永遠に浄土には生まれられない。「外に賢善精進の相を現じて、内に虚仮を懐くことを得ざれ」というのならば、如来の本願の言葉が人間の上には実現しない。だから親鸞聖人は、「外に賢善精進の相を現ずることを得ざれ、内に虚仮を懐けばなり」（聖典四三六頁）と読んだ。内外矛盾するのが凡夫なので、内外を調和させることはできないのが凡夫です。こう読んだときに、第十八願は行の願ではなく、如来の本願自身が信心を誓っている願だと読めたのでしょう。

善導大師は第十八願を、「至心・信楽・欲生我国」を読まないで、「若我成仏　十方衆生　称我名号　下至十声《じっしょう》」と読んで、十声まで我が名を称えよ、そうすれば、「若不生者　不取正覚」、必ず往生すると書いています。ところが第十八願は「至心・信楽・欲生我国」に意味があり、特に「欲生我国」に力点が置かれるのです。「至心に信楽して欲生せよ」と読むわけです。親鸞聖人は三心の釈と照らし合わせてこれを読んだのです。

至心（心を至す）ということは実は『観無量寿経』の至誠心と照らす。『観無量寿経』は、釈迦如来が人間に一応努力せよと呼びかける。努力せよと呼びかけざるを得ないのは、努力して近づいていこうという形で出発するのが人間であり、人間は努力しか分からないからです。努力を呼びかけていって、努力しかできない人間に、如来の心をちょっと出している。努力ができると思っている人間には、如来の本意は出てこないのです。『観無量寿経』では一応「至誠心、深心、回向発願心」は人間の努力目標です。しかし、その中にお釈迦さまの隠れた意図がチラッと表に出ているところがあります。それに注目して、三心釈の中から、善導大師が本当に言いたいことを眼光紙背に読み取った部分だけを、親鸞聖人は「信巻」に引用しています。善導大師の釈論も、全体としては、努力して真実になっていこうとする解釈の展開になっています。

だから、法然上人の釈論も、人間は努力してこういう心を持ちなさいという意味で引いているようで、そこがよく分からないところです。三心が説いてあるけれども、念仏してどうして三心が人間の上に成り立つのかということが疑問として残ります。念仏をしたら、こういうすばらしい心が成り立つのだと法然上人は書いています。しかし、実際やってみると、なるに相違ないと思ってみても、現実にはならない。専修念仏の教えが説かれているにもかかわらず、受け取った方は、どうも法然上人の教えが本当に頷けないという問題が残ります。行は専修念仏になったけれども、念仏して闇が晴れないと感じる間は、それを晴らす努力が人間の責任として残ります。だから法然上人を受け止めた弟子の中で、西山派、鎮西派など皆、努力主義です。

これに対して親鸞聖人は、曇鸞大師が押さえた信心の問題としたのです。『歎異抄』にありますように、勢観房とか、念仏房とかいう方々と親鸞聖人の違いは、いただいた信心が、法然上人と自分たちと同じかどうかというときに、賜《たまわ》りたる信心だから同じだといっています。自分たちが自分で感じる心は一人ひとり違う。念仏して救かったといっても、どのように救かったのかは、一人ひとりに心の違いがある。行は同じでも、信は千差万別ということです。法然上人の信心には三心が備わっているが、若造の親鸞の信心には三心が備わっているはずがない、という見方です。『歎異抄』は、その事件が法然門下のころのことのように書いてあります。三十五、六歳までに、この問題を突き詰めていたに相違ありません。『愚禿鈔』は法然門下でのノートといわれますが、そうだとすると、「信巻」で明らかにしている内容まで、突き詰めていたと思います。

内外対というのは、人間の裏表ではなくて、人間全体が内で、如来が外だということです。人間の三界は、迷いの闇の状態で、それから出る世界が如来の世界です。『愚禿鈔』の一番結びに、内外対というのがあり、そこに「内外道《ないげどうげ》外仏教《ぶつきょう》、内聖道外浄土、内疑情外信心……内自力外他力」（聖典四五七頁）と、たくさんの対応があります。その内というのは三界の内で、外が仏の世界です。外というのは単に人間の外ではなくて、人間の三業全部が内で、それを本当に出た世界、本当に解放された世界ということです。『愚禿鈔』でこのように書いてあるということは、三心釈について親鸞聖人がずいぶん苦労して読んでいるということが分かります。

『愚禿鈔』がいつごろ作られたか、どういう意図で作られたかについては説がいろいろあってよく分かりません。真蹟がなく写本しか残っていません。親鸞聖人が法然門下にいたとき法然上人の教えと善導大師の教えを照らして書かれたメモであろうといわれます。『歎異抄』の論争とともに一応そういう見方で見れば、後に「信巻」で表したような内容になるものを、親鸞聖人はすでに直感していたと思われます。

その場合、真実信心といい得るものは、人間が経験している不実の心、比較相対したり、煩悩が起こったりしている心のレベルで起こるのではない。だから、大行の願がはっきりして、大行が大行として用くためには、人間の意識の上に、本願自身が自分を成就しなければならない。本願自身が自分を人間の精神生活の上に顕さなければならない。そうすると、「至心・信楽・欲生」は、人間の上に歩みとして「至誠心、深心、回向発願心」を持つということです。歩みとして心の深まりを要求するのが、『観無量寿経』の経典の意図なのです。それは実は、法蔵願心に照らせば、「信巻」にあるように「一切の群生海、無始よりこのかた乃至今日今時に至るまで、穢悪汚染にして、清浄の心なし。虚仮諂偽《こけてんぎ》にして真実の心なし」（聖典二二五頁）ということが本当に自覚されてくるのです。そこに法蔵願心が真実心を恵むのです。

私たちの、虚仮不実の心を磨いたら真実になる、一生懸命やれば内外が一致していく、というような人間の希望とか努力意識を一点も残すことのない完全なる批判です。自分は不実でしかない、自分はどこまでやっても内外が一致しない、どこまでも虚偽顛倒の心だということを自覚せしめて、すべてを如来におまかせすることこそ、真実信心です。親鸞聖人が「悲しきかなや愚禿鸞」というのは、如来は真実そのものでも、せっかく教えに遇いながら、そうはならない自分の事実がある、その虚仮諂偽の心を持つ人間に、真実を恵まずんば止まんという法蔵願心の永劫以来のご苦労が、ここに闇を照らす光として与えられるという懺悔と歓喜が表されています。

真実信心というのは、善導大師の二種深信の「機の深信」がベースになって、三心にわたって衆生の雑心を徹底して教え、本願が真実の信心を恵むということです。名号を信じる心自身が本願成就の信心で、本願成就の信心が見ているものは、何処まで行っても虚偽であり、不実である人間存在で、そういうものを見そなわして真実信心をそこに恵むのです。親鸞聖人が善導大師に照らして、第十八願を信心の願だとしたのは、金剛心を、本当に崩れることのない、変わることのない、ダイヤモンドのような心を実現する選択本願だからです。そのために、大行があればそれでいいにもかかわらず、第十八願を誓うのは、衆生の問題を本当に荷負するためです。

親鸞聖人は法蔵菩薩の永劫修行というのを、大行ではなくて、信心のところに見たのです。衆生の上に真実信心が成り立つということは、法蔵菩薩の永劫修行が内実になっている。法蔵菩薩のご苦労は名号を選ぶためではない。真実信心を通して、名号が、破闇満願《はあんまんがん》の事実を衆生の上に成り立たせる。「至心・信楽・欲生」を本願三心としたのは、親鸞聖人の独特の見方です。

善導大師が『観無量寿経』を解釈しているときに、阿弥陀如来が一人の僧となって現れて、私を導いてくれたと書いてあります。善導大師が苦労した『観無量寿経』の三心に照らしてみれば、第十八願こそ信心を衆生に恵まんがための願で、「至心・信楽・欲生」はこの三心だと見たということは、親鸞聖人の聞法生活の中に、向こうから本願の文が語ってくるような思いがあって、そして「信巻」のこういう構想が与えられたのでしょう。曽我先生は自分に思索内容が回向されたという言い方をしていましたが、本願力が回向してくるような体験が、雲がわく如くに親鸞聖人の精神生活にあったのではないかと思います。

曽我先生は、『教行信証』は教行二巻で仕事が終わっている、だからそこに「正信念仏偈」が置かれている、「正信偈」では行の上に信をつけ足す必要はないといいます。念仏が本当に成り立つということは、正信を含んでいます。そこからもう一度「信巻」を開くということは、第十八願に独特の意味があるということで、親鸞聖人の喜びと浄土真宗の宣言がかけられているのです。

「信巻」別序には「信楽を獲得することは、如来選択の願心より発起《ほっき》す」（聖典二一〇頁）、信楽を獲得する、獲得せしめるのは選択本願自身です。そして「真心を開闡《かいせん》することは、大聖矜哀の善巧より顕彰せり」、願心が発起するということが因で、縁としては大聖矜哀の善巧より顕彰する。そこに、「しかるに末代の道俗・近世《ごんせ》の宗師、自性唯心に沈みて浄土の真証を貶《へん》す、定散の自心に迷いて金剛の真信に昏《くら》し」、近世の宗師が間違った理解をして、真実信心を誤解し、浄土の真証が汚される。そういって、親鸞は分からないことをいうという疑難を覚悟の上で「人倫の哢言《ろうげん》を恥じず」とまでいっています。

自分の上に起こった心が、どういう意味で本当に三界を超えるか、自分の個人的経験を超越するような、普遍的な人類の根底にまで行くような平等の心になり得るか、人間を突破して本願の心が本当に証明できるか。こういう問題を「信巻」で解明しようとしたわけです。

第9章　至心信楽の願［第十八願］

法然上人の回心

第十八願　至心信楽の願

たとい我《われ》、仏を得んに、十方衆生《じっぽうしゅじょう》、心を至し信楽《しんぎょう》して我が国に生まれんと欲《おも》うて、乃至《ないし》十念せん。もし生まれずは、正覚を取らじ。唯《ただ》五逆《ごぎゃく》と正法《しょうぼう》を誹謗《ひほう》せんをば除く。（聖典一八頁・註釈版一八頁）

第十八願は、法然上人が王本願といったように、浄土教の中心の願、本願を説いている『大無量寿経』の一番大切な願といわれる願文です。法然上人がこの願が大切であるという意味は、十方衆生に呼びかけて念仏をもって往生をする、浄土を建立して一切衆生を包もうという願だからです。浄土を建立しなければ、一切衆生を仏法の世界に摂め取るができない。どうしても各々の宿業や能力、性質などの境遇に応じた努力、生活内容の違いが生じて、その努力の限界にぶつからざるを得ないのです。

法然上人自身が、天台の学問道場である比叡山にいて、他の宗派の学問を勉強した。あの当時の仏教の学びは、学びたいと思えば師匠の許しを得て、真言を学ぶこともできるし、法相を学ぶこともできるし、何処へ行っても勉強できた。法然上人の伝記でも、仁和寺で学んだり、東大寺に行って学んだりしながら師匠に問いかけています。法然上人は当時の学者と論争して、全部打ち破るほどの能力があったといわれています。学問の上でそのような能力があった法然上人が、どうしても救からないという問題を抱えたのです。法然上人の伝記では、自分は戒定慧《かいじょうえ》、三学の学びに相応して覚りを開く身ではないと嘆いたことを伝えています。

浄土教、つまり本願他力に帰せざるを得なかったということは、能力の有限性と、煩悩を超えるような身ではないという自覚があったのでしょう。その法然上人ですら、なかなか浄土教の本意が分からなかったのです。天台浄土教という流れがあって、天台宗の中に善導大師の浄土教の流れが入ってきていました。独立した浄土宗ではなくて、天台の教えの一つの流れとして、浄土の教えが（寓宗として）矛盾なく取り込まれていた。恵心僧都源信は、天台の学僧ですが、『往生要集』という書物を書いています。ですから、比叡山には浄土教の教えもあったのですが、その源信僧都の教えも、法然上人はなかなか頷けなかったのです。

善導大師の『観経四帖疏』の文に遇うまでに、厖大な『一切経』を五回も読んだといわれる。善導大師の『観経四帖疏』に遇って、念仏一つで往生できる、「仏の本願によるが故に」ということに目が覚めた。これが法然上人の回心《えしん》です。伝記は四十三歳のときと伝えられています。十五歳で出家した法然上人が、四十三歳まで約三〇年近くの歳月をかけて、ようやく自力無効に気がついたのです。

出遇った本願の中心は、念仏で往生するという一言です。念仏は単なる努力ではなく仏の本願で、仏の本願に従って往生する。自分はその他の行に心惹《ひ》かれて長い年月を迷っていた。だから、その他の行は要らない。専修念仏ということがはっきりしないと、十方衆生は救からない。念仏の教えをはっきりしたいと、法然上人は山を下りて京都の町外れの黒谷に住んで教えを説いた。そこで、南無阿弥陀仏一つで救かるということを懇々と説いた。また望まれれば仏法論議に出ていって、いろいろな学者と論争もした。大原問答（一一八四年）が有名です。けれど法然上人の願いは、仏法に触れたことがない人々に、念仏一つで救かる道を説くことだったのです。

　法然上人は、第十八願一つを建てました。第十八願以外の願は、第十八願を本当に明らかにするためのもので、そこには念仏のみが説かれています。ところが念仏の意味がはっきりしないということで選択本願を明らかにしようとした。善導大師の教えを通して、何故、正定業といわれる念仏以外の行を説くのかというときに、廃立《はいりゅう》、助正《じょしょう》、傍正《ぼうしょう》という三つの見方をした。これは『選択集』の三輩章に解釈されています。専修念仏を明らかにする経典で、何故他の行を説いているのか。それには三つの見方ができる。一つには、行と行を相対させて、一方を廃して一方を立て、この行一つでいいということを立てるためである。もう一つの解釈は、正しい行と正しくない行とを並べることによって、正しい行を助けるために他の行を説く。第三番目は、正しい行に対して傍らの行ということを明らかにするために説く。このように三つの解釈をして、どれを取るかは各々にまかせるけれど、もし善導に依るなら、廃立だという説き方をしています。

　正定業一つを選び出す根拠が、第十八願にあると読んだのが法然上人です。第十八願を念仏往生の願と読んで、一願をもって浄土宗を建立した。念仏一つで往生する。この信を確立すれば、人間はどんな生活をしていようと、どんな宿業に生きていようと救かると説いた。親鸞聖人以外は、法然上人が一願をもって建立したその立場を踏襲して、念仏一つで救かるといおうとしました。

　ところが、念仏一つというときに、念仏の了解に割れが出てきた。一番有名な論争は「一念多念」という論争です。念仏で救かるというけれど、そのことに頷いて、一遍だけ称えれば救かるのか、たくさん称えなければ救からないのか、正しいとする行を行ずる回数が問題になった。そこに実際に法然教団が割れるような論争が起こりました。さらには、念仏を称えるとき、称えようという心があるのがいいのか、ないのがいいのかという「有念無念」の問題が起きました。法然上人は、三昧発得の人といわれ、念仏していくうちに三昧に入る。念仏しようという意識がある間はまだ分別があるので、念仏しようということすら忘れる。

一遍《いっぺん》上人（一二三九〜一二八九）の念仏はそうです。「称《とな》うれば我も仏もなかりけり　南無阿弥陀仏の声のみぞして」。まだ、声を聞いているうちはダメで、「称うれば我も仏もなかりけり　南無阿弥陀仏南無阿弥陀仏」。南無阿弥陀仏になりきる。ここには人間の意識の問題が絡んできます。行が如来の本願だと信じて念仏を称えようとしても、その行を称える主体の意識が問題になります。正しい行なら、一遍でいいのか、そのときの心はどうなのか、という人間の意識の問題が残ります。そういう問題を抱えて、親鸞聖人は本願文をくり返し読んだのだと思います。

『選択集』に三心章があります。これは『観無量寿経』に「もし衆生ありて、かの国に生まれんと願ずれば、三種の心を発してすなわち往生す」（聖典一一二頁）、三種の心ということが出ていて、「何等をか三つとする。一つには至誠心《しじょうしん》、二つには深心《じんしん》、三つには回《え》向発願心《こうほつがんしん》なり。三心を具すれば、必ずかの国に生ず」、この三心（さんじん）をいいます。これに照らして『大無量寿経』の第十八願にある「至心《ししん》・信楽《しんぎょう》・欲生《よくしょう》」も三心（さんしん）といいます。真宗の教学ではそれぞれ、「さんじん」、「さんしん」と読んで区別しています。法然上人も『大無量寿経』の「至心・信楽・欲生」を三心といいます。親鸞聖人は、この三心の問題をずっと練っていったのではないかと思います。

第十八願に「乃至十念」とあるけれども、中心は「至心・信楽・欲生」にある。それに対して「行」は、第十七願成就の文に「十方恒沙の諸仏如来、みな共に無量寿仏の威神功徳の不可思議なることを讃歎したまう」（聖典四四頁）とあって、無量寿仏の名を称えるということは、第十七願にある。称名を本当に根拠づける願は第十七願である。それに対して、称名が人間の上にどう頷けるかという心の問題、あるいは、如来の本願が人間の上にどのように用くかという問題は、第十八願だと、親鸞聖人は読んだのです。

法然上人が基本的に一願建立というのは、行と行とを相対して念仏一つを立てんがためです。しかしこれだと人間の側に誤解が残ります。人間の意識には自力の問題があって、自分の努力で称えるのか、自分の意識が消えるまで念仏を称えて念仏の中に溶けてしまうまで行ずるのかという問題です。本願の念仏といわれているのに、本願の念仏を聞く人間の側の努力が、いつまでたっても消えない。他の行はあきらめて念仏を称えても救からない。それは意識が分裂しているからだというので、意識分裂をなくそうと内面的努力をするが容易ではない。

そこで親鸞聖人は、本願はどのようにその問題を超えるべく教えているのかと読んでいって、第十八願を「信心の願」として見出した。さらに、『観無量寿経』の三心と照らして第十八願を読んだのです。『観無量寿経』は唐の善導大師が全力を傾けて解釈しています。随から唐にかけて中国の仏教が非常の興隆した時代には、天台大師智顗《ちぎ》、嘉祥大師吉蔵《きちぞう》（五四九～六二三）、賢首大師法蔵《ほうぞう》（六四三～七一二）という方々が出ました。その人たちも『観無量寿経』を解釈していますが、善導大師は違った読み方をしています。善導大師はそれまでの読み方を一変するということで、古今《ここん》を楷定《かいじょう》するといっています。

どのように一新するかというと、他の人々は自分の理性あるいは能力で経典を読むのに対して、自分は阿弥陀如来の命によって読む。自分の夢の中に阿弥陀如来が行者の姿をして現れて、こう解釈せよと教えてくれたのだと『観経疏』の結びに書いています。つまり、人間の理性を信頼して解釈したのではなく、如来の指示に従って読んだということです。別の言い方をすれば『観無量寿経』を『大無量寿経』の心に照らして読み直した。ふつうは、『観無量寿経』を『法華経』なり『維摩経』の心に照らして読む、つまり、一般仏教の立場で浄土教を解釈します。そうするとこれは、人間の心を澄まして浄土を見ていくという経典です。人間が救いを求めるについて自分の心の迷いを晴らして覚りの世界を見ていくのです。

説いている相手（対告衆）は女性だが、単なる女性ではない。大菩提心を持った菩薩が、女性の姿をとって現れ、教えを聞いているのであり、ちょっと見ると凡夫のようだが、本当は凡夫ではないというのが、一般の解釈です。それに対して善導大師は、韋提希は「汝是凡夫」、凡夫であると経典に書いてある、だから凡夫に対する教えである。努力して覚ることができない凡夫が、救われていくのが本願の真意、『観無量寿経』の真意だと善導大師は読んだ。『大無量寿経』に照らして読めば、努力して救かるためにこの経典が説かれているはずがない。その立場から、それまでの解釈の間違いを根源から正すという形で解釈しているわけです。

浄土に往生するには三つの心が必要だ。至誠心、深心、回向発願心の三つの心があれば往生する。これが『観無量寿経』の中で何をいっているのか分からないところです。ふつう、理性で読むと、倫理的な真面目さを要求しているのだというくらいに読み過ごします。三心とも真面目さを要求していると読んでしまうと、『観無量寿経』のいう意味が分からなくなります。人間の心を澄ますという方法である定善と、人間の行為的な正しさを説く散善との間に三心が出てくる。三心は、散善のはじめの上品上生に出てきます。善導大師はその三心に異常なほど力を入れて解釈をしています。法然上人もそれに注意して『選択集』の中に三心章を開いていますが、一番この問題に注意したのは親鸞聖人です。

『大無量寿経』の三心

親鸞聖人は「至誠心《しじょうしん》、深心《じんしん》、回向発願心《えこうほつがんしん》」という教えを、和讃にもあるように、『大無量寿経』の三心に通入せんがための道筋として説いています。人間の真面目さ、人間の深さ、人間の振り向けていく心を励ましながら、実際は宗教的意識を深め、本当の人間の問題に出遇わせて、本願を信ぜずにはおれないというところまで導いていくための教えであると親鸞聖人は見ています。だから第十八願を「本願三心の願」と読んだのです。

三心というのは、三つの心という意味ではなくて、中心は一心《いっしん》です。その一心を得ることと、何故、三心を本願が誓うかのという問題を親鸞聖人は徹底して論じています。天親菩薩の『浄土論』の一心と、『大無量寿経』の三心という対応をしています。『大無量寿経』が三心というのに、「世尊、我《われ》一心に、尽十方無碍光如来に帰命して、安楽国に生まれんと願ず」で始まる『願生偈』は「我一心」という。「何故天親菩薩は一心というか」という問いを出して、それは、一心によって涅槃の真因を表すのだといっています。

『浄土和讃』の中に三経和讃がありますが、その「大経　意《だいきょうのこころ》」二十二首を見ますと、『大無量寿経』が何を説いているかが分かります。出世本意から始まって、『大無量寿経』には本願を説くといい、南無阿弥陀仏ということを明らかにして、第十二願、無碍光仏の光の十二光の中で清浄、歓喜、智慧光の代表的な三つの光を出して、第十八願に移っています。第十八願は、「至心信楽欲生と　十方諸有をすすめてぞ　不思議の誓願あらわして　真実報土の因とする」（聖典四八四頁）と述べています。それに続いて「真実信心うるひとは　すなわち定聚の数にいる　不退のくらいにいりぬれば　必ず滅度にいたらしむ」、これは第十一願の意味です。第十八願から第十一願へ、『教行信証』と同じように信から証へという次第で和讃を展開しています。

本願の次第からいうと、第十一願・第十二願・第十三願、そして第十七願・第十八願と展開されていますが、成就の文も第十一願・第十七願・第十八願の成就の文と展開しているので、如来の次第と人間の次第であると教えています。如来の側からすると、第十一願、涅槃とか滅度の仏道の課題を揚げて、それを十方衆生に明らかにするために浄土を建立する、あるいは阿弥陀を報身として建てるのです。第十二願・第十三願を説いて、それらをさらに具体化して行信として衆生に回向するという本願の展開になっています。

仏法を掲げるならば、涅槃や滅度は、人間が究極的に求めるべきものです。涅槃を求めるには、浄土を通して人間がそれに触れていくしかないのです。その浄土を本当に獲得するために、人間の上に開かれるべき心が具体的には、第十八願です。

如来が、涅槃、滅度、あるいは一如という究極の人間の救われた在り方を呼びかけるための無上方便として、浄土を建立し、浄土の阿弥陀の名前を建立する。その名前が名前に止まるかぎり「信巻」に「真実信心は、必ず名号を具す。名号は必ずしも願力の信心を具せざるなり」（聖典二三六頁）といわれます。名号は、如来が方便して、如来が自己を表現して衆生に近づかんがために、如来自身を否定して、衆生が分かる言葉の世界に現れて、光の名となったものです。名であることと、人間の心とはレベルの差があります。名はそのまま人間の意識にはならない。人間の意識の側は、名を聞きながら、名を考えたり、捉えたりして、名と自己が分裂している。だから名号が必ずしも願力の信心にはならない。まず、名号が衆生の上にどういう呼びかけをし、どういう通路を開けば、衆生の側に本願をいただく心が生じるか。

善導大師の至誠心釈は、至誠であれ、不実であってはならない、真実であれ、という倫理的な呼びかけです。

「外に賢善精進の相を現じて、内に虚仮を懐くことを得ざれ」、嘘、諂《へつら》い、媚《こ》び、そういう虚偽の心があってはならない。浄土に生まれたいと思うなら至誠心を持て、至誠の心なくして浄土に触れるわけにはいかないと呼びかけたのです。

それに対して親鸞聖人はこの至心という言葉を、何故如来が誓うのかを釈しています。至心とは名号を体とする。名号にすでに如来の真実が生きている。しかし、その真実が人間の真実になるためには、真実が心にならなければならない。だから、心という字を加えて至心を誓っている。如来が人間の心になる。至心が何故真実といい得るのかというと、如来のみが真実だからです。人間は努力はあっても真実にはならない。努力がある限りは迷いであり、不実です。不実が意識されなくなるときは、人間は堕落しかないので、真実そのものがなくなるということは、私たち人間には理想としてあっても、現実にはなり得ないのです。

私たちの現実は、相対のなかで、自己と他あるいは自分の理想と現実、与えられた状況とそのなかでの利害損得の計算をしているが、何が真実かということは私たちの理性では決められない。相対的な真実を立てて、傷ついたり、迷ったり、苦しむ。また、価値を変えたり、真実の基準を変えたりして、あたふたしている。まして感情で決めた真実が、いかに虚偽であるかはすぐ分かる。本当の真実は人間には得られない。

親鸞聖人は、わざわざ本願が至心を誓うのは、如来が人間に至心を与えたいからだと読んだのです。第十八願の至心を読むときは、第十九願に照らしながら、第十八願独自の「至心」の意味を明らかにしています。「信巻」の三一問答のはじめに、「竊《ひそ》かにこの心を推するに、一切の群生海、無始よりこのかた乃至今日今時に至るまで、穢悪汚染にして、清浄の心なし。虚仮諂偽《こけてんぎ》にして真実の心なし」（聖典二二五頁）とはっきり宣言しています。真実の心、清浄の心は人間にはない。だから、「ここをもって如来、一切苦悩の衆生海を悲憫《ひびん》して、不可思議兆載《ちょうさい》永劫《ようごう》において、菩薩の行を行じたまいし時、三業の所修、一念・一刹那も清浄ならざることなし、真心ならざることなし」、こう対応して、人間の不実さ、不清浄さに対して如来のみが真実であることを、至心として誓っていると読んでいます。

至心一つで衆生の煩悩悪業の生活から立ち直る心を開くのですが、さらに「信楽」を誓うのは何故か。至心の体は名号だというのですが、至心を体として信楽を誓うのは何故か。人間の上に真実を呼びかけるけれども、人間の開いた真実は、「しかるに無始より已来《このかた》、一切群生海、無明海に流転し、諸有輪に沈迷し、衆苦輪に繋縛《けばく》せられて、清浄の信楽なし。法爾《ほうに》として真実の信楽なし」（聖典二二七～二二八頁）と、親鸞聖人は信楽釈でいっています。

本当に信楽がないということは、如来の心に対する疑い（疑蓋《ぎがい》）です。親鸞聖人は疑いという問題を、第二十願において非常に深めています。積極的に疑うというよりも、自我心をもって信じることにより、願力を全面的に信頼しないのです。そういう根の深い疑いまで含めて、人間の上には信楽はない。都合がいいから信じるとか、結果がいいから信じるというように人間が信じるときには、打算が入ります。自分の思うように救けてくれると信じるので、救けてくれないと信じるわけにはいかない。救ける救けないまで含めて全面的におまかせすることにはならない。私たちは自己肯定の心で相対化した何かを信じている。

無明と諸有と苦、これを惑業苦といいます。諸有というのは、二十五有ともいわれる人間の流転の在り方です。また衆苦輪というのは苦悩の在り方です。このような惑業苦に縛られて清浄の信楽がない、真実の信楽がない。「ここをもって無上功徳、値遇《ちぐう》しがたく、最勝の浄信、獲得《ぎゃくとく》しがたし」（聖典二二八頁）。名号（無上功徳）に出遇うことができない、名号の意味に相応することができない、名号が信じられない。だから本願自身が信楽を誓う。人間の上に真実を要求しないで、如来自身が立ち上がる。

私たちは、自分自身に潜む根の深い疑いを、自分の意識の努力、行為の努力では晴らすことはできない。意識が意識を反省していけば底がない。疑いを晴らそうと思ってどれだけ有難い話を聞いても、自分の中に潜む疑いの根は切れないのです。聞法経験のある人は、皆この問題に苦しみます。疑っているつもりはないが、本当に信じられない。自分では信じたけれども、疑いは晴れない。疑いを切ってくださいといくら頼んでも、誰も切ることができない。

法然上人が三〇年かかったのもそうです。法然上人のような賢い方ですから、自分の能力の限界も早く気づくし、自分の中にある野心、真実になれないという自己分裂も深かったに相違ない。しかし、そういう法然上人が、どうしても本願の心に触れられなかったその壁は、親鸞聖人が二〇年かかったのを見てもそうですが、私たちにとって容易ではない壁です。

そこで、人間の側から突破できない壁を如来の側から超えるのです。それが真実信心です。真実信心を誓わずにおれないのは、念仏だけ誓ったのでは人間は真実になれないからです。人間に至誠たれということだけ要求しても、念仏と人間の至誠の間にある壁は、人間の側からでは超えられない。そこで如来は信楽を誓うのです。これは深い意味の疑蓋の問題です。

この至心、信楽の問題は、親鸞聖人の解釈を通すと、「仏性《ぶっしょう》」という問題につながります。如来を信じることができる心は、人間心ではないということです。人間の心だったら本当は信じられない。如来の可能性を信じるといっても、人間が信じた場合は、まだ疑いが残っています。パスカル（一六二三〜一六六二）が、神を信じるか信じないか、それは賭けだといったことは有名です。どっちが正しいかは神がある方に賭けるか、ない方に賭けるか、それしかない。賭けだということをキェルケゴール（一八一三〜一八五五）は、「Entweder Order」（二者択一）といいますが、それほどの決断です。

また清沢先生の言葉でいえば「生死巌頭」です。どっちかに決めざるを得ないという必死の思いで決めるということですが、賭けは理性では決断できません。理性である間は疑いです。疑いというのは猶予だといわれますが、決断を延ばすことです。もう少し考えてからと延ばすのが、理性の本質です。実存的決断は考えて決めるものではないので、理性では決められません。

親鸞聖人は、信心の本質は「仏性」であると押さえています。和讃では、「大信心は仏性なり　仏性すなわち如来なり」（聖典四八七頁）と述べています。私たちはふつう、一生懸命聞いていけばそのうち信心になるだろうと思って、期待して聞いていますが、本質としてはあり得ないのです。私たちの虚仮諂偽の行、雑毒雑修の善は、真面目にやればやるほど迷います。けれども、時機純熟して理性の刀折れ、矢尽きて、如来の本願に至る、選択本願が発起する。そのとき初めて、人間の心に利他真実の信心が与えられる。私たちの側からすれば獲得《ぎゃくとく》するのです。

親鸞聖人はよく獲得という言葉を使います。「信巻」の別序に「信楽を獲得することは如来選択の願心より発起す」（聖典二一〇頁）といい、三一問答の結びに「金剛の真心を獲得するなり」（聖典二三五頁）といっています。獲得するということは、簡単に得られるものではないということです。だまっていたら与えられる、他力だというものではない。得られるまでは悪戦苦闘するのです。

善悪の観念は、人間の迷い、苦しみの一番大きな関心です。善でありたい、正義でありたい、また正しく見られたい、良く見られたいという名利心《みょうりしん》も絡んで、善を要求するということは非常に根が深い。それは裏からいえば、虚仮諂偽の行、雑毒雑修の善であり、存在の本来の在り方に還れない。善悪の固定観念に振り回されて、人間の本来の姿そのものを受け入れられない。

医療の現場において、自分の死を受け入れるか否かという問題がありますが、今の日本人はそれをなかなか受け入れられない。癌告知ができないのです。自分の死を考えたことがない人が、いきなり死と対面させられたら、急に絶望の上に立たされたようなもので、落ちたくなくても飛び降りてしまう。許容することができない。死だけでなく、善悪でもそうです。善悪を超えたものに触れることができない。自分は善である、人は悪である、あるいは自分は少なくとも善を志向しているとしか考えられない。そういう人間が真実に出遇うことは容易ではない。そういう人間が悪戦苦闘して、刀折れ、矢尽きて、軍門に降る。軍門に降れば、かたじけなくも、それに相応しないような尊い宝を獲得する、このように安田先生はいっています。

如来の真実とは、私たちの真実を延長して出遇うのではありません。南無阿弥陀仏一つでいいと如来が誓っています。それは如来が人間に恵まんとする方便であるといくら聞いても、私の側に、自己肯定の心があり、善悪の価値観、正邪の判断を立場にしている限り、真実には出遇えません。如来がいかに真実を南無阿弥陀仏として呼びかけても、私たちの心は、徹底的に自己の不実性を自覚できない。そこで信楽が誓われているわけです。

願生浄土

「至心」と「信楽」を誓えばそれでよいのではないか。ところが三度誓っています。それが「欲生」の問題です。至心・信楽までは、私たちも何が課題かが分かる。「欲生我国」（わが国に生まれんと思え）、これは浄土を建立する根本の心です。至心・信楽まではさし当たって浄土と直接関わらない。ところが欲生我国という心は、浄土を要求せよという心です。信楽が信楽たらしめんがために欲生を誓う。

ふつう浄土教といえば、「願生浄土《がんしょうじょうど》」の教えです。願生という心は、人間が浄土を要求する心です。天親菩薩も、曇鸞大師も、浄土教の祖師方も、願生の心を語ろうとしてきました。浄土に往生する道は、念仏一つでいい、浄土に往生すれば、人間の宿業とか、人間の賜ったさまざまな違いを超えて、あらゆる存在が平等に如来の用《はたら》きを受けて、存在を成就していくことができる。浄土は「自然虚無《じねんこむ》の身、無極《むごく》の体」(聖典二八一頁)といわれますが、そういう世界を要求する。

ところがここに大きな問題があります。人間の願生ということになると、曇鸞大師が押さえた「為楽願生《いらくがんしょう》」という問題が出てきます。自分にとって都合のいい好ましい環境を要求します。私たちは現実生活のなかで、満たされない、不平不満の心が渦巻いていますから、自然環境であれ、人間環境であれ、好ましい世界に生まれたいと思います。もう少しましな生き方ができる環境が欲しい、もっと心の底から要求している良き人間関係が欲しいということを日々要求しています。その延長として浄土を要求するという心ならば、つまり自分の楽のための願生ならば、浄土には生まれられないと、曇鸞大師は厳しく押さえています。浄土は如来の世界で、煩悩が満足する世界ではないということです。

浄土は何のために建立されるのかといえば、仏法を成就するためです。成就することができないという課題を担っている苦悩の衆生を見そなわして、仏法を成就せんがために浄土を建立するのです。だから、仏法でない要求で浄土に来るということはあり得ない。仏法でない要求で建てているものは、自分の理想にすぎないのであって、仏法を成就する場所ではない。だから「為楽願生」ということを激しく批判するわけです。

願生浄土というときの、願生とは何かということが問題になります。はたして人間に如来の世界を要求する心があるのかということになると、また自力が絡んできます。至心、信楽まで誓ったのに何故、欲生を誓うのか。浄土教の中にもこの問題が解決できない問題としてずっと残っています。浄土ということを抜きにして念仏はあり得ない、浄土という課題をいかにして人間が獲得するか。この世で覚る、この世で救かるというなら、念仏はさしあたって要求されないわけです。この世で幸せになるために念仏するのでは、念仏という教えが全然頷かれていないのです。

『歎異抄』第九条にあるように、念仏申うし候えども勇躍歓喜の心がない、急ぎ浄土に参りたき心がない。この穢土で救からないということがほぼ見えた。穢土では救からないから浄土を要求せよと教えられた。浄土を呼びかけるために、人間の生きている姿を、厭離穢土、厭な世界として教えるというのが、一つの教え方です。六道輪廻の姿を説いて浄土を教えるのは、源信僧都が『往生要集』で説くときの説き方です。六道輪廻の状態に止まってはならないということを教育するのが厭離穢土の教えです。

ところが親鸞聖人は、『愚禿鈔』でこれは聖道門の教えだと押さえています。厭離を本とするのが聖道門、欣《ごん》求《ぐ》を本とするのが浄土門といっています。聖道門は、現実に生きている煩悩の生き方を否定して、純粋な正しい生活になろうとします。そしてその延長上に浄土を求める。現実を厭うのではなく、ただ浄土が欲しいというのが浄土門です。親鸞聖人は、その願生の中に根の深い罪の問題を見ています。それは自力の問題です。

そこでこの欲生心とはどういう意識なのか。本願を信じればひとりでに浄土に生まれたくなるのだというのがふつうの解釈です。ひとりでに生まれたくなるといっても、この娑婆に執着があるというのが、『歎異抄』第九条の問いです。それに対して親鸞聖人の答えは、そういう煩悩具足の凡夫なればこそ、いよいよ本願は頼もしいではないかと教えています。それでは願生がなくてもいいのか、願生がなければ念仏する意味がないわけです。欲生心がどう頷かれるかというところに、いつでも異安心《いあんじん》というものが出てくる根があります。異安心を決めるのは、法主権《ほっすけん》という権力です。その権力を末端まで行き渡らせるため、教義のあり方、考え方を一義的に規定して、教え方を決めてくる。そこから外れる考え方をした場合は、教団が認める考え方ではないとして正統性から取り除こうとする。しかし人間の意欲の如くに呼びかける欲生心ということがあるので、浄土に生まれなさいということを強調する立場が出るのです。真面目に浄土を願わなければ、念仏しても救からないという教えが出てくるのです。

それに対して蓮如上人の、一心一向に御たすけたまえ、どうか救けてくださいというのは、要求なのか、それとも信仰がひとりでにそうなるのか、どちらの解釈なのだといって揺れるのです。教義の上では、どちらに決めても、そうではないという言葉が、親鸞聖人の中にも、蓮如上人の中にもあります。両方読める。どちらかの立場を正しいとすると矛盾が出てくる。そういうことで、欲生心という問題は触れない方がいいということになったのです。欲生心に触れると、人間では決めてみようがないからです。

欲生心とは如来の勅命

江戸教学の中では、欲生心に触れると異安心になる。ところが、この問題に真っ向から取り組んだのが、曽我量深先生です。曽我先生は、欲生心とは何かということを一生懸命考えられた。親鸞聖人が欲生心というのは、欲生我国という本願の言葉と願生彼国という成就の文とからです。

「あらゆる衆生、その名号を聞きて、信心歓喜せんこと、乃至一念せん。心を至し回向したまえり。かの国に生まれんと願ずれば、すなわち往生を得て不退転に住す。唯《ただ》五逆と誹謗《ひほう》正法とを除く。」（聖典四四頁）

「信巻」のはじめに「至心信楽の本願の文」とあって、第十八願の文を引き、『如来会』の本願の文を引き、この文を「本願成就の文」として引いています。

本願と本願成就の文とを照らすことによって、本願の課題を明らかにしています。あらゆる衆生とは、諸有の衆生ともいいます。諸有の衆生と読んだ場合には、諸有に流転の身となるあらゆる迷いの在り方にある衆生ということで、いろいろな有のあり方を示しています。あらゆる衆生が名号を聞いて信心歓喜する。その後、法然上人の読み方ですと「乃至一念まで、至心に回向して、かの国に生まれんと願ずれば」となっています。中村元氏も岩波文庫から出した『無量寿経』の読み下し文では同じように読んでいます。この部分だけを取って文法的に読めばそうなります。ところが親鸞聖人はここを「乃至一念せん」で切っています。何故かといえば、欲生心の問題があるからです。「至心回向」という言葉を「至心に回向して」と読めば（第二十願には至心回向という言葉があるけれど、第十八願にはありません）、本願成就文は第十八願成就と第二十願成就とが絡んでくるということになります。

それから、信心の願が成就しているのに「乃至一念まで、至心に回向して、かの国に生まれんと願ずれば」ということになれば、そこに人間の側からの回向の努力がまだ入って願生するということになります。真実な心で回向して往生するということになると、第十八願成就の文が徹底しません。この問題と、親鸞聖人の教義の柱となっている、往相回向と還相回向の「回向」という言葉をどう理解するかという問題が絡んで、欲生心の問題とともに親鸞聖人は悪戦苦闘した。

また『浄土論』の五念門の回向門をどう理解するか。「回向」は、人間の側から回らし向けるという限りにおいては、本願成就の文は読めない。また欲生心は、人間が欲い立とうとする、人間が要求する心である限り、普遍平等の心とはいえない。人間が関わる状況において、自分の都合のいい世界を望むのであれば、本願成就はあらゆる衆生に呼びかける内容にはならない。こういう問題と絡んで「回向」を読み替えたわけです。これは親鸞聖人の独自の読み方で、これにより浄土真宗の教義が独立した意味を持ちます。

回向とは如来の回向である。真実が如にして来るのである。曽我先生はこの回向を「表現」と言い換えました。如来が人間に現れるのである。「証巻」のはじめに、「しかれば弥陀如来は如より来生《らいしょう》して、報《ほう》・応《おう》・化《け》種種の身を示し現わしたまうなり」（聖典二八〇頁）とありますが、一如法界から形をとって現れたまうという意味である。そうすると、本願成就の文が人間の上に成り立つ事実は「信心歓喜せんこと乃至一念せん」ということです。また欲生心の成就は、「至心に回向したまえり」ということです。

「信巻」（聖典二一二頁）では「至心に回向せしめたまえり」と読んでいます。これは誤解の多い文章です。現代語では「せしむ」は使役の助動詞ですから、我々が回向するのではなく、我々に回向させるという意味で取られますが、これは誤解です。また親鸞聖人は、至心信楽の成就と欲生心とを分けたのだといわれます。至心と信楽はある意味で、一対の問題です。至心を体として信楽を開くといわれるように、信楽を開くのは疑いを本当に超えた心を人間の上に発起せしめんがためです。人間の心が破れて如来の心が発起する、それが真実の信楽になる。

欲生については、欲生心成就の文のところでは「至心に回向したまえり」と訓点を振り、本願成就の文のはじめの方には「回向せしめたまえり」と読んでいる。これは親鸞聖人がわざわざ分けたので意味が違うのではないか、という説もあります。『如来会』の引文の場合「善根回向したまえるを愛楽《あいぎょう》して」（聖典二三三頁）と尊敬の意味で使われています。鎌倉初期あるいは平安末期の文法では「せしむ」という言葉は、使役ばかりでなく、尊敬の意味でも使われていました。「上の方が食事をせしめたまう」というのは、食事をしておられるという意味で、尊敬語として使われていました。ここでも親鸞聖人が「たまえり」に「せしむ」を加えて、如来の回向を強調している。だからここは使役ではなくて、「回向したまえり」の尊敬表現です。

親鸞聖人の教えをずっと読みますと、至心回向という言葉を親鸞聖人が読む場合、第二十願の至心回向は別ですが、如来の回向として読むか、人間の回向として読むかということがはっきりした場合には、「せしめたまえり」とあっても、明らかに如来が回向したまえりということである、と読むべきだと思います。そうでないと、欲生心成就とはいえません。

欲生心とは、「「欲生」というはすなわちこれ如来、諸有の群生を招喚《しょうかん》したまうの勅命《ちょくめい》なり」（聖典二三二頁）と釈しています。欲生心とは如来の勅命である。勅命というのは、人間を超えた命令で、本願が形を現した如来が衆生に呼びかけるものです。何故、勅命を誓うかというと、「すなわち真実の信楽をもって欲生の体とするなり。誠にこれ、大小・凡聖・定散・自力の回向にあらず。かるがゆえに「不回向」と名づくるなり」（聖典二三二頁）と親鸞聖人は押さえています。

「不回向」という言葉は、善導大師の言葉が元にありますが、その意味は、念仏以外の行は必ずしも浄土の行ではない。経典を読んだり、坐禅をしたりするのは一般にも通じる行で、必ずしも浄土の行ではない。念仏以外の行は、浄土に対していえば、浄土に向かうという意味を込めて回らし向けて初めて浄土の行になる。念仏は最初から浄土の行である。だから、浄土の行を、回向を用いなければならない行と、回向を用いずして初めから浄土に向いている行とに分けた。これが善導大師の概念です。それを法然上人は、回向・不回向対ということをいい、念仏は回向が入らない行だから、不回向の行だといっています。念仏は人間が回向する必要がない行です。

善導大師はさらに徹底して、南無、帰命、つまり名号の意味の中に、すでに発願回向があると解釈しています。南無の中に自ずから発願回向がある、我々が南無阿弥陀仏を称えれば、その南無の中に、自ら発願して回向するという心があると善導大師はいっている。親鸞聖人は、その意味を『浄土論』の回向門の釈に照らして、何故、我々が回向しないで自ずから回向の意味があるかといえば、如来の本願が回向したまうからだと読んだ。「「発願回向」と言うは、如来すでに発願して、衆生の行を回施《えせ》したまうの心なり」（聖典一七七頁）と。ここには独創的な領解があります。回向する主語をはっきりしたのです。

人間が回向する必要がないのに、回向があるということはどういうことか。回向する意識がなくても、人間が自ずから回向しているのだと読んでしまうと、やはり人間の回向になってしまう。「不回向」だというのに、どうして回向があるのか。そこを親鸞聖人は考えて、『浄土論』の「本願力回向」という言葉がある。「観仏本願力」（仏の本願力を観ずるに）とあるのだから、本願力回向と天親菩薩がいうのは、阿弥陀如来の本願力の回向だと、親鸞聖人は読んだわけです。三経一論を交互に照らして読み抜いたのです。

疑い深い自分を超えて自分が念仏一つで救かるということがどうして成就するか、一点も自分から努力しないでいいということが何処でいえるか。そういう実存の問題と経典をどう読むかという問題を重ね合わせて、考え抜いたと思います。ここはどう考えても、欲生心が成就するということは、如来が回向するということだ。如来が回向しないなら、自分の上に願生心が本当に成就するということはないはずだ。

本願成就の文を、「諸有衆生　聞其名号　信心歓喜　乃至一念」で切って、「乃至一念」を信の一念とした。一念ということに、「一念多念」の問題が絡んできます。「一念多念」ということを行についてだけいうなら、どちらの立場も成り立たないとおかしい。一声で充分だということがいえないなら、念仏で救かるということはいえない。しかし一声だけということになれば、一声称えてもさっぱり救からない人間はどうするかという問題には答えられない。一声で充分である、しかし一声が多念に相続するためには、行の一念でもいけないし、念仏を積んでいって救かるものでもない。だから、これは信の一念である。

信の一念

「信の一念」というのは、私たちの意識の持続のなかに、持続を突き破る、時間を超えた満足を時間のなかに恵むという意味です。だから一回だけの念仏という意味ではない。信仰体験において、完全に時間を超えたような喜びに出遇うのが、「聞其名号　信心歓喜　乃至一念」です。欲生心とは「至心に回向したまえり」という如来の回向の事実に出遇うことです。つまり、勅命に出遇うということです。私たちがあれかこれか選ぶ資格があると思っている間は決められない。決められないのに無理やり決めるか（邪定聚）、決まらないで悩み続けるか（不定聚）どちらかであって、我々の立場から決めるわけにはいかない。本当に満足して決まるということにはならない。そこに至心回向という言葉の重要性を親鸞聖人は読んだのです。

曽我先生は、浄土真宗のお救けは、念仏してからではない。回向に出遇うことが救けだ。「回向したまえり」という事実がここに起こることが欲生心の成就だといわれます。至心回向の内容は、本願が名号になるということです。だから、「至心・信楽・欲生」と展開しますが、体は名号です。名号を体として願力の信心が起こるのです。

「かの国に生まれんと願ずれば、すなわち往生を得て不退転に住す」（願生彼国　即得往生　住不退転）（聖典四四頁）。この言葉の解釈がまた大問題を孕んでいます。曇鸞大師の解釈を通せば、願生というのは、「得生者の情」だという解釈があります。如来の世界に生まれたいということは、如来の世界に触れた者だけが願える、人間心では如来の世界に生まれたいといっても、どうやってその思いを起こしていいのか分からない。だから願生とは「得生者の情ならくのみ」と曇鸞大師は解釈しています。

願生は決して人間の理想郷を求めよというのではありません。ではどうやって起こすのかという問題が起きます。そこで如来は浄土を荘厳して、如来の世界はこういう用きを持っているということを教えて、その如来の用きに触れしめて、如来の用きを聞いていくうちに如来の世界に触れる体験が起こって、初めて願生ということがいえる。つまり、得生者だけが願生できるのです。

浄土を持った者だけが浄土に生まれたいと思う。私たちは何らかの形で見たことがあり、体験したりしたことがあるものを欲しいと思うわけです。全然見たことも聞いたこともないものは欲しいとも思いません。言葉を通して、物語を聞かされて、宿業の中の経験があるから要求する。如来の世界に触れて初めて浄土を要求する。こう曇鸞大師はいいます。

ところが、親鸞聖人はこの言葉を『愚禿鈔』で、

真実浄信心は、内因なり。摂取不捨は、外縁《げえん》なり。

本願を信受するは、前念命終《ぜんねんみょうじゅう》なり。「すなわち正定聚の数に入る。」（論註）文「即の時必定に入る」（十住論）文「また必定の菩薩と名づくるなり」（十住論意）文

即得往生《そくとくおうじょう》は、後念即生《ごねんそくしょう》なり。
他力金剛心なり、知るべし。（聖典四三〇頁）

という註釈をしています。『愚禿鈔』のここのところは、曽我先生に何度もいわれて、忘れられないところです。私たちの意識の中に信心というものが自覚される、これは内なる因である。摂め取って捨てない光の用きが南無阿弥陀仏である。この阿弥陀如来の大悲の用きは、信心に対していえば外縁である。因と縁があって、因縁成就して我々は救かる。その信心が本願を信受する。前念命終したら「すなわち正定聚の数に入る」「即の時必定《ひつじょう》に入る」「また必定の菩薩と名づくるなり」と註釈しています。

ここの部分は「信巻」に引用されている『往生礼讃《おうじょうらいさん》』の言葉です。

仰ぎ願わくは一切往生人等、善く自ら己《おのれ》が能を思量せよ。今身にかの国に生まれんと願わん者は、行住座臥に、必ず須らく心を励まし己に剋して、昼夜に廃することなかるべし。畢命《ひつみょう》を期《ご》として、上一形にあるは少しく苦しきに似如たれども、前念に命終して後念にすなわちかの国に生まれて、長時・永劫に常に無為の法楽を受く。乃至成仏まで生死を径《へ》ず、あに快《たの》しみにあらずや。知るべし、と。（聖典二四四頁）

自分を励まして、努力して昼夜に願生せよ、夜も昼も願生していのちの終わるときを境にして、浄土に生まれていくと善導大師は書いていています。浄土教の説き方は、どこかで、この身のあるうちは煩悩の身であり、苦悩の身である。しかし、この身を尽くして念仏して往生していく、そのいのちの終わるとき、最後の一呼吸のところで浄土に生まれていくというニュアンスがあります。親鸞聖人は善導大師の教えを、努力の意識なのか、本当に本願を聞いているのか、ということで分けています。「信巻」ではこの部分は、信心を得たならば、迷いの心を超越していくことができるという課題として、「横超断四流釈《おうちょうだんしるしゃく》」の中に引用しています。

ここの前念、後念という問題、先の念が終わって次の念で生まれていくということの意味を、親鸞聖人は、「本願を信受するは、前念命終なり」、「即得往生は、後念即生なり」といっています。『愚禿鈔』を通せば親鸞聖人は、信仰の立場で、信仰ということが成り立つ内容として、往生ということをいただいています。前念命終と後念即生とは分けることができない一念ですから、信心がなり立つことの前念と後念、そこに前のいのちに死んで、次のいのちに生まれる。つまり、穢土に死んで、浄土に生まれるということが成り立つ。そこに必定の菩薩として、正定聚の位に住することが成り立つ。本願成就の文は、「願生彼国　即得往生」と「即」の字を挟んで願生と得生が一つになっている、何故一つになるのかというと、至心回向があるからです。

本願を信受するところに、勅命として本願を聞くことができれば、不退転が成り立つ、これが欲生心成就です。安田先生は、もっと徹底して読んで次のように教えています。本願に触れない間は、あれが欲しい、これが欲しい、浄土が欲しいというが、至心回向に遇うならば、改めて浄土に生まれようなどという贅沢な要求は引っ込む。このように方向転換するのが前念命終だと。教えを通して本願力回向に遇うならば、他にもう一つどこかに行こうなどという必要のない世界に出遇う。これが必定の菩薩に立つということです。そこに本願によって約束されている、大涅槃が成就する。こういう信念に立てるというのが欲生心の成就です。

至心に回向してというのは、文法的な読み方ですが、「至心に回向したまえり」と読まないと本願を語る経典にはなりません。『大無量寿経』をアメリカの先生に翻訳してもらっているのですが、ここはやはり文法的に翻訳したいといっているそうです。外国人が中国語を英語に翻訳する場合は、「至心に回向したまえり」とは読めないというのは、常識です。しかし、常識で読んだのでは本願の意図は明確にはなりません。信仰の問題を本当に明らかにするのでないなら、「至心に回向して」と読んでもよいのかもしれませんが、そう読むと如来の回向を全面的に否定することになりますから、全部人間の努力の回向になります。

法然上人の課題は専修念仏にあったわけで、他の行に執《とら》われる、あるいは、他の自力の菩提心に執われる、そういものを取り払って、凡夫が救かる道として念仏を選び取る。それが選択本願である。そのこと自身はそれでいいのでしょうが、それを本当に信じて自分が救かるかという課題を持ったときに、法然上人の教えをどう理解するかという新しい問題に入る。そこに親鸞聖人のご苦労があったわけです。

『教行信証』に引用した欲生心成就の文をどう読むかは、難しい問題です。親鸞聖人は、『浄土論』・『浄土論註』と『観経疏』「散善義」の引文をもって明らかにしようとしています。私たちは自分で要求していると思っているが、本当の要求というものが私たちには分からない。私の思いを超えて、私の中に恵まれる。私たちが発こすよりも深く、私たちが発こすべく外からは教えが呼びかけ、内からは歴史が呼びかけ、さらには生活が呼びかけて、たまたま発こってくるので、自分が発こすことはほとんどない。煩悩でも起こすには縁がある。相手があって初めて腹が立つのであって、相手がいなくなったら、寂しいと愚痴を漏らします。いる間は喧嘩ができても、いなくなったら喧嘩もできません。そのように煩悩も勝手に起こすわけにはいかない。縁があって煩悩が起こってくるのを有難いと思わないで、こん畜生と思うから煩悩に苦しむのです。煩悩も勝手に起こるものではないと分かってみると、ずいぶん助かります。

曽我先生の論文に「煩悩仏の誕生」という論文があります。煩悩を持った仏さまということが念仏によって成り立つという面白い論文です。親鸞聖人は煩悩仏だというわけです。

提婆達多と阿闍世

「欲生我国」という言葉は、一方には衆生の宗教的な歩みの展開という課題を持ってくるし、もっと掘り下げれば、その宗教的意欲ということ自身が如来の本願の呼びかけである。つまり、如来を根拠として衆生の上に自覚されてくる意欲という意味で親鸞聖人は欲生心を回向心として明らかにした。特に回向が衆生の上に用く場所として欲生心は回向心にあると読み取った。回向心ということは、つまり勅命である。如来の勅命が衆生の上に響いて、衆生の上に現れるということは、如来が自己を表現するということである。如来自身がそこに立ち上がる。自分を超えて自分を破って、しかも自分のところに立ち上がる。欲生心こそが、人間の上に本当に人間を成り立たせる意欲であり、人間に、無限なるもの、大悲なるもの、人間を超えたような大きな願いが用いて自覚させる原理として、欲生心という問題に気づいた。

『教行信証』の「信巻」に三心一心問答を展開しています。「至心・信楽・欲生」の三つの言葉を三つの心として、それぞれにどういう意味があるかを解明していますが、欲生心が一番分かりにくい。欲生心の文の引用文はすべて回向の問題である。『浄土論』『浄土論註』の回向の文を引用して、欲生心の内容としています。

この文だけを読むと、そのことがどういう意図なのかが、なかなか読み取りにくい。しかし、その後の文を読んでいくと、親鸞聖人は一心ということを三つに開いた。なかでも、「欲生我国」を開いたということは、その欲生心の中に大変大きな課題を見出しているということです。引用された『浄土論』『浄土論註』の文と、その影響を受けて善導大師が表白している、『観経疏』「回向発願心」の釈文の言葉を照らし合わせるなかで、善導大師が、金剛心ということが人間の上に何故成り立つかという問題を、欲生心の問題として展開し、解明しています。金剛心ということが、人間の上に成り立つ宗教的な救いです。

三一問答が終わって、「三心すなわち一心なり、一心すなわち金剛真心の義、答え竟《おわ》りぬ」（聖典二四二頁）というところで切れて、それから後は違う問題が展開すると科文では分けるのですが、どうもそうではないようです。親鸞聖人が欲生心を見出したときに、人間が与えられる宗教的要求の中に、有為転変の移りゆく人間を超えて、変わらないような主体が与えられる。変わらない主体という問題がどういう意味で人間の上に成り立つかという問題として、第十八願成就の文を読み直して、善導大師の「横超断四流」釈を改めて問題にして、金剛心を賜った存在として、「真の仏弟子」を取り上げたのです。（「横超断四流」とは、『大無量寿経』が「横截五悪趣」、横に五悪趣を截りてと述べている文を、横ざまに四流を超断するという言葉で取り上げています）。

これは別の問題に気がついたから付け加えたのではなく、欲生心によって、人間の上に何が成り立つかということを展開しています。いわゆる科文学からすると、ブツブツと切れていくのですが、そうではない。「信巻」を展開してみると欲生心から始まって、一番最後まで欲生心の展開になっている。

「唯除五逆　誹謗正法」という言葉は、総序の文には「苦悩の群萌を救済《くさい》し、世雄《せおう》の悲、正しく逆謗闡提《せんだい》を恵まんと欲《おぼ》す」（聖典一四九頁）といわれますが、釈尊が、このように表白している。これは『大無量寿経』の一番はじめの方にあり、「教巻」に引用している出世本懐の文に響いています。釈尊がこの世に生まれた意味は何かというと「群萌を拯《すく》い恵むに真実の利をもってせんと欲《おぼ》してなり」（聖典八頁）です。

一方で、親鸞聖人は何処に着目したかというと、一つには、善導大師が着目した「金剛」という問題、これは法身《ほっしん》といわれます。法身常住、釈尊をして釈尊たらしめたもの、それは永遠である。釈尊が生まれて亡くなって終わってしまうというのではなく、釈尊が生まれたということは釈尊の肉体の生滅を超えて、永遠なるものをこの世に開いたのである。そういう意味で法身常住ということを『涅槃経』でいっている。肉体は滅んだが、釈尊が見出した宝物は常であるという問題と、本当にこの世に生まれて苦しんでいるもの、生まれた意味に迷い、死んでいくことすらできないで苦しんでいるものを救いたいという如来の大悲の問題です。

提婆達多と釈尊は従兄弟関係にある。その提婆達多が阿闍世《あじゃせ》に目をつけた。そのために阿闍世は自分の父親を殺して国王になった。国王になれば、家臣や六師外道、あるいは自分の国の内外にいる人たちよりも自分の立場の方が上である。そういう立場に着いたが自分の内に抱えた父殺しの罪に、精神的にも肉体的にも責め苛まれて寝ることができない。その阿闍世が、六師外道を訪ねたけれども、救われずして釈尊を訪ねてくる。そのとき釈尊は「阿闍世のために涅槃に入らず」（聖典二五九頁）といわれた。このように『涅槃経』は伝えています。

親鸞聖人は、『涅槃経』の阿闍世の問題と、『観無量寿経』の問題を一つの同じ問題の展開と見て、その文を長々と「信巻」に引用しています。その意図は何か。この引用文に先立って親鸞聖人の有名な表白分があります。「誠に知りぬ。悲しきかな、愚禿鸞、愛欲の広海に沈没し、名利の太山《たいせん》に迷惑して、定聚の数に入ることを喜ばず、真証の証に近づくことを快《たの》しまざることを、恥ずべし、傷《いた》むべし、と」（聖典二五一頁）。

この文に始まって、難化の三機、難治の三病ということを述べています。難化の三機とは、五逆と謗法と一闡提《いっせんだい》です。特に一闡提成仏は大乗仏教にとって一番の問題になりました。理論的には一切の衆生を救うというのですが、現実には仏法に反逆し、世間的にも反逆して罪悪のいのちを生きて終わっていってしまう存在でも、本当に救かる道があるかどうかという課題です。これを単に教理問題とか理論問題として外の問題として考えるのではなく、そういう存在を目の当たりに阿闍世の中に見て、阿闍世を救けずんば自分は涅槃に入ることはできないといわれました。

親鸞聖人は、その文と、本願の「唯除五逆　誹謗正法」と説かれている文とを結びつけた。そのヒントは『観無量寿経』解釈の先達である善導大師です。善導大師が『観無量寿経』を解釈するについて、阿闍世の歴史を『涅槃経』から引いています。『観無量寿経』の背景には『涅槃経』があります。『涅槃経』の課題を『観無量寿経』が明らかにすべく、本願によって阿闍世が救かるということを明らかにしていると読んだ。仏法に反逆する存在、あるいは仏法を信じる者を破壊し殺してしまう存在、あるいは倫理的にも罪を犯してそれに苦しむ存在、そういうものが、どういう意味で救かるのかという課題として読んだのです。

五逆と謗法

そういう親鸞聖人の問題意識を、善導大師の釈文の言葉によって、宗学の言葉では「抑止門《おくしもん》（文）」といっています。「門」というのはいったん閉ざして本当は広く開くためだということです。何故、抑止門というのかというと、善導大師が「唯除五逆　誹謗正法」で、五逆というのは五逆罪、これは釈尊の教団に入りながら、釈尊の教団を滅ぼすような生き方をする者を教団から追放する。教団を守るために、教団に反逆する者、教団をつぶすような者を、いわゆる破戒として追放する。そういう問題の一番元にあるものとして五逆と謗法ということを押さえています。五逆は一般には小乗の五逆をいいます。しかし親鸞聖人は大乗の五逆という問題も「信巻」に取り上げています。中心はやはり、倫理的な罪悪です。父を殺す、母を殺す、教団（僧伽）の物を盗む、そういう社会生活のなかで罪を犯す存在を五逆と押さえています。

それに対して「誹謗正法」の方は、正しい教え、正しい教法を誹謗《そし》る、正しい教法を非難する者です。そういう二つの罪が除かれています。その場合に善導大師は、五逆というものは人間が間違って犯してしまうことがあるかもしれない。しかし、いったん犯してしまったものをダメだというのではなく、すでに罪を作ってしまった者は摂取する。まだ作らない者は作るなと止める。こういう意味で抑止とは五逆を犯してはならないという戒めである。しかし間違って犯してしまった（已造業）ものは、ダメだというのではない。その罪に泣くもの、罪に苦しむ者は摂め取ろう。罪を犯せば苦しむのだから、罪を犯すなという大悲が呼びかけている教えであると同時に、犯してしまった者は摂取ということで抑止というのである。まず未造業の者を抑止するというところに出てくる言葉です。その言葉で唯除の文を抑止門と呼んでいるわけです。

唯除くというのはどういう意味か。親鸞聖人は『尊号真像銘文《そんごうしんぞうめいもん》』で、「唯除というは、罪の重きことをしめして、十方一切の衆生みなもれず」（聖典五四三頁）救い取ろうという意味だとまとめています。親鸞聖人の場合、「悲しきかな愚禿鸞」という表白から始まっているということが大事です。つまり唯除の文をどう読むかというときに、信仰を得た者と、そうではない者とを分けるのではない。本願によって、私を超えて私の内に金剛心を得た、真の主体を得ることができた。自分の計らいとかおもんぱかりではなくて、如来の大悲が私の上に立ち上がった。これぞ本当の主体であるというものが立ち上がった、それが信心です。

それにもかかわらず「悲しきかな愚禿鸞」の内容として抑止門の内容が吟味されている。そこに唯除の文の読み方が、親鸞聖人独自の読み方になってくる。信じた者だけは救けよう、謗る者、異端者や異教者は入れないというのがふつうです。政治結社でもそうでしょうが、宗教教団でもそうです。宗教の歴史の中では異端者とか異教徒は人間以下です。動物ならまだ可愛がるけれども、そういう者は火あぶりにしても飽き足らない。キリスト教の歴史がユダヤ教を嫌ったように、誹ったり、背いたりした者は殺しても飽き足らないというほど外を憎むことによって内の強固さを造ろうとする。宗教を信じた人間の独善性として、自分を正当化する代わりに、外の者は極端に嫌うという面がある。

唯除の文も、もしそういう意図だとすると、何故この部分が大悲の本願に付いているのかはっきりしない。親鸞聖人がどうしてあれだけ「信巻」の問題を深めたかというと、そこが浄土真宗の教えが法然上人の教えから生まれながら、独自の意味を持ったことを押さえる大事な一点だからです。

法然上人は本願章において第十八願成就の文を引用しました。しかし、唯除の文は切っています。如来の大悲からすれば唯除の文は要らない、付けたけれどそれはお釈迦さまの方便であって、本願の大悲からすれば除くはずはないのだから、全部摂取するために本願を発しているのだから、要らないと読んだのでしょう。そこに法然上人の大きさがあるともいえるのですが、親鸞聖人は自分の罪に深く傷つき、泣いた方なのです。信じたけれどもすっきりきれいに救かったとはいかない問題を抱えて苦しんだ。だから法然上人が切り捨てた唯除の文を、この文がなければ救からない。むしろ、この文を契機にして本当に救かる道が開けるという自分の信仰体験を根拠にして、第十八願の文にも「唯除五逆　誹謗正法」の文が付いているし、その本願成就の文にもくり返し「唯除五逆　誹謗正法」が付いている。どうでもいいものを本願にも、成就の文にも付けるはずがない。

曇鸞大師が『浄土論註』で、天親菩薩が回向門といわれる「普くもろもろの衆生と共に、安楽国に往生せん」（聖典一三八頁）の「衆生」という言葉を取り出して長々と議論しています。衆生とは何であるかというときに、本願の文では「唯除五逆　誹謗正法」という註が付いている。十方衆生といいながら、これだけは除くというならば十方にならないではないか。その除いた問題が『観無量寿経』では下品下生のところに来て、「五逆十悪具諸不善」といって、五逆の者を摂め取っている。『観無量寿経』の経文では、罪を犯した者も臨終の一念でどうか救けて欲しいという思いになって、南無阿弥陀仏を一声称えるならば摂め取ろうと説かれている。経典どうしが矛盾する。一方では五逆と誹謗正法は許さないというのに対して『観無量寿経』では、誹謗正法のことはいわないが、五逆は救っているではないか。これはいったい、どういうように考えるべきか。これを「八番問答」という形で展開しています。

曇鸞大師が何故その問題に注目したのか。天親菩薩の教えを信じたが、すっきりしないところがある。「称名憶念あれども、無明なお存して所願を満てざるはいかん」（聖典二一三頁）という問いをわざわざ起こす方ですから、念仏したら救かったようだが、何かもやもやしたものが残るということを正直に表白している。龍樹系の空観の学者として、四論の学匠といわれた曇鸞が、どうして唯識の学匠である天親についたのか。その唯識の学匠の書いた『浄土論』に触れて、曇鸞大師が自分の一生の課題として掲げていた経典解釈を『浄土論註』で解釈した。その課題とは「焚焼仙経帰楽邦」の伝記にあるように長生きがしたいという人間の心に執着し、仙経に執着した。だから、龍樹の教えにおいて覚りを開く立場にありながら、龍樹の教えにおいて救からないで、『大集経』という長い経典を全部解釈するために長生きがしたい、そこで道教の仙人に弟子入りして長生きしようとした。そういうすっきりしないいのちの問題を抱えていた。

そういう曇鸞大師が天親菩薩のものを解釈したということで、親鸞聖人は大事な問題に気づいた。思想的にすっきりすれば終わるというものでもない。人間の抱えた課題は、もやもやしながら歩む。だから、曇鸞大師の解釈があって初めて、天親菩薩の意図が本当に頷けるようになったと親鸞聖人はいっています。「天親菩薩のみことをも　鸞師ときのべたまわずは　他力広大威徳の　心行《しんぎょう》いかでかさとらまし」（聖典四九二頁）、天親菩薩の心行も、曇鸞大師が解釈しないなら自分は分からなかったと。分かり切ったような問題を出して、改めて問題を問うています。そこで、「普共諸衆生　往生安楽国」と天親菩薩が呼びかけた「衆生」とはいったい何か。その問題が「唯除五逆　誹謗正法」で押さえられている。仏法に生活の行為で反逆し、精神の面で反逆する、そういう存在を除くと押さえています。

信心の自己批判

何故『観無量寿経』と『大無量寿経』とで救いの内容が違っているのか。五逆のものは摂め取る。倫理的な罪、あるいは行為上の罪を犯したものは摂め取る。しかし、精神的な態度として正法を誹謗する、正しい教えを謗るものは許さない。何故かといえば、教えに反逆する心で教えによって救かるはずがないからだ。倫理以上に罪は重い。倫理の罪は、間違って犯しても、気がつけば精神的に立ち直ることができる。しかし、正しい教えを謗っている立場は、間違ったものに執着している立場ですから、それを翻すことがなければ正しい立場によって救かることはない。つまり、「誹謗正法」の罪は重いということを曇鸞大師は明らかにしています。

親鸞聖人は「信巻」に、善導大師がその問題を展開している文とともに全部引用しています。それに先立って『涅槃経』の阿闍世の問題を長々と引用しています。何故長々と引用しているのか。浄土教の信仰で救かるという問題、信心という問題が、人間にとってどういう意味を与えるか。人間が生きていて、犯していく罪を抜きにして、覚りとか空ということをいくらいっても救からない。教えとして救かるというなら「教行」二巻で済んでいる。真実の教と大行に遇えばそれで終わっている。曽我先生は、「教行」二巻は「伝承の巻」、「信巻」以降は

「己証《こしょう》の巻」といっていますが、何故「信巻」を開いたかというと、「教行」二巻で尽くすことのできない存在の罪の問題、存在の罪を本当に自覚するということが、如来の本願を信じることと一つになっているからです。

善導大師はそれを二種深信で明らかにしましたが、その機の深信、「自身は現に罪悪生死の凡夫、曠劫《こうごう》よりこのかた、つねにしずみ、つねに流転して、出離の縁あることなき身としれ」（聖典六四〇頁）の罪の身の自覚と、本願他力の信心が一つになる。つまり、罪の自覚がない本願他力の信心は、起こりようがない。自分の罪の自覚がないなら自分の力で覚れるという信仰で救かるはずです。ところが自分の力では救からない。何故かといえば、自分が自分を救ける以上に、自分が生きていることの罪が重い。それによって傷つき、苦しんだ存在にとって、いくら他力が有難いといっても、その他力をまだ疑う自分、それではまだ救からないほどの罪を生きている自分が残ってくる。

法然上人は、念仏一つで救かると説いていますが、教えを聞いた人間は、なんとか罪をなくして、念仏して救かっていこうとする。だから、戒律を復活したり、聖道門仏教と同じ生活の形をとったりする。親鸞聖人は在家《ざいけ》止住《しじゅう》の生活を徹底しました。その越後流罪以降の生活の形を決断させたのは抑止門ということを抜きにしては考えられません。もし、抑止門がないなら、「設我得仏　十方衆生　至心信楽　欲生我国　乃至十念」だけで救かったならば、やはりきれいごとです。

人間は「清く貧しく美しく」ということを好みます。一面では、人間の内には欲望がありますから「汚く富んで醜く」生きる方向に行きがちですが、理念としては、誰でも清く貧しく美しくという方が好きです。人間は矛盾した存在なのです。貪欲で汚しているけれども、本当は煩悩に汚されない存在になりたいという面を持っています。しかし、煩悩をなくして救かっていくという方向で本願を聞こうとすると、その本願は自分の抽象的な理念の要求になります。これは自力心です。

親鸞聖人は、十方衆生と呼びかけた如来の願いは、『涅槃経』に照らせば、阿闍世を救いたいということであり、十大弟子を救うことではない。自分は阿闍世を救わなければ涅槃に入ることができない。十大弟子を救うだけなら、立派で、能力もあり、戒律も守り、禅定も優れている人たちを摂め取っていくだけで、自分の欲に負けて父親を殺してしまったような罪の深い存在、もがき苦しんで救からない存在は、こぼれ落ちる。その問題こそが如来の大悲なのです。「世雄の悲、正しく逆謗闡提を恵まんと欲す」という逆謗闡提とは、教えを聞きながら、その教えを本当に喜ばない人間存在で、それこそが如来のお目当てです。

唯除の文は、正統に対する異端を排除するという問題ではなく、人間存在を底から摂め取る、上澄みだけを取るのではなく、一滴も残さず底の底まですくい取るという問題です。お釈迦さまの大悲は、落ちこぼれていく存在をこそ目当てとして、救けずんばやまんということです。親鸞聖人は、きれいごとではなく、自分の中にいつもそういうドロドロして、如来に反逆するものを感じていた。「悲しきかな、愚禿鸞」というのは、教えを聞いて信じていこうとするにもかかわらず、反逆するような心が動いている身として自分を感じていた表白です。そこに親鸞聖人の教義が深まるわけです。

法然上人は、「行信」ということを分けないで、本願の行によって救かるといわれますが、親鸞聖人は「乃至一念」という言葉に「行の一念」と「信の一念」という意味を分けた。「行の一念」（念仏一つになった）をいうならば、そこには抑止門は要らない。しかし、念仏一つをどう信じるかというときには、抑止門が大変大事な問題になります。だから、抑止門は本願成就の文にも本願文にも欠くことはできない。そこで親鸞聖人は「信の一念」という問題を展開しています。「それ真実信楽を案ずるに、信楽に一念あり。「一念」は、これ信楽開発の時剋の極促を顕し、広大難思の慶心を彰すなり」（聖典二三九頁）。本願を信じることができたという反省以前の体験には、抑止門は要らない。だから信一念釈の願成就の文の引用のときは、抑止門をはずしています。にもかかわらずというのが反省です。人間存在は、いつも体験とそれを反省する自分とが付いていますから、体験だけが走ってしまうというわけにはいかない。思考と体験、直感と反省ということがいわれます。反省を抜きにして本願を聞くということは歩みがないのです。

親鸞聖人が聞くということを非常に大事にしたのは、聞くということは、言葉を通して思惟する（聞思《もんし》）ということで、言葉を通して人間の問題を考え、問題の意味を解明していったからです。直感的な体験にこだわっていけば、どこかで人間のいのちを抽象化していきます。三昧のような特殊体験の方向だけを求めていけば、現実に自分はこぼれ落ちて救からない。自分というものがどうも分からないという問題を切り捨てていってしまう。禅の立場からすれば、何をそんな面倒なことをしているのかと思われるほど、親鸞聖人は自分という問題を煮詰めていったのです。

信仰自身が内に自己批判を持つことによって、唯除は外を切るのではなくて、摂取不捨の大悲ということを明らかにする原理としてよみがえってくる。「唯除五逆」がなかったら、もう自分は信じた、正しいというように自分を正当化する方に行ってしまう。自分は信じたといいながら如来の本願に腹の底では反逆している。自分という殻を守りながら、都合がよかったら信じようという信じ方で救かろうとする。

根の深さ、我執の深さ、唯識でいえば、末那識の我執です。第六識の我執は、まだ反省することによって批判できるが、末那識の我執は反省することすらできない。寝ても続いているような我執は、起きているときの反省では届かない。我々は寝ているときは我執はないだろうと思うが、なかなかどうして、夢の中でも我執は出てきます。夢を見て怖い。我執がなかったら恐ろしくなるはずがありませんが、汗をびっしょりかいて目が覚めるということは、我執があるからです。そういう我執は、反省したからといって直らない。覚ったら夢も見ない人はいいのでしょうが、そうはいかない。「寝ても覚めてもへだてなく、南無阿弥陀仏称うべし」といいますが、称えるのは、起きているから声が出るので、寝ていて称えるというのはどういうことか。寝るということは行為をしない状態のはずですが、どうしてそういうことが成り立つか。

隔てなくということは人間の理性の努力ではない。本当に見出してくるものは、かえってこぼれ落ちた自分、如来の本願にいつまでも反逆している自分です。そのことと、「曠劫よりこのかた、つねにしずみ、つねに流転して、出離の縁あることなき身としれ」（聖典六四〇頁）という心から、本願を信ぜずにはおれないということとは一つである。本願他力を信じるということを本当に根付かせるものこそ「唯除五逆　誹謗正法」です。これがなければ、自分の一番深い問題はさておいて、都合のいいものを信じようという信心にしかならない。一番都合の悪いものを自覚せしめる心、それがあって初めて金剛の信心が成り立つのです。

父親殺しの罪

「如来誓願の薬は、よく智愚《ちぐ》の毒《どく》を滅するなり」（聖典二三六頁）といわれますが、人間は賢ければ救かるかというと、賢くても救からない。知恵があるからといって救かるか、人間として成就するかというと、理性が勝てば勝つほど悩みは深い。だいたい問題を起こしたり悪いことをしたり、大勢の人を戦争に引き込んだり、罪に導いたりするのは、賢い人です。知恵自身がどこかで深い罪を背負っている。罪の自覚ということが知恵では収まらない。しかし、愚かならよいかというと、愚かだったら救かるかというと、愚かでは救からない。だから、「智愚の毒を滅するなり」という言葉は、面白い言葉です。人間は賢く生きていても、愚かに生きていても、自分も傷つき、人も傷つける。どちらも毒であるということで「智愚の毒」といわれます。

親鸞聖人は、『涅槃経』の阿闍世の父親殺しの文に、自分の深い宿業の問題を感じた。親鸞聖人は幼くして両親と別れておりますから、現実に両親を殺したということはないでしょうが、自分の生きている生き方の中に、何か、両親の願いを踏みにじって生きているのではないかということを、ずっと感じていたのではないかと思います。

顕浄土真実信文類三

復有一臣名悉知義　昔者有王名曰羅摩害其父得紹王位
跋提大王毗楼真王　那睺沙王　迦帝迦王
毗舎佉王　月光明王　日光明王　愛王
持多人王　如是等王皆害其父得紹王位然無
一王入地獄者於今現在毗瑠璃王　優陀邪王
悪性王　鼠王　蓮華王　如是等王皆
害其父悉無一王生愁悩者　文（聖典二一〇九頁）

何故、「信巻」をあれだけ展開してきたかということについて、坂東本《ばんどうぼん》『教行信証』「信巻」の裏表紙に『涅槃経』の抜粋の文が入っています。この文が他の西本願寺本や高田本には入っていないのは、写本をするときにこれは単に覚え書きだから要らないと思われたのでしょう。この悉知義《しっちぎ》の文章は坂東本だけに入っています。

この文は、「かくの如きらの王、みなその父を害して王位を紹《つ》ぐことを得たりき」、父親を殺して王位を得たという王さまの名前が並べてあります。阿闍世だけが父親殺しなのではなく、王位を取ること、権力を得ることが、父親を殺して得るのだということを、親鸞聖人は感じていて、「しかるに一《ひとり》として王の地獄に入る者なし」と引用する。さらには、現在の王さままでもこういう王さまはいるが、「ことごとく一《ひとり》として愁悩を生ずる者なし」、誰も地獄に行かないし、悩みも愁いも生じない。このような文章を坂東本の「信文類三」という言葉を書いた後に、メモのにように付けています。これが何を意味するか分かりません。しかし何故この文章があるのかということが、注意されています。

人が生きるということは、また信心を得るということは、金剛心の行人になる、真の仏弟子になることです。それは、人間が人間としてこのいのちを喜んで生きることが成り立つことです。何故そういうことが必要かというと、人は一人で生きているのではないのです。人が人間として生きているということは、自分として精一杯、世のため、人のため、親のため、子のためと、いろいろの思いをもって生きている。また自分が自分で楽しくありたい、健康でありたいという願いがあるに相違ないが、それほど悪いことをして生きているとは思っていない。たとえ悪いことをしていても、これは何かのためだと正当化して生きています。ところが、一人の人間が生きているということは、周りに居る人たちとの関係で生きているので、自分が悪いことをしているとか、邪魔をしているとかという意識で生きていなくても、居ること自体が邪魔になったり、迷惑になったりして生きているのです。

居ることが有難いという面もあるが、居なければどんなにいいかということも多い。あいつが居なかったら私がもっと……と思ってしか人間は生きられない。どんな関係であろうと、必要だから付き合ってみても、狐と狸の化かし合いです。また自分を傷つけ、他人を傷つけて生きている。しかもその自覚はないのです。

阿闍世の場合は、積極的に父親が邪魔だから閉じこめて餓死させた。そのどうにもならないいのちの罪が、病気にまでなって現れ、寝られないで苦しんだ。しかし、ふつうはそこまで自覚しないで、犯した罪すら感じないで生きているのが人間存在のあり方です。したがって真の人間存在にならなければ救からない。その問題を顕らかにすべく、親鸞聖人は「信巻」を開いたのではないでしょうか。

単に個人が個人として救かるという問題ではなく、人間が救かるということはどういうことか。人間は倫理的にも罪な存在ですが、生きるということが真の存在の在り方に対して反逆的なのです。仏教的にいえば、一如のいのちに対して分別でしか生きられないのです。私たちは本当に救からないいのちを生きているのですが、救からないいのちを生きている者をも包んで、救けずんばやまんというのが大悲の用きです。これを信ぜずにはおれないのです。

「されば、そくばくの業をもちける身にてありけるを、たすけんとおぼしめしたちける本願のかたじけなさよ」（聖典六四〇頁）という本願を感じないならば、自分は生きてもおれず、死んでもいけない。そこに用いているのは大悲の本願のみです。大悲の本願のみが真実です。それに触れて用くときだけ、私たちの上に金剛なる菩提心が与えられる。

「信巻」に唯除の文を問題として取り上げてありますが、それに先立って欲生心の文があります。「欲生」というのは、如来の国に生まれていきたい、つまり、本当の人間になりたいということです。人間として満足成就したいということは、欲生心に目覚めることです。欲生心とは如来の呼びかけです。如来の回向心からどういうことが成り立つか。そこに「横超断四流」とか、「金剛心の行人」とか、「真仏弟子」ということを明らかにしています。そしてそれに背く存在として、「悲しきかな」という問題が出ています。これらが欲生心の自覚内容になります。

真の存在になりたいという要求に目覚めないなら「唯除」という言葉も意味がないわけです。罪悪深重の凡夫よという呼びかけも、真実になりたいという要求がなければ響かない。阿闍世が苦しんで、悩んで釈尊のもとに来ればこそ、最初の一言で救かったわけです。そういう意味で唯除ということは、目覚めの契機であると同時に、宗教心が見出してくる存在の意味を表しています。「自分はこんな間違ったことをして、これではとても救からない」、このような中途半端な反省などは必要ありません。もともと罪悪深重の身であることがはっきりすれば、そこには大悲が用いている。そこに金剛心ということがいえるのです。

抑止門を抜きにした場合は、どうしても法然教団が陥ったような偽善的な善人になっていくか、努力主義になっていく。あるいは、一念義といって、どんないのちで生きたって念仏は救けてくれるのだと、わざと反逆的に生きていくとか、罪を犯した方がいいのだと自己正当化に陥ってしまいます。また倫理的に賢いからといって救かるわけでもないし、倫理の立場に反逆したから救かるわけでもない。倫理の立場というものは自覚内容なのです。

人間は宿業因縁によって生きているので、宿業因縁がくればどんな悪事をするかも分からない。反省で揺らぐような信心なら、理性的なきれいさをどこかで求めているので、欲生心には立っていない。欲生心とは如来の勅命で、人間理性の反省ではありません。如来の勅命に信順するということが、法然教団の課題を乗り越えて、念仏一つで救かるという信念を明らかにすることではないかと思います。

抑止文の意義

抑止の文は、欲生心の問題（宗教的要求自身が自己を明らかにする大事な契機）として置かれている。「逆謗闡提《せんだい》を恵まんと欲《おぼ》す」の「逆謗闡提」は、どこかにいる人のことではなくて、人間が生きていることが「逆謗闡提」なのです。真の道理、あるいは真のいのちを開いたお釈迦さまの言葉に対して、我々が「逆謗闡提」にしか生きられないということです。お釈迦さまの従兄弟に提婆達多《だいばだった》という人がいましたが、悪逆の限りを尽くした人です。

『法華経』に「提婆達多品」というのがあります。「提婆達多品」を開かなければお釈迦さまは救からない、だから、提婆達多を救うぞといっている。親鸞聖人は、提婆達多も救うという言い方をしていません。提婆達多も救うのではなくて、提婆達多はむしろ、宗教的自覚を明らかにするための権化《ごんけ》の仁《にん》だといっています。「逆謗闡提」的人間を救うために、提婆達多、阿闍世という方が現れてくださった。こういう方が現れたからこそ、浄土教のような罪人を本当に救う教えが開かれた。提婆達多も救うどころではない、提婆達多は権化の聖者だと親鸞聖人は仰いだのです。唯除の文により、このように読んでいくことができるのです。

唯除の文は、決して外を批判したものではありません。信仰問題に目覚めるということは、内なる罪に目覚めるということですから、信じて、きれいになって、救かるという単純なものではありません。どれだけ開いていても、生きていることの中に、根底に自我意識があって、また頭を持ち上げてくる。疑うということは、疑おうとして疑うというよりも、疑いが残っているという証拠がいろいろの生き方の中に現れてきます。その問題を親鸞聖人は第二十願の問題として明らかにしています。

三宝を見聞しなくなる、もう分かったのだからいいと教えを聞かなくなる。私たちの信仰の罪は、蓮如上人が「村雀　耳なれぬれば　なるこ（鳴子）にぞのる」（聖典八八六頁）といっていますが、脅かされて驚くうちはまだましだけれども、だんだん慣れっこになってくると、自分の問題として響かなくなる。いつも新たに聞こえるということが何処かにあるはずですが、理性で聞いてしまうと、また言ってらあ！　という聞き方になります。例えば、我々は切れば痛い、何回切っても痛い、切られ慣れて痛くなくなるということはない。触れればいつも血が出るような痛さを持って聞くべきものなのに、哀れなるかな、私たちはやはり慣れてしまう。「唯除五逆誹謗正法」は眠らせない。もしこれがなかったなら、人間は「至心・信楽・欲生我国」で眠ってしまう。

「行巻」に「たとい睡眠《すいめん》し懶堕《らだ》なれども二十九有《う》に至らず」（聖典一六二頁）という文があります。寝ていようと、怠惰になっていようと、照らしているものを感得することができる。妙好人の讃岐の庄松《しょうま》（一七九九〜一八七二）は、本願寺に参ってお堂で昼寝をした。他の人は皆、こんな所で昼寝をするとは何ごとか、不届きだというのに、こんな有難い所はない、ここでは悠々と昼寝ができるといって寝ていた。これは一つの物語で表した信仰の在り方ですが、阿弥陀さまの前だから本当に安らかになれるということです。唯除の文がなければ、閉鎖的な形で安定してしまうのです。

信仰が休息してしまうというのは、深い意味の信仰の罪です。これは第二十願、あるいは第十九願の問題といわれます。大悲ということが響いたら、大悲無倦ですから、止むことがない。何処まで聞いたら終わりというわけにはいかない。まだまだ深い罪ということが新たに自覚されてくるのです。欲生心とは目覚めよという呼びかけで、その契機として唯除という言葉が置かれている。親鸞聖人は、唯除の文は、罪、咎《とが》の深さを知らせるためだと釈していています。どれだけ聞いてもだんだん慣れてくると、聞き方の底に本当に自己を明らかにすることが眠ってしまう。曽我先生が九十になっても若いといわれたのは、欲生心に触れている若さ、宗教的な情熱の若さです。欲生心は、単に外から呼びかけているのではない。外の呼びかけに響くものとなって内から立ち上がってくる心です。

肉食妻帯《にくじきさいたい》を避けなかったということは、生きることが持っている罪を避けるという形できれいごとにすることを選ばないということです。たとえ地獄に堕ちようと、あえて正直ないのちを生きようということを選ばしめたものは、唯除の文の自覚です。唯除の文の自覚は、私たちに本当の信念によって救かる道を教えてくれる。人間にどれだけ思い描いても救からない根の深さを、いやというほど知らしめることにより、大悲の大きさを窺うことができる。本願の内に唯除を持つということがないと、折伏とか異端という考えが起こってきます。教えに遇いながら我執的発想が抜けない。

宗教が悪いのではなくて、宗教を信じる人間が持っている根本の罪を自覚できないなら、宗教を持つことによって、かえって罪悪を深めることになります。それが、今、世界に起こっている宗教戦争の構造です。外に批判する原理が、内に批判する原理になってこそ、お互いに包み合うことができます。そういう意味で、本願の内に唯除を持つという原理を世界の思想界に語り得たならば、非常に大きな利益をもたらすのではないかと思います。

清沢先生は、倫理の問題を大事な問題として押さえようとして、亡くなる一カ月前に、「宗教的道徳と普通道徳の交渉」という文章を書いています。清沢先生がこの文章を書いた背景を見てみますと、清沢先生が亡くなったのが一九〇三（明治三十六）年ですから、日露戦争前夜、そのころは国を挙げて富国強兵策で、お国のために死んで行けといわれた。そういわなければ国賊である。宗教不要といわれ、ナショナリズムと天皇制が強制されて、お国のために喜んで死ぬための信念を作れと。信仰を説く場合でも、死んでから極楽に行くことができると信じて、この世に忠義を尽くせといわれた。

真俗二諦《しんぞくにたい》ということがいわれます。真諦《しんたい》は後生の一大事の安心、未来の往生である。それに対して俗諦《ぞくたい》は、お国のため、社会のためである、と二つに分けて何の矛盾もなく今の政治体制に協力し、死ぬことが極楽往生と矛盾しない。教団が完全に国家体制に恫喝されてそうせざるを得なかったのですが、そうすることで、一方で倫理的に善人になれと、社会が教える人倫道徳に随順させ、信仰は死んでから往生する信念だとした。そういうことが公然とまかり通って、それを誰も批判できなかった状況で、清沢先生が「宗教的道徳と普通道徳の交渉」という文章を書いた。歴史的思想的背景をきちんとして見ますと、その文章の持っている重みが、大変大きかったことが分かります。道徳と宗教が、決して無関係ではないし、そのままつながるものでもない。

信仰を得ようとすれば、道徳的に罪であることもあるかもしれない。しかし、信仰を得て、道徳的に善人になれるかというと、そうとは限らない。倫理、普通道徳は、人間にこうせよと命令してくるが、随順しようとしてもできない、道徳にこぼれ落ちる自分が自覚されてくる。だから他力信心が喜べるのです。道徳というのは、人間が生きる場所のことです。人間がいかに有限であり、罪な存在であり、矛盾的存在であるかということが自覚されてくる場所です。そういう意味で、倫理をないがしろにしたら信仰問題は深まりません。しかし、倫理を徹底してやってみたら、倫理では救からないということがはっきりします。

清沢先生はこの文章を書くことによって、絶対安住の信心というものをはっきりさせたのです。この文は、『大無量寿経』五悪段の文と、この抑止門の問題を踏まえて書いたと思います。清沢先生は四十歳で亡くなったため、教義の言葉としては、『大無量寿経』の言葉や『教行信証』の言葉が、充分につながって明らかになるという時間はなかったが、いわんとすることは、親鸞聖人の信仰を充分に汲んでいます。あの時代のほとんどの者は、内心に仏法、これは死んでから救かる、今は天皇を重んじて忠君愛国を尽くせということを平気でいっています。倫理というものは、人間が努めればできるもの、信仰問題は死んでから救かる問題だ、だから一生懸命やれと教えているのです。これは教団が欲生心を失ったことです。真の信仰的要求に立つならば、こんなことを平然と教えることはできないと思います。

親鸞聖人が悪人正機という場合、悪人という意味は、生きていることが持っている深い意味の罪悪の存在です。人との関係で、宿業因縁で生きていること自身が持っている、罪悪のいのちを生きていかなければならないという関係です。我々はお互いに、利用したり、利用されたり、傷つけたり、傷つけられたりして生きています。存在が持っている罪は、宗教的要求を通して初めて見えてくる。それを宗教的罪といいます。また、悪人とは、他力を頼まない善人ともいわれます。自分でどうにかなると思っている、疑心自力の善人です。そういう人間の深い闇を破るために、罪なる存在は除くというわけです。実は罪なる存在を摂取不捨するためです。

『観無量寿経』は家庭の悲劇という具体的な問題を機縁にして、お釈迦さまが説法したものです。出家した僧侶の前で語っているのではなくて、お釈迦さまの前で自分の首飾りを投げ捨てて教えを請うた女性を前にして、語った経典です。「浄業機《じょうごうき》彰《あらわ》れて、釈迦、韋提をして安養をえらばしめたまえり」(聖典一四九頁)。浄土教はどういう機類をお目当てにし、どういう機類に呼びかけようとしたか。

親鸞聖人は、抑止門の問題に『涅槃経』の問題と組み合わせて取り組んでいます。『涅槃経』を読み抜いて、入れ替え組み替えして引用しています。阿闍世も宿業因縁で生きている衆生で、宿業因縁で父親を殺してしまった。悔やんでも悔やみきれない罪に泣いている。そういう存在をどうしたら救けられるかという問題と、浄土教が呼びかけている衆生とが結び付いてきています。本願の信心が人間を救けるということがどういうことかが、これで明らかになる。積極的な言い方をすれば、生きていることに抵抗感を持たずには生きられない存在の苦悩を超えることができる原理が本願です。すんなりと教えられたとおりに倫理道徳に素直に生きて、矛盾も苦悩も感じないなら本願は要らないのです。

欲生心成就の文は、「心を至し回向したまえり。かの国に生まれんと願ずれば、すなわち往生を得て不退転に住す。唯《ただ》五逆と誹謗正法とを除く」（聖典四四頁）であると親鸞聖人はいっています。親鸞聖人は、唯除の文まで引用して、全体を欲生心成就の文といいます。

「信巻」では欲生心の釈文が一応、三心一心の結びで終わったように見えますが、その後もずっと一貫して欲生心の問題が展開しているのではないかと思います。信心が菩提心である（横超の大菩提心）ということがいえるのは、欲生心があるからです。

信心が主体である

浄土が説かれてあることが、浄土教あるいは浄土の経典といわれるゆえんですが、説かれてある浄土は何のためかといえば、浄土を通して人間を本当に救い上げるためです。あらゆる人間、当然救かるような人間だけではなく、救かることができないような苦しみを持ち、あるいは罪を感じ、あるいはいのちの有限性に悩む人間を救い上げる。与えられた存在そのままに喜べないで悩む存在。与えられてあることに反逆し、あるいはもがき苦しんでいる衆生を本当に摂め取るために、如来の大悲が開いて、浄土を通して衆生を根源的に解放せしめようというところに、浄土教のねらいがある。

浄土を開いて摂め取ろうという意欲、その意欲の側から、また、浄土を求める意欲の側から経典を読み直すと、『無量寿経』は、『観無量寿経』『阿弥陀経』という同じく浄土を説いている経典に比べ、衆生に呼びかけ衆生の意欲を明らかにするという点で、非常に問題意識が鮮明である。それによって、親鸞聖人は、『無量寿経』を真実の教えだとされた。

三部経の中で、『無量寿経』は真実の教である、この経こそ本願を説いて浄土の教えの真実性を語っていると決定された。その本願の中でも、衆生の問題にまともに呼びかけている願が十八・十九・二十の機の三願である。機という言葉は法に対する。法というのは、如来の側、あるいは如来が明らかにする真実の道程、それが法に属する。機というのは、それを受け止めようとする人間の側、本当の如来の教えの意味が分からないで、もがき苦しんでいる存在、そして如来の教えに近づいていく存在、あるいは如来の教えを本当に受け止めることのできる存在、そういう人間の状況全部が機の問題として包まれる。

その機の側に呼びかけているのが、特にこの十八・十九・二十という三願である。もちろん、機法と分けてみても、全部が人間の問題で、人間と無関係なものはないが、一応分限をはっきり分けて、人間的問題と、如来の領域、人間からは手が届かなくとも、人間に呼びかけて本当の世界に還そうとする如来の領域を、はっきり分けて教えが立てられているところに浄土教の特徴がある。

そして機の三願の中で十八願は、真実の機、それを親鸞聖人は浄土教の言葉、あるいは仏教の言葉で正定聚の機という言葉で押さえられた。正定聚の機と押さえたということは、この迷いのいのちを生きている、流転のいのちを生きている、あるいは苦悩のいのちを生きている人間存在が、流転を超える課題を本当にここに解決し得た。

「信巻」以下で押さえている問題でいうと、人間の苦悩、これは一つには人間的存在として、その中で自分という存在が確保できない。人間関係の中に巻き込まれて、自分を失わされて、自分がよく分からなくなり、自分の生き方が、無意味、無目的になる。そのような不安感の中で人間が苦しむ。信仰を得るということは、人間が自立できる。本当に独り立ちできる。清沢先生の言葉でいえば独立者、あるいは独尊子《どくそんし》という言葉でいわれていますが、人間の尊厳性を本当の意味で回復できる。そういう課題に、信心が本当に答えることができるという意味を持つと思います。

そのことを親鸞聖人はいろいろの面から語ろうとしておられる。この十八願によって与えられる主体、それはつまり心、迷える意識を持っている存在「「心」はすなわち慮知《りょち》なり」（聖典二四二頁）と「信巻」では押さえられています。思い計らいの心、その中に人間のあらゆる現象が包まれ、その思い計らいの心が、有限なるいのちに苦しみ、あるいは自分の生活の中で苦しむ。あらゆる人間存在の根本問題を「心」という一語で押さえて、その心が真実の心になる、本当の心になる。それが本当の人間になる、本当の自己になるという意味を持つ。

人間として生まれて本当に流転を超え、独立者になり得たお釈迦さまがお説きになった道、人間として人間自身が本当に自分を回復する道は、一つにはいのちの問題として、中国人の求めた生き方でいえば「長生不死《ちょうせいふし》」という要求です。長生きがしたい、いのちが終わることが嫌だ。いのちが自己を持続することを要求する。一瞬一瞬変わっていくいのちの中に、自己自身を永遠に持続したいと願う。よく考えれば無理なのですが、無理を知りながら要求せずにはおれない願い、そういう問題に対して信心が本当に答えるものであるということを、親鸞聖人は、「信巻」で「長生不死の神方《しんぽう》」（聖典二一一頁）といわれます。

人間がいのちあるものとして、自分が分からないままにとにかく生きていたい。本能に根ざすのかもしれませんが、仏教の眼からすれば自我心の妄念によって自分を想い描いて、その自分がいつまでもいたいと願う。その執念、執着が、生活の上ではどんな形をとってみても報われない。権力を持とうが、金を持とうが、どんな医学の再先端を自分の手中に納めようが、いのちの終わりを永遠に延ばすことはできない。この問題に対して本当に答えるものが信心だと、親鸞聖人はそうおっしゃる。もちろん、単に長生きさせるという意味ではない。長生不死の課題が転ぜられて、初めて成就する。孔子（前五五〇～前四七九）の言い方でいえば、「あしたに道を聞けば、ゆうべに死すとも可なり」。その死すとも可なりということに出遇えば、そのことが生きていることの永遠の意味になる。

真実というものがいのちの課題に本当に答えるものだ。中心問題は意識、心にある。心が迷っている、心が執着している。心が間違った価値、間違った在り方を正しいとして妄執している。そういう在り方を転じて本当に主体を取り戻すことが成り立つのが真実信心である。信心というと何か特殊な意識、わけのわからぬものを信じる心と思われている。そういう一般的な信に対して、親鸞聖人が明らかにしようとした信は、雑信、邪信とか迷信とかいわれる信ではなく、本当の主体がそこに回復される心、それこそが信である。親鸞聖人おいては、信以外のものは頼りにならない。自己自身が回復される道としての仏法が信心によって成り立つといい得るのは、信心が本当に揺るがない主体だからだ。

自分があって何かを信じるというよりも、信じることができることにおいて成り立つ主体のみが永遠不滅の意味を持つ。金剛不壊の真心とおっしゃいます。これが本当の主体である。これを親鸞聖人は、如来回向の心とおっしゃる。真実自身がここに表現して、ここに立ち上がって本当の主体となった。自分の迷いの心が妄念で作った心ではない。妄念で執着している心ではない。それは輪廻を超える意味がある。

輪廻とは状況的存在として、状況に喜んだり、苦しんだりしながら流されていく。私どもの日常生活は、無始以来の流転の連続であり、無始以来の生死のいのちの連続である。生死の連続の一コマを私どもは生きている。無始以来の生死の流転が、くり返しくり返して未来永劫に続いていく。「無始生死の有輪を傾く」という言葉がありますが、生死の、終りのないような迷いのいのちを本当にそこで断ち切るような主体が欲しい。

人間は長生きがしたいといっても、よく考えてみると、周りから冷たくされても長く生きていたいかというとそうではない。どんなに辛くとも苦しくても長生きしたいかといえば、それなら、死んだ方がましだということも考える。ただ生きていたいということではない。なにかそこに、本当のいのちが欲しいということが、人間の根元の問題としてある。それを信心によって与えよう。浄土を要求する心を通して、浄土を開いて、本当の主体を与えよう。こういうことが十八願の中心問題である。

四十八願の中心は十八願にある。法然上人が、選択本願の本願中の王、王本願といわれ、親鸞聖人はこれによって真実信心が成り立つと押さえられた。それなら、十八願だけでよさそうなものだが、そこに十九願・二十願が開かれてくる。親鸞聖人以前に、十九願・二十願という問題が自覚されていなかったわけではない。善導大師にしろ、源信僧都にしろ、何らかの形で、十九願・二十願がいわんとする問題に触れてはいるが、十八願・十九願・二十願の呼びかけている目的、何故、三願に分かれるのか、何故、三願がそれぞれ違った言葉で呼びかけているのかを分析するということはなかった。

親鸞聖人は、十八願を「信心の願」と押さえられた。法然上人には、十八願は、行とか信とか分かれない、念仏往生の本願、選択本願。この本願一つが中心であって、他の願は十八願一つを盛りたてるための忻慕の願という言葉があったが、いわば土台のようなものである。立ち上がるのは十八願一つ、他の願はむしろ十八願にとっては、十八願を浮き彫りにするためのバックという意味だ。

　ところが親鸞聖人はさらに、それぞれの願が語らんとする意味を明確に分析されて、『教行信証』にそれぞれの願の仕事を取り上げられた。そこに、十七願と十八願が分かれた。十七願と十八願が分かれることによって「行」と「信」とがはっきり分かれる。「行」と「信」とが分かれるということは、「行」は法の側、如来の仕事。「信」は機の側、人間の自覚の問題。念仏は法の側にある。

　念仏すれば救かるというのは如来の願いである。聞いてそれを本当に信じるかどうかは人間の問題である。一応、ここに法と機の分限がある。「行」と「信」を分けることによって、何処までが人間の領域で何処までが如来の領域かということがはっきりする。それがはっきりしないから、法然上人の純粋な念仏往生の信心を、聞いた人間が、如来の側と自己の側と混乱するから、念仏という如来の法を、自分が真面目に称えようとか、真面目に信じようとか、不純粋に生きていてはダメなのではないかと考える。そういう自己矛盾のまま、念仏のみでいいということをなんとか納得しようというところに、混乱が生じる。

　法と機が混乱する。如来の仕事と人間の分限が混乱する。それを親鸞聖人が行信を分けた。それによって、如来の御名《みな》に人間が何も手を加える必要はない。人間が真面目に称えたから行になるとか、あるいは数多く称えたから行になるとか、人間がどうかしたということによって行があるのではない。如来の御名が大行である。本願がここに用いているということが大行である。それを本当に、わが心に受け入れるかどうかは人間の問題である。どれだけ純粋に、どれだけ全面的に受け入れられるかは人間の問題である。人間が受け入れようが受け入れまいが、大行は大行である。こういう分限をはっきりさせることができた。

十七願と十八願を分けない場合、十八願一願の場合は非常に鮮明に念仏往生ということは建ったが、念仏往生を信じるという人間の問題が残った。法と機の分限が混乱した。親鸞聖人のなさった仕事は、人間の迷っていく迷い方を、法に照らして明らかにする。法の領域はいじらないでもいい、そこをはっきりさせることによって人間が努力して、人間がある特定の状況を作って法になってしまうという発想を断ち切ることができた。浄土教の中で、浄土真宗という教えが、信心一つを明らかにすればいいと鮮明に人間の心の自覚を中心にした教えになることができた。

十八願が機の問題だ。機が、正定の機として迷わない存在として、流転輪廻を超えて、本当に主体をここに建立できる。どれだけ動いているいのちの中にあっても、どれだけ有限ないのちであっても、どれだけ状況が五濁《ごじょく》の世無仏《むぶつ》の時といわれる時であっても、断じて何ものにも揺れることのない主体を確保できる。そこから見たときに、十九・二十願は何の意味を持つのか。ここに親鸞聖人は、もう一度、人間というものを、浄土に生まれんとする心として教えられている欲生心、真実を要求する心、その要求する心が歩む道程として、如来に照らされた自己を自覚していく道程として、如来がわざわざ、十九願・二十願を誓っていると受け止めた。つまり、どうでもいい願をここに建てているのではない。この願を通して、自己の心が本当に見えてくる。自分の迷っている位置が本当に見えてくる。自分の苦しんでいる状況が、何処にどういう問題で苦しんでいるかが、本当に照らし出されてくる。十九・二十・十八願を一貫して「欲生心」の道程として読まれたわけです。

第10章　至心発願の願［第十九願］

発菩提心

第十九願　至心発願の願

たとい我《われ》、仏を得んに、十方衆生、菩提心《ぼだいしん》を発《おこ》し、もろもろの功徳《くどく》を修して、心を至し願を発《おこ》してわが国に生まれんと欲《おも》わん。寿《いのち》終わる時に臨《のぞ》んで、たとい大衆と囲繞《いにょう》してその人の前に現ぜずんば、正覚を取らじ。（聖典一八頁・註釈版一八頁）

「十方衆生《じっぽうしゅじょう》」とは、機の三願に通じている。「十方衆生」と呼びかけているのは四十八願の中でこの三願だけです。この世の人間に呼びかけている願である。浄土の人天とか、菩薩ではなく、「十方衆生」と呼びかけている。親鸞聖人は「十方群生海」といわれます。生きとし生きる者、衆生というときには、やはり、あらゆる生きている存在の中でも、分別に苦しむ存在、言葉に悩む存在、つまり人間存在を中心にして呼びかけている。

その十方衆生が、菩提心を発したところから願が始まっている。仏道ということについて、一番大事な言葉が、「発菩提心《ほつぼだいしん》」とか「発心《ほっしん》」という言葉です。発心とは、心を発す、菩提の方向、つまり仏法を求める方向に立つということです。このごろ日常用語で、「一大発心して」と使われる。何かを思い起《た》つ、何かを意欲すると使っていますが、もともとは仏教の用語で、菩提心を発す、発菩提心という言葉です。

初一念という言い方もします。我々の日常の要求、日常の願いを発すことではなく、お釈迦さまが発心して出家修道されたように、流転し流されていく状況のなかで、状況を超えたものになりたい。有限のいのちに飽き足らないで無限のいのちが欲しい。あるいは、世間の価値、世間の名利、そういう人間の損得勘定ではないいのちが欲しい。ふつうではそういう要求は起こらない。人間は、相対的ないのち、相対的な生活のなかで、相対的な価値を求めて努力したり、苦しんだりしている。絶対的なものは求めてみようがない、考えてみようもない。にもかかわらず、この相対のいのちに充足できない。この相対のいのちでは自分は死んでも死にきれない。そういう課題を持つのが発心ということです。発心ということは、こんな心が発するということは、摩訶不思議としかいいようがない。

華厳教学では、「初発心時、便成正覚」といわれ、はじめの一念の発心があれば、もう覚りは得たも同じだという。つまり、たとえ思い発ったただけでも、質はもう仏になる資格がある。ただ単に相対的な価値を、量的にあるいは質的に、とにかく、この世の中で充足すべく、この世の中で幸せになるべく、この世の中で自分の権利や力や財産等を得るために営々と努力する。そういう日常的発想、つまり煩悩具足の凡夫がただ要求していくという発想を突き抜けて、人間的価値ではないものが欲しいという要求が仏法の出発点だ。そういうものがなければ仏法は成り立たない。これがふつうの理解です。

ほとんどの人間は発心すら起こらないで、流転のなかで死んでいく。たまたま縁あって、単にこの世で流されるだけではないいのちが欲しいというものに触れて立ち上がる。これは奇跡的なことだ。それだけでも非常に価値があるというのが、それまでの仏法の見方だった。しかし、親鸞聖人は、欲生心の呼びかけを通して、人間のいのちが流転するということは、迷いをくり返し、状況に流されていることを感じる、流転しているということを感ずる。そこに流転を感ぜしめる何かがある。もし宗教的要求、あるいは、菩提心というものと無関係なら流転ということすら感じない。迷っているとは思わない。

いのちを絶対のいのち、永遠に続くいのちとして思い込むはずで、迷っているいのち、くり返していくいのちだとは感じない。流転しているいのちだというところには深い意味の宗教的要求がある。欲生心は、たとえ相対的関心に埋もれていても、欲生心が芽ばえんとしているのだと見られる。流転輪廻の我らというところには、「三恒河沙《ごうがしゃ》の諸仏の　出世のみもとにありしとき　大菩提心おこせども　自力かなわで流転せり」（聖典五〇二頁）という和讃があります。私どものいのちは、実は本当のもの、本当の存在を要求して苦しんでいる。単に苦しんでいるのではない。なにか流転輪廻を超えたいという願いが根にあって、このいのちの中でもがいているのだと見られる。そこから見たときに、この十九願が見直されてくる。

親鸞聖人はこの十九願をどのように押えられるか。「化身土巻」を開かれて、「化身土巻」を明らかにする願として建てておられます。「化身土巻」に、「『大経』の願に言わく、設い我《われ》仏を得たらんに……」（聖典三二七頁）と引いておられるのが、この十九願です。浄土の教えの中に、方便化身土という世界を明らかにしたいということが、親鸞聖人の大事なお仕事の一つです。法然上人では、浄土は一つであり、浄土の中に真実と方便があるということはおっしゃらない。非常にはっきりと単純明快に、念仏往生、念仏して浄土に往くと教えられた。

浄土の中に、真実と方便があるなどと複雑なことをいうと、何が何やら分からなくなる。だからそういうことはおっしゃらない。ところが親鸞聖人はもう少し人間の問題を深く見すえられて、法然上人が単純に教えられた、その単純な教えを通して、もう一度、浄土の教えを克明に検討されて、我々の人間の浄土を要求する心の有様を照らし出す。自力の執心という言葉がありますが、自力の迷情、努力意識、そういうものが持っている如来の本願に対する疑い、自己を本当に生かしめている力に対して自分の心が疑っている構造を解明する。

十九願にはいくつかの問題があります。まず、最初の問題は「発菩提心」の問題です。十九願の特徴は、発菩提心という言葉がある。それを親鸞聖人は、「「至心発願《ししんほつがん》の願」と名づく」（聖典三二七頁）とおっしゃています。至心というのは心を至す。「信巻」の解釈では真実心と解釈しておられますが、真実の心を持って発願する。

「化身土巻」に三願転入《さんがんてんにゅう》と称せられている文章がある。「ここをもって、愚禿釈の鸞、論主《ろんじゅ》の解義《げぎ》を仰ぎ、宗師の勧化に依って、久しく万行・諸善の仮門を出でて、永く双樹林下《そうじゅりんげ》の往生を離る、善本・徳本の真門に回入《えにゅう》して、ひとえに難思往生の心を発しき」（聖典三五六頁）、愚禿釈の鸞が教えによって、久しく万行・諸善の仮門を出でて、永く双樹林下の往生を離る、とおっしゃいます。これは十九願の問題を万行・諸善の仮門と双樹林下の往生という言葉で押さえて、その十九願を超えて二十願に入る、「回入」という言葉が使われています。

この場合は、十九願から二十願に回入する。「ひとえに難思往生の心を発しき。しかるにいま特《まこと》に方便の真門を出でて、選択の願海に転入《てんにゅう》せり」（聖典三五六頁）と、二十願から十八願へは「転入」という言葉を使っている。こういう厳密な言葉の使い分けがある。入には二度ある。願に三つある。十九願は、ふつうは、今まで世俗関心に生きていた、単に世俗的存在であった人間が発心をして仏道の機になる。そこに十九願へ入ったといっていいのに、親鸞聖人はそのことについては、一言もおっしゃらない。そこに独特の見方がある。

一般の仏教からすれば、それまで単に世間的価値を追っかけていた人間が、仏法を求めるようになったということは大変な転換である。だから十九願に入ったといえそうだが、そうはおっしゃらない。いわゆる菩提心、人間が何かの縁に触れて、自分自身の問題、自分の死の問題とか自分の病気、経済的破綻、そういう自分に関係したことが縁になる。あるいは、自分に近い肉親の死、愛する者の死、愛する者との別れが機縁になるということもある。とにかく、この世で生きていて、何かの機縁でこの世的状況の中から発心するのが、ふつうの常識的な発心です。仏教一般ではその発菩提心ということを非常に大事にする。

ところが法然上人は、この世に生きている人間が罪に苦しみ、悩んでいる、そういう苦悩する存在が本当に救かる道として愚かに還る。本当に愚かに還って念仏して往生する。そのときには菩提心すら要らない。菩提心を求めて立ち上がって世間を無視して、自分だけが仏になるべく修行をしたり、学問をする。自分だけが真面目だという特殊な、あるいは独断的な自己価値を作って、それによって世間を睥睨《へいげい》して、お前は濁世の人々だ、私は山の上から一人仏法の真実を求めているのだというような発心は、法然上人は要らないという。菩提心は要らない。菩提心すら諸行だ、余行だとおっしゃる。

菩提心を発せ、あるいは、功徳を修せと呼びかけているが、十八願一つを選んだからには、十九願はもう要らないのだ。十九願成就の文、三輩往生の文といわれる文があります。三輩とは、上中下の三つに大きく人間の在り方を分ける。そこに三輩段といわれる教説が説かれる。それは人間はそれぞれ意志力や性格、好みや傾向性が一人ひとり違います。それぞれの機類に応じて教えを説くという意味で大きく三輩に分け、上中下という機根に応じて教えが開かれている。

その三輩に通じて、『無量寿経』を見てみると、「その上輩というは、家を捨て欲を棄てて沙門と作《な》り、菩提心を発し……」（聖典四四頁）とあります。それから、次の段は、「仏、阿難に語りたまわく、「それ中輩というは、十方世界の諸天人民、それ心を至してかの国に生まれんと願ずることあらん。行じて沙門と作り大きく功徳を修することを能わずといえども、当《まさ》に無上菩提《むじょうぼだい》の心を発し……」（聖典四五頁）。そして、下輩は「……当に無上菩提の心を発して……」（聖典四六頁）と、無上菩提心ということが三輩に通じて語られている。上中下輩に通じて、とにかく、浄土を要求するについて、無上菩提心を発す。発菩提心ということが条件になっている。こういう意味で、これを十九願成就の文と読んでいます。

そのときに法然上人は、発菩提心というが、菩提心は共通かといえば、菩提心の強さ、菩提心の真面目さ、何によって菩提心を発したか、師匠に出会って発したのか、あるいは自分の肉親の死によって発したのか、坊さんになったら出世できると思って発したとか、縁は人によって違う。したがって、法然上人は如来が十方衆生に念仏往生を呼びかけるときに、菩提心を条件にするのは、これは一つの手掛かりで、本当は要らないのだ。つまり菩提心も諸行の一つだ。菩提心というけれども、発こり方は、人間の個人の努力の意識、個人の条件で発こるものだから、自分は水垢離をするとか、回峰行をするというのと同じ質のものだ。菩提心というが人間の努力意識だ。そういうものを条件にして念仏を教えるのではない。念仏は如来が本願によって十方衆生を平等に摂取せんがために誓っているのだから菩提心は要らないと、おっしゃったわけです。

ところが、菩提心が要らないとなったらこれは仏法ではない。仏法を求めるのは菩提心によって仏法を求めるのだから、仏法が要らないといったら、仏さまの教えを聞くことになるはずがない。仏道の要求に立たないままに救けるということになったら、これは外道である、と明恵上人が法然上人を非難された。それまでの仏教の理解からすれば非難は当然です。菩提心が要らないということは仏法の放棄だ。

では法然上人の教えは、どういう意味で仏法なのか。上人の願いは、浄土を開いて苦悩の十方群生海を摂取せんとする如来の大悲を教えようとしている。念仏往生は何のために説かれてあるか。それは本願の大悲を衆生に呼びかけんがためだ。そのことを明らかにするために、個人が発した菩提心は要らないという。しかし菩提心を否定したら、菩提を求める心が仏法を成り立たせているわけですから矛盾する。

念仏で救けるといっても念仏でどう救けるのか。菩提心なしで救けるということになったら、世間的な欲求を満足させることとどう違うか。そこがはっきりしないと、念仏して病気が直るとか、念仏して金儲けができるということとどこが違うのかがはっきりしない。世間の要求ではない、仏道の要求だから発心というのであって、仏道の要求は要らないというなら世間に戻ることになりはしないか、というのが明恵上人の批判だったわけです。そこで親鸞聖人は十九願の呼びかけている発菩提心は、人間の努力意識に呼びかけているが、実は、そういうふうに呼びかけるということは、如来の悲願だというのです。

人間の努力意識

人間は常識的に努力で生きている。努力で生きているということは人間の経験の構造が、人間の分別の構造が、歴史を受けて成り立っている。農耕民族と牧畜民族では違うにしても、生活経験が、知識であったり、人間の資産であったり、そういう人間らしい経験によって教えられて学んで修得して、そのことを力にして私どもの生活が成り立っている。経験の蓄積によって、新しい経験を自己のものとし、そしてより良き、より人間らしい、人間的価値を作っていくことができるのは、人間の経験の蓄積の上に成り立っているからである。

農耕民族の場合は、先祖の遺産を受けて、田畑にしろ、代々耕してきた田畑だからこそ自分が種を蒔けばできるのであって、荒野だったらそう簡単にはいかない。新たに自分が耕すことは大変なことです。だから、先祖の遺産も、いのちのくり返しの恩を受けて今のいのちが支えられている。これが人間のいのちの感覚に基本的に付いています。その上に私個人の生活も、生活の経験が私になっているし、なしていく行為が次の自分を作ってくるという構造を持っている。努力意識はそこでは常識として信頼されています。努力意識を信頼しないなら、人間経験を信じられない。生活することは、それなりの経験の歴史がものをいうわけです。

仏法を求める場合、如来の世界を、たとえ発心するといっても、自分の意識や努力で、自分の経験で得ていこうというのは当然なわけです。それを、親鸞聖人は、発心というけれども自利各別の、自分が自らを利せんとする、自ら覚りを開かんとする各々の心は竪に発《お》こる。竪超《じゅちょう》竪出《じゅしゅつ》といいますが、竪に発こるような菩提心だと定義を改められた。つまり各個人個人の上に高さや太さが違い、質が違う菩提心である。しかし如来が十方衆生に呼びかけた菩提心とは、深く静かに、寝ても覚めても芽ばえんとしている菩提心である。個人個人で強かったり弱かったり、薄かったり厚かったり、細かったり太かったりする心ではなく、どんな状況の人間であろうと、どんな苦悩の中に、どんな短い生で終わっていくいのちであっても、そこに本当に呼びかけているものである。それは、如来自身が発こさんとする菩提心である。個人が個人の状況で発す菩提心なら千差万別である。

法然上人が発した菩提心と親鸞聖人が発した菩提心とを同じくするわけにはいかない。縁が違う。法然上人は父親を目の前で殺された。こういう縁に会って、個人的に発った菩提心と、そうではない菩提心と質が違う。常識として発った経験でそこに感じたものを評価する常識的発想からすれば一人ひとり違います。あの人は子どもを失ったから真剣だとか、そういうことはいろいろあります。状況から主体を考える。しかし本当は主体はいったいどうなのか、ということはよく分からない。けれども、状況存在を状況的に押さえるような菩提心ということになれば、これは浄土が呼びかけて、如来が浄土を建立して平等に摂取せんとする仏法が呼びかける心とはどうも違う。

しかし菩提心が要らないというわけにはいかない。そこに親鸞聖人は、本当の菩提を開く心とはいったい何か。人間がこの世に生まれて、本当にこのいのちを充分に開花する状況になるとはどういうことか。それは決して自利各別の心であっては、自分が自分だけで花咲くという心であっては、如来の大悲が開く広大なる浄土が与える大菩提、大涅槃ということにはならない。努力意識には必ず差別意識がついています。自分はこういう経験をした。相手はまだ経験していない。人間が経験を信頼している限り、蓄積された努力意識を根拠にしてものを考えている限りは、一緒にはなりません。さらに民族が違えば違ってくるし、同じ民族であっても階級が違えば違ってくる。そういう違いを人間の考えで平等にすることはできない。如来が呼びかけている十方群生海を摂取せんとする願いを本当に開くような心とは何処にあるのか。

菩提心が要らないというと仏法にならない。しかし菩提心を条件にすると差別意識になる。そこに第三の道、違う見方がある。それは本当の菩提心は、条件によって発きたり発こらなかったりするのではない、流転輪廻を支えてきている、無始以来、実は歩んでいる菩提心がある。そういう信頼が、如来が十方群生海を本当に摂取せんとする心と照らし合う。そこに親鸞聖人は真実信心、つまり如来の回向によっていただいた信心こそが本当の菩提心だと。自分で発した菩提心ではない。その視点からもう一度見直したときに、十九願が呼びかけている菩提心は、人間はやはり努力意識を基本にして、経験の蓄積を信頼して生きていますから、そこに菩提心を発せ、菩提心を深めてみよと呼びかけた。

十九願の、まず菩提心を発こせという呼びかけからすると、私どもが生まれてから初めて菩提心を発こすことを呼びかけているようだが、親鸞聖人は、実はその心は、無始以来の歩みがたまたまここに一つの条件を得て自覚的になっている。だから十九願に入るということはない。仏法の縁で開くようになるということはあるかもしれませんが、歩み始めたのはいつからかということになると、よく分からない。何時何分に発心したというのは、自利各別の心でしょう。しかし何時何分に発心したということはない。ああそういうことが仏法なのか、ということに目覚めるということはあるが、目覚めしめてくるまでの時間は、いつから始まったのかということは分からない。

一つ例をお話しますと、お釈迦さまの生涯は、摩耶夫人の母胎を出て、子どもから育っていって、結婚もされて、そして王城を捨てていかれる。しかし、そのときに、いつ思い立ったということはいわない。とにかく何でも優れておられた。武術の道も、学問の道も、あるいは遊びの道も何をやっても、提婆達多といつも競争して、提婆達多は何をやってもかなわなかった。そういう生活をしながら、いつ発心したということを語っていない。いつの間にか、いろいろのことが語られるが、全部が機縁になっている。

豊かであれば豊かであるだけ、楽しければ楽しいだけ、そこに空しさやはかなさが催してくる。四門出遊、親が心配して、気が晴れるから散歩に行ってこいと、いよいよ出家の機縁が催す事件が起きる。だからどんなことも機縁になる。ふつうなら気晴らしになることが逆に出家発心を固める形になる。発心が動いてくれば、何でも機縁になる。それこそ、久遠劫来の経験が発心の縁となる。私どもの日常生活から発心へというのは、確かにある意味で異質な方向ですが、異質なるものは、突然起こったのではない。自分で努力して起こすものは「発」とはいわない、と安田理深先生はおしゃっています。

「発」という字を書くときには、自分で努力して起こすなら起こすという。しかし、「発」という字は、起こそうとして起こったものではない。煩悩でも起こそうとして起こったものではないかもしれませんが、特に菩提心というものは親鸞聖人は「勅命」とおっしゃった。催してくるものです。宿業因縁に催されて起こる。呼ばれたようなものです。自分で努力して起こしたものというよりは、催されて呼びかけられて、育てられて、そして、いつの間にかそれが本当の要求になる。

功徳に対する信頼

親鸞聖人は、十九願を読み直された。法然上人はこれは要らないといわれたが、実はこれは悲願なのだ。菩提心を呼びかけて、菩提を求める心、たとえ自利各別の心であっても、菩提を求めようという心が発こる。その菩提を求めようという心の問題を、その内面を別の言葉で押さえてくる。それが第一には諸々の功徳を修するという言葉です。修諸功徳《しゅしょくどく》。「修諸功徳の願」といわれます。修諸功徳ということが何故本願として語られるのか。十九願成就の文でも、「上輩というは、家を捨て欲を棄てて沙門と作《な》り、菩提心を発し、一向に専ら無量寿仏を念じもろもろの功徳を修して」（聖典四四頁）となっている。

そして中輩になると、「……多少に善を修し、斎戒《さいかい》を奉持《ぶじ》し、塔像を起立し、沙門に飯食《ぼんじき》をせしめ、繒《ぞう》を懸《か》け燈を然《とぼ》し、華を散じ、香を焼きて、これをもって回向してかの国に生まれんと願ぜん」（聖典四五頁）、つまりいろいろの仏法に役立つ行をして、浄土に生まれんと願ぜん。下輩でも、「……当に無上菩提の心を発して一向に意を専らにして、乃至十念、無量寿仏を念じてその国に生まれんと願ずべし。もし深法を聞きて歓喜信楽せん」（聖典四六頁）といわれ、無上菩提の心を発こして、その与えられた状況のなかで浄土を要求していく。

功徳を修するということが何故教えられているのか。功徳というのは広い意味でいうと、人間が求めるものに対して某《なにがし》かの見えざる力を持っているものです。特に仏法の方向について功徳ということがいわれる。世間の方向について、例えば金を儲けることができるような力についてはあまり功徳とはいわない。けれど、人間の生活のなかに何か見えない。ここが人間の面白いところだと思いますが、功徳とか功徳力というものは、人間の経験が蓄積したことによって持っている知恵とか、あるいは開発された能力ということではない。また、自分に役立つことについては功徳とはいわない。

ちょっと見ると役に立たない、あるいは、ほとんど役に立たないような行為や経験が、本当の願について見えざる力になる。こういう場合に功徳という。例えば、誰にも見えない形で自分の小遣いをどこかのお寺さんに賽銭で上げておく。こんど別の方で違う商売をするときに役立つはずがない。ところが、それがどういう因縁か分からないけれども何か役に立つということが起きる。

商売で例えるのはよくないかもしれませんが、そういう知恵を、仏法はいろいろな具体的な形で教えています。「袖《そで》摺《す》り合うも多生《たしょう》の縁」といわれますが、何がその人にとって得になるのかは分からない。「人間万事塞翁《さいおう》が馬」という言い方もありますが、すぐ効果を求めてなした行為が効き目があるとは限らず、全然効果など求めないことが、巡り巡って、求めて得たのではなくて、違う形で来るということが、人間の生活のなかで起こり得る。そういう力を、功徳という言葉でいおうとするのではないかと思います。

功徳という概念を定義するのは難しい。例えば、自分が勉強して力を身につけて受験するのは功徳とはいわない。さしあたってどうこうしようとするのではないのに、思いもかけず、まったく違うことに役に立つというような場合に、功徳という言葉が使い得るわけです。

人間経験の中に何かの意味で蓄積されながら、必ずしも目的や打算、利害などと結びつかないで持っている存在の力みたいなものです。プラス・マイナスはゼロになるように出してしまえばなくなる。功徳というのは積んであってこそ意味があるので、使ってしまえばゼロになるようなものです。私どもの中にある、そういう功徳という概念に対する信頼も万国共通のようです。

インド民族や日本民族という民族の違いではない。やはり人間経験の中に、計算したように積んだ力が力ではない、見えないところに積んだ力が意外と力を持つということは、生活経験の中にそういうものをどこかで信頼しているということがある。これは、現実には大きなものです。厚みがあるとか、中身があるとか、世間の会社などでもそういうことをいう。見えない力がある。無理やり、表だけを作っているというと底が浅い。功徳という概念は見えざる背景みたいなことを表す言葉ではないかと思います。

仏法は、菩提心を発こし、諸々の功徳を修せよと呼びかける。六波羅密の波羅密の行もそうですが、ほとんど不可能な行をせよと呼びかける。布施でもそうです。はじめは持っている物を持たない者に施せという言い方をしますが、物を施すことは必ずしも布施ではない。本当は物以上のものを施せ。しかも施したことを残すな。だから、本当の布施とはいったい何かということになる。本当は実際できないようなことが多い。施したことによって、かえって物をあげないとき以上に悪い関係になったり、相手を傷つける。だから存在を本当に成就するという点からいうと、布施を実践することも大変難しい。

諸々の功徳を修せよというのも、浄土を要求して浄土のために功徳を積めというわけですから、いろんなものを積みますが、それがそのまま本当に役に立つかどうか分からない。だから、法然上人は念仏以外の行は回向を通して初めて浄土の行になるといいます。回向、つまり、回《めぐ》らし向けてということは、方向を転じて初めて浄土の行になる。この功徳の内容が、大乗経典を読んだり戒律を守ったり、あるいは仏事斎戒、仏さまにお花をあげるという行為が、そのまま浄土に行く行として功徳の力になるかは、保証の限りではない。

自分の単なる幸せや欲望が根にあってやっているかもしれないし、本当に如来の世界に行く手だてになるかどうかは分からない。だから、回向して、如来の世界に役立って欲しいという願いを通して初めて浄土の行になる。回らし向けないなら世間の行です。

例えば、財施でも、仏法にとって役立って欲しいという願いを通して初めて意味があるのであって、あげたからには自分が利益を欲しいというなら仏法の行為ではない。経済行為です。回らし向けて初めて仏法の意味になる。法然上人は、念仏以外の行は全部回向がいる行だ。回向を通して、回らし向ける、あっちのものをこっちのものに翻訳して初めて意味があるとおっしゃる。

念仏ははじめから浄土の行だといわれるのはその意味です。けれども十九願は、まず菩提心を発こせ、自ら無上菩提を求めて立ち上がれと呼びかける。無上菩提を求めた内容は功徳を修せよと。功徳を修せよは、一応功徳に対する信頼が人間にあるからです。何かやっておけば役に立つのだろうという意識です。無駄なことをやれといわれたら耐えられない。

ギリシャのシジフォスの神話では神さまから石を積めといわれて石を積む。積んでも積んでも崩れる。崩れても、積めという命令だから積まなければならない。分かりやすい例でいえば、パチンコの玉を積み上げるようなものです。パチンコの玉を平面に積み上げるのはやっても意味がない。何のためにやっているのか意味がないことをやれといわれたら、これほど辛いことはない。

西洋人の考える労働というものはそういう意味で、労働者にとって労働とは、自分の時間を売り渡して無意味な行為をさせられるということが問題だといわれます。日本人の場合の労働は違う概念があると思いますが、ヨーロッパ人の labor の概念はシジフォスの神話に通じるところがあります。自分の生きがいはレジャーの方にあるのであって、労働は苦痛だということになる。

たとえ辛くとも意味があれば、積み上げられる。積んでいって高くなったら面白い。無意味に見えても、世界一だったらギネスブックに載るからと何でもやりたがる。目的があると、たとえ大変なことでも人間は喜んでやる。人間は無意味さが一番嫌いです。如来が、修諸功徳を呼びかけるということは、自分の信頼している功徳を思いきり積みなさい。役に立つかどうか問わずにやりなさいという。

これは説得力がある。積み上げたことが自分に力になるという信心、功徳に対する信心がありますから、さしあたってすぐ役立つことをやりなさいというのは、誰でも分かる。菩提心を発こしたなら功徳を積みなさいというのは、さしあたって目に見えないかもしれないが、何かいかにも意味があります。

一般仏教が衆生に呼びかける行がこれです。それを信頼して営々として努力する。つまり、如来の願心を教えられない間は水垢離をしたら効くと思う。冬の寒いときに水を被る功徳は絶大なものだという信頼があるからやる。何年でもやる。功徳が高いと信じるからやる。人間の功徳信頼意識に呼びかけているのが、この十九願の言葉だと思います。非常に説得力がある。

『正像末和讃』に「三恒河沙の諸仏の　出世のみもとにありしとき」（聖典五〇二頁）とあります。仏の道に出会いながら、仏さまを仰ぎながら、「大菩提心起こせども　自力かなわで流転せり」という流転の歴史だった。流転ということは求めてしかも得られなかったという歴史。親鸞聖人はこの言葉を、単にダメだというのではなく、自分がその道を求めて、営々と歩んでしかも成就しなかった。修諸功徳の道というのは、いつまでやったらいいというものではない。自分がこれぞ功徳と思ったことを、営々と積んでいく。しかし、積んだ人間は功徳が高くなり、積めない人間は低いままで差別をますます助長する。つまり、自我意識を破るどころか功徳を修した自己の経験に対して執着する。本当は功徳を修することを実践していくなら施した功徳、積んだ功徳をゼロにする。功徳を積んだことを忘れることにならなければ本当の功徳ではない。しかし、そこが自利各別の心の悲しいところであって、いくら隠してやったといっても残っている。どこかで言いたくなったり、出したくなる。死ぬまで隠し通せるものではない。だから、本当に積むということはできない。

人間が凡夫である限り、仏の位にまで積み上げるということは、ゼロのものを無限に積み上げるような仕事だから、ほとんどできないという問題が修諸功徳の根本問題である。人間のレベルでは功徳を積んだ方が偉いに決まっている。功徳を積めといわれたら、ハイと言って一生懸命積む方が仏さまに近いように思う。ところがそこに、願文に押さえているように、二つの問題がある。一つには「人生は短く芸術は長し」というように、人間は有限でしかない。しかし、修諸功徳の道は無限である。どれだけ能力や意思力があり体力があっても、積める功徳には限界がある。

また人間は自分の功徳を次の子どもや、友達が引き継ぐわけにはいかない。一人がはじめからやり直すしかない。親鸞聖人のお子さんが念仏者になれなかった。どれだけ自分が苦労してこれだけのものを得たといっても、引き継ぐ者はまたはじめからやり直しです。それが人間の歴史です。

自分で苦労して獲得したものは、次の人はまた新しくはじめから苦労して開かなければならない。有限の人間に功徳を修せという命令は、本当に個々の有限性に目覚めよということを教えんがための一つの機縁です。もう一つは、その道を求めるなら、生きている間はもう努力意識を徹底して歩むしかない。

臨終来迎の信仰

仏の願いに触れるのはいのち終わるときだ。「命終《みょうじゅう》」という問題がここに出てきます。これが十九願の面白いところです。努力意識で救かろうとするなら、自力の執念で救かろうとする限りは死ぬしかない。生きている間は救からない。自縄自縛です。自分で自分を縛って規制して努力して功徳を修して、しかも功徳の制約を離れていこうとする。

「娑婆の縁つきて、ちからなくしておわるときに、かの土にはまいるべきなり」（聖典六三〇頁）という『歎異抄』の言葉が示すように、本当の世界に行くことができるのはいのち終わるときだ。いのちがある間は努力意識を捨てることはできない。努力意識を捨てることは、退転することであり、堕落することですから、努力の道に立ったなら、努力を徹底して死ぬまでいくしかない。

そういう意味で功徳を修せよという教えの救いはいのちの終わるとき、臨終に現れる。「臨終現前の願」と親鸞聖人は名づけています。「すでにして悲願います。「修諸功徳の願」と名づく、また「臨終現前の願」と名づく、また「現前導生《どうしょう》の願」と名づく」（聖典三二六～三二七頁）といっています。

平安仏教は、臨終来迎の来迎信仰であった。つまり臨終に来迎を仰いで、浄土から仏さまが現れて手を引いて連れて行ってくださるという信仰が流行った。貴族の信仰は、財施をし、できるだけ貧しい者に自分の財産を分け与えることをすれば臨終に仏さまが現れる。臨終にしか現れない。臨終に現れてくだされば充分だ。生きている間は仏さまに来てもらっては困る。人間の方の欲もあるが、本当に救かるのは臨終だ。これが浄土教の信仰に非常に大きな影響を与えた。浄土教というと死後の仏教のようになってしまったのは、十九願の影響です。十九願は、一面では浄土を教えながら修諸功徳、浄土に生まれるについて諸々の功徳、人間が信頼するような功徳、役に立つような功徳、直接ではないが、何か役に立つだろうという行をする。

発菩提心と修諸功徳と臨終現前という言葉、これが十九の願の持っている大きな課題である。十八願と比較してみると、心の問題、十九願だと発菩提心という言葉ですが、それは自分で発こそうとする心になっています。功徳を修するという行為の問題として、自分の分別、慮知《りょち》の、あれを思いこれを思いというものが、表に業、行為を起こして、その行為の効果を何らかの形で信頼して、その功徳は、修という字、修行という行の内容はここでは功徳になっています。

功徳を修する、修める、行動を通して自分の見えざる背景になるような力を備える行為をする。こういう信仰が人間の生活を成り立たせる。そういう信頼があって、強い努力意識、非常に強い意志力などがあった場合には、実践していけます。

人間が自己規制して努力をした結果が何かの形で効いてくることは、事実、ありますから、それに対する信頼というのは根が深い。スポーツだけではなく人生一般にそうだろうと思います。見えない所でどれだけのものが効くかということを、私どもはつい忘れて、人前では取り繕《つくろ》うが、実際は裏も表もどこかで人が見ている。

存在そのものが見えてくるところがある。それを私どもは如来が見ていると表現する。だからこの修諸功徳もどこかで如来さまが見ている、思いきり修行せよと。どれだけ功徳が効くか、そんなことを考えずにやれという。その限りは、そこで呼びかけているのは、自利の心、自分の経験に某《なにがし》かの力が効いてくるという信頼に対して呼びかけて、ともかくやりなさい。けれどもやってみると終わりがないから、やはりそこに保証が欲しい。本当に役に立つだろうか、救かるだろうか。そこに必ずいのち終るときには救けましょうという予約が入っている。それが十九願の救いです。

法然上人が十九願成就文を読まれるときに、十九願は菩提心を発こし一向に無量寿仏を専ら念ずると、「一向専念無量寿仏」ということが三輩に通じてついている、菩提心を発こし一向専念無量寿仏とついている。それで「一向専念無量寿仏」の方が経文の願いだという。

一向専念とは、専念、専ら念ぜよ。専ら念ぜよということには、実は他の言葉、菩提心を発こして諸々の功徳を修してという言葉がついている。ふつうに読んだらスーッと読み過ごして何か一向専念という言葉と諸々の功徳を修するという言葉が矛盾しないように読んでしまう。けれどもよく読んでみると、専念、専ら念ぜよということと他の功徳を修することは矛盾する。他の功徳を修しながら、一方で一向専念ということは意識が二つに分かれる。だから三輩段をどう読むかということが問題になる。

法然上人は、念仏を本当に明らかにするために他の行を修せよというが、それは他の行をやってダメだということが分かって、つまり、自力無効ということをはっきりさせんがためだと読まれる。それは実践してみて救からないということがはっきりする。そのために三輩段には諸行がわざわざ説かれている。廃捨せんがため、諸行を捨てんがためだ。だから、その場合でいえば発菩提心も要らない。本当の願いは発菩提心さえ要らないというのが法然上人の読み方です。ふつうはそこまで徹底して読まないで両立すると考える。一向専念と功徳を修することは両立し得ると考えるから、片方で念仏しながら他の功徳を修する。それでは純粋に、専念になっていない、雑念が入っているから雑修だ、専になっていないで雑修だ。こう善導大師が押さえてくる。

専念無量寿仏といわれているが、諸功徳を捨てないで、諸功徳を修しながら念仏できると考える。そうすると意識が分かれる。だから十九願は本当の主体がはっきりしない。自力の心で如来の願いに深く信頼を寄せることができない。如来の世界を願いながら、浄土の願いに触れながら、本当に浄土に生まれることができない。生きている間は救からない。ここに、十九願が、一面説得力を持って、浄土教に大きな影響を与えたけれども、逆にいえば、浄土教に対する根の深い誤解を持ってきたということがある。

いのち終わるときに臨んで救けて欲しいというのは、やはり臨終に対する恐怖です。確かに臨終の恐怖感を取り除くことは、ホスピスとかターミナル・ケアの点では役に立つことがあるかもしれません。けれども本当は、十九願の救け方は真実ではない。無意味ではないが、分別に苦しむ人間にとって、たとえ虚像であっても、それによって痛みが和らぐなら、人間は救かるところがある。幻想、妄想であってもそれが人間を救うことがありますから、そういう意味では、十九願の救け方というのは、無意味だとはいえない。本当に妄想に苦しみ、幻影に惑わされている私どもにとって、臨終に如来が現れて救けてくれるということは、理性的には意味はないが、情念として、いのちの不安感を最終的なところで救けてくださることは、大きな力を持つ。

こうして臨終来迎の信仰が広がった。法然上人も、十九願は、諸行往生だと。修諸功徳ですから、諸行で往生する。諸行の中に念仏も混じっているけれども、念仏がはっきりしない。諸行往生とは、つまり、自力の努力往生だ。如来の世界に行くについて、自分の力で行こうとする。本当には如来の世界を信頼しない。どこかで如来の世界といいながら、自分の世界を作ろうとする。そういう矛盾です。如来の世界と自己の世界とは矛盾する。生きている間は自分の世界、自分が終るときに如来の世界に行く。死んだ後は如来の世界、そこの限界のところで如来がこちらに現れてくださる。こうして十九願が非常に大きな説得力を持った。

十九願的な信仰形態が、親鸞聖人以降もまた浄土真宗の中にも入ってくる。臨終往生への傾斜を、覚如上人が親鸞聖人の信仰に戻そうとして、体失往生《たいしつおうじょう》か不体失往生かということを出した。煩悩の身体がなくなって体失往生。身体が煩悩の根拠ですから、身体がある間は往生しない。身体が失われて往生する。

覚如上人は、親鸞聖人の教えに従えば不体失往生になると、苦労していわれている。しかし、往生ということを出すと、臨終ということがいつもついてくる。これは十九願的な信仰である。浄土教が死後の救い、臨終でかろうじて救うというイメージで語られ、また信じられてきた。

十八願には、臨終という条件は何処にも書いていない。十九願には、自力発心と臨終とがつながっている。つまり、自力で救かるには、臨終でしか救からない。自力は消えない。自力が本当に破られたときは、十九願を超えた世界です。自力はなくなっていいのですが、どうもそこがはっきりしない。信仰形態の中に、他力といいながら臨終が残ってくるのは、何か問題がはっきりしていないのではないかと思います。

十九願の問題をはっきりさせれば、臨終往生という教義にいつまでも固執する必要はない。それでは、生きているうちに往生するのかという議論が出る。十九願的な往生のイメージをそのまま、生きているうちに往生するのかと。十九願の往生を、親鸞聖人は双樹林下往生とされた。双樹林下往生というのは、お釈迦さまが双樹林、沙羅双樹の下で亡くなられた。入涅槃です。

私どものいのちの営みには自我の意識が常に付いており、自我の分別の意識をもっていろいろの感情を呼び起こしてくる。妄念妄想を呼び起こして、淋しいだの、苦しいだの、辛いだのいろいろなことを思う。それがなくなることが救かることだということになれば身が終わるしかない。その救かり方は私どもに一面の説得力があります。こんなに辛いいのちなら亡くなってよかった。死んでくれてよかったという言い方をする。

確かに感情的にそういうことはある。辛いいのちを生きている。死んでくれた方が救かるという。自分についても、人についてもそういう感情を持ち得る。身がある限りは救からない。死んで救かる。本当は死んだら救かるかどうか誰も語ってくれないから、「私は死んで救かった」といってくれる人がいればいいですが。そういうことは生きている人間が分別する。それは生きている人間の妄情です。妄情が救済と勝手に思っているだけです。生きているいのちは苦悩のいのちですから、その苦悩のいのちが終わるときに救けようという。それが情念的にも衆生に十九願が呼びかけた理由です。

願だけではなくて、親鸞聖人は、この願に対応する経典が『観無量寿経』であると読まれた。これもすごいところです。経典と願を照らして教えの分限を明らかにされた。これが浄土教の中に、単にセンチメンタルな救いとか、情念的な憧れのような救いではなく、非常にはっきりした現生正定聚の救いを明らかにする。さらにその裏に情念の持っている限界、そういう根本問題をえぐり出す。これが親鸞聖人のなさった非常に大きな仕事だろうと思います。

双樹林下往生の救いとは

善導大師が仏の本願によるが故に念仏が正定業であると語っておられる。阿弥陀如来の本願が決定している行、如来の名だからこの念仏一つで往生を遂げると。親鸞聖人は、その浄土教の教えを明らかにするについて、もとの念仏を選び取ってきた本願の心を中心にして、もう一度仏教全体を見直し、浄土三部経を見直す独自の作業をなさった。本願を中心にして経典を見直すことによって、曖昧になっていたさまざまな問題が、非常に明瞭に浮き彫りにされてきた。

浄土や往生の問題、あるいは諸行の問題、領解の仕方、それらを如来の本願に照らすことによって、いろいろの問題を明確に自覚化していかれた。その場合、十九願については、「化身土巻」を開かれ、方便化身土、方便化身とその世界を顕らかにする願という位置づけをなさった。方便化身土は、真実報土に対しての一つの宗教的な世界である。その方便化身土が持っている独自の意味を、真実の巻では、教・行・信・証と分けられた。特に行信が分けられてきたその問題を、方便化身土においては、化身土の中に包んで行も信も証も明らかにされた。どういう問題があるか、どういう意味で方便化身土であるかを究明していかれた。

親鸞聖人に、『三経往生文類』という小さな著作があります。三経とは、『無量寿経』と『観無量寿経』と『阿弥陀経』の浄土三部経です。浄土三部経が、どういう意味で三つに分けられているのか、そして三つそれぞれに、どういう信仰内容を明らかにするために説かれているのかが押さえられている。その三経を押さえるについて、機の三願、十八・十九・二十の願を根拠に押さえて、その三願に対応して三経を置かれる。そこに、一言で往生といわれている浄土教の体験内容、浄土教が持っている救いの表現、信仰内容を、三願と三経とに照らして、往生自身の問題に三つの内容を読み込んでいる。これも親鸞聖人独自の仕事です。もちろん、『教行信証』の中に、三願、三経が押さえられてあるのですが、より鮮明にその問題に絞って、往生に三つの内容があることを押さえたのが『三経往生文類』です。

そこでは十九願の往生は、双樹林下往生という言葉でいわれます。「観経往生ともうすは、これみな方便化土の往生なり。これを双樹林下往生ともうすなり」(聖典四七一頁)と。真実報土は、真実の如来の誓願それ自身が願に報いて、願の果として生み出した世界である。願が真実であり、果も真実ということで真実報土といっております。その真実報土に対して、悲願がわざわざ方便をもって、化身土を生み出す。それは何のためかといえば、人間が自力の心、自利各別の心、あるいは自分自身が各々の宿業に応じて、それぞれの要求を持ち、それぞれの努力心を持ち、それぞれの理想を持つ。そういう人間の各々の在り方に対して、如来がいっぺんに真実ということをいったのでは、人間が成長しない。人間は真実に触れてみようがない。そこで、それぞれの人間が求めている、それぞれ真実を求めながら真実が分からないで流転している、迷っている迷いの在り方に応じて、如来が呼びかける。

親鸞聖人は、「化身土巻」の十九願の引文のところに、善導大師の言葉を引いておられます。善導大師の『観経四帖疏』の「序分義」に出ておりますが如是我聞の「如是」という言葉を長々と引用しておられます（聖典三三三頁）。如是我聞の如是とは、如来の心が、衆生の心の如くに呼びかけ、衆生をして真実に触れしむる。そのためには、衆生はそれぞれ自分の真実を求めている。自分なりに、自分としては間違いないと思っている。その心に呼びかける。それを、はじめからダメだと言ってしまったのでは人間は真実を求めてみようがない。そこに如来の所説が衆生の心の如くに呼びかけて、衆生を導き、最後は衆生を批判して、真実に導き入れる。そのために、大悲が方便して如来が衆生のために方便を開くという大事な意味を持っているのが方便化身土である。ただ単に批判してダメだというのではなく、むしろそこで衆生を育てる。衆生が真実を求めて歩むことを教えている。

衆生が求める真実は、自利の真実と押さえる。自利真実・利他真実という言葉を使っている。この自利真実・利他真実ということを非常に注意された。自利利他というが、その自利・利他について真実に二種ありと押さえている。親鸞聖人は、ここに非常に注意された。善導大師が自利真実という場合は、自らが自らを利せんがために、つまり自らが真実に出遇わんがために、自らを自己規制し、自らの方向を善に向けようとして努力し、悪に行くことを遮ろうとし、真実に向かおうとする。その心それ自身が自利真実だ。このように善導大師が解釈している。

この自利という言葉について親鸞聖人は、自利各別という熟語を作られた。人間の求める真実とはまさに自利真実なのです。自分にとっての真実。自分にとってこれが真実だという思い込みと、それに向かって努力する心、それ以外に真実というものを考えてみようがない。ところが、ここに二つの真実があると押さえて、二つには利他真実なりという。この真実については、善導大師は解釈の中でほとんど語っておられない。少し出ているのですが、それはよほど注意して読まないと分からない。

利他真実については、「利他真実と言うは」とは語っておられない。親鸞聖人はそこに注意された。善導大師は、明らかに真実に二種ありといい、自利真実については、克明に註をする。身口意の三業にわたって、身はどういう真実を、口はどういう真実を、心はどういう真実をと長々と注釈しているが、利他真実については何も語っておられない。これは、いったいどういうことなのか。そのことに親鸞聖人は非常に注意された。『観無量寿経』という経典が、どういう位置にあるかといえば、自利真実に呼びかけている。自分の努力で自分の真実を求める心の対象として、真実を思い描き、それに触れようと努力することを明らかにしている経典が『観無量寿経』である。

『観無量寿経』は、定散二善が説かれている。精神集中をして浄土を観ていこうとする観行です。観察する、この観に中心を置いた経典。この観は定観、心を一境に定めていく。これを善導大師は、息慮凝心《そくりょぎょうしん》、おもんぱかりをやめ心を凝らす。つまり、精神集中によって自己回復をしよう。精神集中によって浄土と一体になろう。浄土そのものになろうという努力、これが表に説かれてある。しかし、それだけでは人間は包みきれない。そこに散善というものが説かれる。散善とは廃悪修善である、とされた。

これをまとめて、親鸞聖人は、善導大師の解釈を整理しておられます。「宗師（善導）の意に依るに、「心に依って勝行を起こせり、門八万四千に余れり、漸《ぜん》・頓《とん》すなわちおのおの所宜《しょぎ》に称《かな》いて、縁に随《したが》う者、すなわちみな解脱を蒙《こうむ》れり」（玄義分）と云えり」（聖典三四〇頁）という善導大師の言葉がある。各々その心によって、その人その人の意識のはたらきによって行を起こす。その行を起こしてくるところにさまざまな状況がありますから、門八万四千、釈尊の教えがいろいろの説き方をしてくる。いろいろの呼びかけ方をしてくる。そこに、門八万四千に「余れり」という言葉がついている。

ふつうなら、この「余れり」は、八万四千以上あると読むわけですが、「しかるに常没《じょうもつ》の凡愚、定心修しがたし、息慮凝心のゆえに」（聖典三四〇頁）、人間存在、これを凡愚と押さえますから、凡愚にとっては定心は修しがたい、息慮凝心の故に、おもんぱかりをやめ、心を凝らすということが、凡愚という存在にとっては修めがたい。修しがたしということで、修することができないという言い方をせずに、「修しがたし」と表現している。難行である。

難行だけれども難行を実践すれば満足するかというと、それは別問題である。一応難行といって、息慮凝心だからだ。続いて「散心行じがたし、廃悪修善のゆえに」（聖典三四〇頁）。散心を行じる。悪を廃し善を修する。どちらも努力の心です。意識を集中して行こうとするのも努力の心、悪を止めて善を実践して行こうとするのも努力の心。それが常没の凡愚の在り方である。

次に「ここをもって立相住心なを成じがたきゆえに」という。立相住心は相を立てて心をとどめるという意味です。相を立てるということは、浄土の教えを意識の対象として教えられた如くに見ようとする。如来の浄土はこういう世界であると教えられて、その浄土を我々は真実の世界として見ようとする。そのときに相を立てる。一応『観無量寿経』は相を立てている、相を立ててそれに心を集中しようとする。それもなお成じがたい。

続いて「たとい千年の寿を尽くすとも法眼未だかつて開けず」という「定善義」の言葉も引く。善導大師の解釈は、どこまでもお経の文に添いながら、お経が呼びかけていることを、実践せよ！　と解釈される。その中に、本当に実践してみるならば、「たとい千年の寿を尽くすとも法眼未だかつて開けず」という言葉が出てくる。はじめからこう言ったら誰もやろうとしない。しかし、こういう言葉はめったに出さないで、経典が呼びかけているのだから実践せよ。あなた自身が要求している真実を求めてみよと、こう呼びかける。

しかし、やってみれば、「たとい千年の寿を尽くすとも法眼未だかつて開けず」と。千年努力しようとも、真実を見る目は開けない。ましてや、「いかにいわんや無想離念誠に獲がたし」（聖典三四〇頁）。相のない心、これは聖道門が求める最後の心、対象を持たない心です。禅はこういうことをよくいいます。意識自身に相がある間は迷いだ。相をなくせ。対象と自己が分裂しているのだから、対象と自己を一つにせよ。野球では一球入魂、自分とボールが分かれている間はまだボールが打てない。ボールそのものになれば打てるという。そういう努力をする。無想離念、何かいかにもそういう無想の状況がありそうに思いますが、実際には、相を離れて念を離れるということはまことに得がたい。

「かるがゆえに「如来懸《はるか》に末代罪濁の凡夫を知ろしめす。立相住心なお得ることあたわじと。いかに況や相を離れて事を求るは、術通なき人の、空に居て舎を立てんがごときなり」と言えり」（聖典三四〇～三四一頁）。善導大師の釈論の中から、親鸞聖人は中心になるこういう言葉を引いて、善導大師は本当はここがいいたいのだ。自分の努力は、本当にやってみれば実はできない。やってみてできそうに思う、しかし実際はできない、と。

そこに、「「門余」と言うは、「門」はすなわち八万四千の仮門なり」（聖典三四一頁）、仮に立てられた門、八万四千の門、つまり自利各別の各々の求めに応じた門、各々の自力の、自分にとってこの道は行けるのではないかと思う心に対して開かれている門。それに対して、「「余」はすなわち本願一乗海なり」（聖典三四一頁）、余は門ではない、門に余った、門に落第した存在に対する法である。門は各々自利の門、それぞれ人間が自分にとってこれが真実であると思って、努力を通して真実に至ろうとするあり方である。代表的なあり方が定散である。一つは精神集中、意識を集中して、精神的に救かっていこうと。念仏の中にも大きな流れが二つに分かれてくる。『歎異抄』第十一条について、『歎異抄』解釈者の三河の妙音院了祥《りょうしょう》（一七八八〜一八四二）が専修賢善計・誓名別信計という二つの異義、解釈の間違いが生じるといっています。誓願不思議を信じるか、名号不思議を信じるかと言い驚かすということが出てきます。誓願と名号、本願を理念のように考えて、その本願を信じるのか、それとも本願が誓っている行為、その名号を信じるのか。つまり称えて救かるのか、称えるに先立って本願で救かるのかという問題が受け取り方として出てくる。誓名別信計という問題です。

もう一つは専修賢善。正しい心、立派な心、間違いのない心で念仏を称えていこうとする。一生懸命、たくさん称えていこうとする。これを実践派と理論派とか、倫理派と学者派とか、思想派と実践派とかいろんな分け方をしますが、人間の傾向に大きく二つの方向がある。定の方向、心の問題に集中していく方向と、行為の問題に集中していく方向と二つがある。誰でも両方の傾向を持っているのですが、どちらかに分かれていく。行動派と思想派といいますか、今の言葉で、教学派と社会派ということが教団の中でいわれますが、何でも問題を人間の傾向性で二つに分けていく。

『観無量寿経』の浄土

『観無量寿経』は、人間の傾向性に応じて、定善と散善、善に二つの機類を分けて、定心の機と散心の機に呼びかけている。人間が努力して救かっていこう、自分が本当の自分になろうとする場合に、精神的に努力していくか、行為的に努力していくかという両方向がある。大きく分ければ定散二門である。しかし、さらに分けていけば、八万四千の法門、いろいろの傾向性がある。

ところが、本願はそれから余る。自力の心、自利各別の真実の方向ではない。つまり人間の発想では思いつかない方向で呼びけている。だから八万四千に並んで、もう一つ門があるというのではない。八万四千に余る。人間の発想ではまったく思いつかないという意味を持っている。

『観無量寿経』は表には自利真実を呼びかける。人間が真実を要求する。その真実を徹底せよ。あなた自身の力、能力、好みに応じて善を追及せよと教えている。それは、十九願が「至心発願の願」と呼びかけて、あなたの心を真実に振り向けて歩んでみなさいと呼びかける意味であると、親鸞聖人は押さえておられるわけです。

「化身土巻」のはじめに「しかるに濁世の群萌、穢悪の含識《がんしき》、いまし九十五種の邪道を出でて」（聖典三二六頁）といいます。仏法に触れるまでの歩みも、いわば人間が真実を求める歩みも、広くは流転の歩みの中に包まれてくる。九十五種とは、お釈迦さま時代のインドのいろいろなものの考え方を整理して、六師外道とか九十五種という分け方をしてくる。さまざまな思想あるいは難行苦行の流派がある。それを全部総合して九十五種と押さえた。それに対して仏道のあり方、これは、さまざまな人間の思想や努力ということではなく、さまざまな人間の本当の存在の真実を見抜く。その場合に、仏法のものの見方、お釈迦さまが因縁と押さえられた見方は正見《しょうけん》である。正しくものを見るところから出発して、その他の思想の誤り、その他のものの考え方の根本的な誤りを明らかにされた。けれども、その仏法の中にまた、さまざまな分かれが出てくる。これを親鸞聖人は「化身土巻」のはじめに全部整理してまとめておられる。「いまし九十五種の邪道を出でて、半満《はんまん》・権実《ごんじつ》の法門に入るといえども、真なる者は、はなはだもって難く、実なる者は、はなはだもって希《まれ》なり。偽なる者は、はなはだもって多く、虚なる者は、はなはだもって滋《しげ》し」（聖典三二六頁）。

真実を求めながら真実になれない。そこに、「釈迦牟尼仏、福徳蔵を顕説して群生海を誘引し、阿弥陀如来、本誓願を発してあまねく諸有海を化したまう。すでにして悲願います。「修諸功徳の願」と名づく」（聖典三二六頁）。修諸功徳の願、つまり人間が功徳を積んで、真実に近づきたいという願が、十九願としてすでに誓われていると、十九願を位置づけている。その願名のところに続いて、「「臨終現前の願」と名づく、また「現前導生の願」と名づく、また「来迎引接《らいこういんじょう》の願」と名づく」（聖典三二七頁）と三つの願名を並べております。

十九願の願文は、「もろもろの功徳を修して、心を至し願を発して我が国に生まれんと欲《おも》わん。寿終わる時に臨んで、たとい大衆と囲繞してその人の前に現ぜずんば、正覚を取らじ」（聖典一八頁）と。いのち終わるときに大衆と囲繞して、阿弥陀如来が、聖衆来迎図にあるように、観音・勢至を従えて、諸々の菩薩方とともに現れて、いのち終わっていく人を浄土に摂め取っていくという願。親鸞聖人はこの願を、「臨終現前の願」「現前導生の願」「来迎引接の願」と三たび、十九願の性質を押さえている。臨終に現前する、現前に導生する、来迎して引接すると。

『観無量寿経』が、中国、日本と、非常に大きな説得力をもって人々に浄土の教え、念仏の教えを開いたわけですが、臨終と結びついて、この世のいのちでは救からなくとも、死んでから救かるようなイメージで呼びかけた。それによって『観無量寿経』が大きな力を持ったと同時に、『観無量寿経』が呼びかけた教えによって浄土の教えが広まったのだが、またそこに大きな問題を孕んでいる。

親鸞聖人は、いわゆる臨終往生という往生観を十九願に照らして、双樹林下往生という。そんな往生はないとはおっしゃらないで、そういう往生理解が流布してくるのは、十九願に元があり、『観無量寿経』的な導き方に大きな意味がある。人間が自利真実、我が真実を求めて歩んでいこうとするなら、人間が生きているところには、いつも虚偽がくっついており、流転がくっついている。流転の群生、常没の凡愚としては、いくら心を澄ましてみても、善根を積んでみても、完全に罪の意識や罪悪性をふっ切ることができない。一時的な、美的、神秘的な体験の中で、気持ちが良くなるとか、正当化の意識に救われるということがあったにしても、私どもが生きている場所、現実の生活を持った場所では、常に虚偽と罪とは切り離せない。

ですから、努力意識が消えない間は、自分を自分で正当化していこう、自利真実を追求していこうという限りは、どうしても臨終という教えが非常に大きなウエイトを占めて我々に呼びかけてくる。臨終の救いという甘美な呼びかけ、臨終に救かっていける、地獄の恐ろしさに対して、死後に阿弥陀の光の世界が待っていて呼んでくださり連れていってくださるというイメージは、私どもにとって、何かほっとする。人間のいのちの終わるところに感ずる不安感、あるいは恐ろしさに温かく、明るく呼びかけてくるイメージが、非常に強い説得力を持つ。それもやはり、自利真実と重なっている。

我が真実、私は救かりたいという心と重なっているから、十九願が、誓願が、悲願が自利真実に呼びかけて、まず化身土を開いていることが大事な意味を持つ。親鸞聖人は、一面で臨終来迎の信仰がどこまでも方便であるという位置づけをすると同時に、如来の弘誓が何故それを呼びかけているのかを、きちんと解釈に照らして明らかにしている。これは親鸞教学の独特の領域だろうと思います。

法然上人は浄土に方便、真実という区別を分けておられませんから、非常に厳しく諸行往生を切り、専修念仏を建てられた。では何故十九願があるのか。法然上人の場合は専修念仏を明らかにせんがためとおっしゃる。単に捨てんがため、廃捨せんがためだと。しかし、人間がいつもトカゲのしっぽのようには切り落とせないで抱えている自利真実がある。如来の本願を聞きながらもどこかに自力が潜んでいる。そういう意味で十九願が大きな意味を持っている。

浄土としては、真実報土に対して、方便化身土。その性質は、「化身土巻」のはじめに押さえているように『観無量寿経』の浄土である。『観無量寿経』の浄土とは、観察するという努力の意識内容です。それは『無量寿経』の本願の中では第二十八願の「道場樹の願」を押さえて『浄土三経往生文類』では願文が引かれております。「設我得仏　国中菩薩乃至少功徳者　不能知見其道場樹無量光色高四百万里者　不取正覚」（聖典四七二頁）。たとい我《われ》、仏を得んに、国の中の菩薩、乃至少功徳者、その道場樹の無量の光色あって、高さ四百万里なるを知見すること能わずんば、正覚を取らじ。この願はふつうはあまり注意しないのです。ところが親鸞聖人は、その道場樹の願成就の文に、非常に大きな問題を見出された。

道場樹の願成就の文では、「化身土巻」は、「また無量寿仏のその道場樹は、高さ四百万里なり。」（聖典三二七頁）以降です。無量寿仏の道場樹。インドは暑い国ですから、お釈迦さまが旅をしながら説法する場合は木陰で説法される。日が当たっているところはたいへん暑いけれど、日陰に入るとずっと涼しい。その日陰で集まるのを待って説法をされる。坐禅を組まれる場合でも木の下でお座りになる。涼しくて精神集中ができる場所として、木の下が選ばれる。木の下が道場になる。

無量寿仏の道場樹。これは、無量寿仏をイメージする場合、非常に大きな仏、無限大、無量光仏というのですから、どこまでも限ることができない、無限定の光ということです。尽十方無碍光と翻訳した場合は、尽十方というけれど、我々の意識の対象には入らない、無限大の大きさです。それを私どもは無限大はイメージできませんから、ある大きさでイメージする。そういう意味で、この道場樹は高さ四百万里と語っている。

『観無量寿経』の真身観の仏でもそうですが、ある大きさを限定する。ところが、大きさを限定することは人間のイメージの対象にならんがために、無限大が有限の形をもつ。親鸞聖人は人間の意識の対象になるようなあり方それ自身を化身土であると見抜かれた。『観無量寿経』の浄土は意識の対象になる浄土。意識の対象になる世界を教えなければ、人間は求めてみようも、考えてみようもない。だから『観無量寿経』は「教我思惟　教我正受《しょうじゅ》」（聖典九三頁）と教えるのですが、韋提希夫人が「我に思惟を教えたまえ、我に正受を教えたまえ」と二つの要求を出す。

「思惟と正受」とは「三昧の異名」と善導大師は解釈しておられる。教えの内容を考えていく。思惟とは、定散二善の定の問題です。教えの言葉をイメージ化して、例えば、浄土は瑠璃・珊瑚・琥珀の如くに宝物で満ちていると教える。そうすると私どもは、浄土の世界は本当にそういう宝物で満ちている世界だとイメージする。

考えていくことを通して、実は、正受という場合、親鸞聖人は、真実信心だと解釈する。つまり、イメージとして対象化した浄土を見ていくのは一つの方便である。思惟とは観の前の方便であると善導はいう。その方便を通して真実信心をいただく。そのときには、もう浄土は対象化されない。信心の中に対象化して浄土を見ていこうという心は分裂した心ですから、そういう人間の意識は分裂しておりますから、それに呼びかける。教えが語りかける。

聞いていくうちに、如来の本願とは何を教えようとしていたかが分かるときには、浄土は外ではなくなって、本願が私に呼びかけていることが分かったら、浄土は外ではない。本願が語っている報土ですから、真実報土とは真実信心が感じる世界です。外にある世界ではない。別に中にある世界でもないけれども、外にある世界でもない。つまり本願自身が用く世界だということを明らかにしようとする。

『観無量寿経』が語る浄土は、どこまでも人間の意識が、真実を外に、わが真実として要求して外に立てて、それに近づいていこうとする努力意識。浄土に往生するといっても、努力意識でいく限りは、臨終という、人間のいのちが終わるという一つの限界状況を通して救かっていく世界を描く。往生ということが教えられているからには、ないとはいわずに双樹林下往生だという。死んで行く、いのちが終わっていくという形で浄土に行くというイメージが、我々に非常に大きな意味を持つ。

実体的に死んでから何処かへ行くといっているわけではない。ただ、私ども生きている人間にとって、そういうイメージが非常に大きな意味を持つ。生きているうちは救からないでもがいている人間に、双樹林下往生という形の死をくぐって救かっていく世界を語りかけることが大きな意味を持つ。ただそこに止まったなら、これは『無量寿経』が呼びかける本当の世界を求める、欲生我国と呼びかけていることが成就しない。そこに、いちがいに死後往生はないということではなく、方便化身土という問題を、親鸞聖人は見出したのです。

罪福心の問題

方便化身土の問題点について、次の言葉がある。「『菩薩処胎経』等の説のごとし、すなわち懈慢界《けまんがい》これなり。また『大無量寿経』の説のごとし、すなわち疑城胎宮《ぎじょうたいぐう》これなり」（聖典三二六頁）。これは胎生・化生という二つの言葉で『無量寿経』下巻で語っている。善導大師も源信僧都もこういう問題を気づいてはおられた。論文（ろんもん）の中にある。いったいこれは、何を問題にしているのか。親鸞聖人はこの問題が、実は十九願往生の問題だと。双樹林下往生という問題は、自利真実が要求して自らが救かる。死を通して自分が救かろうとする問題と深く関わっている。

ここに非常に面白い問題が出ています。「何故浄土真宗は幸福を求めていけないというのか」という質問を本山で出した人がいたそうですが、ここに出てくる問題です。十九願の問題、自利真実とは、自分が自分で真実の世界に行きたい、自分が自分で本当に救かりたいと思う。ところがその心の中に、「もし衆生ありて、疑惑心をもってもろもろの功徳を修して、かの国に生まれんと願ぜん」（聖典三二八頁）。もろもろの功徳を修する。「修諸功徳の願」と十九願が押さえられましたが、もろもろの功徳を修するということは、自分のために、自分の力になるように、自分にとって功徳になることを念じて功徳を修める。

功徳を修するのは、自利真実、自分の真実になると思ってやる。その意識の中に疑惑心がある。疑惑心とは、自分の力、自分の努力意識、自分の自利真実の要求が間違っていないと信じている。その中に如来の心、大悲の心に対する疑いがある。それは「仏智、不思議智、不可称智、大乗広智、無等無倫最上勝智を了《さと》らずして、この諸智において疑惑して信ぜず」(聖典三二八頁)、本当に大きな如来の心、如来の力、如来の智慧を知らないで、疑惑して信ぜず。如来の心などということは分からない。だから、自分の心で自分の真実心で、自分の努力意識で功徳を修する。その思いの中に本当のものに対する疑いがある。ふつうは、こんなことは気がつきません。

「しかもなお罪福を信じて、善本を修習して、その国に生まれんと願ぜん」(聖典三二八頁)、そういう深い疑惑があることを知らないで、善を修すれば幸福になる。悪を修めれば不幸になるという罪福心。善因楽果、悪因苦果といわれますが、そういう善悪因果、善悪が、幸・不幸につながるという信仰がある。善が不幸になるとか、悪が幸せになるだろうとは思わない。

功徳とは善の行為、善本、あるいは修諸功徳、功徳を修めることが、功徳の力になって自らに残ると信じている。もしそれを頭から批判するなら、邪因邪果といいますが、因果を破る。これも外道です。まったく因果を認めないなら外道である。

しかし、因果を信じるというが、その因果が自分の都合のいいように自分について計算している因果。それを信じて善本を修習する。善本を修習して、この輪廻の世界の中で、生活の幸せを願い、より良き生活を願って行為を起こしたり、努力をしたりする。その延長上で浄土へも行こうとする。そういう思いの持っている自己正当化と閉鎖性、本当の広大なる如来の智慧を知らないことの罪。

幸福を求めてはいけないという意味ではない。そうではなくて、私どもは皆、十九願のとりこになっている。自利真実を求めている。わが幸せを求めている。自分が救かればいいと思っている。自分が救かろうと思いながら、本当に救かるとするなら臨終にしかない。だから、今は、それに対していえば手段でしかない。臨終に救かるということに対する一つの過程でしかない。しかもその過程が必ず結果を生むということは、自利真実で信じているわけですから、どこかで無理やり決めている。だから邪定聚という言葉が出てくる。本当に自ら決まらないから不安で仕方がない。努力しても救かるだろうかという疑いを打ち消すことができない。臨終に救かるだろうという思いで、今のいのちを臨終にかけてしか確保できない。真面目なようだが、本当の真実が見えない。閉鎖的な自己解釈でしか生きられない。そういう問題が十九願の限界として教えられている。

かの宮殿に生まれて、つまり宮殿に生まれないとはいわない、宮殿に生まれる。「宮殿に生まれて、寿《いのち》五百歳、常に仏を見たてまつらず、経法を聞かず、菩薩・声聞・聖衆を見ず。このゆえにかの国土にはこれを胎生という」（聖典三二八頁）、三宝を見ない。浄土に生まれるということは、三宝の世界に入る、仏法僧の世界に入るということなのにもかかわらず、自分の幸せ中心主義ですから、入ったとたんに仏法僧を失ってしまう。五〇〇年間は、ある意味で幸せに浸って、一番大事ないのちを失ってしまう。こういう意味で「胎生」という。

精神生活がどこかで自己正当化を求めて歩んでいて、しかも、そのこと自体が閉鎖的であることに我々は気がつかない。自利真実が持っている閉鎖性です。これはどうしても破れない。如来の世界の広大性の中に、私どもは小さな世界を描いて、それを守ろうとしている。十九願往生が持っている信仰の罪の問題として、親鸞聖人は明らかにされた。

救かればいいというものではない。救かったことが持っている罪がある。本当の意味の信心になっていない。信じるというが自分の自力心を信じている。自利真実を信じている。そういう問題が人間をどこかで閉鎖的にする。閉鎖的にした真面目さ、窮屈さが、化生あるいは胎生と教えられている。『観無量寿経』の問題を十九願に照らすことによって、そして十九願の持っている浄土をまた『無量寿経』の言葉に照らすことによって、親鸞聖人は、浄土といっても一重ではない、二重にも、三重にもなっている。人間の自力意識の深さに応じて浄土を教えられていると読まれた。

八万四千の法門、非常に広く深い無数の法門を一挙に十九願で包んで、『浄土三経往生文類』では、他力中の自力と押さえています。自力と他力が対立するというが、親鸞聖人の眼からすれば、自力といっても他力の中にある。十九願自身が悲願の中にある。欲生心として十九願が出ているから、深い意味では、表には定散二善を説く『観無量寿経』も裏には念仏を説いている。あるいは諸行、諸善を説いているが、念仏をも説いている。そこに氷山の一角のように大悲が顔を出している。けれども少し遠慮して出している。人間が皆それぞれ、定散諸善、あるいは、八万四千の法門を求める存在に八万四千の法門の如くに呼びかけて、実は、本願の心は自力の心ではない。人間の自利各別の各々の真実を求める心ではむしろ出会えない。しかし、自力心の中に念仏を説いてくる。これが十九願の持っている位置である。

歴史的な見方でいえば、法然上人以前の浄土教は、寓宗といわれ、浄土が表に出ない。浄土教を求めたり、学んだりしても、表向きは法華一乗であったり、唯識であったり、その他の学問、覚りを開いていこうとする努力の教えが表になっている。いろいろやってみるが、自分は罪悪生死の凡夫性が強くて表では救かりそうもない。それに気がついた人の密かな信念の拠りどころとして念仏が説かれ、念仏が信じられ、念仏が伝えられている。だから寓宗といわれた。宿を借りている。寄宿人のようなあり方で念仏が出ている。広い意味で他力の中にあって自力でもがいている。そういう状況を十九願位の往生として親鸞聖人は押さえている。

『教行信証』と『浄土三経往生文類』や『如来二種回向文』などの他の著作を照らしますと、少し引文の相違があります。『愚禿鈔』と『教行信証』でもそうですが、少しずつ解釈が違う。浄土の問題についても、この胎生の問題などは、『浄土三経往生文類』では二十願位（聖典四七四頁）の問題として扱われます。

もっとも、この『浄土三経往生文類』は二つあって、『真宗聖典』に入れたのは、広本といわれる『浄土三経往生文類』なのですが、略本、親鸞聖人の真蹟の『浄土三経往生文類』では、少し違っております。はたしてこの広本が本当に親鸞聖人がお書きになったかものどうか確認はできない。略本は真蹟が残っていますが、広本は写本しか残っていない。テキストとしてさまざまな問題を孕んでいるのです。

『教行信証』とその他のものと必ずしもきちんと重なるわけではない。親鸞聖人はかなり厳密にいろいろの問題を分けて整理されましたが、どうも重なるところがあるのでしょう。疑惑心の問題は十九願の中にも入っているし、二十願の中にも入っている。ポンポンポンと三階段で行くというのではなく、やはり信仰の問題はいつも、ちょうどあたかもラセン階段かねじ山のようなものであって、階段のようにポンポンポンと行くのではなくて、だんだんに問題が見えてくるのではないかと思います。『教行信証』では、胎生というのが引かれてきて、十九願位の信仰の根本問題として取り上げている。

機の問題として三つの願が出ている。親鸞聖人は、三願と三経と三機ということをいう。三往生に対して、それぞれの機類として三機、邪定聚、不定聚、正定聚という三つのあり方、そして、それに対する往生のあり方、三願、三経、三往生。三・三の法門といわれるのですが、こういうことを見出してこられた。

なるほどそう押さえられてみますと、逆にこの問題がはっきりしてくる。単に一言で往生といっても、往生と感じたり、往生ということを願ったりする問題の中に、経典が三つに分かれる問題。邪定聚・不定聚・正定聚といわれる人間の心理の状態の問題。そして三願、願として押さえた信仰の罪の問題。それから信心がどういうあり方になることが真実であるかという信心の問題。その信心の問題に対応する「行」の選びの問題、何を「真実の行」として取るか。そういう問題が全部この三願で扱われるということを明らかにされた。大変独創的な仕事です。ふつうではそんなに三願でいろいろの問題を考えることは思いも及ばない。親鸞聖人は、経典の言葉と人間心理、信仰が本当に明らかにならないで、もがいているその意識のあり方を経典に照らし、願文に照らしてどこまでも明らかにしていかれた。

第十九願の位置

この十九願は、真宗教学では大変おろそかにされています。十九願はもうダメだといわれるのですが、非常に大事だと思うのは、自利真実という言葉で善導大師が押さえられたことです。自利真実の内容は身口意の三業に関わり、八万四千の法門とも関わる。人間の努力意識が行為する。その行為の中に倫理の問題も戒の問題もある。十八願と十九願は、行で対応させれば念仏と諸行です。十九願は諸行往生。諸行往生は臨終来迎、臨終現前する。

諸行往生は自力だと、スパッと切られてしまう。しかし、苦闘して破れた人間は十八願のみと心が座るのですが、そこに行くまでは、十九願というものがどこかで魅力がある。人間の自力意識は十九願で表現されていますから、その自利真実を呼びかけ、そこに釈迦如来が福徳蔵を建設し、阿弥陀如来が方便蔵を開いた。このような人間教育という問題は十九願で成り立つ。

十八願は、本当に最後の終わりですから、教育を超えたところがある。倫理に関わる場合も一挙に十八願を出してしまうと、どうものが考えにくくなるし、教育が成り立たないのではないかと思います。教育というのも自力心ですから、自力心をはじめから他力に任せるといったのでは、自覚にならない。万歳するしかない。最後の座りは万歳なのでしょうが、そこに、浄土真宗が現代に呼びかけるためにも、十九願をはっきりと位置づけ直す必要がある。

十九願位というのは、人間の生活の中に自利真実を求めてやまない心があり、その心に八万四千の教えが呼びかけている。それを教義的にあまりきれいに切ってしまうと、かえって十八願がはっきりしなくなるのではないか。十九願の問題もそう簡単には切れない問題です。かといって、世間が押しつけてくるさまざまな政治的倫理的問題に、とにかく随順していけばいいということでもない。妥協するということは、主体性を失うこと、真実を失うことですから、そこに本当に切り結べる場所を我々は作っていかなければならない。

安田理深先生は、そういう場所を哲学という場所で、思想という場所で、明らかにしようとされた。ティリッヒなども、神学と哲学の間に宗教学の場所を作ろうとしたのでしょう。八万四千の法門と門余とは、本当に異質ですから接点がないが、あえてそこに接点を設けなければ人間は触れてみようがない。そういうことを分かった上で、あえて接点を開いたのが方便化身土だと思います。その方便化身土の意味を大事にして、方便化身土だということを自覚的にして、それは何処までも方便化身土であって、真実ではない。方便化身土だということを明らかにしつつ、そこを大切にしながら真実報土を明らかにしていくことが大切なのです。

門余の場所というのは専修賢善計派でもないし誓名別信計派でもない。今の言葉でいえば社会派でもないし、教学派でもない。門余の場所というのは広く十方衆生を包んでいる場所ですから、どちらが十八願だ、などとはいえない。平等にその問題に本当に触れていく場所が必要なのではないか。対話の場所をいかにして開いていくかという意味で、十九願は、私どもにとっては十八願を本当の意味で自覚的にしていく大事な契機なのではないかと思います。

『観無量寿経』は比喩を説く、十三観は比喩であるといわれています。十三観は対象的に説かれた浄土を見ていこうとする。その教え方そのものが、何々の如し、浄土は太陽の如く、水の如く、あるいは瑠璃・珊瑚・琥珀の如くと説いているのを私どもはあたかもその実体があるが如くに捉えようとする。しかし、どこまでも比喩なのです。比喩として説かないと人間には分からない。そのものというのは言ってみようがない。それを何かの形で表現する。表現したからにはある意味で比喩である。それが『観無量寿経』の持っている大きな意味です。

その比喩のあり方が対話をする場所になる。『観無量寿経』はイメージを大切にする経典である。一面で比喩であるということは比喩的なイメージを大切にすることですから、念仏も比喩を失ってしまうと、入っている人はいいが、外から見てみようがない。そういう意味で十方衆生が本当に触れていく場所を開くためには、積極的にイメージも、比喩も語っていいし、作ってもいい。

柳宗悦さんが美の法門を語った。柳さんの場合は第四願を大切にして、平等の美しさ、日常茶飯事の中にある本当の美しさから、民芸ということが出てきた。本当に使われる美しさ、本当に生きているものの美しさ、何の気なしにあるところにある本当の美しさをいおうとされた。

十九願も、本当の真実を要求する。本当の美を要求するといっていい。そういう要求を起こしながら、しかもそれが、臨終を媒介にしてしか美に触れられない、あるいは救いに触れられないという問題。人間存在がどこかで皆自力であり、皆夢でしか生きていないという問題。そういう生き方をしている人間の問題を自覚させる非常に大事な願ではないかと思います。

十九願は、私は、そう簡単に十八願に入れない、自力執心の深い、修諸功徳の願といわれるものが人間にとって大事な意味を持っているのではないかと思うのです。あまりこれをいい加減にして十八願、十八願というと、かえっていろいろの分野のいろいろの課題を本当に包んで真実信心が成り立つ場所を失うのではないかと思います。だから強引に妙な形で作るしかない。そうするとその強引に作ったイメージはどこかでかたくなであって、本当に親鸞聖人が明らかにしようとされた真実信心自身にならないで、かえって方便化身土になってしまう。

蓮如上人は、あの時代の表現ではそれでよかったかもしれないが、今から見るとやはり、一心に後生救けたまえと頼む信心というのは、それ自身が十九願的な色を帯びる。真実信心といいながら、かえってそうなってしまうという問題を感じる。正定聚の信は形もなく色もないというものですから、どこかに対象を持ったりすれば十九願位です。かえって十九願ということを本当に明らかにすることにおいて十八願の信心が浮き彫りになってくる。それ自身をイメージ化すると、それ自身が十九願位に戻ってしまう。持っている問題性とその分位を明らかにするということが大事なのではないかと思います。

閉鎖的世界への往生

機の三願の話をしております。これを単に機の三願という形で扱うのではなく、親鸞聖人の信仰問題ということで考えるなら、この三願のところに一切の信仰課題を包んでいるといってもいいわけです。機の三願、十八・十九・二十願に、『教行信証』でいえば「信巻」と「化身土巻」が対応することが考えられます。そういう形で考えようとすると、願文というよりも信仰の課題を親鸞聖人の教えに尋ねていくところまで行きますと、終わりが見えないほど深遠な展開になる。ここでは『無量寿経』の経文に添いながら『無量寿経』の教えをいただいていくということが主眼ですので、あまり突っ込まないでと思っております。機の三願ということは、衆生の願、如来が衆生のために起こした願が三度重ねて誓っているのはどういう意味かを、親鸞聖人以前には、ことさらに突っ込んでいなかったと思います。

親鸞聖人は、一方には念仏往生という法然上人の教えを受けて、念仏が本願の行であるといわれる。念仏というと人間が称える行と取ってしまいますが、たとえ人間に称えられてあってもそれは人間の行ではない。人間の行ということになると、その行を行ずることによって何とかなろうとする人間の努力の行になる。諸善万行、人間の努力で行じようとする、いろいろの種類の行と並べた一つの人間の行である。

法然上人が、念仏一つで往生する、念仏一つで人間は完全に満足するということを明らかにされ、その根拠は「仏の本願によるが故に」という善導大師の言葉に依られた。ところが、諸善万行の中に、埋没した念仏ということになりますと、何故他の行より優れているのかが、また、はっきりしなくなる。何故如来が念仏を選び取ったかということがはっきりしなくなる。それで本願の行ということを表している願文を十七願に見出された。

十七願が大行の願である。誰において称えられようと、いつどういう状況で称えられようと、人間の意識、人間の質、人間の生活状況、あるいは蓄積された修行や学問などの人間の経験によって、増えたり減ったり、質が良くなったり悪くなったりということのない、つまり人間の行ではなく如来の行である。一如がそのまま現れ出た行であることがはっきりする。そういうことが十七願に大行の願を見出したことによってはっきりできた。十八願だけだとそこがどうもはっきりしない。それに対して、十七願の行をどのように頷くかという信の問題が十八願の願文の内容になる。

機の願が三度誓われるのは何故か。それは現実に念仏が大行であることが明らかになったけれども、念仏が行ぜられている念仏者の中にあって、念仏についての誤解が多い。『観無量寿経』は下品《げぼん》ということをいいますから、他の行ができないような人間でも念仏で救かる。この場合、文字通り、悪人という意味が善人に相対した悪人、自分のような悪人は救からない。それでも救けてくださるという劣等意識に応ずるような念仏、コンプレックスがらみの行となると、どこかに、念仏が本当に普遍の行である、本当に十方衆生のために本願が選び取った行であるということがはっきりしなくなる。

浄土教が念仏の教えを伝えてきた歴史の中に、善導大師は機の深信をいわれました。「曠劫《こうごう》よりこのかた、つねにしずみ、つねに流転して、出離の縁あることなき身としれ」（聖典六四〇頁）、善導大師は「自身は現にこれ」といっておられますが、そのときの自身、つまりわが身は、善導という人間はという意味ではなく、浄土の教えに通う機である。その機が曠劫以来常没常流転の存在と表現されたときに、曠劫以来流転していない存在はどこにもいない、曠劫以来常没常流転というところに一切人類業を包んでわが身と表白される。

機の深信は単に善導の個人的懺悔ではなく、曠劫以来流転してきている人類の懺悔である。この善導大師の仕事を受けて、本当に十八願を明らかにするためには、念仏を信じている信心それ自身の中に、親鸞聖人は、根の深い自力の問題があると見る。つまり、諸善万行では救からないといって念仏を取ったが、そのときの救からないという自覚内容が、どこかで相対的な、自分はできないからという劣等意識、コンプレックスを通して念仏を摂び取っている場合には、本当の絶対帰依にならない。すぐ自力の頭を持ち上げて、自分のような愚かな者が救かる教えだから有難いといいながら、念仏をいただくについては、少しでも真面目になろうとか、少しでも生活を正そうとか、何かの助けを加えて念仏の教えを生きようとする。自分が救かる条件を自分で付けなくては満足できない。

念仏一つでいいと教えられてそれを信じながら、諸善万行を捨てる動機自身の中に、何故捨てざるを得ないのかが、今一つはっきりしない。『歎異抄』でいえば、第二条に「いずれの行もおよびがたき身なれば、とても地獄は一定すみかぞかし」（聖典六二七頁）という表白に表れたような、念仏一つを本当に選び取るしかない存在ということが、どこかで相対化されて残ってくる。十九願では、修諸功徳という言葉で出ている。諸々の功徳を修する、自分で万行を修していく。たとえ念仏を行じても、その念仏を行ずる心は、諸善万行を行じていく心で行ずるという問題が十九願で指摘される。

親鸞聖人は、十九願は「大悲方便の願」であって、大悲が方便して、一切衆生の菩提心を勧励すると見る。一切衆生の仏法による救済を要求する心が人間に起こる場合には、必ず十九願のような形をとって起こる。十九願の形をとって起こったものを育てて、その起こっている心自身の問題を自覚せしめて念仏に帰せしめる。こういう意味で方便の願である。

方便というのは嘘だというのではなく、真実に導くための手立てとして、人間が求めて立ち上がれば、菩提心、修諸功徳という形をとる。その菩提心、修諸功徳という要求を一度育てて、いずれの行も及びがたき身という自覚をはっきりさせて、修諸功徳に破れしめて、大悲の願に気づかしめる。

法然上人が、善導大師の『観経疏』を何回読んでも分からなかった。念仏往生の行を五正行として善導大師が押さえられた。読誦・観察・礼拝・称名・讃嘆供養という五正行を表して、その中に正定業として念仏を説いている。けれども五つ並べた中で何故念仏が正定業なのか、『観経疏』を読んでいてなかなか決まらない。

五正行以外は雑行である。浄土にとっては雑行である。雑り気の行だ。人間がこの世で努力してこの世の価値を作る行だから雑行だ。浄土に行くべく教えられている行、そういう意味で五正行だ。五正行だけは浄土の行として純粋であると善導大師はいわれる。

浄土に行く純粋な五正行の中で念仏だけが正しく定まる正定業だとおしゃっているが、念仏一つということははっきりしない。それは教えを受けとる人間が、各々の行を実践するときに、自らの努力で実践する。自らなんとか浄土に行こうとして実践する。そういう信仰内容を、親鸞聖人は、『大無量寿経』の十一願成就文の正定聚という言葉をとりまく邪定聚・不定聚という言葉のうち、邪定聚という位に当てています。つまり、なんとか自分でこの行を正しい行だと決めて救かっていこうとする。だからそこに人間の側の独断、これが正しいと決めようとする独断がある。

正しさを決定する資格が人間にある。自分がこれを正しいと決める。しかし、その限りにおいて、十九願はいのち終わるときに臨んでという言葉が出されていて、邪定聚の位は諸行往生ともいわれます。諸行の往生は、自らの側に正しさを残して決定しようとすることによって、本当に決定することができない。一応決めたといいながら、その決め方が、自分の側で決定しているだけですから、本当に安心しない。それが臨終を待つということになります。

現在ということになると、現在を決めるのは自分ですから、自分では現在に確信がない。本当に決まるかどうかは、臨終に賭けるしかない。臨終の正しさを切望する。臨終に本当に仏さまが現れて救ってくださるだろうか、きっと現れるのだと自分で決めていくしかない。その行ずる心は努力意識です。ですから浄土以外の行を捨てたといいながら、浄土を要求する心は臨終にきっと救かる、臨終の正しさということが信仰の正しさの判定基準になる。あの人は生きているときの態度が悪かったから死に様が悪い、ということをよくいいます。そういう因縁を人間は感ずる。本当はそんな因縁があるかどうかは分からないが、人間はそういう因縁をこじつけようとする。それを念仏の信念にまで持ってきて、ともかく臨終の美しさというものを要求する。

浄土教を伝えてくる往生伝などには、必ず臨終の奇瑞が出たとかいうものを讃えて、念仏の正しさを表そうとする。こういう信仰が本質的に現在を生きている人間をどれだけ不安に陥れ、どれだけ苦しめるかを、親鸞聖人はずっと見てこられたのでしょう。本願を信ずることがそんな曖昧なものなのか。本願を信ずることは臨終にならないと証明できないものなのか。本願を信ずることと念仏を努力で行ずることが混乱しているのではないかと考えながら、この十九願を読まれたのではないかと思います。臨終に往生するという往生の仕方を否定するわけではない。そういう往生の仕方については、「双樹林下往生」といわれています。

双樹林下は、沙羅双樹からくるのでしょうが、往生について、双樹林下往生、難思往生、難思議往生と三つ並べて書いておられる。往生に三つの形容詞をつけて書いておられる。親鸞聖人は、機の三願という問題と、浄土の三部経にまず気がつかれたのでしょう。続いて三往生、往生に三つの意味を見出してこられた。さらには、三願、三経、三機、三往生といいますが、三機という場合には、邪定聚、不定聚、正定聚という機の類別です。さらには、三門といわれて、要門、真門、弘願と。こういう三つの概念で念仏の信心というものの内容を整理された。

その場合、十九願は、双樹林下往生、浄土の要門だと。「この願の行信に依って、浄土の要門、方便権仮を顕開す」（聖典三三九頁）、要という字は、かなめで大事な意味を持っている。善導大師も、要門といわれ、大事な要だと。しかし、その要門の内容は定散二善、『観無量寿経』の内容です。そういうことを押さえられて親鸞聖人は、『観無量寿経』は十九願と対応する経典であり、十九願の内容は努力して、如来の世界、他力の世界、本願の世界を人間の努力で行こうとする。そこに矛盾を気づかずに、有限の力で無限に行こうとする人間の傲慢な意識をはっきりと知らせんがための願である。その本質は、「定散の心は、すなわち自利各別の心なり」（聖典三三九頁）、これも厳密な押さえです。

人間が菩提心を発こす。宗教心を発こすといえば、自利各別であることは常識である。一人ひとり、それぞれ困った状況、苦しい状況、辛い状況、嫌な状況があり、なんとかそこから脱脚したいという心が動いて宗教的要求が目覚める。何も困ったことがないという人は珍しいが、何も困ったことがなくても宗教の話を聞く。そこに宗教の話を求める何かがあるに相違ない。何も困らない、絶対満足していれば、もっといい世界が欲しいということはない。宗教的要求は無限の要求ですから、有限の状況に限界を感じて無限なるものを求める。

ティリッヒの言葉でいえば、究極的関心（ultimate concern）、究極的なるものを求める。相対的であり、状況的であり、そういう移ろいゆくものの中で何の疑問も感じなければ、おそらく究極的なもの、絶対的なものを探し求めるということはない。まず発こる場合には自利各別として発こる。けれども自利各別である限りは状況に応じて発こる心ですから、状況の満足を要求する。そこに諸善万行が要求される原因がある。自分にとって、さしあたってはこの行為をして自分の今の苦境を脱脚したい。そういう必然関係を探し求めて、目の前にある行為、善行、功徳なるものを要求する。わらにもすがるといいますが、何か役に立つ行為をして困っている状況を超えたいという発こり方をする。ですから、その本質を親鸞聖人は自利各別という。

自利とは自らが自らの上において法を覚る、法を明らかにするという意味です。自利、利他と対応する概念で自らが法を明らかにし、他をも覚らしめる。ふつうは仏教の表現として自利・利他という場合には、自らが覚りを開き、他を覚らしめる。自覚覚他《じかくかくた》という言葉です。その自利という言葉を善導大師の自利真実という言葉に照らして、親鸞聖人は自利である限りにおいて自己中心的という面を持っていると、言葉の意味を限定された。これは曇鸞大師の教示を受けているわけです。

如来の自利、如来の利他という場合は、自利は別に各別ではないのです。如来の自利は、法性平等、諸仏平等の世界における自利である。しかし、人間が自利を受けとめれば、どうしても自己中心的に、自分は救かりたいという形で心が発こる。それに応じる往生は当然閉鎖的世界への往生となる。浄土といっても、辺地懈慢は浄土の中心ではない。一応導くために諸行を説くけれども、それは辺地の往生である。浄土の端の方である。胎生辺地の往生。胎生は化生に対しますが、やはり閉鎖的世界という意味を象徴しています。

個人的・閉鎖的世界、『大無量寿経』では三宝を見聞せず。浄土に生まれながら三宝を失ってしまうと教えられてくる世界。その胎生辺地の往生の形を双樹林下往生という。双樹林下というのは釈尊の伝記でいう沙羅双樹、「沙羅双樹の花の色、盛者必衰の理を顕す」（平家物語）という沙羅双樹。釈尊の入滅を象徴するものが双樹林下です。

双樹林下の往生、つまり人間の死を通して無限の世界に行くという往生は、自力の、有限の世界から無限の世界へという境を臨終に設定する。臨終に設定して往生していくという受け止め方で安心する信心。浄土教の中にそういう理解が濃厚であった。親鸞聖人以降もそういう解釈になってしまっている。往生といえば、死をくぐって浄土に行くという。往生を何故そのように了解するか。本願に絶対信順していない。自分の努力、自分の意識経験で光明の世界を曇らせている。

現在が邪定聚なるが故の深い意味の罪、それらがもたらす閉鎖的世界が、双樹林下の往生の本質である。死んでから往生することを親鸞聖人は一概に否定するわけではない。しかし、それでは現生に本当にいのちが明らかにならない。臨終にしかあてにできまいという不安感。これが十九願に言い当てられている問題だと押さえられた。

阿闍世の回心

十九願と十八願の対応、行で対応すれば諸行と念仏になります。法然上人は諸行を捨てて念仏と、諸行往生でなく念仏往生だと。専修念仏ということを強調された。ところが現実の法然門下の問題は諸行が混じっている。専修念仏という法然上人が教えたことが元へ逆転して、諸行を加える。ふだんは諸行を勤めて念仏をするという流派も残ってくる。

法然門下の流れのなかに、諸行往生的な教えがまた出てくる。現在残っている鎮西派の浄土宗は、この十九願の批判を批判として受けとらず、十九願も本願だ、十八願も十九願も本願だと並列的に願を読む。経典も三経ともに真実だと見ていけば、『観無量寿経』の行も正しい、五正行というのだから正しい行だ。そのまま五正行を行ずる。その中に念仏も行ずる。専ら行ずるということにならない。

人間はなかなか自力を断ち難い。だから自力の要求に答えるのが十九願ですから、十九願の魅力を超えられない。どうしても自力の努力を通して念仏を称える。専修念仏といいながら、専修念仏で救かるということを、諸行を真面目に行じて、行じた功徳を加えて念仏で救かろうとする。そういう考え方がどうしても残ってくる。

親鸞聖人は、十九願は方便である。人間の批判である。人間がここに止まるなら救からない。本願が発こる意味がない。わざわざ本願が発こるのは、十九願を発こして歩ませ、そして十九願を超えしめる。つまり、専修念仏に入らしめる。そのために発こしている。だから、親鸞聖人は、十九願から二十願へというときに「回入」という言葉を使う。これは三願転入、私は三願転入という言い方はおかしいと思いますが、回入・転入という表現がなされている。

「化身土巻」で「ここをもって、愚禿釈の鸞、論主の解義を仰ぎ、宗師の勧化に依って、久しく万行・諸善の仮門を出でて、永く双樹林下の往生を離る、善本・徳本の真門に回入して、ひとえに難思往生の心を発しき」（聖典三五六頁）とはっきり宣言された。万行諸善を説いている経典は『観無量寿経』、その万行諸善としての教えは仮門だ。要門という意味は、そこをくぐらざるを得ない大切な門だ。しかし、それは仮門である。仮門とはいったん、仮にそれをくぐる。仮門を出でて、永く双樹林下の往生を離れる。そういう臨終の往生という形の往生を離れる。そして、「善本・徳本の真門に回入」すると。

善本・徳本ということは、「大行《だいぎょう》とは、すなわち無碍光如来の名《みな》を称するなり。この行は、すなわちこれもろもろの善法を摂し、もろもろの徳本を具せり。極速円満す。真如一実の功徳宝海なり」（聖典一五七頁）と、親鸞聖人は「行巻」で大行という意味を簡潔に定義された。大行という意味は、つまり、如来が表現する行、そこに、『大無量寿経』では無上功徳という言葉が出ておりますが、人間が行ずるあらゆる行の功徳、人間が獲得するあらゆる功徳を、完全に円満している。法蔵菩薩の願行に兆載永劫の修行として象徴されている。人類の歴史を貫いて積み上げるあらゆる功徳を法蔵願力において積み上げようという。

五劫思惟の段では、師仏、世自在王仏のもとで諸仏刹土の天人の善悪を覩見し、とありましたが、それまでに説かれている、あるいは獲得されている諸仏国土の善悪を全部経験して、その中から一番最高のものを摂び取ろうと。そしてその本願を実践して兆載永劫の修行を通して、無上功徳を成就するといわれている。それが念仏の意味である。

諸行を捨てて念仏を取るということは、自利各別の各々の人間の状況において選ばれる功徳や善は個人的であり、相対的差別的である。人によっては善であっても、人によってはとてもできない。手の届かないものであったり、馬鹿にされる、あるいは低く見られるような善であるかもしれない。能力や意志力などの人の条件によって行は高低があり、純粋、不純粋があり、それぞれ違う。相対有限である。それに対して、念仏は一切人類の宿業を見抜いて、一切人類の積み上げる善根功徳をくぐって名号となる。名号の中に万善の功徳を円満していると教える。人間がこれから積んだ功徳を念仏に加える必要がない。人間の努力を一切必要としない行として念仏が教えられている。だから大行だと。

諸行を捨てて念仏を取ったら、それでいいはずだ。絶対満足のはずだ。大行は、善本・徳本を具している。真如一実の功徳宝海であると親鸞聖人は定義している。それならば、念仏を信じて取ったら絶対満足かというと、曇鸞大師が示したように「称名憶念することあれども、無明なお存して志願を満てざらんはいかん」（聖典二一三頁）と。あるいは『歎異抄』第九条にあるように「念仏もうしそうらえども、踊躍歓喜の心おろそかにそうろうこと」（聖典六二九頁）という問いが出てくる。教えとしては、念仏が十方衆生の平等の行として、如来大悲が、個人の差別を超えて、人間の能力を超えて、どのような状況であろうと人間に生まれて苦悩のいのちを生きる存在を平等に本当に絶対満足させようとして発こした行である。念仏は、人間がさらに何かを加えるのではなくて、人間がそのままに本当にそこに絶対満足する世界を開こうとするための行である。

ところが人間はそうはいかない。人間には自利各別の意識が残っていて、念仏を貰っても、貰った念仏で自利各別の世界を満足しようとする。そこには、行は念仏だけれども、信が不実だという問題が残る。つまり行に相応しない。曇鸞大師は不相応といわれる。あるいは不如実修行。如来の名号を誓い、そこに光を込めてある。本当に光が名となって用こうと誓っているにもかかわらず、人間の側はその光が見えない。また名を本当に信じない。それを、名義に相応しないからだと教えられている。

　現実の教団、現実の念仏者の集まりを見れば、念仏はしているが、念仏している意識がどうしても自利各別心、努力意識です。なんとか念仏して救かろう。念仏を手段にして救かろうという場合の方向を、親鸞聖人は「化身土巻」で『無量寿経』に依られて、「この諸智において疑惑して信ぜず、しかるになお罪福を信じて、善本を修習して、その国に生まれんと願ぜん。このもろもろの衆生、かの宮殿に生まる、と」（聖典三四七頁）という。救かるといっても、人間が救かりたいというのは罪福心だ。罪福心とは幸福になりたい、罪悪が恐ろしいという心。罪悪は人間を不幸にする。だからできるだけ善を積んで、善行を行じて功徳の結果を得たい。これが、深く人間の意識の中にある。

　阿闍世の回心《えしん》のところで、阿闍世が自分の父親を殺して苦しんで、六師外道とお釈迦さまのところへ行った。六師外道は、なんとか阿闍世が苦しんでいるその苦悩を取るために、「あなたが苦しんでいるのは意味がないのだ。あなたは苦しむ必要がない。何も悪いことはしていないのだ」という論理を吹き込んだ。この六師外道の立場は、人間の生活やなしたことを、なんとかゼロにして、あるいは悩んでいる内容は無内容だといって救けようとする。ところが阿闍世は救からなかった。

　父親を早く亡くすことによって、自分が国王になりたいという野心から、自分にとって父親は罪がない。無辜《むこ》、罪はないという表白をしています。自分をいじめたとか、苦しめたとかという意味ではない。可愛がって育ててくれて別に恨みを買うような生活を強いたわけでも何でもない。けれども、提婆達多にそそのかされて早く王さまになりたい、王位を得たいがために、父親を牢獄に入れて殺してしまった。餓死させてしまった。させてしまった後でそのことについて悩み苦しむ。

シェイクスピアのリア王と同じように、国王になってから、殺してしまってから苦しむ。ドストエフスキーの『罪と罰』もそうです。殺すまでは当然である。老婆の持っている財宝はほとんど無意味だ。老婆がため込んで持っていても社会的に何の意味もないし、もうじき死んでいくおばあさんが金貨を持っていたって何の意味もない。自分のような若くてこれから仕事をする人間が金を持てば、もっと仕事がたくさんできるし、そのことは社会的に有意義である。ラスコーリニコフは、そう理屈をつけて、老婆を殺した。しかし、殺した晩から高熱にうなされて苦しんでいる。つまり、罪というのは、理性で合理化して罪がないのだといってみても、生活の中で犯してしまった行為が罪悪である。これは反省ということではない。なにか恐れおののく。ドストエフスキーは見事にそれを描いている。『罪と罰』では、ラスコーリニコフが老婆を殺した後、自分が自分でなくなってしまう。三日ぐらい高熱にうなされて部屋を出られない。寝ても覚めても殺人の恐ろしさに責められる。警察に捕まるわけではない。けれど罪自身に罰せられるということです。

阿闍世も、自分は国王になったのですから、自分を捕まえる者はいない。けれども自分自身の犯した罪に恐れおののく。そして、体中に瘡《かさ》が生じる。ノイローゼが皮膚病になる。あれは罪を恐れる心が、人間存在にとって非常に大きな重みを持っている。何故そうなるのかは心理学者にでも尋ねなければ分かりませんが、人間存在は人間に生まれて、人間として人と人との間に生きていくなかに、広く道徳とか倫理といわれますが、その根にあるものは人の間にあって、より良きいのちになろうとする。

人間はただあるだけではなくて、成っていこうとする存在である。ただ今あるだけに留まっていない存在である。何か方向を持っていこうとする存在である。そのときに、善を頼みとし善を行ずる、善因楽果といいますが善を根とする。善を行ずることを根に植えて、ちょうど種を蒔くように、良い行為をすることによって、より良き自己自身、より良き生活を得ていこうとする発想が、人類普遍にある。人類として善に対する執着がある。逆にいえば罪を恐れる。『罪と罰』の場合でも人は誰も見ていなかった。自分では完全犯罪だと思っていた。捕まえに来るのが恐ろしいというよりも、自分の犯した罪にさいなまれる。誰も見ていなかったけれど、自分は知っている。

善は、単に相対的に良いことというよりも、人間が善根を、人間関係のなかで起こす行為であり、仏教学では二世にわたって順益するという定義をする。つまり、今行為をすることが、何らかの形で次の自分に対して利益をもたらしてくるのが善である。行為という意味は、身口意の三業、口にいう場合も、体を動かす場合も、意識だけの場合もある。ともかく、人間の中に生活内容が起これば、その生活内容が次の生活に対して利益をもたらす場合に善という。それをもう少し具体的に、善根・善本という。善の行為生活が元となって、果としては、功徳として楽果が与えられてくる。悪は、悪本とか悪根とはいいませんが、損減する。次のいのちを損なってくる。あるいは減らしてくると定義する。

阿闍世の回心のところで、外の六師外道は、なした行為はもう忘れなさい。本当になしたのではない。夢見ているようなものだ。過去のことはないことだ。あるいは王さまなのだからもう悪いことは全然ない。朕は国家なり、国家は法律なのだから貴方のやったことは悪いことではない、といったり、貴方は国王を捕らえよと命令したけれど殺せとは命令しなかったのだろう、という。殺せと命令しなかったのだから、国王は勝手に死んだだけだなどと、六師外道がいろいろのことをいう。

お釈迦さまは、訪ねて来た阿闍世を見て、罪に悩む姿を見て、「よく慚愧をいだけり！」、自分の犯した罪を恥じている。「慚愧なきは人にあらず」、貴方は人間であるといわれた。それまでの六師外道の考え方では、なんとか苦しんでいる苦悩を取ろうとして、論理や理性の概念で語りかけたが、どうしても阿闍世は苦悩を脱脚できなかった。ひと言、「お前は人間である。慚愧を抱いている」という言葉をかけられたときに、阿闍世は、釈尊を信頼できたわけです。

第11章　至心回向の願［第二十願］

善本と徳本

✣第二十願　至心回向の願

たとい我《われ》、仏を得んに、十方の衆生、我《わ》が名号《みょうごう》を聞きて、念を我《わ》が国に係《か》けて、もろもろの徳本《とくほん》を植《う》えて、心を至し回向《えこう》して我が国に生まれんと欲《おも》わんに、果遂《かすい》せずんば、正覚を取らじ。（聖典一八頁・註釈版一八頁）

唯識では、慚愧は善の心所として最初の方に出てきます。信というのも善の心所として出てきます。何故善かというと、信ずるという作用が発こると心を澄浄にする。澄ます。不信、疑いは汚す、濁らす。心を澄ませるから善だと。信という経験が起これば、次の時に順益する。信が一番最初に出され、次に慚愧といわれる。恥の心、天に恥じ、地に恥じる。あるいは他人に恥じ、自分に恥じる。恥の心を持つということが善の心所である。恥の心がなければ倫理は成り立たない。ところが、そのことが人間を苦しめる。

親鸞聖人は本当にそういう問題に気がつかれる方でして、二十願の願文を見ますと、徳本という言葉が出ています。ところが、「化身土巻」で『如来会』を引いて、「我《わ》が名を説かんを聞きて、もって己《おのれ》が善根に回向せん。もし生まれずは菩提を取らじ、と」（聖典三四八頁）という。善根という言葉が出てくる。善根と徳本という言葉が出ている。そして『無量寿経』の智慧段では、「善本を修習して」という言葉が出てくる。

二十願の問題を、善本と徳本という二つの言葉で押さえている。ふつうは善も徳も同じように思うのですが、親鸞聖人は、二十願が持っている問題を克明に論ぜられて、善本と徳本を、「行巻」の定義で読んだように、如来の名は善本・徳本であるといわれる。何のために、善本・徳本というのか。人間が善本・徳本を要求してやまない。人間の要求する善本・徳本は自利各別の善本・徳本である。しかし、自利各別の善本・徳本を超えて、無上功徳として絶対善、絶対の功徳、相対有限の功徳ではない。そういうものを与えよう。そのための行が念仏である。そこで、「それ濁世の道俗、速やかに円修至徳の真門に入りて、難思往生を願うべし。真門の方便について、善本あり徳本あり」（聖典三四六頁）と出ている。

善本あり、徳本ありと二つを押さえている。善本・徳本の内容を定義されて、「「善本」とは如来の嘉名《かみょう》なり。この嘉名は万善円備せり、一切善法の本なり。かるがゆえに善本と曰うなり」（聖典三四七頁）と。つまり、如来の名を本願が誓って衆生に与えている。このことは善本なのだ。私どもが執着してやまない善の意識への呼びかけです。

善を要求するということは、私どもの深い宿業の、人類業のいのちの中に、善を行ずれば善の功徳がある、善因楽果、善を因として幸福が来る、いいことをしていれば、きっといいことが来るに相違ないという一つの信心がある。それは万人共通ではないでしょうか。きっといい結果があるに相違ないとどこかで信じたい。もし、いいことをしたら、きっと悪い結果が来ると信じたら生きていられない。もういいことはしてはいけない。悪いことをしなければ、幸せになれないということになったら、私どもはどうしてみようもない。何かいいことをしていれば、きっといいことがあるのだという思い込みで生きている。何故そうなるのかという必然性を尋ねたことはない。

だから逆に悪いことをした場合には、自分のいのちに対して罪を感じて恐れる。それを表現として表せば地獄に堕ちるのは怖いという表現になります。阿闍世は地獄に堕ちるのは怖いといってますが、地獄という神話的世界を恐れるというよりも、犯した罪がやはり恐ろしい。消えていかない、過去にしたことなのだからもう忘れていこうというわけにはいかない。犯した罪が背中にべったりくっいた感じがする。

名号が善本だと教えるということは、人間の深い執着を引き受けて全面的にまかせなさい、如来の名こそ善本である、最高善である、こう呼びかける。一切善本の元である。あらゆる善がそこから生まれてくる。念仏すれば一切の善がそこから生まれてくる。そう信ずれば善因楽果の信心がそのまま満たされるわけです。

そして徳本は、「「徳本」とは如来の徳号なり。この徳号は、一声称念するに、至徳成満し、衆禍みな転ず、十方三世の徳号の本なり」（聖典三四七頁）という。徳というは、善と徳とは因果の関係です。善行に対して功徳が恵まれる。本願でいえば、浄土の善根は、「正道の大慈悲は出世の善根より生ず」（聖典一三五頁）と『浄土論』にいわれますが、正道なる大慈悲、大慈悲を善根として、浄土の功徳、本願荘厳の功徳が生まれてくる。だから善因に対して徳は果である。善の行為をなした結果の徳が身についてくる。また現にそうなっている。

良い行為をしていて、ますますひどい人間になるということは、あまり信じられません。人さまから誉められる良いことをしていたのに、まったく徳がないということはあまりない。何故かというと、人間が人間どうしの間に生きるときに、だいたい、人間は凡夫で、我執があり我所執がある。つまり、欲があり、腹立ち、嫉み、妬む心を持って生きていて、そのまま放っておけばろくなことはしない。人間と人間がお互いに生きていれば、自分が好きなようにすれば相手は必ず迷惑する。だから、善という概念は、人間どうしの中にある一つの約束ごとで、あなたは自分の領分を守りなさいという面がある。

心理としては、信とか慚愧というのが基本になりますが、そういう心が出てくるということは、犯してはならない領分を侵す、そういうことはいけないことだと教えられる。慚愧というものも教えられて育つのだと思います。人間の中に生まれてきて教えられるから分かる。

狼少年のように、言葉も知らずに林の中で動物と一緒に生活していれば、おそらく慚愧という心理はでないでしょう。どういう社会体制であれ、人間として人間の中で育つということは、やはり人と人との間の約束ごとを教えられる。勝手に自分だけしたいことをしたら社会体制が成り立ちませんから、慚愧はそうして育った人間だから持っている心理だと思います。だから、善はある意味で自己否定的です。自分が好き放題やる方向はだいたい悪です。善ばかり押しつけられたら窮屈だという面もある。

自分の煩悩を押さえたり、自分の欲望を押さえたり、とにかく自分をある意味で否定する面を作る。そういうことが功徳を生むということは、否定して小さくなるのではなく、我執だけ出していったら大きくなるかというと、かえって人間としては閉鎖的になり、人からは疎まれ、なにか自分の世界に小さくなっていく。善を積んでいくことは、自己否定することによって世界が開かれてくる面がある。だから、善本・徳本という概念が因果として成り立つのではないかと思います。

そういう人間社会の事実が人間の信心、広い意味の信心になっている。どこかで善を行じていれば徳が与えられる。それが現実の上には、あんなに立派な人なのにあんなにひどい目に遭ってということは、いくらでもありますから、必ずしも一致しませんが、私どもの信心としては、そういう内容を持っている。むしろ、そういう例外はあっても、善本を行ずれば徳本が与えられると。念仏はそういう意味で、善本であると同時に徳本である。一切の善法の元であると同時に、一声称念するに至徳成満する。完全に徳が満ちたりる。そして、もろもろの衆禍みな転ず。あらゆる禍いが意味を転じてくる。質を転じてしまう。このように親鸞聖人は押さえられた。

善本・徳本と教えられる。だから、改めて人間が他に善本を要求したり、徳本を要求する必要はない世界をいただく。それが、善本・徳本の中に苦しみ、幸せを求めて苦しみ、罪を恐れて苦しむ人間存在の中に絶対満足する方法になる。念仏すれば善本・徳本が満ち足りると教えられて念仏する。にもかかわらず、そうならない。善本も徳本も一向に満ち足りないのはなぜか。その問題を親鸞聖人は二十願の問題として押さえた。

本願が三度、十方衆生と呼びかけざるを得ないのは、たとえ念仏に帰しても、本願力を仰いだといいながら、本願力を頼む根に、常識的信仰がまだ巣くっている。自分で努力して善を行ずれば果の功徳が来るという。これは根深い信心です。私どもの日常生活を成り立たせている信心ですから、これを根元から否定することは我々にはできない。だから、『歎異抄』にあるように、人を殺して来いといわれて殺人ができる人間はめったにいませんん。

人間は、善本・徳本に執着する。善本・徳本を呼びかけるのは方便である。念仏は善本・徳本であると呼びかけるのは、本願念仏の事実を表している面もあるが、呼びかけることは方便の面がある。その方便の面を信じるのは人間の欲です。善本・徳本を要求してやまない人間の意識をそのままにしておいて、それを満たすために本願の念仏をいただこうとする。その問題を罪福を信ずるという言葉で親鸞聖人は押さえた。

自分の幸せが欲しいという要求のために念仏する。しかし、その結果、善本・徳本と教えられているなら、そのことが悪いはずはないのだが、何故かそのままで称えても一向に善本・徳本にならない。要求は人間的要求で、そのために如来の行を自分の行にする。そこに根の深い自力心、人間心を、親鸞聖人は二十願の問題として明白にしてこられ、「真門の方便について、善本あり徳本あり。また定専心あり、また散専心あり、また定散雑心あり」（聖典三四六頁）という。

念仏は善本・徳本だと聞いてそれを行じようとするとき、行ずる心が定の専心、精神集中を要求する。また散の専心、これは散善ですから人間の努力の行で意識を集中しようとする。定散の雑心、これは自力の意識集中の行の全体、それを、「「雑心」とは、大小・凡聖・一切善悪、助正間雑《けんぞう》の心をもって名号を称念す」（聖典三四六頁）という。

大小・凡聖・一切善悪とはどんな修行者であろうとも、ということです。各々助正間雑の心、これは助業《じょごう》と正定業ということです。いろいろの行で救けを求めていく十九願にあった問題が念仏一つを選んだはずなのに、心は、つまり、念仏する意識は、諸行を行ずる意識と少しも変わらない。本願の行だから念仏を取ったといいながら、念仏しようとする意識自身は、助正間雑の意識だと。こういう深い問題を親鸞聖人は明らかにしてきた。

浄土真宗が信心中心の教団だといわれるのは、念仏は要らないというのではない。念仏を取るのですが、念仏を信ずる信がはっきりしない場合は行じているのに救かっていないという問題が残るから、信心が大事だという。信心を明らかにすることが浄土真宗の最大問題であるといわれるゆえんです。

真実信への歩み

十八願の信心を明らかにするについては、二十願をくぐる。行は念仏だが、信が自力である。他力の中の自力という言い方をします。本願の他力の中にありながら、自分の努力を加えようとする意識の根は深い。ほとんど切ることはできない。親鸞聖人が、注意して三願転入の文のところに、諸行から念仏は回入といわれる。要門から真門へは回入といわれる。回入ということは回心です。回心ということは諸行を捨てて念仏を取る。自力を捨てて他力を取る。人間を捨てて本願を取る。

本願に帰するという決断が回入である。その入ったはずの本願の中に、実は問題がある。そこを親鸞聖人は、難思往生と名づける。「それ濁世の道俗、速やかに円修至徳の真門に入りて、難思往生を願うべし」（聖典三四六頁）と。これは化身土の往生です。化身土の往生は、先ほどの概念でいえば胎生に属する。どこかに人間心で救かりたいという問題がある。

私どもは人間心で救かりたいということを抜け出ることができない。念仏を称えていても、自分が幸せになりたい、救かりたいという思いで念仏を称える。そうすると称えても救からないという結果になる。人間心で本願の心を利用しようとするだけだから必然です。本願の心は人間心をそのままは認めない。それをひるがえして本当に救けようというのが二十願の内容になる。二十願の方便の面は善本・徳本だと。真実の面は誓願を表す。

二十願の問題に対応する経典は、『小経』、つまり『阿弥陀経』です。『阿弥陀経』は、「執持《しゅうじ》名号、若一日……若七日、一心不乱」（聖典一二九頁）と出ている。執持名号、一心不乱ですから、一心ということでいえば、十八願成就の一心も二十願の一心も同じ言葉ですが、そこにいろいろの形で親鸞聖人は問題を押さえておられる。

本願の文で押さえるなら、至心信楽欲生に対して、二十願は至心回向欲生という。至心回向欲生ということは、如来の回向を自力の回向にすり替える。願文としての回向は、如来の善本・徳本を自分の善本・徳本にすり替える。貸してもらったお金を自分のお金のようにして使うようなものです。本願の行をわが功徳として、最高善なのだから、それを称えている自分は最高であると、如来の用きを自己の功徳にする。そういう根の深い問題が至心回向という問題です。その往生は難思往生。難思往生は、生まれた世界は化身・化仏の世界で疑城胎宮《ぎじょうたいぐう》である。「これすなわち真門の中の方便なり」（聖典三四五頁）、つまり、善本・徳本と教えて、至心回向欲生せよと呼びかけているけれども、これは方便である。

「彰」というのは、『観無量寿経』の経典解釈の概念ですが、実は二十願は真実難信の法を彰す。そして「これすなわち不可思議の願海を光闡して、無碍の大信心海に帰せしめんと欲す。良く勧めすでに恒沙の勧めなれば、信もまた恒沙の信なり、かるがゆえに「甚難」と言えるなり」と押さえて、二十願の真意、願意は十八願を彰すところにある。本当の他力の信心は、自分はこちらにあって外に他力の力があるという相対他力ではない。自分のうちに発こるそれ自身が他力の信心だ。こうなるためには、そこに諸仏恒沙の勧めがあり、しかも願心自身の中に「不果遂者の願」といわれる果遂の誓、果遂せずんばという誓いがある。

この二十願をくぐって真実信心を明らかにする。念仏を取って信ずる心の中に潜む深い疑い。如来を信ずるといいながら、都合がいいから信じる、救けてくださるだろうと信じるという信心。救けてくださるかくださらないかは私は問いません、絶対におまかせしますという信心にはならない。

救けてくださるとはっきりするなら信じましょう。救けてくださらないと分かったら信じません。それは人間としてはあたりまえである。ところが親鸞聖人は、『歎異抄』第二条で、念仏して往生を遂げるかどうかは問わないといわれます。それはこの二十願をくぐっているからです。二十願をくぐって、果たし遂げずんばやまんという願意を信ずれば、自分が念仏しているけれど、地獄に堕ちるかどうかは心配しないでいい。そこで初めて親鸞聖人が正定聚とおっしゃる十九願の邪定聚から二十願の不定聚へ、そして十八願の正定聚へと行ける。

邪定聚は、人間理性で無理やり定める。ところが二十願へ来ると、決まらなくなる。不定聚ということは、深い意味の懐疑があるから決まらない。一応本願を選んだ、名号を選び取った。しかし、名号を選び取りながら、その名号を自分の願い、自分の要求で称える。あるいは自分でその善本・徳本をわが功徳として、わが善本として、これは絶対善なのだと称える。だからきっといい果が来るに相違ない、また称えたら全部功徳になるのだと己が功徳にする。

そういう複雑な心理、信仰生活のなかに、信仰の喜びに深く巣食っている怠慢心、自己肯定の心、自分の意識で念仏を選び取り、これでいいのだと決めてそこに立ち止まってしまう。そういう信に潜む罪をあばき出して、本当の願心それ自身に生きているのではない。如来の大悲を力にして自分の世界に閉じこもる中途半端な心理、これを二十願として明らかにされた。

親鸞聖人は、本願を並列的に三回も誓っているのではなくて、三回誓うのは十八願に入れしめんがためだ、と見られた。十九願・二十願は方便である。人間が如来に近づくため、人間を歩ませんがためである。人間が転ずるための方便である。人間が愚かでないなら誓わない。しかし、人間は愚かであり、傲慢であり、邪見であり、なかなかしぶといですから、そこに十九願・二十願を呼びかけて、本当に本願他力に帰する心を明らかにする。

人間が救からないのは、決定論の問題がある。どちらかに決めたい、どちらかに決めるというが、決めれば救かるかというと決めても救からない。決めてはみるものの、決めなければよかったかなあ、決めて失敗したかなあと、決めたということで絶対に満足することがない。だから、決定論というけれど、決定論に潜む罪がある。仏教の教えでいえば、我執《がしゅう》とか法執《ほうしゅう》といわれる人間の執心を批判していません。

邪定聚とは、かたくなに決めるということだけであって、本当に解放されたいのちに還れない。人間の在り方としては差別構造をますます助長する。三輩九品と教えられますが、人間が行ずることによって差別がますますはっきりしてくる。平等に救かる世界へ行けませんから、自分はこの辺だとか、あいつはこの辺だとかという壁を作って、孤立化し、淋しい境界に限り、豊かな、本当の願海といわれる大いなる世界に還れない。そういう問題があって諸行では救からないことが教えられる。

諸行往生の結果、辺地懈慢だと親鸞聖人が教えるのは、現実の人間の中に、諸行に執着する立場であれば、如来大悲の呼びかける願心に還れない。本当に十方衆生を平等に摂取しようとする大いなる願心こそが本当に人間を救う。にもかかわらず自己肯定、自利差別意識の行に執着するならば、その結果、陥る先は非常に閉鎖的な、たとえ満足があっても非常に小さな自己満足にすぎない。そういう世界に陥るということは、一応は救いになるかもしれないが、それは双樹林下往生であり、本願が誓っている広大無辺なる人間のいのちの解放にはならない。

念仏を選んだというが、まだ二十願を誓わざるを得ない。そこに回入したといっても解放されていない証拠には、「念仏もうしそうらえども、踊躍歓喜のこころおろそかにそうろうこと」（聖典六二九頁）という不信が出てくる。煩悩の身でありながら、煩悩がなくなるような救いがあるのではないかと。念仏したら死んでも怖くない、病気になっても怖くないようになりたい。ところが現実には、死にたくない心が動いてくるし、病気になれば不安になる、相変わらずの煩悩の人間である。

内に疑いを秘めていることがはっきりしないなら、本当の大悲願心に開かれていませんから念仏を取っていても暗いわけです。自分の自己肯定の、自分の閉鎖意識を満足させるために念仏を使っている。そこには、「罪福を信じて、善本を修習して、その国に生まれんと願ぜん。このもろもろの衆生、かの宮殿に生まる、と」（聖典三四七頁）、宮殿とは、浄土の象徴ですから、浄土には生まれることはできる。しかし、浄土の中に「宮殿の中に五百歳　むなしくすぐとぞときたまう」（聖典四七八頁）といわれ、宮殿に生まれながら宮殿の喜びを知らない。そのことを親鸞聖人は二十願の罪として、宗教生活に触れながら、実は宗教生活に背くような生活になる。念仏を取りながら、心の底は専修にして雑心である。専ら念仏を称えながら心には定散雑心がある。努力意識である。

努力意識とは、善本・徳本に執着していることです。良い行為をして良い結果を得たいという思いが離れませんから、そういう心をそのまま肯定して、それを満足させるために念仏を称える。その結果、大慶喜心を得ず。本当の喜びが分からない。別の言い方をすれば、喜びを外に求めますから、念仏した後で喜びがくるだろうと予定して念仏する。しかし、一向に来ない。だから、念仏して喜びの心がないということこそ凡夫の証拠である。「仏かねてしろしめして、煩悩具足の凡夫とおおせられたることなれば、他力の悲願は、かくのごときのわれらがためなりけりとしられて、いよいよたのもしくおぼゆるなり。」（聖典六二九頁）と『歎異抄』第九条にある。煩悩具足の身だと知らしめておられる如来を感ずれば、救からない身だということまで包んでいる如来を感ずれば、そこにわざわざわいてくる喜びではない、天に踊り、地に踊るほどの喜びではないが、大慶喜心《だいきょうきしん》がある。真実信心には大慶喜心が恵まれると教えられている。

大慶喜心とは、『無量寿経』下巻の言葉で、親鸞聖人は「信巻」の一番はじめにこの言葉を出しています。大慶喜心があるということは真実信心といわれる証拠である。大慶喜心がないなら、それは雑心である。念仏を信ずるということは、大慶喜心が与えられているということである。「いずれの行もおよびがたき身」（聖典六二七頁）、そこに念仏一つを呼びかけてくださっている大悲がある。これに触れただけで大慶喜心がある。

二十願は念仏しているけれども喜びがない。大慶喜心を得ず。したがって仏恩を報ずることはない。報謝の念がない。如来の恩というものが思えない。如来に対する恨みだけが残る。念仏しても救けてくれない。念仏をしながら心にはあなどりが生じる。「業行《ごうぎょう》を作《な》すといえども心に軽慢を生ず」（聖典三五五頁）と軽んじあなどる。我々は馴れるということがあります。念仏を聞きながら、仏法を聞きながら、人間の業として経験が重ねられてくると感動が薄くなる。

信仰生活の罪

二十願という問題は、いったん回入したところに生ずる罪の問題であり、名号を選び取らない場合には疑問にもならない。本当に他力の願心に触れたところに、実は深い罪が見えてくる。親鸞聖人の二十願の問題は、私どもの信仰生活においては二十願位を脱脚することはほとんどできない。回入・転入といいますが、諸行を捨てて念仏を取るというけれど、意識は、善本・徳本に執着している。善本・徳本と教えられるなら、それをわが物に取りたいという意識ですから、これは根が深い。唯識の言葉でいえば、末那識相応の煩悩が寝ても覚めてもついている。起きているときだけの煩悩ではない。寝ても我執がついている。寝ても覚めてもくっついている自力の執心、自我の執心に重なって、たとえ信心といっても、どこかで、頭で聞いていても身に響いていない。全身がこれ本願他力に浸されたいとはならない。

蓮如上人は面白い喩えを使っていて、聞法している人が、「こうやって教えを聞いていても帰ると全部忘れてしまう。わしらはかご（ザル）みたいなもんや。どうしたらええやろう」と質問する。そうしたら、蓮如上人は、「そのかごを水に浸《つ》けよ」（聖典八七一頁）といわれた。水を汲もうとするから、みな、かごみたいにこぼれてしまう。かごを水に浸けよと教えられた。私どもは、身がかごだとどこかで知りながら、汲もう汲もうとします。そのまま、ズボッと水に、本願に浸せばいいといわれても、本願からいいものを汲み出そうとするのが私どもの意識です。

その結果として一番厳しいのは、「人我おのずから覆《おお》いて同行・善知識に親近《しんごん》せざるがゆえに。楽《この》みて雑縁に近づきて、往生の正行を自障障他するがゆえに」（聖典三五六頁）と『往生礼讃』が押さえている。この言葉を親鸞聖人は二十願の問題として引いておられる。「同行・善知識に親近せざるゆえに」という。本願力を信ずるということは、「洹沙《ごうじゃ》の勧め」（聖典三四五頁）だという言葉がありました。洹沙の勧めを受けるということは、聞いても聞いても分からない、聞いても聞いても忘れていきますから、本当にいろいろな姿、いろいろの人から教えられ、育てられて、本当の念仏の心になっていく。

ところが、これで分かったというように、そこに止まることは、同行を失う。信仰の友達を失う。そして、善知識に親近しない。耳が聞こえなくなる。これも信仰生活に必ずある。面倒で聞きたくなくなる。しかし、それは恐れるに足りない。それは承知の上で二十願が開かれている。信仰の生活の中に、信仰自身の喜びが冷めていくということがあります。そういう問題を単に個人の経験にすませないで、信仰の深い問題として、「親鸞もこの不審ありつるに、唯円坊おなじこころにてありけり」（聖典六二九頁）、これは人類普遍の信仰に必ず潜む問題として、親鸞聖人はお答えになっている。

凡夫の凡夫たるゆえんは信仰の中に入りながら信仰を喜べない。その場合に自分の力でなんとかそこを出ようとします。自分で自分の心が晴れませんから、なんとか出ようとする。ところが、もがいてももがいてもそこは出られない。かえってこんな心で先生の前に出たのでは恥ずかしいという思いがあって先生の前に行けなくなる。ますます、善知識から遠ざかる。それを親鸞聖人は、「悲しきかな、垢障《くしょう》の凡愚、無際より已来《このかた》、助・正間雑《けんぞう》し、定散心雑するがゆえに、出離その期《ご》なし」（聖典三五六頁）という。

これは善導大師が「出離の縁あることなし」とおっしゃった構造です。「自ら流転輪廻を度《はか》るに、微塵劫を超過すれども、仏願力に帰しがたく、大信海に入りがたし」（聖典三五六頁）と。そこから自分で脱出しようともがけばもがくほど泥沼である。なんとか救かろうとして他力を頼もうとするがどうしても出られない。「仏願力に帰しがたく、大信海に入りがたし。良《まこと》に傷嗟《しょうさ》すべし、深く悲嘆すべし。おおよそ大小聖人・一切善人、本願の嘉号をもって己が善根とするがゆえに、信を生ずることあたわず、仏智を了《さと》らず」（聖典三五六頁）という問題だと。大小聖人・一切善人、つまり、善人意識なのです。善に執着することが、そのまま本願の嘉号をもって己が善根とする。

二十願のこういう問題を明らかにすべく、『歎異抄』では悪人正機ということを出している。『観無量寿経』の悪人、下品下生の悪人ではまだ不徹底である。実は、悪人が救かるというけれど、『観無量寿経』では、上品も救かる、中品下品も救かる。下品は念仏で救かる。上品はお経を称えて救かるという救かり方です。まだ下品だけが救かるとは出ていない。

ところが二十願へ来ると念仏を選び取った。念仏しか救かる道はない、といいながら念仏しても救からない。もう手がない。その手がないときに、その問題は、ちょうど菩薩道の七地沈空の難と同じで、微塵劫を超過すれども、どれだけ努力しても、どれだけ救かろうと努力しようと、聞法しようと、学問しようと、修行しようと出られない。それは、刀が刀自身を切れないという言い方をします。鋭利な刀は他のものを何でも切ることはできる。しかし、刀は刀自身を切れない。

二十願の問題は、罪福を信じる心を切れないで、念仏で幸福になろうとする。本願の願意はそういう心を破る。全面帰依です。清沢先生が、他力の救済ということをおっしゃるときに、「現前一念心の起滅も亦自在なるものにあらず」（『清沢満之全集』八巻三九二頁）と、自分の中に起こるのも他力の用きである。こういうところまで行かないと、心だけは自分でなんとかなると思うものだから、他力を信じながら自力の心で自分の心を良くしようとする。ところがそううまくはいかない。私の中に発こってくる一切は如来の用きだと頷くしかない。「他力（天道）いずれのところにかある。自分の稟受《ひんじゅ》において之を見る」（『清沢満之全集』八巻四二〇頁）。一切が他力だと頷くしかない、と表白された。これがなかなかできない。私どもは本願を信ずるといっても本当に本願を信ずるのではない。どこかで自分を信じて自分に役立つからといって本願を信じようとする。その構造を破るものが二十願である。果遂せずんば正覚とらじ、と。

疑いの問題

親鸞聖人がこの二十願の意義を明らかにした。双樹林下往生を超え、難思往生を超えて、難思議往生に入る。難思議往生とは、正定聚の機に明らかになる。二十願の問題は深い意味の懐疑論です。懐疑といって絶対的なものを疑うのではなくて、本願を疑うということは本当は本願を信じている。信じているのだがその根に疑いが潜んでいる。明らかに本願を対象として、こんなものはないというのは疑うのではなく決定している。不信である。疑いというのは、どうだろうかと疑う。どうかなあという疑いは決められない。だから、不定聚という。

決まらないということが、往生といっても本当に往生しないわけです。念仏して往生するというが、完全に降参していない。どこかで自分を残している。私どもはそこまでしか行けないが、そこまでしか行けない人間を誓願が包んでいる。「正信偈」の源信僧都の表白でいえば「煩悩障眼雖不見　大悲無倦常照我」（聖典二〇七頁）という。自分の意識は煩悩妄念で包まれていて見ることはできない。しかし、大悲がわが身を照らしている。大悲倦むことなく、常にわが身を照らすなりといただてくるときに、煩悩妄念がなくなって天下晴れてというのではなく、煩悩妄念に包まれる中に深い喜びがある。こういう世界を教えてくれるのが二十願ではないかと思います。

この二十願の在り方は、要門から真門へというのは明らかな回心である。しかし、回心の中にまだ残っている問題があると気づかしめてくるのが転入ではないかと、私は思います。諸行から念仏へということは、行の選びは念仏を選んだ。後は心に潜んでいる自力の執心をはっきりさせる。もう一回入り直すということではなく、本願の光に照らされて疑い深き身を生きているということが、いよいよ深く教えられる。平面的に三つが並んでいるというのではなく、立体的だと思います。

十八願と二十願は立体的である。そして二十願を完全に離れるわけにはいかない。面白い言い方をしています。「久しく万行・諸善の仮門を出でて、永く双樹林下の往生を離る」（聖典三五六頁）と。もう絶対に永く戻らないという表現をとられる。ところが、続いて「善本・徳本の真門に回入して、ひとえに難思往生の心を発しき。しかるにいま」、今度は「いま」です。「特に方便の真門を出でて永く双樹林下の往生を離る」というのは、ある意味で過去の事実です。もう捨て去っていく。しかし、「いま」「方便の真門を出でて、選択の願海に転入せり」これは現在完了形です。「速やかに難思往生の心を離れて、難思議往生を遂げんと欲う」と。だから、いま、欲《おも》うので、現在進行形です。現在完了的に進行している事実です。

これは面白い表現だと思います。完全に二十願から足を洗ったというのではない。十九願は足を洗うことができる。はっきりと万善諸行では救からない身だと、念仏一つを選び取る。自力を捨てて本願力に帰する。自力を頼りにしていたのでは本当は救からない身だとはっきりと自覚した。本願力を選び取った。もちろん、そういいながら深い意味の定散心がついているということが二十願の問題です。だから、足を洗ったといいながら十九願に残っている深い自力の執心が続いているといってもいいのですが、行としては、はっきりと万善諸行に執着する意識を捨てた。

しかし、何故捨てるかといえば役に立たないからだ。役に立つのを選び取った。つまり、自分の役に立つ方を取ったというだけにすぎない。完全に降参して、まかせますというのではない。そこに二十願の善本・徳本に執着するという問題がある。それに目覚ましめてくるのが二十願の願心の働きであると、信心の内容を立体化して人間の心に潜む深い罪の問題、疑いの問題を明らかにされた。

これらは単に親鸞個人の意識の反省ではなくて、常に一切大小・善人・悪人・一切人類業の求道の歩みを見つめておられる法蔵願心に立って、一切凡愚の求めて、しかも立ち止まらざるを得ないという問題の根を見すえておられる。その鋭い眼光が深い反省になる。この細かさは、一切人類業を貫いている。単に個人の罪意識とか、個人の悪いことをしたという反省というものではない。一切人類がそれに躓き、一切人類がそこでもがくような課題である。もちろん、契機は自分の日常の諸問題から起きるのでしょうが、その問題を通して、唯円も悩み、性信《しょうしん》も悩む問題をずっと見すえていく。

こういう祖師をいただくということは、私どもにとっては有難いことだと思います。これだけ、生涯をかけた問題を提起した方はほかにはないように思います。単に理性で分からないという問題ではなく、生きていることの罪の問題です。存在の罪をどこまでも明らかにしていく。その鏡が南無阿弥陀仏である。南無阿弥陀仏に立って南無阿弥陀仏に照らされて、人間存在が本当に明らかになる。そこに法の前に立った機が、立体構造をもって自覚的に表されてくる。

二十願の問題は、人間の宗教の歴史の中に似たような問題はあると思いますが、これだけ構造的にはっきりと表してくださった方はそうはないと思います。二十願の問題は、人間の自力の執心が残っている念仏生活を明らかにしているものであります。

三願を立体的に読む

親鸞聖人が浄土三部経を読まれて、『無量寿経』こそ真実の教えであると決定された。それは浄土教の根本は阿弥陀如来の本願である。その阿弥陀如来の本願を真っ向から表しているのが『無量寿経』だからである。『観無量寿経』『阿弥陀経』は、間接的に、あるいは方便を通して、本願を表そうとしている。『無量寿経』の本願、四十八願全体が本願であるともいえるが、四十八願の中に、特に大切な願として、十一願から二十二願までを一つの区切りとして、本願を説く中心の課題がここに出ているとお読みになった。同じ本願を読むにしても四十八願を平等にそれぞれ解釈していく立場もありますし、大きく分類して三分割にする形で見ていく場合もある。

法然上人は、その中でも浄土の教えの中心は念仏にある、念仏一つにあるということで、専修念仏を非常に強く主張なさった。十八願一つが根本本願である、選択本願の王である。他の四十七願は第十八願を浮き彫りにせんがため、十八願を本当に願がわしめんがため（忻慕の願）であるとお読みになった。

それに対して親鸞聖人は、法然上人に背くわけではないが、十八願が本当に十八願として用くとはどういうことかを明らかにしなければならないという問題にぶつかった。法然上人の願いは、どんな罪人であろうと、どんな状況に生きる人間であろうと、念仏一つで往生する。念仏は十方を摂化せんがため、十方を潤さんがためだという大悲の願いから、念仏一つを取り出された。しかし、その願いが本当に人間のいのちを、仏法の意味において救けることができるのか。仏法の意味においてとは、言葉を換えれば、大涅槃の救いを伝えることができるのか。また別の言い方をすれば、有限の人間に相対有限的な救いではなくて、絶対無限的救いを与え得るのか。

この世で苦しんでいるから、もっと違う場所を与えて、その世界へ行けば楽であり苦がない、静かで楽しい、そういう世界に救い取って救けようということなら、それは仏法ではない。相対的な状況を変えて救けるということである。有限の延長上に、超越的な救いではなくて、この世と質を同じにしたような、状況をちょっと手を加えたような形の救いであるならば、仏教からすれば外道ではないか。こういう問いが出されている。端的にいえば、菩提心無用論という法然上人の主張に対して明恵上人が出した非難です。そういう問題が一つ。

それから、念仏一つを取るということが、たとえそれに頷いても、念仏をどう了解するのかというところに、どうしても分からない問題が出てくる。つまり、念仏をもって、本当に念仏を称えているうちに三昧に入って、覚りが開けるという定心の念仏といわれる念仏なのか。あるいは念仏をするときに、我らの心に念が有るのか無いのか。有念・無念という問いです。念仏をしようと思って称えて、そこに称えようという心がついているなら、まだ自力ではないか、迷いの心が晴れないのではないか。無念無相になるのが本当の念仏ではないかという有念無念の問題。

また一念多念の問題。いっぺんで、その行一つで無限の救いを与えるというなら、今までのいのちがスパッと切り落とされて、完全に救われる。それなら一念でいい、いっぺんでいいのではないか。たくさんやらなければならない、いっぺんではいけない、積み重ねないといけないということならば、一回の念仏が有限の行ということになりはしないか。つまり、一念多念の争いというものが晴れない。法然門下の中に、このようなさまざまな疑念が出てきて、法然上人亡き後、それにきちんと回答する人がいない。念仏の救いはいったい何なのだという問題がある。

こういう課題を親鸞聖人は本願文に照らして、浄土三部経を克明に読み、そして浄土教の伝統を、なかんずく天親・曇鸞の教えをくり返し学ぶなかで、いかに根源的に解釈し得るのかを明らかにしていかれた。そこに、十一願から二十二願に大事な本願がある。親鸞聖人からすれば、この願の両側は忻慕の願といってもいいのでしょうが、両側から山に登ってきて、十一願から二十二願は山の稜線である。そこに、それぞれ大事な課題が語られている。特に念仏は大行であるということを親鸞聖人は明らかにされた。

人間の状態において、有念か無念か、一回か多回かということではなく、本願が行ずる。本願が行ずるということは、人間においては、行でもないし善でもない。『歎異抄』にあるように、念仏は非行非善なりと。念仏は本願の行だ。本願が用く。人間がどういう状況で行ずるか、人間の努力があるかないか、立派な人間が称えるから行で、ダメな人間が称えたら行ではないということではない。南無阿弥陀仏が称えられるということが、本願の行である。大行である。こういうことを明らかにするために十七願を見出された。

十七願は諸仏称名、諸仏が称える。諸仏が阿弥陀を讃めるという意味が南無阿弥陀仏である。念仏が行じられているということは諸仏が讃めているという用きである。こういう意味で十七願を見出された。それによって念仏往生の願として十八願は、その大行を大行として受けとめる人間の信心、人間の心に信じるという作用が起こる。その信を明らかにする願が十八願である。

親鸞聖人がそう気づくには、この願文を穴のあくほど読んだのではないかと思います。十八願が信心の願だと見られたときに、十九願・二十願が、どういう意味かということが同時に見えてきた。親鸞聖人以前では十八願に対して、十九願・二十願の意味は、それほどはっきりと位置づけされていない。異訳の経典（『無量寿経』以外の経典）だと、十九願・二十願が混乱して翻訳されている。特に康僧鎧訳の『無量寿経』だけは非常にすっきりと、十九願・二十願が分かれている。けれども、成就の文へ来ると、十八願・二十願が混じっている。はっきりしない。そこで、親鸞聖人が三願を立体的に読み分けるという非常に思想的な仕事をなさった。

十八願に抑止の文があることを取り上げたのは曇鸞大師です。曇鸞大師が、浄土に往生する衆生という問題、「普共諸衆生　往生安楽国」（聖典一三八頁）、「普く諸々の衆生と共に、安楽国に往生せん」という『浄土論』の天親菩薩のお言葉の、衆生のところに、どんな衆生でもいいのか、どういう衆生が往生するのかという問いをわざわざ発こして、大事な願である十八願に除くと出ている、本願が悪人を切り落としているように見える。『観無量寿経』の下品下生に、悪人は救う、「衆生ありて、不善業たる五逆・十悪を作る」（聖典一二〇頁）、悪をなしてきた人間を救おうという言葉がある。『無量寿経』と『観無量寿経』が矛盾するのではないかという問いを発こして、「八番問答」を展開している。

その「八番問答」については歴代の浄土教の祖師方は皆、気づかれる。特に善導大師がその「八番問答」を取り上げている。親鸞聖人は十八願の信心を明らかにするについて、十八願文と十八願の成就の文との両方に、

「唯除五逆誹謗正法」という言葉があることを大変重く見て、これがどういう意味かを八番問答および善導大師の抑止文釈を参考にして考えていかれて、そこで出会ったのが『涅槃経』です。『涅槃経』に五逆と謗法と一闡提という問題が出ている。救われることができない衆生、その代表が、一闡提といわれる存在、そして五逆・謗法は救いにくい存在です。

しかし、『涅槃経』の願いは大乗の願いとして、「一切衆生悉有仏性」という。仏性つまり因からすれば、すべて救かるべき可能性がある。現象として、現実には苦悩して救からない存在がある。「一切衆生悉有仏性」と信頼して、どのような衆生をも救いたいというところに『涅槃経』が開かれている。その『涅槃経』に照らして、「唯除五逆誹謗正法」という文を読まれた。「信巻」の結びのところに親鸞聖人は五逆の内容を押さえておられます。

仏教信者の集まりの中でこれだけは守って欲しいということを指示して、それを犯した場合に五逆罪という。仏教徒の資格としての戒律です。それに背いた場合に五逆となる。正法を誹謗することは正しい教えを謗る、正しい教えを非難する。これは仏教を信じない、あるいは仏陀の教えをはじめから非難する。仏法に反逆する存在、こういうものをただ除くという。

ただ除くというのはどういう意味か。法然上人の場合には、はっきり教えられていない。法然上人にとっては念仏を本当に信じればいいのです。五逆を犯すとか正法を誹謗するということは、「回心すれば、皆往く」と善導大師はおっしゃっているのだから、本当の信を得ればいい。だから、その文についてはたいして重要ではないとお考えになったのか、わざわざ解釈をしておられない。

ところが、親鸞聖人はここに大事な問題がある。本当に救われないで困っている衆生がいる。阿闍世の如く、世間では犯してはならない罪を、煩悩に襲われて、人間関係のしがらみの中で、悪友に誘われ、欲に目が眩むということで犯してしまう。犯してそれに恐れおののいて苦しみぬく。あるいは、誹謗正法の方はより罪が深いと曇鸞大師はおっしゃる。正しい教えである仏法に反逆する存在、悪人、罪悪の衆生。これを本当に摂め取るということは、「このふたつのつみのおもきことをしめして、十方一切の衆生みなもれず往生すべし、としらせんとなり」（聖典五一三頁）と、親鸞聖人は『尊号真像銘文』のはじめに注釈しておられます。つまりここに唯除五逆誹謗正法と説かれるのは、反逆している罪、お釈迦さまの願いに反逆し、阿弥陀如来の願いに反逆する。広い言葉でいえば存在の道理に、存在の真理性に反逆する。

本当のあるべきいのちに反逆して、人間の理性を立場とし、人間に起こる煩悩、結局は人間を苦しめてくる煩悩によって生きていて、本当のいのちを踏みつけにする。そういう存在を本当に救けずんば止まんという大悲が、いったん悪人を抑止する。気づかせるために抑止する。ちょうど教育のためにライオンが子どもを谷に落とすように、救われる自覚を与えんがために、いったん罪の深いことを知らせんがために切る。こういう意味だということを阿闍世の問題を延々と引用されて明らかにしておられる。これはつまり、親鸞聖人ご自身が、自分は反逆的存在だという自覚があったからでしょう。

反逆的存在の自覚

曽我先生が面白いことをいっておられる。他の方々は皆、清沢先生が生きておられる間に弟子として認められて、浩々洞《こうこうどう》の洞人として、釈尊の十大弟子のような位置がある。ところが自分は、清沢先生がおられるころ、清沢先生を信じられないので、清沢先生に刃を向けて、論陣を張って、清沢先生に勝とうとした。つまり自分は清沢先生の門下の中で、釈尊における提婆達多であると、七回忌の法要のときに講話をしておられる。

しかし、釈尊における提婆達多は、十大弟子が釈尊を輝かせる以上に釈尊を輝かした。そういわれて、あるいは自分も提婆達多のような仕事をするかもしれない、単に懺悔しているのではない、その提婆達多こそ本当だ、といわれた面白い講演があります。しかし、そういえば面白いように聞こえるが、自分が提婆達多であるということに曽我先生は相当苦しまれたと思います。苦しまずに法螺《ほら》を吹けば、威張っているにすぎないのですが、決して威張っているわけではない。

清沢先生を本当に信頼したがために、自分が提婆達多であったということを深く懺悔して、しかし、提婆達多こそがかえって釈尊の真実であることを明らかにする位置を持った。だから、親鸞聖人も総序の文に「調達《じょうだつ》、闍世《じゃせ》をして逆害を興ぜしむ」（聖典一四九頁）と、そのことが浄土の機縁であるとおっしゃっている。親鸞聖人は自分が仏法に背く存在、法然上人に背く存在、反逆する存在であるという面を、いつも何処かで感じておられたのではないか。あからさまに反逆することはない。むしろ、地獄に一緒に堕ちてもよいとまで信順している。けれども、自分の存在の中に、悪人というものを深く感じておられて、そして、十八願の大悲は「唯除五逆誹謗正法」と抑止する。抑止されるということは、汝を目当てとして罪を自覚せよといわれる重い意味がある。だから、親鸞聖人が長々と「信巻」に、あの悲嘆の文「悲しきかな、愚禿鸞、愛欲の広海に沈没し……」（聖典二五一頁）、そこから始まる長い長い『涅槃経』の引文をして、この抑止文の意味を顕された。

同じ「信巻」で、成就文として引用しているときに抑止文を落としているところがある。それは、「信の一念釈」で、「聞其名号　信心歓喜　乃至一念　至心回向　願生彼国　即得往生　住不退転」（聖典二三九頁）、これは成就の文です。「唯除五逆誹謗正法」と必ずついている。ところが、その「唯除五逆誹謗正法」だけ落として、成就の文を引用しているのは、「信の一念釈」のところです。本当に信の一念が成り立つ、それが本願成就である。そのときには抑止文は要らない。

もう一つある。それは『一念多念文意』に、本願成就の文を注釈される（聖典五三四頁）。そのときには抑止文を落としている（もっともこの場合は、『一念多念分別事』が「唯除」をはずしているのだが）。いったい、それはどういうことか。これは大事な問題です。ただ法然上人が落とされた意味とはちょっと違う。あるいは法然上人が落とされた意味を親鸞聖人は、信の一念の意味で法然上人は落としていると理解しているかもしれません。この問題は、私は非常に大事な問題だと思う。

信心それ自体にとっては、親鸞聖人のいただいた名号の信心においては、単に喜ぶ、歓喜するということだけではない。もちろん、信心歓喜といわれるのですから、信心を得たということは歓喜がなければ意味がない、真実でないと親鸞聖人はおっしゃる。つまり、信心を得るなら大慶喜心を得る。あるいは、「専修にして、雑心なるものは大慶喜心を獲ず」（聖典三五五頁）という言葉を出されて、大慶喜心がないなら、それは真実ではないとおっしゃっている。ですから、この願成就の文の意味を大事にしておられる。

けれども、信心歓喜ということと同時に、「悲しきかな愚禿鸞」といわれる人間存在の悲しみが裏にある。悲しみのない喜びは親鸞聖人においてはあり得ない。悲喜交流という善導の言葉もありますが、存在の悲しみと重なって教えに遇った喜びがある。もし教えに遇わないなら存在の悲しみは悲しみだけで絶望に陥るかもしれませんが、教えに出遇ったことにおいて喜びと、そして教えに遇いつつも反逆しているような悲しみとが、親鸞聖人においては一つになっている。そういう意味で、十八願と十八願成就の文とに続いて「唯除五逆誹謗正法」がいつでも付いていることを親鸞聖人は大事にされる。

つまり、罪を自覚せよ、罪の存在を自覚することによって本当に本願他力の信心、名号一つを選び取る。「いずれの行もおよびがたき身なれば、とても地獄は一定《いちじょう》すみかぞかし」（聖典六二七頁）とおっしゃった。念仏より他に行があるのなら、念仏で救かると教えるのは嘘かもしれないが、念仏より他の行ではいずれ救からないとはっきりしたのだから法然上人を信じる。法然上人が地獄に堕ちるなら自分も地獄に堕ちようと信じて念仏を選び取ったと親鸞聖人はおっしゃる。そこに罪を自覚して本願に帰する。

第十九願・第二十願の意義

私は、十九願・二十願は十八願の課題を明らかにせんがために展開していると、基本的に考えています。十九願は本願を本当に聞くに先立って人間が宗教的要求を意識して立ち上がるときに、「至心発願　欲生我国」と出てくる。これは親鸞聖人は諸善万行をもって往生せんとする、広く聖道門にまで通ずる自力の要求を教えんがための願だと。そのことは『観無量寿経』の教えと対応していて、十九願の内容を明らかにせんがために『観無量寿経』が説かれる。

第二十願はその諸行往生、諸善万行、あるいは八万四千の法門といってもいいのですが、いろいろな人間の状況に応じて自利各別の心で自らが覚りを求める。自らが救いを求めて各々別々の心で立ち上がる。これは親鸞聖人独特の使い方です。自利という言葉はもとの仏教用語では、自利・利他と対応する言葉で、自利というのは自らが覚りを得んとする心、あるいは別の言い方をすれば、上求菩提《じょうぐぼだい》といってもいい。それが、人を救おう、衆生を救わんとする、これが利他である。自利と利他である。自利と利他という二つの方向性を満足して菩薩が如来となる、仏陀となると、仏教用語では使われている言葉です。

ところが親鸞聖人はその自利という言葉を自力だと押さえられた。善導大師の釈文を通して、自らが利を得よう、自らが覚りを開こうとするならば、自らの状況のなかで邪魔になるものを切り落とし、そして仏への歩みを進めるものを取ってくる。諸々の悪を制し、あるいは捨てる。そして諸々の善を拾い上げ自分の身につけようとする。そのときには、どういう悪を捨てるのか、どういう善を拾うかは、その人の状況によって違います。状況によってできることをなすわけですから、これはしない、これをすると決断して選び取る条件は、その人その人の与えられた状況が違えば決断内容も違ってくる。それを自利各別の心と親鸞聖人は押さえられる。どれだけ真面目に発願しても、自らが救いを求めて立ち上がるという限りにおいて、人間状況が関係する。そのこと自体が悪いとか良いとかではなく、そういう立ち上がり方を自利各別の心と押さえた。

その自利各別の心を呼びかけているのが十九願である。自力の十九願を呼びかけて、自利各別の心はどれだけ求めても、本当は成就しないことを教えるのが『観無量寿経』である。表には諸善万行を説く、あるいは定散二善を説く。しかし、本当は状況に応じてそれぞれがどれだけ努力していっても、最後は、有限の願をもって無限の境界を得ようとする矛盾、煩悩具足の存在が本当の煩悩を超えた大涅槃を得ようとする矛盾に気づかしめるのが十九願の意図である。だから、大悲方便して十九願を開くという。

有限の存在を自覚せしめんがために、有限の存在に自力無効を知らせんがために、十九願が呼びかける。できるところまでやってみよ、たいがいは、そういわれると、できるところの終点まで行かないで、途中で妥協する。自分はここまでやったのだ。これだけやる人間はほかにはいまいとか、自分としてはよくやったとか、たいがいその辺で腰を下ろしてしまう。自利各別の本質として自分が救かればいいのだから、無限の境界、全人類を本当に救いとるような開けができたかどうかという確認をしない。自分が救かったという体験を持ったら、そこに止まってしまう。

親鸞聖人は、十九願の諸行往生を否定はされない。諸行往生は本質として「双樹林下往生」である。つまり、いのちが終わって死んでいく形で救かる。それが実は「辺地懈慢」である。宗教的要求としては中途半端なところに腰を下ろしている。怠り侮《あなど》ると註をしておられますが、懈慢、懈怠、菩提心自身がくたびれて腰を下ろした。それを『無量寿経』の智慧段が教えていると親鸞聖人は押さえられた。

これも、親鸞聖人が初めて気づいたのかというとそうでもない。曇鸞、道綽、善導、あるいは善導を受けた中国の祖師方すべてがいっていいます。南宗の宗暁《しゅうぎょう》の『楽邦文類《らくほうもんるい》』などの引文、釈論の中に辺地懈慢という問題が出ている。しかし、それがどういう意味なのかがはっきりしていない。近いところでは源信僧都が懈慢国ということを明らかにしておられるが、それがどういう位置なのかはよく分からない。途中で止まってはダメだ、もっと頑張れといっているように見える。もっと頑張れということは、自力の菩提心をもっと励ませ、寝てなんかいられないぞという形で勧めているように見える。そうすると十八願と十九願が並立して諸行往生と念仏往生は並立してどちらでも行ける。本当は、十九願を徹底して、大悲の仏の世界まで行かなければいけない。ダメなやつは十八願だ、という二通りの道があるように読める。

ところが、親鸞聖人はそうではない。大悲の方便が建てられるのは、皆、十九願が好きなのだ。つまり、諸善万行を選び取るのは、人間が努力意識、自分の意識で生きており、自分の価値観で生きていて、その価値観の延長上に如来の世界を欲しがっている。如来の世界というよりも、親鸞聖人の言葉でいえば、罪福心ですから幸福の世界を求める。幸福教《こうふくきょう》、幸せの世界、幸せの世界を説けば流行《はや》る。これさえ持てば幸せになるといえば、人間はそれを要求しますから、流行る。その罪福心があって、自力の意識で善を行じて、善本・徳本を行じて、その結果としての如来の世界が欲しい。

しかし、諸行往生は真実報土ではない。親鸞聖人ははっきりと批判された。そこに化身土が開かれた意味がある。真実報土に対して化身土を見出された。浄土であるけれども辺地懈慢国である。本当に如来の願海の真ん中に生まれないで、端の方で遠慮しなければならない。そういう意味で十九願と十八願は平等なのではなく、十九願は十八願に入れしめんがための方便の願である。親鸞聖人は独自の位置づけをした。方便権仮という位置づけをされた。そこに、諸行から念仏へ、諸行を捨てて念仏へということが本願の上で明らかになった。にもかかわらず選び取った念仏は、さらに念仏によっても救からないという問題が二十願の問題になります。

本願の次第からいえば、十八願から十九願・二十願が展開している。十八願一つでは十八願自身が成就できない。十八願が十八願として本当に人間の上に自覚的に成り立つためには、十九願・二十願が必要である。衆生に呼びかけるために十九願・二十願が必要である。必要として呼び起こす手掛かりが抑止文である。抑止文の内容と十九願で指摘する人間の罪の問題、真実報土に行かないで途中にとどまる罪の問題、あるいは、二十願で念仏を選び取りながら念仏を自分の善根功徳にしようとする問題がある。

如来の世界のものを自分の世界に盗み取ってくる、自我の執心、どうしても破らせない自己閉鎖的な意識の働きを明らかにせんがために、唯除五逆誹謗正法、特に誹謗正法の内容を十九願・二十願に展開したと。私はいろいろの先生方のものを読んでも、どうもそのように読めて、「信巻」の後半部分になる抑止文の釈文と化身土の批判とがどういう関係になるのかがどうしても分からなかった。どういう関係になるのか。同じことを二度いっているのか。一方は真実信心の内容として明らかにし、一方は方便化身土として明らかにしているのですから、親鸞聖人の上においては全然仕事が違うはずです。

抑止文は、十八願の中にあって、十八願成就、つまり真実信心の「信巻」の中に説かれている。信の外にある問題をいじっているのではなく、信心自身が抑止文を孕んでいる。信心の喜びとは、自力我執の心ではどこかに無理がある。誤解がある。邪見憍慢の間違いがある。それが晴れたということは、人間にとって真実に触れたということです。本当のいのちに還ったということです。そのとき、ああ無理があったんだなあ、間違っていたなあということが教えられたときに、がんじがらめになって苦しんでいたのが、網《あみ》が切り落とされ解放された喜びがある。

解放された喜び、それが、いうならば信心歓喜である。歓喜には、今までがんじがらめに自縄自縛していた罪が切り落とされて完全解放の喜びだけかというと、その裏に、唯除五逆誹謗正法の教えに触れている悲しみがある。悲しみと喜びが時間を異にする、あるいは悲しかったのが喜びになったというのではなく、親鸞聖人の信心においては喜びと悲しみとは二重構造である。人間の悲しみと本願に遇った喜びとは一枚である。こういうことが「信巻」の中に抑止文が説かれている意味だろうと思っていた。そのことは間違ってはいないと思いますが、一方で自力の十九願と、念仏を己れの善根にする二十願とを明らかに批判して、一方は回入し、一方は転入して十八願に入れと勧めている。それがいったいどういう関係になるのかが、どうも分からなかった。それをどう了解すべきか、はたと気づかされた。

『歎異抄』の第一条に、「本願を信ぜんには、他の善も要《よう》にあらず、念仏にまさるべき善なきゆえに。悪をもおそるべからず、弥陀の本願をさまたぐるほどの悪なきがゆえにと云々」（聖典六二六頁）、ここに善と悪とが並列に並べてあります。善悪の彼岸といってもいいのですが、善悪を超えて、善と悪とが平等に並べてあります。新しい善悪を超えた立場からいただく。善にとらわれ、悪にとらわれる人間、善を欲しがり、悪を恐れる。善を欲しがるから悪を恐れる。悪を恐れるから善が欲しい。表裏の心を断ち切った、善悪を超えた信心を得る。それが正定聚の信心だといわれる。

ところが、『歎異抄』の後序にある機の深信の言葉、「弥陀の五劫思惟の願をよくよく案ずれば、ひとえに親鸞一人がためなりけり。されば、そくばくの業をもちける身にてありけるを、たすけんとおぼしめしたる本願のかたじけなさよ」と。この文を案ずるに、善導大師の金言《きんげん》と同じだ。『歎異抄』の著者唯円はこういって、「「自身はこれ現に罪悪生死の凡夫、曠劫《こうごう》よりこのかた、つねにしずみ、つねに流転して、出離の縁なき身としれ」という金言に、すこしもたがわせおわしまさず」（聖典六四〇頁）、こう釈しておられる。つまり、信心の本質は、機の深信、曠劫以来の流転の罪、その人間に呼びかけた本願である。「悪人正機」という言葉は、本当に悪人を自覚し、悪人であることに苦しみ抜いて、そして悪人を本当に引き受けることができた救済である。こういうことが悪人正機という意味です。

善人が問題である

十九願・二十願が人間に罪を教えるとすれば、どういう意味か。十九願は、諸善万行、人間は善を積んで幸福を得ていこうと。善本を貯えて、善根功徳によって功徳の世界をいただこう。本願の荘厳は功徳といわれる。如来の本願が無上功徳だといわれ、真実功徳といわれ、功徳という言葉で呼びかけられる。人間は功徳が欲しい。

善本、あるいは善い因の果としての功徳、平たい言葉でいえば幸せといってもいい。本当の幸せを得んがために何か良いことをして、人間を解放してくる行為を積み重ねて本当の利益に遇おうという因果関係を求めている。そこに諸善万行を行じて、実は諸善万行は人間の有限の善ですから、本当はいくら積んでも如来の功徳にまでは行かない。人間の側としては有限の善を積んでいって救かりたい。これしか考えてみようがない。

十九願は、人間が功徳を修し、善本を修して、自利各別の信で、自分の与えられた善本をできるだけ積んで、如来の世界、真実の世界、本当の幸せの世界に行きたいという願いである。広くいえば、人間の願いですからヒューマニスティックな祈りといってもいい。そのヒューマニスティックな祈りを通して本当の世界を作りたい。これが十九願の本質である。しかも、それはそのままでは成就しない。どれだけ積んでみようと、どれだけ努力してみようと有限ですから、量的にも質的にも、それを行じている主体それ自身が実は罪を抱き、反逆的素質を抱いた存在である。それを忘れて、ただ善根を積んで救かっていこうとする。だから本当に成就しない。

安田先生が、「自力の本質は成就しないということだ」とおっしゃいました。自力とは、願いが高いほど成就しない。純粋であればあるほど満たされない。適当に妥協するなら成就するかもしれない。しかし、人間の世界を超えた如来の世界を願うなら、いくらやっても問題が解消しない。だからといって、回心、自力を捨てて本願力に帰したところにまだ深い罪がある。罪福心が消えていない。

自分で自分の力で行じても如来の世界に行けないから、如来の力で行きたい。しかし、願っている幸せの世界、自分本位の幸せの世界、自分がヒューマニズムという名のもとに、人間という名のもとに自分の幸せを思い描いている心は変わっていない。如来の世界と取り違えて、念仏でその世界が欲しい。つまり、如来の行をもって如来の世界に行くはずなのに、如来の行を使いながら人間の世界を作ろうとする。その矛盾が二十願の問題です。

その二十願の問題と、十八願の誹謗正法とどう違うのかがよく分からなかった。実は問題が違うのである。つまり、十八願の唯除の文は悪人ということが課題なのです。はじめから救からない存在。阿闍世に代表されるように罪に苦しむ存在。自分が救からない。罪人として苦しむ存在を本当に救わんという大悲が十八願の中に抑止文を置いている。

人間にとって善悪の問題は抜き難い問題です。大行が、呼びかけるについても、大行は諸々の善本を摂し、諸々の徳本を具せりと呼びかける。大行が、人間が要求しているあらゆる善を満足する。あらゆる功徳を一挙に満足すると呼びかける。人間は善根功徳を求めてやまない。幸せがないものかと私どもはそれを有形のもので代表して、家とか財産等々で幸せを作ろうとする。自分の最高の幸せを目に見える何かで作ろうとしてやまない。特に現代の日本人はそういう傾向が強いが、それ自体では絶対に満足しない。

日本では八〇年代以降、一億総中流階級になっています。世界に類のない大金持にでもなれば少しは話が違うかもしれませんが、日本人は金持といってもたかが知れていますから、皆、中間です。そのためもっと上、もっと上という努力意識が終わらない。だから十九願からなかなか抜け出られない。けれども、十九願の本質は善人意識です。自分を肯定して、自分の能力は、たいして力はないがまあまあだという中流の思い、やってみれば少しはできるぞという意識です。けれどもいろいろの事情があるから少し後にするかという程度で中流意識が消えない。そういう心を本当に育てる。もし、十九願がないなら自力の意識、中間意識にとらわれている者を摂め取って浄土に帰せしめることができない。

多くの自力意識の人間を育てて、本当に真実報土に摂め取らんがために、十九願を開く。十九願によって開いた世界は方便化身土である。化身土まで開いた。そして、方便化身土がもっている問題、自利各別の心である証拠には、自利真実である証拠には、方便化身土に生まれたならば三宝見聞の益を失う、そこにとどまって歩みを失う、と親鸞聖人は教えられる。

二十願に入って念仏になったら救かるかというと、二十願こそ問題であり、二十願は自分では超えられない。七地沈空の難というのに匹敵するような難が、二十願が教える問題としてある。念仏して救かったという人間はもう歩めない。実は救かっていない。実は辺地懈慢にまでしか行っていない。難思往生なのだとまで教えて、二十願は、念仏は大行だけれども、信心は自利である。自分の信だ。罪福心を本質として自分の幸せを求める心で念仏が本当だと捉えている。

念仏は如来の行ということを信ずる心は私の心だと思う。その心を本当に破る。ここに二十願の誤解がある。実は二十願こそ深く善人意識、『歎異抄』の言葉をもじっていえば、善人正機といいますか、善人こそ救かると思っている心を本当に切り開くためである。私どもにとって悪に苦しむ、罪に苦しむのは重いけれど、罪に苦しむ問題は、そのまま信仰に結びつく。けれども、善にとらわれている立場は、倫理にとどまる。

世間の中で誉められる、財産がある、地位が上がる、家族が幸せになるとか、この世で少し幸せが与えられるということにとどまって、その意識全体が、本当に如来の世界、本当の人間の解放に目覚めないで終わってしまう。私どもはこの世で少し幸せなら、それでいいわけです。自利真実である限りは、これ以上何も欲しくない。このごろの日本人が問題だというのは、皆このぐらいでいいと思っている。せいぜいこの辺でいいのだという気分を本当に破るために十九願・二十願が開かれている。

つまり、どちらがやっかいかというと善人の方がやっかいである。善人は放っておけば善人として救かるという思い込みのまま、せいぜい中流にとどまる。悪人は放っておいたら地獄に行ってしまうから、なんとか這《は》い上がろうとして、そこに大悲本願に触れる機縁はいくらでもある。倫理からすると悪人は救からない。善人の方が救かる。相対的な善いものに触れるというだけの話で、悪人は相対的に悪いものに堕ちるから、善根功徳を要求する人間から見れば、それに背く存在はダメなようだが、仏法から見れば、実は反逆的であるということに苦しむ存在の方が真実に直結する。

親鸞聖人が『唯信抄文意』で、「不簡破戒罪根深」（聖典五五二頁）と、平等に救うことをいうときに、この前には戒の問題が延々と出されています。「不簡下智与高才　不簡多聞持浄戒」（聖典五五〇頁）、智慧が有るか無いか、たくさん聞いているか聞いてないか、あるいは戒を守っているか守っていないかという状況がいろいろある。そういう状況を破って、「かようのさまざまの戒品《かいほん》をたもてる、いみじきひとびとも、他力真実の信心をえてのちに、真実報土には往生をとぐるなり」（聖典五五一～五五二頁）と、つまり、どれだけいいことをしていても、いいことを保っていても、真実の真心を得て初めて真実報土に行けるのだと。

「みずからの、おのおのの戒善、おのおのの自力の信」（聖典五五二頁）、これは自利各別の心です。「自力の善にては、実報土には生まれずとなり」（聖典五五二頁）とおっしゃる。どれだけ状況が良かろうと本当には救からない。どれだけ自己満足していても本当には救からない。どこかで物足りない、どこかで虚偽なのでしょう。

「不簡破戒罪根深《ざいこんじん》」、破戒と罪根の深きを簡ばず。「「破戒」は、かみにあらわすところの、よろずの道俗の戒品をうけて、やぶりすてたるもの、これらをきらわずとなり」（聖典五五二頁）と、戒を破った者、これを嫌わない。

「「罪根深」というは、十悪五逆の悪人、謗法闡提《せんだい》の悪人」（聖典五五二頁）、これは先ほどの唯除五逆誹謗正法の内容です。「おおよそ、善根すくなきもの、悪業おおきもの、善心あさきもの、悪心ふかきもの、かようのあさましき、さまざまのつみふかきひとを、「深」という。ふかしということばなり」（聖典五五二頁）、罪根が深い。

「すべて、よきひと、あしきひと、とうときひと、いやしきひとを、無碍光仏の御《おん》ちかいには、きらわず、えらばず、これをみちびきたもうをさきとし、むねとするなり。真実信心をうれば実報土にうまるとおしえたまえるを、浄土真宗の正意《しょうい》とすとしるべしなり」（聖典五五二頁）。こういう釈がある。この後に、「具縛《ぐばく》の凡愚《ぼんぐ》、屠沽《とこ》の下類《げるい》」（聖典五五二頁）という言葉が出てくる。

どれだけ罪が深かろうと、善に背く存在であろうと、真実信心によって救かる。善悪ということは、単に倫理の善悪ではない。もちろん、倫理の善悪も大きな意味があるが、善本・徳本といわれるように、良い結果を引くもの、これを仏教では善という。二世にわたって順益するものということは、次の世で善の結果が良い結果を引いてくるものは善である。次の世で悪の結果を引いてくるもの、これは悪である。だから善という定義が倫理の定義とは違う。人間を縛る、なした行為が次の自分を苦しめてくるものなら、それは善とはいわない。悪である。いわゆる倫理の善であっても人間がそれをいやいやすれば、次には自分を苦しめてきますから、それを仏教にすれば善とはいわない。世間の善悪とは少し違う。

清沢満之の実験

清沢先生が晩年に書かれた、「宗教的道徳と普遍道徳との交渉」という文章がある。倫理道徳で教えている善がいかに人間を縛ってくるか、これがいかに人間に縁となるかを、清沢先生は大切にしておられて、宗教的道徳に対して普通道徳、つまり、普通一般の倫理道徳と宗教的道徳との関係を明らかにしようとされる。

本当は宗教的道徳に立てば、普通道徳に破れたる者も救かる。倫理の立場だけだったら、倫理に背ける者は救からない。善人であれと教えて、悪人は救けない。これが仏教からすれば普通道徳になる。普通道徳とは、善人であることをよしとし、悪人は悪いとしますから、善業を尊び、悪業を批判しますから、悪業を犯したり、悪業を肯定する存在は絶対に救けない。また、自分でもそのように苦しんでいる。自分が善をなせない場合には、自分がなした悪に苦しんでいく。それが、宗教的道徳という形で、宗教に触れて道徳に関われば、必ずしも倫理的道徳を完成する、あるいは完全に行うことが目的ではないと清沢先生はおっしゃる。

いよいよ自力が役に立たないと自覚されてくる。倫理は倫理の中で矛盾を来たす。清沢先生の時代は明治時代ですから、代表的例として忠孝という概念を出して、「忠ならんと欲すれば孝ならず。孝ならんと欲すれば忠ならず」という現実の問題を出して、善というけれど善どうしで矛盾する。一つの行為がこちらには善だけど、あちらには悪だということが起こる。倫理的善だけを立場にしようとすると自己分裂してしまう。行きづまってしまう。そういう問題を出して、宗教的道徳に立てば少しも行きづまらない。いよいよ他力本願が有難いということがはっきりする。倫理だけの立場だったら自殺するしかない。そこに宗教的道徳という意味があると。

清沢先生は、『無量寿経』下巻の悲化段の問題を研究したいと最晩年におっしゃっていた。「自力無効ということには大変骨が折れた」とおっしゃっています。清沢先生のような人は善人の骨頂、自力意識の骨頂といってもいい。意志も強いし、能力もあるし、論理構成力はもちろんのこと、思想の力もある。だから、なんとか自分の能力、自分の努力で宗教を獲得し、宗教を構築したいという思いで宗教に関わってきた。その結果、その努力意識を破れるのに骨が折れたと。

なかなか努力意識が破れなかった。それが破れる大きな原因は肉体です。ミニマム・ポシブルという実験にかかった。自らが着る物、食べる物を極限まで減らして、人間にとって最小限何が必要かという実験をされた。ふつうならあんな実験が何の意味があるのかと思うが、清沢先生は、教団に関わって、真宗教団の堕落を見て、これでは宗教は滅亡してしまう。宗教が本当に目覚めなければならないという危機感から、自身がこの僧風を本当に刷新するにはどうしたらいいか悩まれ、夏も冬も麻の墨染めの衣一枚で通すことを実験された。

だんだん食物を減らしていって最後は炊かずに食べる。こういう実験をなさり、栄養失調で風邪を引かれた。その原因は、法主が亡くなったとき、寒風吹きすさぶ一月の末に一晩、本願寺の門前に、お通夜に立たれた。自力の骨頂です。

明治二十三年に、お母さんを亡くされ、清沢先生が病気で倒れられたのが二十七年の一月ですから、三年以上にわたって、そういう極限状態の実験をした。清沢先生は寒風吹きすさぶ中に、麻の衣一枚で、京都の冷え込みの中に一晩表に立たれ、結核になった。

結核になったが、清沢先生は休もうとされない。友達が心配して、そのままではダメだと療養する場所を確保して、そこへ無理やり連れて行った。そこで初めて清沢先生は、「それでは、もうお前たちにこの身をあずける」とおっしゃった。自力無効ということをいやというほど知らされた。それまで自力の骨頂だったとご自分でも書いておられる。自力の骨頂だったと本当に頷くまで自分では合点がいかなかった。何処までやって何処で倒れるか。結局、身体が倒れた。意識が倒れたのではなく、意識は我慢の骨頂でまだやれるというのでしょうが、身体がとうとう倒れた。

清沢先生は、善人意識の固まりみたいなものです。善人意識の固まりが倒れるには、それだけひどい目に遭わないと倒れない。その善人意識が大きな問題です。悪人の意識は、地獄の恐ろしさに立たされていますから、阿弥陀の本願が救けるぞといったら、飛びつくのです。それぐらい緊迫感がある。善人の意識は困ったもので、善人であることが悪いとは全然思ってはいません。善人であることはいいことだと思っているのですから、どれだけやっても破れない。それが求道の上では大問題なわけです。

善人意識は救からない

聖道門は、自分からは破れない。聖道門の仏教の中に浄土教の信者が出たのは、不思議なくらいです。よほどの人がたまたま浄土教に触れる。ふつうは、自力の努力の中で自己満足する。これだけ念仏が教えられているのですから、比叡山の人など皆、念仏を信じたらよさそうなものなのに、回峰行をやる人が出る。自力の心は、くり返し巻き返しなかなかへたばらない。そういう問題を本当に包まんがために、親鸞聖人は本願文を読まれた。聖人ご自身は悪人の意識に近い。悪人に対する同感、感応道交《かんのうどうこう》といいますか、自分は本当に悪人だと、「罪悪深重、煩悩熾盛」、「そくばくの業をもちける身にてありけるを」などという言い方をしています。

生きていることの罪、苦しさや辛さを、いつも親鸞聖人は持って生きている。身の悪業性を、悪業の罪の辛さを背負って生きている。だから、『歎異抄』の「弥陀の五劫思惟の願をよくよく案ずれば、ひとえに親鸞一人《いちにん》がためなりけり」（聖典六四〇頁）とは、そういう悪業を背負って生きている人間を救わんがためにこの本願が呼びかけてくださった。もしこれがなければ自分は救からない。しかし、親鸞聖人が九歳から二十九歳まで二十年間自力の行を励んだということは、なんとかなりたいという自力意識があったに相違ない。親鸞聖人ご自身が晩年に、寛喜三年の内省（親鸞聖人が発熱して病床で『大経』を読んで、建保二年の「三部経読誦」の反省を恵信尼に告げる）でおっしゃるように、自力の執心は捨て難い、どれだけ悪人の意識があっても、善人意識が頭をもたげてくる。状況としては悪人であっても、善人意識は消えない。

ほかから見たらあの人は悪人だといわれても、本人は、絶対的悪人だと自分で思っている人は一人もいない。たとえ殺人しようと、たまたましたのであって、もっと悪をなしている人だっているではないかという思いがある。悪だということを知らないわけではないが善人意識が強い。だから全部が悪の塊《かたまり》だとは誰も思ってはいない。その限りは、十八願の大悲の願心に目が覚めない。

善も欲しからず、悪も恐れずというが、どちらかというと人間は善が欲しい。悪を恐れないのと善が欲しいのとは裏表とはいえ、本当に悪を恐れたら、それは即本願力に帰する。罪を恐れたならそれを自分では解決できませんから、阿闍世の回心が示すように、自分で殺人をしてしまった！　救けて欲しい！　といっても救けられない。自分では自分を許せませんし、論理でも許してもらえない。

存在の罪を本当に苦しんだら、本願力に帰するしかない。ところが、善人意識は救からない。自分が救かろうと思って歩んでいる状況がいつまでも続く。夢を見続ける。まずこの夢は覚めません。親鸞聖人が「化身土巻」の結びに、「聖道の諸教は行証久しく廃《すた》れ、浄土の真宗は証道いま盛りなり」（聖典三九八頁）とおしゃった。にもかかわらず現代は全然念仏が盛んではないし、聖道門は廃れていないではないかといわれる。

親鸞聖人が押さえられた念仏往生盛んなりというのは、蓮如上人がおっしゃるように、人数が多いとか、勢力が盛んだというわけではない。親鸞聖人にとっては歴史の必然、自分にこういうことが起きたのは真実が本当に開けていく確信があって書いておられる。しかし、自力が簡単になくなるはずがない。だから、十九願・二十願はいつでも用く。もう仕事が終わった、十八願だけでいいということにはならない。

十九願・二十願の罪は、善人意識の罪。罪福心というけれど、罪福心は善人意識の罪である。そのままなら何も悪くない。罪を恐れ、福を求める。善を求め、悪を恐れる心。これは何も悪いことはない。ただ、その求めている立場の自分としては、自分としてはやれるという自力の思いがある。自分の心を、自分の身を良しとし、自分に力がありとして歩もうとしている。本願他力が十方群生海を見そなわして、十方衆生を平等に摂め取らんとしているのに、その大悲の願心に背くという罪を持っているが、罪だとは知らない。

唯除五逆の方は自分が罪だと知っている。自分は罪人である。その罪に苦しんで救からない。なんとかして欲しい。この問題は実は本願の課題である。ところが、自分は善人である、善根が欲しい。善本・徳本を身につけているのだと思って生きている人間というならば十八願の外である。二十願は、十八願の外とも内ともつかない。広く報土からすれば、本願海の内である。十九願も二十願も本願海の内である。しかし、本願は方便を包んでいるから、真実報土ということからすれば真実報土の外である。辺地懈慢の浄土というのは、真実報土の外である。そういう意味で十八願の外である。

十方衆生からはずれている者は一人もいない。しかし、十方衆生に包まれながら、十方衆生と呼びかけているのは自分のためだとは思わない。自分は自分の力で何かしようという思いで生きている。現に私どもの生業はそういう形で成り立っていると思っている。実際は宿業因縁であり、賜ったものであるが、自分が得たものだ！　私のものだ！　という思い込みが絶対に破れない。真実の事実は全部いただいたものでしょう。一つとして自分のものなどない。しかし、これは私のものだという思い込みは死ぬまで終わらない。

ここにわざわざ十九・二十の本願を発こしてまで呼びかけなければならない人間の深い罪の問題がある。それは罪の問題というと、つい十八願の内なる罪とどう違うのかとなるが、十八願の内なる罪は罪を知っている。いわば悪人正機という意味の悪人。十九願・二十願の罪は、宗教的罪といってもいい。倫理的罪のように表に出てはいない。しかし、実は深く本願に背いている。それを本当に目覚ますという仕事が十九願・二十願を発こしてくる意味である。だから、方便の願といわれる。大悲方便の願だと親鸞聖人はおっしゃる。

善人意識は破れない。何といわれようと破れない。いくら教えられても、いわれればいわれるほど不愉快になるだけで、善人意識を助長してもらった方が嬉しい。だから念仏はなかなか流行らない。念仏は善本・徳本だという必要性はほとんどない。『歎異抄』がいうように非行《ひぎょう》非善《ひぜん》だといってしまったら、人間にはあまり欲しくない。善本・徳本なら欲しい。他の善よりいいというならやってみようかと。これが人間の善本が欲しいという心、善人になりたいという心です。

善人になり、善の境遇が欲しい、より良い状態になりたいという要求。これはヒューマニズムの心といってもいいし、人間の持っている深い要求といってもいい。しかし、そのことが実は、大悲の願からすれば、つまり十方衆生を漏れなく救い取らんとする心からすれば、一番やっかいな心。自分を苦しめ、自分を縛ってくる心。これから解放されることができない。

唯除五逆誹謗正法を明らかにする『涅槃経』の文は、阿闍世の苦悩を書いている。罪に苦しんでいる姿を、これでもかと書いている。罪に苦しむ心を摂め取らんとする大悲が追いかけているにもかかわらず苦しんでいる。それが抑止文の意味です。十九願・二十願はその点から比べれば幸せものです。何も自分は罪人とは思わない。より良い行為をし、より進歩・発達、立派な人間になっていこうとして努力している存在である。

ところが、そのことが実は十方衆生という視点を阻害する。つまり、自分だけ救かろうとする。自利各別の心になっていく。「罪根深」という罪の深い存在を摂め取ろうとする大悲がますます見えなくなる。落ちこぼれる人間を放っておけというような心になる。そういうところに人間の持っている深い罪の問題、自分の罪を忘れていこうとする、自分の罪を見えなくしていこうとする罪がある。そういう屈折した問題を掘り下げて表に出して、これでもかこれでもかと教えてくるご苦労が、本願の十九願・二十願の課題ではないか。

そうすると、十八願の罪の問題と、十九願・二十願の罪の問題とは質が違う。根は別とはいえないが、私どもの上に発こって大悲の願心に触れていく形となったときには全然方向が違う。十八願の心では、人間の位には一切、善はない。法蔵願心のみが真実であり、善であり、清浄である。一切の群生海がいくら行じても、全部不善であり、善ではない。あるいは染汚、汚れている、染まっている。不清浄、不真実、虚偽と、親鸞聖人はいろいろな言葉を重ねて、人間存在は不実である、如来のみが真実であることを十八願の心として顕そうとされる。しかし、いくら十八願の心をそういう形で顕そうとしても、十九願・二十願を通さないと自覚化しない。

十九願・二十願・十八願というのは十九願・二十願という形で人間を破って、そして人間を破って生ずる大悲の願が成就した信心、それが十八願である。十八願と十九願・二十願とは、顕彰隠密という言葉がありますが、表と裏、表裏という面を一面で持っている。あるいは歩みという面も一面で持っている。

そのようにいただくと十八願の抑止文と十九願・二十願の課題とが、どういう分位を持っているのかが分かる。私はこのことがなかなか分からなかった。一方は善人の課題、一方は悪人の課題だとはっきりすることによって、罪の課題が違うと非常にすっきりと分かった。十九願も善根功徳、二十願も善本・徳本ですから、善の欲しい人間を育てんがために、善人意識を育てんがために呼びかけている願である。悪人に呼びかけるのは十八願一つです。十九願・二十願はもう間に合わない、そのまま救けて欲しいということになるのではないでしょうか。

安田理深の求道と課題

『観無量寿経』の下品に出てくる悪人は、十悪五逆、具諸不善といわれる。悪いことしかできない、一生造悪だというが、それでも弘誓《ぐぜい》には遇えない。一生造悪なのだが臨終のときまで遇えないと経典にいわれるということは、宿業の中でいわゆる悪の生活しかできない、虐げられ、辛い状況の中で生き抜いてきた。それでも弘誓には遇えない、最後にもう死ななければならない、お前は地獄行きだということで、初めて救けて欲しいと、臨終現前の願としていわれている。だから、『観無量寿経』の下品における念仏は、何処かにまだ、本当の罪悪深重、何処からとっても罪しかない存在にまで自覚が行っていない人間に呼びかけている。しかし、裏にはそういう人間こそ本願の正機であるという大悲があって、提婆達多を通し、阿闍世を通して浄土の教えを開いてくるということがある。

私は浄土真宗のお寺に生まれて、いわゆるお仏飯《ぶっぱん》で育った人間なのですが、はじめは浄土真宗が嫌いでした。大学でいくら真宗の話を聞いていても、嫌でしょうがない。聞けば聞くほど腹が立つ。けれど安田先生の所へ行くと、分からないけれども何か響くものがある。

安田先生ははじめは禅だったのです。道元の曹洞宗の禅のお寺で修行された。自分は、仏法という点だけならもう禅でいいが、どうも物足りなかった。物足りなかったということが、先生をあそこまで歩ませた。禅は中国の言葉をそのまま使っている。道元の言葉は一応日本語になっているが、時代の関心がない。時代の問題が入らない。常に直接覚りそのもの、だから覚りそのものなら道元禅でいいと先生はおっしゃったことがある。

そのころの先生は、浄土真宗のお寺は不潔だ、お寺におしめが干してあるのは不愉快だと感じたとおっしゃった。人間の存在の事実は、そんなにきれいなものではない。清沢先生がおっしゃったように、どんなきれいな御殿を建てても、雪隠《せっちん》のないような家には住めない。人間は雪隠は好きではない。好きというわけではないが、なければ住めない。かといって雪隠を玄関に出すわけにはいかない。玄関は玄関、しかし雪隠がなければ住めない。そこが矛盾する。その安田先生がなぜ浄土真宗なのか。それはやはり宿業因縁なのでしょう。京都に出てくるきっかけになったのは、金子大栄先生の『仏教概論』という本だったそうです。大正の初めに発行された『仏教概論』を読んだときに、これが自分のやりたい仏教だと感動された。つまり、何か思想があるというので、京都に出てこられた。

『仏教概論』それ自身には、なにも親鸞でなければならないとは出ていない。仏教概論と称して仏教全体を押さえている。安田先生は、思想の要求があって自分でやりたいと思って京都に出てこられて、曽我先生に出遇った。それまでにも唯識は読んでおられたから、意識の問題に非常に関心があった。そこで曽我先生に出遇った。曽我先生に出遇って『無量寿経』を読むことを教えられた。信仰を得ればいいというものではない。信仰を得たところから歩みが始まる。そしてあそこまで歩んだ。歩むのはどちらが歩むかといえば善人意識が歩むのだと思います。

十九願・二十願、特に二十願が歩む。二十願は、「難思議往生を遂げんと欲う」と押さえられている。双樹林下往生から難思往生へは、「永く双樹林下往生を離る」（聖典三五六頁）と。これは完全に離れようと。しかし、二十願から十八願へは、永く離るという形では入れない。今、「難思議往生を遂げんと欲う」。そこに「果遂《かすい》の誓」という。二十願の言葉に「果遂」、果たし遂げずんば止まんという。果遂ということは、本願自身がお前を果たし遂げようと、つまり、歩めという命令です。使命です。

凡夫ですからもう腰を落ち着けたいという思いがあるかも知れないが、本当は十八願それ自身に立とうとすることは内に歩みを孕んでいる。その歩みは実は二十願にある。二十願が歩ませるといっていい。他力に帰したら自力は要らないというが、そう簡単に自力は切れない。自力が切れないで、くっついているから歩まされる。

聞法して止まないというのは、どこまでも自力が切れない。他力に帰しながら自力が切れない。そこに本当の歩みがある。曽我先生が十八願の心を明らかにするについて、善導大師の「前念命終　後念即生」という言葉は、長い間、何回も何回も考えてお話しておられました。善導大師の、『往生礼讃』の言葉なのですが、これはもともとは、前念にいのち終る、死ぬか生きるかの境い目です。最後の一呼吸「一息つかざれば千歳長う往く」といわれますが、一息が止まったら有限のいのちが終わって永遠のいのちに入る。最後の一念のときに前念にいのちが終わる。ふっと息が止む、それが後念に即生、浄土だと善導大師は書いている。

前のいのちが終わって次のいのちに生まれて行く。この言葉を親鸞聖人は「信巻」においておられますが、さらには、『愚禿鈔』の中にこの言葉を出されて、「本願を信受するは、前念命終なり」（聖典四三〇頁）、他力の本願を私は取りますというのが前念命終だと。「即得往生は、後念即生なり」（聖典四三〇頁）、これを本願成就の文でいえば、「聞其名号　信心歓喜」、これが前念命終、「願生彼国　即得往生」、これが後念即生だ。これが本願成就の文の内容だと親鸞聖人は押さえている。「本願を信受するは、前念命終なり」、前の念に死ぬ。その前念と後念とは一念なのだ。

前念が終わるというのは、本当は押さえてみようがない。だから、前念と後念とは、押さえれば一念の内容です。一念といっても、刹那といってもいいでしょうが死は何処だと。前念と後念とがそこで分かれるのは、生と死が分かれるのは何処だといえば、だんだんということになるでしょう。だんだんといって、何処で完全に生がなくなるのか、今の医学では、まだほかのものが働いていても脳が止まったら死んだという。しかし、それは死の始まりだというわけでしょう。清沢先生が「生のみが吾人にあらず。死もまた吾人なり」（『清沢満之全集』八巻三九二頁）といわれた。本当はいのちの、大きな図式からいえば生まれたということは死を孕んでいる。棺桶に足を突っ込んだというけれど本当にそうです。「生のみが吾人にあらず。死もまた吾人なり」、死をやっぱり自己の内に引き受けて生きている。それを知るか知らないかは別としてです。

一念というけれど、どこの一念だということはなかなか決まらない。最後の一念は、前念命終、これは親鸞聖人は信の一念、本願を信受するところに前念は終わる。そこが即得往生だ。こういう独自の解釈をされた。そして、『御消息集《ごしょうそくしゅう》（善性本）』に「「信心の人はその心すでに浄土に居す」と釈し給えり」、「居すというは、浄土に、信心の人のこころ、つねに居たりというこころなり」（聖典五九一頁）という。信心を得れば、浄土に入るという釈まで出しておられる。

安田先生は、曽我先生に出遇った。金子先生を通して曽我先生に出遇い、唯識と『無量寿経』を、求道的に読むことを教えられた。けれどなかなか降参しなかったそうです。安田先生の中で悪戦苦闘したわけでしょう。先生自身はいつ回心したかということはおっしゃらなかった。何月何日回心したというわけにはいかない。念仏を取るという決断は、決まることがあるかもしれませんが、自力と他力の関係と同じだと思います。何月何日回心しましたというのはどうも怪しいのではないか。

「本願を信受するは、前念命終なり」と、本当に本願を信受する。そこから、実は歩む。ふつうは、それまでの迷いのいのちに死んで、そして、念仏の信心の生活に生きよという意味だというのが常識だった。念仏に触れるまでの煩悩の生活に死んで、念仏生活に立ち上がるという。今でもだいたいそのようにいう。ところが曽我先生はそうおっしゃらないで、本願を受け入れるということは、そこに信に死するのだと。信に死し、これから後は「願生彼国　即得往生」ですから、本願の生活を生きる。だから、願に生きよ！　と。「信に死し、願に生きよ」という有名な言葉を出された。

私はこの言葉を見ながら、安田先生のことを思う。安田先生は念仏して救かるとはあまりおっしゃらなかった。安田には念仏がない、本当に信心を得ているのか、唯識宗だ、とか、いろいろ悪口をいわれるが、あまり念仏して有難いということはおっしゃらなかった。今振り返って先生のものを読むと、本当によく信心を喜んでおられました。それを勧めておられる。そういうことはよく分かりますが、話しておられるときはあまり有難そうな話はしなかったし、常に冷静に、常に思索しながら話しておられました。私などは、先生は思想が好きで、思想しておられることが、どうしてそれが信心と結びつくのかという疑念が学生時代ずっとありました。

安田先生は、仏教に触れるという点ではもう道元に出会って仏教に触れた。しかし、仏教でいいというけれども、仏教が時代に触れ、人間に触れ、現在に触れるという点で物足りない。それはつまり思想がないということは時代との対話がない。道元の時代の言葉で覚りをしゃべっている。坊さんどうしも、対話するといっても、道元の時代の覚りの話をする。さもなければ、ずっと下がって今の欲望まみれの話をする。

だから、曽我先生に出遇って安田先生が始めた仕事は、「信に死し、願に生きよ」という生活の内容を明らかにすること。ここでいえば二十願です。本当に道理を理解する。今、現在、聞法するということは、世界の思想と対話して、本当に思想的に存在の真理、仏教の真理を解明することだと先生は使命を感じられて、思索生活をしておられた。意外だったのですが、「思索するということはくたびれるし、辛いことだ。しかし、止めるわけにはいかない。君らは好きで思索しているだろうと思うやろ。こんなものはね、好きでやれん」といわれたことがあります。そこに先生の仏教を生きるいのちがあるのですね。

安田先生の仕事とはいったい何であったのか。「信に死し、願に生きよ」ということからいえば、「仏教の信念に死んで、現代の思想に生きる」という意味ではないかと考えております。

今のテーマは、十九願・二十願と機の願を展開したことの意味と、十八願に抑止文があることとの問題の違いを明らかにしておきたいというのが中心の問題です。私どもがものを考えたり聞法したりできるのは二十願のところにあると思うのです。十九願から二十願は、これは聞法というよりも悪戦苦闘です。自力から他力へという回心への道は悪戦苦闘でしょう。同じ悪戦苦闘でも、二十願から十八願へ、ここで本当に信心を主体的に明らかにする。思想的にも明らかにし、いろいろの疑念を晴らして明らかにするという大事な問題です。

唯除五逆誹謗正法の文がなくてもいいというのは、真宗の流れでは、信心派です。信心派と教学派という流れがあって、信仰さえ得ればいい、南無阿弥陀仏を称えよ、信心を喜びなさいという運動の仕方があった。他力ではないか、自力で分別しているというのも全部他力ではないか。そういう言い方で信心を勧める。

それに対して曽我先生、金子先生、安田先生の仕事は思想です。思想はなかなか分からない。信心の方が有難い。面倒なことはいう必要はないではないか。しかし、教学という問題はなにも理屈をいっているのではない。本当の信心を自分が頷いて本当に明らかにすることは、そう簡単なことではない。そこに思想の課題を通して明らかにすると。それは、親鸞聖人が悪戦苦闘された人間の疑いの深さ、疑いの罪、理性の持って生まれた罪の深さ、それを尽くして本願海を明らかにする。理性抜きで信仰に立てということもいいでしょうが、そういう仕事と別に、やはり大事な面が教学派にあった。私はそういう意味で、教学派の流れに触れて、有難かったと思っています。

なにも理屈をいっているのではない。本当に道理を尽して、本願の意味を本当に私の上に明らかにするということが、先生方を通して教えられている。信心がなくていいというのではない。信を得て、本当に信を得たことを証明していく、あるいは確立していく。言葉にし、文章にし、思想にし、道理にする。そういう営みを単に個人の、自己のというのではなく、時代の、民族の、世界の平等の課題としていただいていく。できるかできないか、どこまでできるかは、その人その人の宿業の問題でしょうが、そういう課題があるわけです。

あとがき

「思想の科学研究会」が戦後思想を確立して幕を閉じたのが、今から二〇年ぐらい前でした。その月刊誌『思想の科学』には、多くの知識人が思想家親鸞を書いていましたが、その中には吉本隆明、家永三郎、古田武彦、石牟礼道子、折原脩三、などの思想家がいました。

私は『思想の科学』を通じて思想家親鸞を学びました。

また、月刊誌には毎号いろいろな学習会が紹介されていましたが、その中に東京教区で開催していた聞法会の一つに「親鸞塾」(一九八二～:落合治夫・誓子夫妻)があり、梶大介氏などの熱心な真宗活動家を囲んで密度の濃い話し合いがあり、そこに参加して、現実に親鸞の思想が生きているのだという実感がありましたが、残念なことに、落合夫妻が自分のお寺に帰って貴重な学びの場が消えました。

そこで、いわゆる信者の会でなく、親鸞の思想を学ぶための学習会を探していたときに、聞法の先輩である川江登さんに連れられて、浅草にあった真宗大谷派の教区会館で毎年行われている「臘扇忌《ろうせんき》」に参加しました。

清沢満之については、『思想の科学』にも執筆されていましたので、気にはなっていましたが、講師の本多弘之先生のお話がきっかけとなって、本多先生の清沢満之の学習会が始まり、幸いにもそこで、清沢満之の思想と人となりを教えていただきました（一九八六年三月〜一九八九年十一月）。

・清沢満之は、難解な仏教用語を使わずに現代語で仏教（真宗）を語ってくれた。

・私たちは実存的に生きた清沢満之に触れることにより、現代社会において仏教（真宗）に生きることができる。

せっかくこのような教えをいただきましたが、この会も約三年強で終わってしまいました。

一般の人が実存的に生きることができる教えが真宗だとしても、それを聞く場所がないということで、私たちは本多先生にお願いして、先生のお寺を開放し、先生を講師として、一般の人を対象にした聞法会をやりたいということを申し出たところ、快く引き受けてくださったのが、この「禿龍洞」という名の聞法会です。

この会の主旨は、

1、聞法では、月を指す指である仏教用語の理解が大事である。特に真宗では、言葉を正しく理解する必要がある。

2、そのために、語句の意味を中心に経典に沿ってお話をしていただく。

3、親鸞思想の根幹をなす「三経一論」（『大無量寿経』『観無量寿経』『阿弥陀経』『浄土論』）を学ぶ。

4、言葉の意味を大切にし、お話を整理するためにテープ起こしをし、そのとき参加できなかった人にも資料として配布できるようにする。

このような主旨で、先生の情熱と意欲的なお話（これは文章では充分に伝えられませんが）により、一九九〇年五月に始まった会は、現在、二一〇回を数えています（『大無量寿経』『観無量寿経』『阿弥陀経』を終わり、『浄土論』の終盤に差し掛かっています）。

親鸞聖人の主著は、『教行信証』ですが、安田理深は、「現在のすべての問題は『教行信証』の中に応えられている」という言葉を残しています。

本多先生も、『教行信証』の課題を押さえ、また、現代の課題に触れながら、会の主旨に添いつつお話をしてくださっています。

本書を通じて、個が奪われ、個と個との関係が失われていく現代において、実存的に生きた親鸞、清沢満之、安田理深の思想と生きざまを学び、個の確立と、実存的な主体を生きる知恵を身につけたいと思っている方々に、本書を読んでいただくことを願っています。

＊

最後に、全三巻よりなるこの講義録の内容構成、及び編集の基本方針について記したいと思います。

この講義録は、一九九〇年より一九九八年に至る八年間九十三回に及ぶ講義録を元に編集しました。第一巻は、「三経一論」についての全体的展望を述べた第1章からはじめて、第2章から第11章まで、『大無量寿経』上巻の冒頭部分から、四十八願の中の第二十願までの講義を収めました。第二巻は、第二十一願から、上巻の最後までの講義を、第三巻は、『大無量寿経』下巻の講義を収録いたします。なお、各巻の章立ては、経典の内容（科文）にしたがって行い、読者に読みやすいように適宜小見出しを付けました。

第二巻、第三巻の書名は以下の通りです。

『浄土と阿弥陀仏　大無量寿経講義　第二巻』

『人間成就の仏道　大無量寿経講義　第三巻』

＊

本講義録刊行に当たっては、法藏館の西村明高社長と西村七兵衛会長に格別のご高配を賜わりました。厚く御礼を申し上げます。

二〇〇八年七月

「禿龍洞」世話人（川江登、森弘、矢野伸芳、山口孝）

森弘記

本多弘之（ほんだ　ひろゆき）
1938年，中国黒龍江省に生まれる。1961年，東京大学農学部林産学科卒業。1966年，大谷大学大学院修了。大谷大学助教授を経て，2001年，親鸞仏教センター所長に就任。真宗大谷派本龍寺住職。大谷大学大学院講師。朝日カルチャーセンター（新宿区）講師。1983年，大谷大学を辞任の後，『安田理深選集』（全22巻，文栄堂）の編集責任にあたる。
著書に『親鸞教学―曽我量深から安田理深へ』『親鸞思想の原点―目覚めの原理としての回向』（以上，法藏館），『浄土―その解体と再構築』『浄土―その響きと言葉』『浄土―おおいなる場のはたらき』（以上，樹心社）『親鸞の救済観』（文栄堂），『他力救済の大道―清沢満之文集』『親鸞の鉱脈』『静かなる宗教的情熱―師の信を憶念して』（以上，草光舎）ほか多数。

法蔵《ほうぞう》菩《ぼ》薩《さつ》の誓願《せいがん》
――大無量寿経講義 第一巻――

二〇〇八年一〇月二〇日　初版第一刷発行
二〇一二年　八月二〇日　初版第二刷発行

著　者　本多弘之
発行者　西村明高
発行所　株式会社法藏館
京都市下京区正面通烏丸東入
郵便番号　六〇〇-八一五三
電話　〇七五-三四三-〇〇三〇（編集）
〇七五-三四三-五六五六（営業）

印刷・製本　亜細亜印刷株式会社

ISBN 978-4-8318-3391-4 C 3315